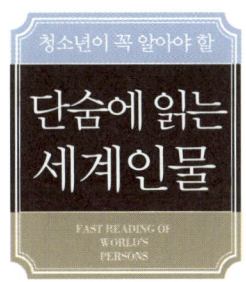

청소년이 꼭 알아야 할

단숨에 읽는
세계인물

FAST READING OF
WORLD'S
PERSONS

청소년이 꼭 알아야 할
단숨에 읽는 세계인물

2007년 6월 25일 초판 1쇄 발행
2011년 6월 25일 초판 6쇄 발행

지은이 김근태
편집주간 이화승
교정 홍미경, 이혜림, 이준표
제작 서동욱, 이경진
영업기획 김관호, 이장호
영업관리 윤국진
디자인 이창욱
발행인 이원도
발행처 베이직북스
E-mail basicbooks@hanmail.net
주소 서울 마포구 동교동 165-8 LG팰리스 1508호
등록번호 제313-2007-241호
전화 02) 2678-0455
팩스 02) 2678-0454
ISBN 978-89-958456-6-0 03900
값 15,000원

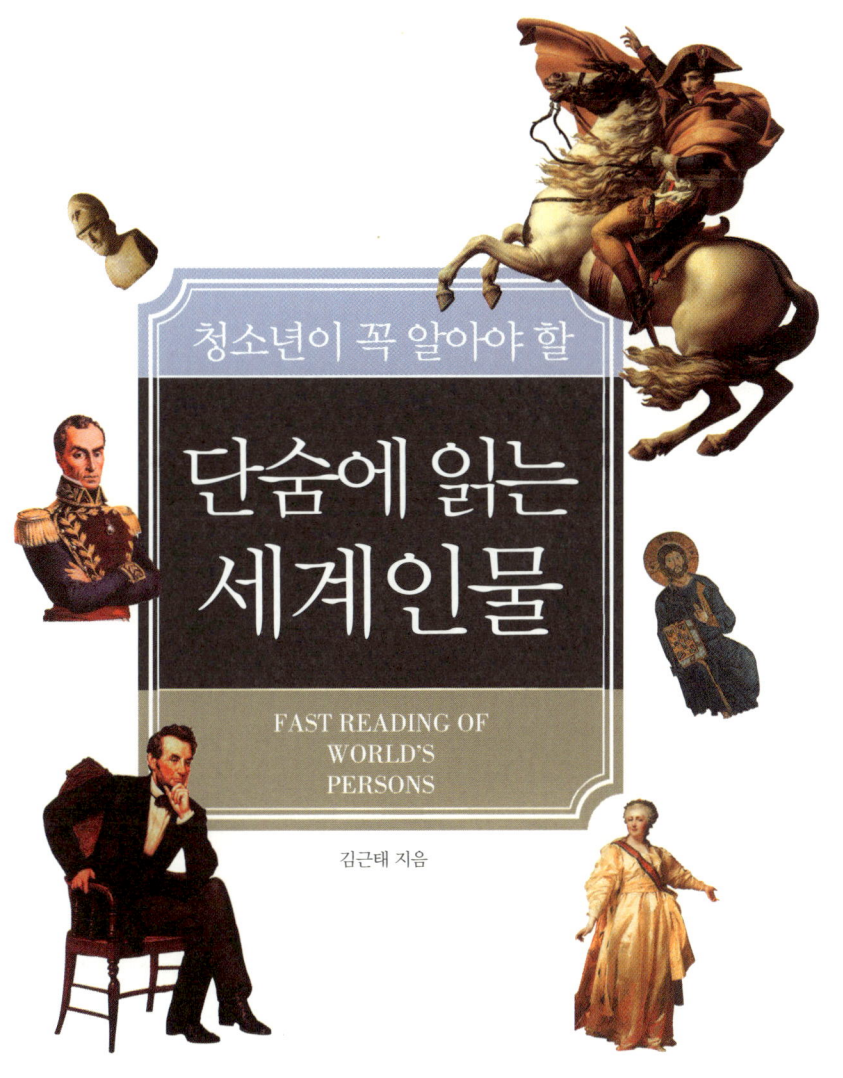

청소년이 꼭 알아야 할

단숨에 읽는
세계인물

FAST READING OF
WORLD'S
PERSONS

김근태 지음

베이직북스

서문

본서 한권을 통하여 역사적으로 유명한 사건, 인물, 주제를 모두 훑어보거나, 그와 관련된 모든 것들을 논한다는 것 자체가 불가능하며, 또한 각 주제별이나 분야별로 정치, 역사, 철학, 과학 등을 구분하여 학습한다는 것조차 너무 방대하여 엄두가 나지 않을 것이다.

우리가 명인의 거친 숨결을 보다 생생하게 느끼려 하는 건 어쩌면 인간의 욕망과도 그 궤를 같이 한다고 해도 무방하리라. 자고이래로 우리들은 인류의 역사에 길이 남을 만큼 유명한 업적과 족적을 남긴 위인들을 흠모하고, 또한 그저 동경의 대상으로만 삼아왔다. 우리에게 최근에 널리 알려진 "멘토(mentor), 멘토링(mentoring), 멘티(mentee)"라는 개념은 호메로스의 서사시 《오디세이아 Odyssey》에 나오는 "오디세우스의 충실한 조언자"라는 데서 비롯되었는데 'mentor'는 나중에 현명하고 신뢰할 수 있는 사람이나 대화의 상대, 지도자, 스승, 선생의 의미로 널리 쓰이게 되었으며, 코칭(coaching)이라는 말과 유사한 개념으로 사용되어지곤 한다.

오늘날 청소년들이 저마다 유명한 사람을 무작정 쫓는 것은 그와 같은 사람들의 성공과, 명예, 부, 지위, 누림 등과 같은 후광은 물론 명인들이 자신과의 싸움에서 결코 물러서지 않는 불굴의 의지와 열정, 그리고 그들 개개인이 가진 매력까지도 닮고 싶기 때문이리라. 누구나 명인이 되기를 갈망하며 그들처럼 성공의 기쁨을 누리기를 희망한다. 그런 까닭에 사람들은 어떤 고통을 감수하고서라도 성공하기 위한 노력을 게을리 하지 않는다. 어떤 측면에서는 바로 이런 점들이 사회를 발전시키는 원동력이 되기도 한다.

시중의 각 서점에는 명인들의 성장과정이나 배경, 성공담, 명성 등을 소개하는 서적들이 끊임없이 쏟아져 나오고 있다. 지금까지 우수한 명인의 전기는 필독서로 권장되어왔으나 바쁜 현대를 살아가는 사람들에게는 수십, 수백 종에 이르는 명작에 매달리기는 결코 쉬운 일이 아니기 때문에 짧은 시간 안에 더욱 많은 지혜와 지식을 얻기를 바란다. 따라서 '속독'이라는 참신한 독서 방식은 바로 이런 시대의 요구와 필요성에 의해 생겨난 것이다. 수많은 명인들의 인생 역정을 짧은 글로 담아내거나 혹은 몇 마디의 말로써 표현해 내기는 참으로 어렵다.

따라서 《단숨에 읽는 세계인물》은 짧은 지면 안에 그들의 일생 동안의 행적이나 취미와 습관 및 성격상의 특징, 분투 과정과 생태적 운명 등을 고스란히 담아내려고 애를 썼다. 아울러 위인들이 명성을 얻기까지의 인생역정을 짧은 시간에도 신속히 파악할 수 있도록 구성했다. 더구나 컬러화보판의 구성은 이를 더욱 유용한 책으로 북돋우어 줄 것이다.

이 책은 비록 전기문은 아니지만 전기문적 성격을 띤 비교적 정제되면서도 압축된 기획서이다. 인물의 선택 기준에 있어서는 인류 역사상 높은 명성과 후세에 미친 영향력을 고려하여 명인 100인을 엄선하였으며, 명인들의 정치, 경제, 군사, 종교, 예술, 문학, 과학기술 등의 모든 영역을 총망라했다.

본서의 편집체제나 구성에 있어서는 위인들의 생애나 업적을 위주로 서술하여 '명인 파일', '명인 명언', '명인 일화'의 세 개 부문으로 구성하였다. 흩어져 있는 정보들을 수집해 위인들을 다각도에서 분석함으로써 명인들을 더욱 입체화하고 구체화시켰으며, 또한 필자는 각기 다른 각도에서 한걸음 더 파헤치고자 보충 페이지를 두었다. 위인들과 연관된 문화적 내용이나 설명 등을 부연하였으며, 책 전체를 논리정연하고 리듬감 넘치게 구성하여 더욱 많은 지식을 담도록 노력하였다.

그림의 배치에 있어서는 다수의 진귀하고도 유용한 사진들을 수집함은 물론 명인들의 초상화, 사진이나 명인들과 관련된 유물, 유적 더 나아가서는 명인들이 사용했던 물건의 원본이나 복원 사진들을 글과 함께 유기적으로 배치하였다. 이것은 독자 여러분께서 명인들을 이해하는데 더욱 진실되고 친절한 길잡이가 되어 줄 것이다. 레이아웃에 있어서는 간결하고도 자연스럽게 예술적 품격과 현대적 미적 감각을 결합하는 데 중점을 두었다.

아무쪼록 독자 여러분께서 쉽고 간편하게 명인들의 품격과 열정을 음미하면서 성공의 지혜를 배울 수 있도록 배려하였으며, 또한 감상 가치와 소장 가치를 높이기 위해 레이아웃에 중점을 두었다. 무엇보다 명인들이 걸어온 면면과 업적을 살펴봄으로써 청소년들에게 삶의 본보기와 모델이 되어줄 것으로 믿어 의심치 않는 바이다. 다만, 여기서 필자의 오해와 편협한 인식으로 인하여 세계사에서 크나큰 업적이나 족적을 남겼음에도 불구하고 다소 소홀하게 다룬 점이나 거론되어야 할 위인들이 누락된 점도 없지 않을 것이라는 차원에서는 사실 두려움이 앞선다.

각기 다른 영역이나 분야에서 활약한 위인들을 모두 언급하지 못한 것은 필자의 가치관이나 인식의 차이에 불과하므로 이 점은 개념치 않길 바란다. 더구나 수많은 관련 책들이 존재함에도 굳이 이 책을 만든 배경에는 세계적 인물들의 생애와 업적을 새로이 재정립하고자 하는 필자의 욕심에서 비롯되었음을 밝혀두는 바이다.

필자는 완벽하면서도 비교적 정확한 참고 자료를 제공할 목적으로 될 수 있는 대로 지식과 교양이 융합되도록 노력하였다. 필자는 독자 여러분께서 이 책을 성공의 본보기로 삼아 명인들의 행적 안에서 성공의 길을 찾게 되기를 바란다. 언제 어디에서나 이 책을 가까이 두고 펼쳐 본다면 《단숨에 읽는 세계인물》은 독자 여러분을 유쾌한 명인의 이야기 속으로 친절하게 안내시켜 줄 것이다.

2007년 5월 가정의 달에
필자가

이 책을 읽는 독자들에게 한마디

우리가 책을 읽는 이유는 한마디로 요약하면 인격수양과 지적함양, 여가선용 등 무수히 많을 테지만 무엇보다 주된 이유가 "가르침을 얻기 위해 책을 읽는다"라고 하면 올바른 응답이 될지 모르겠다. 또한 한 가지 덧붙이자면 책을 읽는 근본적인 이유 중의 하나는 우리가 살아가면서 세상의 흐름이나 변화를 올바르게 읽고 이해하는 것이며, 시대에 뒤떨어지지 않기 위함일 것이다.

마치 우리가 여행을 가는 것처럼 말이다. 우리는 책을 읽을 때 비록 현재라는 공간 속에 갇혀 있지만 필자의 생각을 쫓아가다 보면 나도 몰래 저절로 낯선 곳으로 향하게 된다. 책은 언어로 잘 짜여진 집이요, 길이다. 우리는 책을 통한 여행에서 수많은 사람들을 만나 그들에게서 삶의 의미를 되짚어보기도 하며, 위안을 삼기도 한다. 또한 용기와 자신감도 얻게 된다. 결국 책을 읽는다는 건 삶의 가능성을 열어가는 작업인 셈이다.

여기 "우리가 책을 왜 읽어야 하는가?"에 대한 이유에 관한 일화를 소개하겠다.

인조 때 학자 조위한이 유생들과 함께 홍문관에서 글을 읽고 있는데, 한 유생이 느닷없이 책을 내던지며 말했다.

"책을 덮기만 하면 방금 읽은 것도 머릿속에서 달아나니 책을 읽은들 무슨 소용이람?"

이를 본 조위한이 그 유생에게 이렇게 말하였다고 한다.

"밥이 항상 사람의 뱃속에 남아 있는 것이 아니라 똥이 되어 빠져나가고 그 정기만 남아 신체를 윤택하게 하는 것처럼 책을 읽고 당장 그 내용을 잊어버린다 해도 무엇인가 진전되는 것이 있는 법이네."

현대를 살아가는 우리에겐 삶을 되돌아보거나 혹은 막연히 미래에 대한 동경심마저도 허락하질 않는다. 그러므로 누구나 현실에 속박되어 현재에 충실할 뿐이다. 독자 여러분은 어떤 종류의 책을 선택할 것이며, 또한 책이라는 수단을 통해서 무엇을 추구할 것인지 스스로 답해보길 바란다. 아무리 디지털 세상이 편리하고 빠르다고 해도 거기에서 얻지 못하는 것들이 너무도 많다. 독자 여러분! 책이라는 컨텐츠를 통하여 친구도 사귀고, 세상과도 만나고, 사랑도 배우고, 그리고 삶의 희망까지도 건질 수 있는 기회를 맞이하길 바란다.

이 책의 구성 및 특징

　이런 종류의 책은 공통적으로 독자들로부터 "내용은 없고, 단지 정보만 제공한다."는 비난과 더불어 불평불만을 수없이 들어왔을 것이다. 또한 각종 인터넷 정보가 범람하면서 불필요하다는 인식이 내재하고 있지만 이렇게 한 눈에 수많은 위인들을 조망하기란 결코 쉽지 않다. 더구나 이 책에는 위인들의 일화, 각종 관련 화보, 논술 정보가 보충되어 교양과 상식을 두루 섭렵할 수 있다는 장점이 있다. 본서에서 세계명인들의 개인사를 모두 다루거나 들추어내지는 못했지만 명인들에게 숨겨진 일화나 업적을 발췌 · 수록하여 전기문에 결코 손색이 없을 것으로 확신하는 바이다.

■ 참신하고 간결한 기획 및 구성 – 다각적인 접근과 해석

　명인들의 생애와 업적, 과오 등을 설명하는데 '명인 파일', '명인 명언', '명인 일화'의 세 항목으로 구성하여 다각적인 해석이 가능하도록 했다. 아울러 독자 여러분께 역사적 시공을 초월해 명인들과 대화할 수 있는 거리를 좁히고자 노력하였다.

■ 풍부한 사진과 다채로운 독서자료 – 독서 공간 창출

　명인들의 초상화, 역사 유적, 신기한 문물, 명인들이 그린 회화 및 그와 관련된 실제 사진 등 정교하고 아름다운 300여 개의 사진들이 실려 있다. 독자들은 다각적이며 유기적으로 결합된 풍부하고 다채로운 명인들의 전기에서 쉽고 즐겁게 독서를 즐길 수 있을 것이다.

■ 한권으로 압축된 세계위인 독본 – 논술, 교양, 상식의 길잡이

　잘 다듬어진 언어와 상세한 견해로 세계 위인 100명의 전기적 인생을 서술하였다. 그들의 성공과 실패, 이해와 득실을 분석해 짧은 기간에 속독으로 명인들을 이해할 수 있도록 구성했다. 이 책은 여러분께 인생의 본보기가 될 수 있는 길잡이는 물론 교양과 상식을 제공할 것이다.

■ 가독성을 고려한 레이아웃과 디자인 – 지식과 심미적 아름다움의 결합

　레이아웃과 디자인, 그림과 글의 배열에 있어 문화와 예술의 유기적 융합을 중시했다. 아울러 모든 과정을 철저히 규명하여 본 서적의 감상적, 예술적 가치 및 소장 가치를 높였다.

이 책을 통한 효과적인 활용법

이 책은 독자 여러분께서 세계 위인을 속독으로 이해할 수 있도록 돕는 참고 서적이다. 인류 역사상 수많은 명성과 영향력을 끼친 인물 100인을 선정해 그들의 정치, 경제, 군사, 종교, 문학, 예술, 과학기술 등에 이르는 수많은 영역들을 총망라했다. 각 명인들의 주요 생애와 성취 내용 및 개인적 특징들을 간결한 문자로서 묘사했다. 동시에 '논술 관련 파일', '명인들의 명언', '명인들의 일화' 의 세부 항목으로 나누어 명인들이 걸어간 성공의 길이나 발자취를 다각적으로 분석했다. 또한 새로운 레이아웃을 통해 응집되고 세련된 문자와 아름다운 사진들을 유기적으로 결합함으로써 지식을 쉽고 친절하게 전달하게 될 것이다. 이 책은 문화적 역량과 사진의 색채를 역동적으로 배치하여 독자 여러분을 유쾌한 컬러화보판 도서로의 여행에 초대할 것이다.

● **명인의 생애**
비교적 간략하면서도 정확한 위인의 개인사적인 내력을 제시하였다.

● **논술 키워드**
명인들과 관련된 논술 키워드를 상술하여 독자들의 이해력을 도모하였다.

● **관련 삽화 및 사진**
진귀하고 값진 자료를 제시하여 명인들의 업적이 더욱 빛나도록 유도했다.

● **관련 캡션**
관련 자료에 대한 해박한 정보와 지식을 보충하는 역할을 담당하였다.

아르키메데스
Archimedes

과학계 불후의 위인

생몰년	: 약 서기전 287~212년
국 적	: 고대 그리스
출생지	: 시칠리아섬의 사라쿠사
성 격	: 신중하고 지혜로움
신 분	: 수학자이며 물리학자
가 정	: 아버지는 천문학자이자 수학자였음

서기전 287년, 아르키메데스는 사라쿠사 부근의 한 작은 마을에서 태어났다. 그의 가문은 귀족집안이었음에도 불구하고 부유하지 못한 생활을 했다고 전해진다. 아르키메데스는 아버지의 영향을 받아 어려서부터 배우는 것을 좋아했으며 생각하고 변론하기에 능했다. 또 수학과 천문학 특히 고대 그리스의 기하학에 깊은 관심을 보였다. 아르키메데스는 열한 살이 되었을 때 왕실과의 친분 덕으로 이집트의 알렉산드리아로 가서 공부할 기회를 얻게 되었다. 아르키메데스는 '지혜의 도시'로 불리던 이 도시에서 몇 년 동안 머물며 공부했다. 그는 수많은 도서를 섭렵했고 숱한 학자들과 밀접하게 교류했다. 아르키메데스는 유클리드의 제자 에리토스테이어스와 코논의 문하로 들어가 철학, 수학, 천문학에서 물리학 등을 함께 연구했다. 그는 시라쿠사로 돌아온 후로도 알렉산드리아의 학자들과 연락하며 과학적인 연구 성과를 교류했다.

아르키메데스는 과학영역에서 동시대 과학자들의

호메로스
Homeros

가장 위대한 서사시인

생몰년	: 서기전 9~8세기
국 적	: 고대 그리스
출생지	: 소아시아 스미르나
성 격	: 지혜로우며 박학다식, 상상력이 풍부함
신 분	: 시인

호메로스는 고대 그리스에서 존경받던 민족 시인이다. 고대 그리스에서 호메로스는 나이 든 맹인 가수로 유랑 생활을 하며 《호메의 서사시》(일리아드》와 《오디세이아》 두 편을 포함한 그 밖의 많은 시를 지은 작가로 알려져 있다. 《일리아드》와 《오디세이아》의 내용으로 판단해 보건대 호메로스는 서기전 9세기에서 8세기경 사람으로 보인다.

《호메의 서사시》는 유럽에 전해 내려오는 문학 작품 중 가장 오래된 것이다. 《일리아드》는 총 24권 15,693행으로 트로이와 전쟁의 전설을 소재로 그리스 사회의 전환기 사회상을 반영하고 있다.

그리스 연합군 대장 아가멤논이 아폴론 신전 제사장의 딸을 납치한다. 그러자 아폴론이 신의 화살로써 수많은 그리스인을 병하여 죽이고 그리스 군영에 역병을 내렸다. 용맹한 그리스 영웅 아킬레우스는 아가멤논에게 제사장의 딸을 돌려줄 것을 단호하게 요청했으나 지독한

달하고 말았다. 분노한 아킬레우스가 출정을 거부하자 그리스인들은 싸움 때마다 계속 패한다. 그러자 트로이인들을 통솔하던 헥토르는 해변에서 대규모 반격을 시도하고 여세를 몰아 그리스인들의 군함을 불태우며 그들을 무찔렀다. 이 다급한 시기에 파트로클로스는 아킬레우스의 갑옷과 방패를 빌려 트로이인들의 공격에 맞서 나간다. 그러나 트로이 성문까지 반격해 들어간을 때 헥토르는 파트로클로스를 죽이고 갑옷과 방패를 빼앗아 간다. 친했던 친우의 죽음은 아킬레우스를 끝없는 회한에 장기게 만들었다. 결국 그는 다시 전투에 임해 헥토르를 죽이고 파트로클로스를 위한 성대한 장례식을 치러 주었다.

《오디세이아》는 총 24권, 12,110행으로 이루어졌다. 트로이 전쟁이 종결된 후 그리스 영웅과 이타카국의 오디세이아 국왕이 고향으로 돌아가 복수하는 과정을 그리고 있다.

전쟁이 끝나고 오디세우스와 그의 동료는 풍랑을 만나 바다 위에서 장장 10여 년의 유랑생활을 하게 된다. 그 기간 동안 그들은

20

21

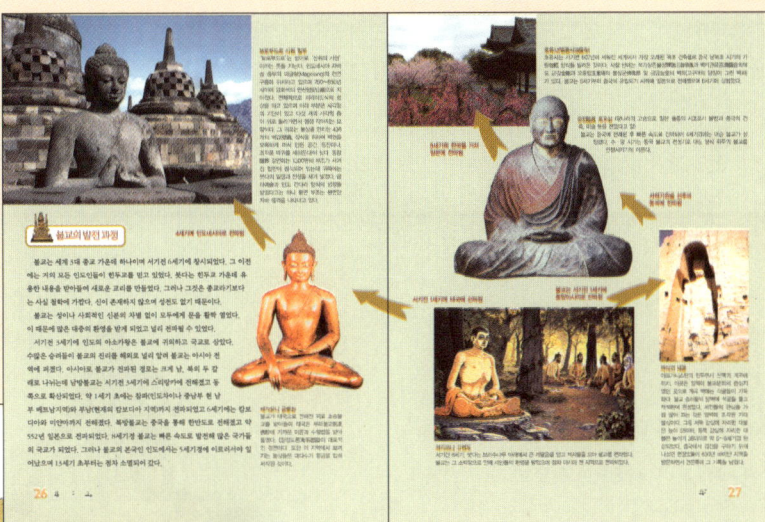

추앙을 받을 만한 수많은 업적을 남겼다. 아르키메데스는 수학영역에서 '착출법'을 이용해 포물선의 활꼴, 나선, 원형의 면적과 체적 및 타원구체, 포물면체 등 복잡한 기하체의 체적을 구하는 데 성공했다. 이것은 미적분 계산의 시조로 인정받고 있다. 그는 또한 이 방법으로 π(원주율)값을 추산해 3차 방정식의 해법을 얻어냈다. 또한 그는 명수법命數法을 발견했으며 이를 이용해서 수많은 수학의 난제를 해결했다. 그의 주요한 수학 저서로는 《구와 원기둥에 대하여》, 《코노이드(conoid)와 스페로이드(spheroid)》, 《포물선의 구적》과 《소용돌이선에 대하여》가 있다. 역학 영역에서 아르키메데스는 주로 정역학靜力學과 유체역학流體力學 방면에서 많은 성

아르키메데스는 히에론 왕의 왕관이 순금으로 만들어진 것인지를 밝히기 위해 무척 고심했으나 실마리를 잡지 못하고 있었다. 어느 날, 그가 목욕을 하려고 공중목욕탕의 목욕통 안으로 들어가자 수위가 높아지며 물이 목욕통 밖으로 흘러 나가는 것을 보게 되었다. 그는 틸 듯이 기뻐하며 소리쳤다. 만약 왕관을 물속에 넣었을 때 배출되는 물의 양이 같은 중량의 순금 덩어리가 배출하는 물의 양과 같다면, 왕관에는 다른 금속이 섞이지 않은 것이다. 이것이 그 유명한 '아르키메데스의 원리'이다. 즉 액체 중에 잠겨 넓으면 위로 향하는 부력을 받게 되고 이 부력의 크고 작음은 물체가 배출해 내는 액체의 중량과 같다는 것이다.

❀ 나에게 지렛대와 지렛목(지렛할 곳)만 준다면 지구라도 움직여 보이겠다.(지렛대의 원리를 발견하고 시라쿠사 왕 히에론 앞에서 한 말.)

47

● 명인의 한마디
역사에 길이 남을 만한 주옥같은 명언을 엄선하였다.

● 명인의 일화
기존에 소개되지 않은 일화를 들추어내어 독자들의 입맛을 돋우었다.

● 명인의 작품 소개
명인들이 남긴 명작이나 작품들을 소개하여 인물에 관한 이해를 도왔다.

● 부수적 설명
가독성을 고려하여 별도의 주석을 달지 않고 바로바로 해결할 수 있도록 배려하였다.

차례

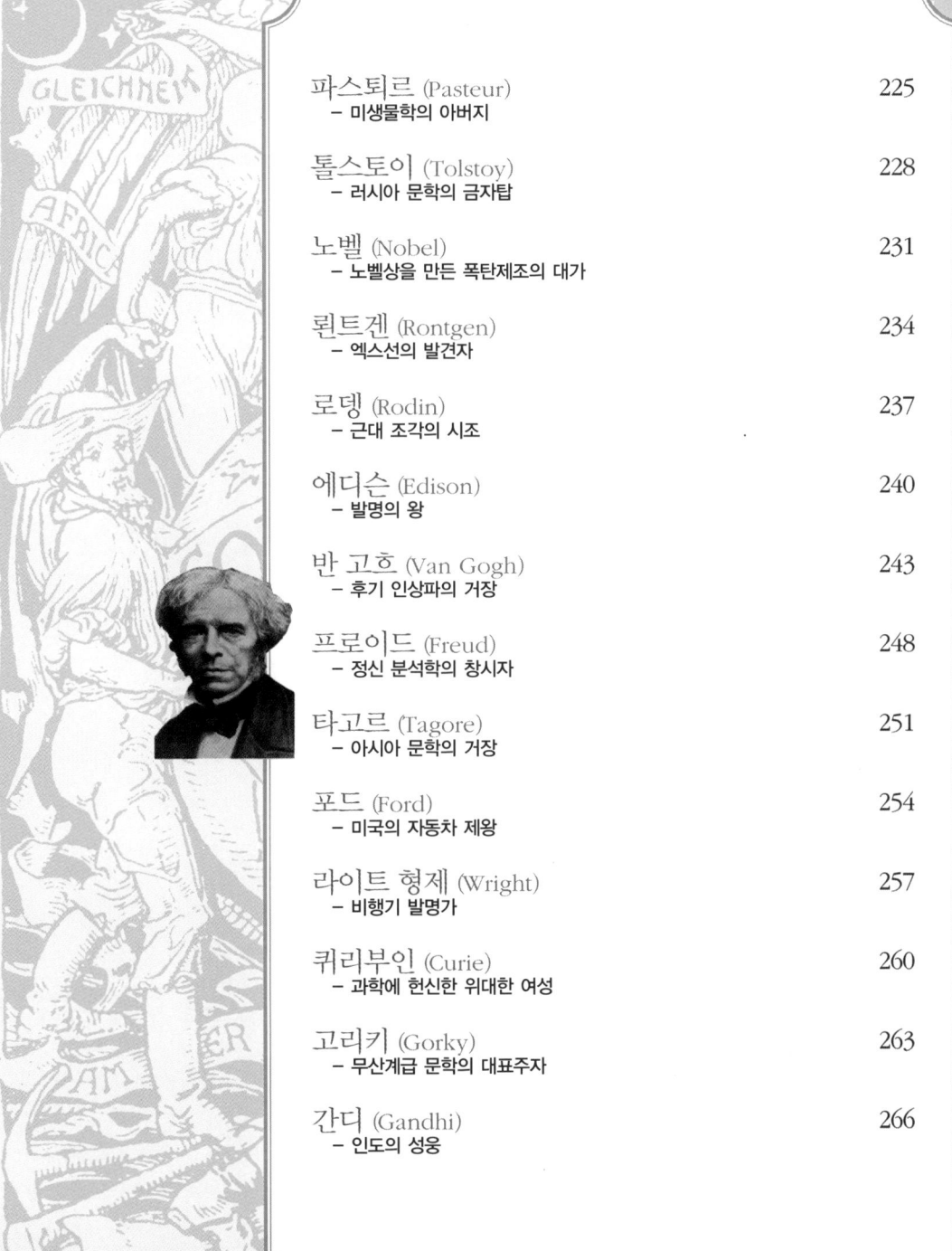

"역사보다 더 위대한 가르침은 없다"

호메로스
Homeros

가장 위대한 서사시인

생몰년 : 서기전 9~8세기
국 적 : 고대 그리스
출생지 : 소아시아 스미르나
성 격 : 지혜로우며 박학다식, 상상력이 풍부함
신 분 : 시인

시인 호메로스가 옥좌에 단정히 앉아 뮤즈 여신의 월계관을 받고 있다. 이 그림은 '호메로스의 신격화'가 당시 사회에 널리 퍼져 있었다는 것과 동시에 그리스가 문학의 지속적인 성장에 얼마나 관심이 있었는지를 나타낸다.

호메로스는 고대 그리스에서 존경받던 민족 시인이다. 고대 그리스에서 호메로스는 나이 든 맹인 가수로 유랑 생활을 하며 《호머의 서사시》(《일리아드》와 《오디세이아》 두 편을 포함)와 그 밖의 많은 시를 지은 작가로 알려져 있다. 《일리아드》와 《오디세이아》의 내용으로 판단해 보건데 호메로스는 서기전 9세기에서 8세기경 사람으로 보인다.

《호머의 서사시》는 유럽에 전해 내려오는 문학 작품 중 가장 오래된 것이다. 《일리아드》는 총 24권 15,693행으로 트로이 전쟁의 전설을 소재로 그리스 사회의 전환기 사회상을 반영하고 있다.

그리스 연합군 대장 아가멤논이 아폴론 신전 제사장의 딸을 납치한다. 그러자 아폴론이 신의 화살로써 수많은 그리스인들을 벌하여 죽이고 그리스 군영에 역병을 내렸다. 용맹한 그리스 영웅 아킬레우스는 아가멤논에게 제사장의 딸을 풀어줄 것을 단호하게 요청했으나 치욕만

당하고 말았다. 분노한 아킬레우스가 출정을 거부하자 그리스인들은 싸울 때마다 계속 패한다. 그러자 트로이인들을 통솔하던 헥토르는 해변에서 대규모 반격을 시도하고 여세를 몰아 그리스인들의 군함을 불태우며 그들을 무찔렀다. 이 다급한 시기에 파트로클로스는 아킬레우스의 갑옷과 방패를 빌려 트로이인들의 공격에 맞서 나갔다. 그러나 트로이 성문까지 반격해 들어갔을 때 헥토르는 파트로클로스를 죽이고 갑옷과 방패를 빼앗아 간다. 친했던 전우의 죽음은 아킬레우스를 끝없는 회한에 잠기게 만들었다. 결국 그는 다시 전투에 임해 헥토르를 죽이고 파트로클로스를 위한 성대한 장례식을 치러 주었다.

《오디세이아》는 총 24권, 12,110행으로 이루어졌다. 트로이 전쟁이 종결된 후 그리스 영웅과 이타카국의 오디세이아 국왕이 고향으로 돌아가 복수하는 과정을 그리고 있다.

전쟁이 끝나고 오디세우스와 그의 동료는 풍랑을 만나 바다 위에서 장장 10여 년의 유랑생활을 하게 된다. 그 기간 동안 그들은

호메로스가 서사시를 낭독하는 모습
고대 그리스의 저명한 시인 호메로스가 애오니아 대로변에 앉아 하프를 연주하며 트로이 영웅에 관한 서사시를 읊는 장면이다.

논술 키워드

호메로스의 또 다른 작품
《호메로스 찬가》, 《마르기테스》, 《와서회전》 등도 그의 작품으로 알려져 있다.

로토스 열매를 먹는 족속, 사람을 잡아먹는 외눈 거인 퀴클롭스, 바람 신 아이올로스와 칼립소 여신 등을 만나며 칼립소에 의해 7년간이나 억류당하기도 했다. 후에 그들은 바다 여신의 도움으로 파이아케스인들이 살고 있는 '스케리아' 섬으로 떠밀려 갔다가, 국왕의 도움으로 고향인 이타카 섬으로 돌아가게 된다. 오디세우스가 표류하던 기간 중 마지막 3년 동안 그의 고향에서는 구혼자 백여 명이 몰려들어 그의 아름다운 아내인 페넬로페에게 청혼한다. 그들은 종일 그곳에서 먹고 마시며 연회를 열어 오디세우스의 재산을 축냈다. 오디세우스는 이타카국에 돌아온 후에 먼저 아들을 만난 후 거지 분장을 하고 자신의 집으로 들어갔다. 그리고 기회를 노려 자신의 아내에게 청혼한 자들을 처치한 후 재산을 탈환하고 아내 페넬로페와 만나 다시금 이타카국의 왕위에 오른다.

호메로스의 대작 《오디세이아》의 주인공 형상

《호메로스의 대서사시》는 고대 그리스의 천문, 지리, 역사, 철학, 예술의 발전에 큰 영향을 미쳤다. 훗날 유럽의 수많은 작가들은 이 두 편의 서사시에 담긴 이야기와 인물 가운데서 소재를 찾기도 했다. 호메로스는 역사상 가장 위대한 서사 시인으로 일컬어지고 있다.

🗨 심금을 울리는 명인 한 마디

♠ 아무 일을 하지 않더라도 죽음을 피하기 어렵다면 어찌 죽음에 이르기까지 투쟁해 보지 않겠는가!

석가모니
Sakyamuni

불교의 창시자

생몰년	서기전 566~486년
국 적	고대 인도
출생지	룸민데이(지금의 네팔 경내)
성 격	의지가 강하며 자애롭고 지혜로움
신 분	사상가, 철학자
가 정	부친은 가비라위성국의 영주

석가모니釋迦牟尼의 원명은 고타마 싯다르타이다. 어머니가 일찍 돌아가셨기 때문에 이모의 손에서 자랐다. 열여섯 살에 카필라성(싯다르타와 같은 나라인 가비라위성국의 성)의 아쇼다라와 결혼하여 아들 라훌라를 낳았다. 이 시기에 석가모니는 호사스럽고 안락한 삶을 누리고 있었다. 그러나 궁중의 편안한 생활은 그의 영혼에 평안을 안겨 주지 못하자, 열아홉 살 이후로 자주 여행을 떠났다. 석가모니는 여행을 하면서 어떤 사람이든 다양한 고통을 당하고 있으며, 가난하고 부유함을 떠나 누구든 생로병사의 운명에서 벗어날 수 없다는 사실을 깨닫게 되었다. 석가모니는 세상에는 영원한 '무엇' 인가가 존재하며 그것은 어떤 고통이나 죽음으로도 사라지지 않는다는 것을 굳게 믿었다. 따라서 그는 스물아홉 살이 되던 해에 왕궁의 안락한 생활을 버리고 출가하여 진리를 찾기로 결심했다.

그는 처음에는 저명한 바라문 학자들을 찾아가 가르침을 청했다. 그러다가 후에 그들의 의견에 따라 고행승이 되었고 장장 6년 간의 고통스러운 수행을 했다. 그 결과 석가모니는 영양 부족과 지나친 피로 누적으로 갑자기 쓰러졌다. 깨어난 후에 그는 고행으

붓다는 만물은 모두 같은 것이며 또 같기 때문에 세상에는 추하고 더러운 것이 없다고 생각했다. 더럽다고 느끼는 것은 마음이 깨끗하지 못하기 때문이며 자비가 모든 더러운 것을 씻어낼 수 있다고 여겼다.

논술키워드

출가(出家)
불교에서 속세의 집을 떠나 불문에 드는 것을 말하는데 일정한 수행기간과 절차를 거쳐야만 비로소 승려가 될 수 있는 자격이 된다.

붓다 열반상, 스리랑카

논술 키워드

석가모니(釋迦牟尼)
본래의 성은 고타마(瞿曇), 이름은 싯다르타(悉達多)인데, 후에 깨달음을 얻어 붓다(佛陀)라 불리게 되었다. 또한 사찰이나 신도 사이에서는 진리의 체현자(體現者)라는 의미의 여래(如來), 존칭으로서의 세존(世尊)·석존(釋尊) 등으로도 불린다.

명인
일화 설화에 의하면 석가모니가 태어날 때 하늘에 서른 두 개의 거룩한 상相이 나타났으며 대지가 진동하며 땅에서 두 줄기 샘물이 솟았다고 한다. 한 줄기는 차고 한줄기는 따뜻해 왕후는 마음대로 이 샘물을 떠서 씻을 수 있었다. 또한 허공에는 아홉 마리 용이 향수를 내뿜었는데 따뜻한 것과 차가운 것이 한데 섞여서 막 태어난 태자를 씻어주었다고 한다. 씻고 난 태자는 일곱 송이의 연꽃을 꺾어 올라서서는 동서남북으로 각 일곱 걸음을 걸었다. 한 손은 하늘을 한 손은 땅을 가리키며 사방을 둘러본 후 오른 손을 들고 '천상천하 유아독존'이라 말했다고 한다.

로는 어떤 결과도 얻을 수 없음을 깨닫게 되었다. 그는 네란자라 강으로 천천히 걸어 들어가 차가운 강물로 수 년간의 묵은 때를 씻고, 젖 짜던 소녀 수자타(우르벳타의 세나니라는 마을에 사는 처녀였다고 함)가 가져다 준 우유죽을 마신 뒤에야 기력을 회복했다. 그 후 네란자라강을 떠나 베나레스로 향하는 길에서 보드가야라는 곳을 지나게 되는데 그곳에서 석가모니는 아사타 나무(뒤에 보리수로 불림) 한 그루를 발견하게 되었다. 그는 나무 아래 가부좌를 하고 앉아 '불도를 얻지 못하면 일어나지 않겠다'고 맹세하며 인간의 고통을 벗어나게 할 궁극적인 해답을 얻고자 했다. 49일간의 명상 끝에 드디어 큰 깨달음을 얻어 삶과 죽음을 벗어나 니르바나(열반涅槃)에 이르는 길을 이해하고 불교의 기본 교의를 세우게 되었다. 그때 그의 나이 서른다섯이었다. 석가모니는 아사타 나무 아래의 명상으로 사제설四諦說을 핵심으로 하는 불교의 가장 기본적인 교의를 구성했다.

사제설이란 네 가지 진리를 일컫는 것으로 고제苦諦(범인의 삶은 괴로움), 집제集諦(고苦의 원인), 멸제滅諦(고苦의 원인을 철저하게 깨달아 니르바나, 즉 열반에 이른 상태), 도제道諦(수도를 통해 니르바나에 이르는 과정)를 뜻한다. 인간은 미혹과 집착을 끊고 수행하여 열반에 이르면 결국에는 아라한(궁극의 깨달음을 얻은 사람)이 되어 다시는 인간 세계의 윤회에 빠지지 않는다는 것이다.

석가모니는 교의를 세우고 난 후 설법을 전파하기 시작했다. 베나레스의 프르가다바(녹야원으로 지칭되기도 하며 지금의 사르나트를 이름)와 마가다 왕국의 죽림정사竹林精舍, 사밧티(사위舍衛)의 기원정사祇園精舍 등지에서 차례로 설법을 펼쳤다. 불교는 '모든 중생이 평등하다'는 기치를 펴고 있었으므로 빠른 속도로 폭넓은 지지를 얻게 되었다. 처음에 두 명의 상인이 불교에 귀의했으며 뒤이어 일찍이 석가모니와 네란자라 강에서 고행했던 다섯 명도 그의 제자가 되었다. 후에 바라문교의 제사장들과 석가모니의 이모 그리고 아들 또한 그의 제자가 되었다. 석가모니는 제자들에 의해 '붓다'('깨달은 자'라는 뜻)라고 불렸으며 이 새로운 종교는 '불교'라 불려졌다.

서기전 486년, 석가모니는 80세 때 왕사성에서 출발해 쿠시나가라로 설법을 전하러 가려했으나 도중에 병이 들어 쿠시나가라의 숲에 있는 두 그루의 사라수沙羅樹 사이에서 죽음을 맞이했다. 유해는 다비(茶毘, 불교에서 시체를 화장하는 일을 이르는 말)되었으며 사리는 신도들에 의해 8부족에게 분배되어 사리탑에 모셔졌다.

붓다 출생도, 인도
붓다의 출생 과정을 그린 그림. 그림 중의 어머니는 손에 아소카 나뭇가지(무우수無憂樹라고도 하며 '걱정 없는 나무'를 뜻한다고 함)를 들고 있으며 피곤한 기색이다. 천상의 신령들은 붓다의 출생이 후인들에 의해 신화적인 색채를 띠게 되었음을 뜻한다.

논술 키워드

열반(산스크리트어로 니르바나)
끊임없는 수행에 의해 진리를 체득하여 미혹과 집착의 사슬을 끊고 일체의 속박에서 해탈한 최고의 경지를 일컫는 불교의 교리이다.
*해탈은 열반의 전단계로써 진리를 깨닫는 과정인데 마음 속에서 욕심이나 나쁜 생각을 몰아내는 것을 의미한다.

🔖 *심금을 울리는 명인 한 마디*

♠ 마음이 지옥을 만들기도 하고 천당을 만들기도 한다.
♠ 건강은 최고의 천성이며, 지족은 최대의 재산이며, 믿음은 최상의 미덕이다.

불교의 발전 과정

4세기에 인도네시아로 전파됨

불교는 세계 3대 종교 가운데 하나이며 서기전 6세기에 창시되었다. 그 이전 에는 거의 모든 인도인들이 힌두교를 믿고 있었다. 붓다는 힌두교 가운데 유 용한 내용을 받아들여 새로운 교리를 만들었다. 그러나 그것은 종교라기보다 는 사실 철학에 가깝다. 신이 존재하지 않으며 성전도 없기 때문이다.

불교는 성이나 사회적인 신분의 차별 없이 모두에게 문을 활짝 열었다. 이 때문에 많은 대중의 환영을 받게 되었고 널리 전파될 수 있었다.

서기전 3세기에 인도의 아소카왕은 불교에 귀의하고 국교로 삼았다. 수많은 승려들이 불교의 진리를 해외로 널리 알려 불교는 아시아 전 역에 퍼졌다. 아시아로 불교가 전파된 경로는 크게 남, 북의 두 갈 래로 나뉘는데 남방불교는 서기전 3세기에 스리랑카에 전해졌고 동 쪽으로 확산되었다. 약 1세기 초에는 참파(인도차이나 중남부 현 남 부 베트남지역)와 부남(현재의 캄보디아 지역)까지 전파되었고 6세기에는 캄보 디아와 미얀마까지 전해졌다. 북방불교는 중국을 통해 한반도로 전해졌고 약 552년 일본으로 전파되었다. 8세기경 불교는 빠른 속도로 발전해 많은 국가들 의 국교가 되었다. 그러나 불교의 본국인 인도에서는 5세기경에 이르러서야 일 어났으며 13세기 초부터는 점차 소멸되어 갔다.

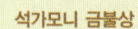

호류사(법륭사法隆寺)
호류사는 서기전 607년에 세워진 세계에서 가장 오래된 목조 건축물로 중국 남북조 시기의 가람伽藍 양식을 빌려온 것이다. 사찰 안에는 석가삼존불상釋迦三尊佛像과 백제관음百濟觀音 외에도 금강金剛과 오중탑五重塔의 불상군佛像郡 및 금당金堂의 벽화(고구려의 담징이 그린 벽화)가 있다. 불교는 5세기부터 중국에 유입되기 시작해 일본으로 전해졌으며 8세기에 성행했다.

5세기에 한국을 거쳐
일본에 전파됨

감진監眞 토우상 (당나라의 고승으로 일본 율종의 시조로서 불법과 중국의 건축, 미술 등을 전했다고 함)
불교는 중국에 전래된 후 빠른 속도로 전파되어 4세기경에는 대승 불교가 성행했다. 수·당 시기는 중국 불교의 전성기로 대승 형식 위주의 불교를 안정시키기에 이른다.

서력기원을 전후해
중국에 전파됨

서기전 1세기에 태국에 전파됨

불교는 서기전 1세기에
중앙아시아로 전파됨

바미얀 대불
아프가니스탄의 힌두쿠시 산맥의 계곡에 위치. 이곳은 일찍이 불교문화의 중심지였던 곳으로 계곡 벽에는 석굴들이 가득하다. 불교 승려들이 암벽에 석굴을 뚫고 채색하여 완성했다. 세인들의 관심을 가장 많이 끄는 것은 암벽에 조각된 거대 불상이다. 그중 서쪽 감실에 자리한 대불은 높이 55미터, 동쪽 감실에 자리한 대불은 높이가 38미터로 약 5~6세기경 완성되었다. 중국에서 경전을 구하기 위해 나섰던 현장玄奘이 630년 바미얀 지역을 방문하면서 견문록에 그 기록을 남겼다.

석가모니 고행도
서기전 6세기, 붓다는 보리수나무 아래에서 큰 깨달음을 얻고 제자들을 모아 불교를 전파했다. 불교는 그 소박함으로 인해 세인들의 환영을 받았으며 점차 아시아 전 지역으로 전파되었다.

다리우스 1세

Darius I

페르시아 제국의 정복자

생몰년	: 서기전 558~486년
국 적	: 고대 페르시아
성 격	: 강인하고 호전적이며 용감무쌍함
신 분	: 정치가
가 정	: 부친은 페르시아 국왕 캄비세스의 사촌

다리우스 1세의 조각상
그의 의상과 매트에는 네 가지 문자로 다리우스의 이름이 적혀 있다. 이것은 그의 위대한 업적과 신성불가침의 권력을 널리 알리는 것이다.

다리우스는 젊었을 때부터 페르시아 왕조에서 두각을 나타냈다. 서기전 535년 다리우스는 '만인불사군萬人不死軍'의 총지휘관으로 국왕 캄비세스를 따라 이집트로 출정했다. 다리우스 연합군은 반란세력의 우두머리인 가우마타와 그 지지자들을 죽이고 페르시아의 왕위에 올랐다.

다리우스 등극 초기에는 반란이 끊이지 않아 제국의 형세는 매우 위태로웠다. 그러나 그는 통치자로서의 재능을 충분히 발휘하여 1년여에 걸쳐 열여덟 번의 크고 작은 전쟁을 치렀다. 또한 폭동을 일으킨 8명의 국왕을 잡아들여 와해의 위기에 처해 있던 페르시아의 질서를 회복하는 데 성공했다. 서기전 520년 9월, 다리우스는 케르만자 동쪽 32킬로미터쯤에 위치한 비시툰 마을 옆의 가파른 경사면 절벽 위에 두 단에 걸쳐 그 기록을 새겼다. 이것이 바로 그 유명한 《비시툰 비문》으로 페르시아, 이집트, 바빌론의 3가지 문자로 비시툰산 105미터 높이의 절벽에 쓰여 있다. 이 비문은 다리우스의 업적과 그의 신성 불가침한 권력을 널리 알린 것이다. 다리우스는 이렇게 국내 사정을 안정시킨 뒤 대외적인 확장을 꾀하기 시작했다. 서기전 517년, 그는 군대를 파병해 인도 펀자브 지방을 정벌해 페르시아 제국의 스무 번째 사트라피(주 또는 방백령)를 건립했다. 서기전 513년, 그는 친히 군대를 이끌고 흑해 북쪽 연안으로 가 델로스를 정복하고 나서 해륙의 양로로 진격해 도나우강 하류와 흑해 북쪽 연안의 스키타이족을 향해 나갔다. 다리우스의 부대는 스키타이인들의 만만치 않은 저항을 받아 8만여 명을 잃고 결국 어쩔 수 없이 후퇴하고 말았다. 서기전 492년, 다리우스는 그의 사위 마르도니우스에게 600여 척의 함대를 이끌고 그리스(정확하게는 아테네와 에네트리아)를 정벌하도록 했으나 도중에 풍랑을 만나 크게 손실을 입고 원정을 포기했다. 서기전 490년 다리우스는 다시 군대를 보내 그리스를 공격해 마라톤에서 상륙에 성공했다. 그러나 강력한 기병 부대를 가진 페르시아 군대는 보병으로만 이루어진 아테네의 군대에 참패해 되돌아오고 말았다.

원정에 여러 차례 실패했음에도 불구하고 다리우스는 계속해서 그리스를 정복하고 세계제국을 건설하려는 꿈을 포기하지 않았다. 그러나 시간은 그가 소망을 이루도록 허락하지 않았다. 서기전 486년, 그가 그리스로 출병하려고 계획하고 있을 때 이집트에서 대규모의 폭동이 일어나 다리우스는 이를 진압하러 나섰지만 큰 꿈을 이루지 못한 채 죽고 말았다.

다리우스의 재위기간은 아케메네스 왕조가 다스린 페르시아 제국의 전성기였다. 그는 중앙 집권제를 공고히 했으며 정치, 경제, 군사 방면의 개혁에 성공했다. 정치적으로는 정복한 지역에 사트라프 관할구역 조직을 완성했으며 각기 총독을 두었다. 사트라프에는 분권 통치 방식을 쓰면서도 중앙정부와 서로를 제약할 수 있는 통치 방식을 취했다. 또 피정복 지역에 대해서 각기 그들의 종교, 법률 및 풍속을 존중해 주면서 효과적인 중앙 집권체제를 세웠다. 경제적으로는 새로운 세제를 도입하고 화폐와 도량형을 통일했다. 군사적인 면에서는 자신이 군대 최고 통수권자가 되

논술 키워드

다리우스 1세(BC 558~486)
아케메네스왕조 페르시아제국의 왕으로 본명은 다리아바우시이며, 장군이라기보다는 행정조직가로서 후세에 명성을 남겼다. 역전제와 사트라프 제도(페르시아 속주에 총독을 임명하여 다스리게 함)를 시행하여 중앙집권화를 꾀하여 페르시아 제국의 위대한 정복자가 되었다. 특히 페르시아는 지역적으로 동서교역의 중심지로써 유목루트(step road), 오아시스루트(silk road), 해양루트(oversea road)에 지대한 영향을 미쳤으며, 나중에 알렉산드로스대왕의 동방원정에 의한 헬레니즘 문화를 꽃피우게 한 발단이 되었다.

다리우스 1세 궁전 유적
유적의 규모와 남아 있는 석조 기둥으로 옛 페르시아 제국의 찬란했던 과거를 짐작할 수 있다.

어 각 사트라프의 군정은 권한을 나누어 페르시아인을 중심으로 하는 보병과 기마부대를 만들었다. 또 페니키아 수병을 중심으로 함선 600~1,000척을 보유한 함대를 조직했다. 각 사트라프에 주둔하는 군대와 신속히 정보를 주고받기 위해 다시 '왕도(Royal road)'를 재건해 역과 역마를 두어 페르시아 전역에 걸쳐 교통망을 형성했다. 그 밖에도 다리우스 1세는 인더스강에서 이집트에 이르는 항로를 감찰하도록 했으며 나일강 지류에서 홍해에 이르는 운하를 건설했다.

다리우스의 대규모 영토 확장은 고대 사회의 지역적인 제한을 없애고 각 고대문명간의 교류 범위를 확장시켰다. 이것은 인류의 교류 범위를 아시아, 유럽, 아프리카의 3대륙에 걸쳐 확장시켰다는 의미를 지닌다. 다리우스 1세는 페르시아 제국의 뛰어난 정치가인 동시에 세계 역사상으로도 유명한 정치가 중 한 사람으로 평가된다.

아이스킬로스

Aischulos

고대 그리스의 '비극의 아버지'

생몰년	서기전 525~456년
국 적	고대 그리스
출생지	아테네
성 격	굳세고 나라를 사랑하며 정의감으로 충만했음
신 분	극작가
가 정	귀족집안 출신

　아이스킬로스는 그리스의 가장 위대한 희곡작가 가운데 한 사람이다. 아이스킬로스는 서기전 499년, 그의 나이 스물여섯에 자신의 첫 번째 극본을 완성하여 대중으로부터 호평을 받았다. 서기전 490년, 아이스킬로스와 그의 두 형제는 유명한 마라톤 전투에 참가했다. 아테네 정부는 전장에서 용감하게 싸운 두 형제의 공적

이것은 가장 완벽하게 보존된 고대 그리스의 극장 가운데 하나로 에피다우로스(지금의 터키)의 아스클레피오스의 성역 유적지로 서기전 4세기에 지어졌다.

을 높이 칭송했다. 서기전 484년, 아이스킬로스는 처음으로 비극 경연대회에서 우승했는데 이는 그가 일생을 통해 받은 수많은 우승 경력의 화려한 시작이었다. 서기전 456년 그는 3부작 《오레스테이아》로 최후의 우승 기록을 장식했다.

아이스킬로스는 고대 그리스 비극의 진정한 창시자이

《오레스테이아》 3부작

다. 그는 디오니소스 축제(고대 그리스 술의 신 디오니소스(로마신화의 바쿠스)를 기리던 축제)에서 주신에게 바치던 합창 찬가에 한 명의 배우를 더해 순수 합창을 극의 형태로 발전시켰다. 그는 먼저 3부작의 비극 형식을 도입했는데 각 부는 독립적이면서도 서로 긴밀한 연관성을 가지고 있었다. 그 중 가장 유명한 작품이 《포박된 프로메테우스》와 3부작 《오레스테이아》이다.

《포박된 프로메테우스》는 간결하면서도 힘찬 비극으로 고대 그리스 신화에서 소재를 빌려왔다. 아이스킬로스는 이 비극을 통해서 피할 수 없는 운명에 저항하고자 하는 인류의 의지라는 고대 그리스 비극의 주제를 확립했다.

위대한 3부작 《오레스테이아》는 그가 죽기 2년 전, 즉 서기전 458년에 완성되었다. 이 작품집은 다양한 예술적 기교를 내포한 신화와 전설을 소재로 삼았다. 또 모권제에 대한 부권제의 승리를 묘사하여 아테네의 민주 정치를 긍정하고 법치 정신을 찬양하고 있다. 대를 이어 전해지는 오만하고 포악한 복수로 결국에는 누구도 응보를 피할 수 없다는 것이 주제이다. 이 작품은 세계 희극 사상 가장 우수한 작품 중의 하나이다.

논술 키워드

아이스킬로스의 작품
그는 평생 90편의 비극을 썼지만 현재 전해지는 것은 《페르시아인》, 《구원을 바라는 여자들》, 《아가멤논》, 《코에포로이》, 《에우메니데스》 등 7편에 불과하다.

아이스킬로스는 정치적으로 민주파를 옹호했으므로 그의 비극 곳곳에서 민주 정신을 엿볼 수 있다. 그러나 그의 사상에도 모순은 있어 때로는 귀족의 시선으로 당시의 현실을 보기도 했다. 정치적인 모순은 종교적인 면에도 반영되었는데 그는 신의 공정함을 찬미하면서도 다른 한편으로는 신을 적시하는 태도를 보이기도 했다. 이러한 아이스킬로스의 사상적 모순은 아테네 조기 민주파의 특징이기도 하다.

인류 역사상 가장 위대한 극작가의 한 사람인 아이스킬로스는 자신의 묘비에 희극과 관련해서는 이상하리만치 침묵을 지켰다. 그러나 전쟁에서 얻은 체험에 대해서는 대단한 자부심을 엿볼 수 있다. '이 돌 비석 아래 아이스킬로스가 누워 있다. 그의 용기에 대해서는 마라톤의 숲이 증거가 되어줄 것이다. 혹은 긴 머리의 페르시아인에게 물어보라. 그들이 그에 대해 가장 잘 알고 있으므로……'

〈포박된 프로메테우스〉 조소

페리클레스
Pericles

고대 그리스의 위대한 정치가

생몰년 : 서기전 495~429년
국 적 : 고대 그리스
출생지 : 아테네
성 격 : 우아하며 지혜와 용기를 겸비함
신 분 : 정치가
가 정 : 부친은 아테네 함대의 사령관

아테네의 정치가 페리클레스는 아테네 민주정치에 30여 년간 결정적인 역할을 했다. 이 페리클레스 반신상은 로마인이 서기전 5세기말의 원작을 복제한 것이다. 투구는 페리클레스의 전략적인 재능을 의미하며 단정한 모습은 고대 인물의 이상화된 초상을 떠올리게 한다.

페리클레스는 귀족 출신으로 부유한 가정 출신이었다. 그는 어려서부터 체육, 문예, 철학, 웅변술 심지어는 칠현금 반주에 맞추어 노래하는 등의 훌륭한 교육을 받을 수 있었다. 그의 청년 시절에 그리스 동맹은 페르시아의 침략에 맞서 전쟁을 치르고 있었다. 아테네와 동맹국들은 한마음으로 힘을 합쳐 싸웠고 결국 강력한 페르시아 군대를 물리칠 수 있었다. 이로 인해 그리스는 세계에서 가장 강력한 국가로 자리매김할 수 있었다. 나라에 대한 열렬한 사랑과 아테네 공민으로서의 자부심의 발로로 페리클레스는 아테네의 정치 무대에 서게 되었다. 그 후 그는 정치가로서의 탁월한 자질을 발휘했다.

서기전 466년을 전후로 페리클레스는 아테네 민주파의 수령인 에피알테스를 따라 아테네 민주파의 주요한 대표자로 발돋움했다. 에피알테스가 아테네 귀족파에 의해 피살된 뒤에 페리클레스는 아테네 민주파와 국가 정권의 주요한 우두머리가 되었다. 서기전 443년부터 그는 연속 15년간 아테네의 가장 중요한 관직인 스토라테고스(장군직)에 당선되어 국가의 정권을 완전히 장악했다. 페리클레스는 집정기간에 오로지 아테네의 번영과 영화를 위해 노력했다. 그리하여 이 시기는 역사적으로 '페리클레스의 황금시기'로 일컬어진다.

이 시기에 아테네는 내정방면에서 민주정치 체제를 갖추게 되었다. 아테네의 민회는 법률상 최고 권력 기관으로 매년 2~4회 개최되었으며 시민들은 빈부 또는 지위의 고하를 막론하고 20세 이상이면 모두 선거권을 가졌다. 페리클레스의 노력으로 아테네 민회는 일련의 법령과 조치를 통과시켰으며 민회를 국가 최고 권력 기관으로 자리매김했다. 그리하여 시민들에게 각종 관직을 개방하고 공직에 있는 사람에게는 수당을 제공했다. 이로써 아테네의 국가 제도는 민주화를 표방할 수 있었다. 대외 정책 방면에서 페리클레

아테네 시민이 투표할 때 사용했던 도기 조각(도편)
도기 조각에는 장차 추방될(아테네에서 축출될) 시민의 이름이 새겨져 있다. 서기전 5세기 아테네는 개인의 권한을 제한하기 위해서(즉 독재자의 출현을 방지해 민주주의를 수호하기 위해서) 도편추방제를 실시했다. 이는 후에 여러 가지 음모(정적을 제거하기 위한 정쟁의 도구로 사용됨)로 이용되면서 실효성을 잃게 된다.

아크로폴리스 유적
페리클레스 시대의 건축유적들. 파르테논 신전과 아크로폴리스의 정문인 프로필레이아, 헤파이스토스 신전, 수니온 신전, 에렉테이온 신전 등 천년의 세월을 견딘 조형 예술의 걸작품들이다.

스는 해상 역량의 강화에 힘써 대외 무역을 확대시켰으며, 아테네와 그리스 반도의 세력을 더욱 강력하게 만들었다. 문화면에서 페리클레스는 그리스 고전 문화의 발전을 촉진시켰다. 그의 집권 시기에 그리스의 유명한 학자, 문인 등 예술 대가들은 아테네로 모여들었다. 그들은 강의를 하고 진선미를 추구했으며 우주의 오묘함과 인간 삶의 진리를 탐구하는 데 진력했다.

서기전 431년, 아테네와 스파르타의 전쟁이 다시 발발하면서 스파르타의 대군이 아테네를 침략해 들어왔다. 전쟁의 패배와 급작스러운 역병으로 페리클레스는 정적들에게 공격을 당하게 되었다. 페리클레스는 서기전 430년 스토라테고스에서 물러나게 되었고 공금 남용으로 기소되어 벌금형에 처해졌다. 서기전 429년 페리클레스는 다시 스토라테고스에 당선되었지만 곧 페스트로 병사하고 말았다.

🔍 심금을 울리는 명인 한 마디

♠ 우리의 제도를 민주정치라 부르는 이유는 정권은 백성들의 수중에 있는 것이지 소수의 손에 달린 것이 아니기 때문이다.

플라톤

Plato

서양 정치철학의 시조

생몰년	서기전 427~347년
국 적	고대 그리스
출생지	아테네
성 격	고집스러우며 강인하고 지혜로움
신 분	철학자, 사상가
가 정	귀족 집안에서 태어남

플라톤의 본명은 아리스토클레스인데 태어나면서부터 넓은 어깨(혹은 넓은 이마라고도 한다)를 가졌기 때문에 붙여진 이름이다.('플라톤'이란 그리스어로 '넓다' 또는 '평평하다'라는 뜻이다.) 플라톤은 젊은 시절 훌륭한 교육을 받으며 당시 유행하던 각종 학설을 접할 수 있었다. 플라톤은 스무 살이 되었을 때 나이 예순 살의 대 철학자 소크라테스를 만나 그를 스승으로 모시며 철학 연구의 기나긴 길을 걷기 시작했다. 평민 특히 급진 민주세력의 맹렬한 공격을 받던 소크라테스의 열정적인 탐구정신은 플라톤에게 깊은 감명을 주었다. 그러나 서기전 399년, 소크라테스가 아테네 민주세력에 의해 죽음을 당하자 플라톤은 깊은 충격에 휩싸이게 되었다. 플라톤은 소크라테스 무리에 속해 있다는 이유로 아테네에서 쫓겨나고 말았다. 그는 약 스물여덟 살에서 마흔 살에 해외를 유랑하면서 수학자, 사상가, 정치가들과의 폭넓은 교류를 통해 점점 자신의 사상체계를 수립했다. 서기전 386년, 플라톤은 아테네로 돌아와 아테네 근교의 아카데미 체육장에 학원 아카데미아를 열었다. 그는 제자들을 모집하여 철학을 가르치며 저작 활동에

플라톤은 다방면에서 소질을 보인 천재였다. 그의 대화록은 역사 이래 가장 아름다운 그리스 산문이며 예술적인 걸작이자 철학서라는 평가를 받는다. 그러나 플라톤의 사상은 실제 정치에 영향을 미치기에는 다소 부족했다.

19세기 벨기에 상징주의 화가 장 델빌의 작품이다. 플라톤은 대략 서기전 386년 아테네 학원을 열어 그리스의 젊은이들에게 진리와 미학을 가르쳤다.

열중했고 가르치는 것을 평생 직업으로 삼았다.

플라톤의 주요 저서로는 《소크라테스의 변명》, 《향연》, 《국가론》, 《폴리티코스》, 《파이돈》 등이 있다. 플라톤은 주로 대화 형식으로 자신의 사상을 펼쳤는데 대화의 주인공은 바로 스승인 소크라테스였다.

플라톤 철학의 핵심 사상은 다음과 같다. 현실계 위에는 감각적 경험에 의한 세계를 초월하는 세계가 존재한다. 이 이데아(idea)의 세계가 제1성이며 현실세계는 제2성이다. 현실세계는 가변적인 것이라 이데아의 세계에만 영원불변한 진실이 존재한다.

플라톤은 정치적으로는 귀족 정치를 옹호했으며 민주 정치에 반대했다. 플라톤의 정치적 특징은 그의 대표작인 《국가론》에 잘 나타나 있다. 플라톤은 국가를 거대한 한 개인으로 보았으며, 개인은 국가의 축소된 형태라고 생각했다. 이때 개인은 지혜(이성), 용기, 절제의 세 가지 덕목을 갖춘다. 국가에도 각기 다른 덕목을

명인
일화 플라톤은 학원(아카데메이아)을 세우고 입구에 "누구든 기하학을 모르는 자는 들어오지 말 것"이라는 글을 써두었다. 플라톤은 이 규칙을 엄격히 적용하여 기하학에 대한 지식이 없는 사람은 철학 전당에 들어올 수 없도록 했던 것이다. 일찍이 그는 시라쿠스(그리스의 한 도시국가) 궁전의 청을 받고 강의를 한 적이 있었는데, 시라쿠스 궁전 바닥에 모래와 자갈을 깔아 사람들이 기하학의 원형을 연구할 수 있도록 했다고 한다.

갖춘 사람들이 존재한다고 보았다. 첫째는 현명한 통치자 계급이
며 둘째는 용감히 방위를 맡은 군인 계급이다. 셋째는 나면서부터
'절제'의 미덕을 가지는 농부, 공인, 상인 계급이며 이
들은 앞선 두 계급을 부양하는 사람들이라고 보았다.
플라톤은 이 세 계층의 사람들이 자신의 본분을 지키고 조
화를 이루면 정의가 실천된다고 생각했다. 그리고 이것이야말
로 국가의 주요한 기능이라고 생각했다. 또한 이것은 권력을
지닌 자는 사유재산을 소유하지 않으며, 사유재산을 가진 자는
권력을 가지지 않는 이상적 국면을 형성한다고 생각했다. 플라
톤의 사상은 고대 스파르타의 과두정치를 근본으로 한 것으로 민
주 정치의 전통을 가진 아테네에서는 실현하기 어려운 것이었다.
플라톤은 말년까지도 끊임없이 자신의 주장을 펼쳤으나 받아들여
지지는 못했다.

서기전 347년, 플라톤은 향년 80세로 세상을 떠났다. 플라톤은
서양 철학사상 최초로 경험론經驗論을 체계화한 사람이다. 그의 사
상은 중세 유럽 기독교 문명 및 근대의 여러 유심론과 경험론 및
영웅주의 사관에까지 두루 영향을 미치고 있다.

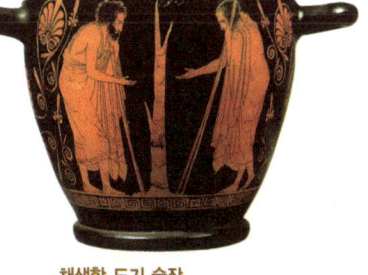

채색한 도기 술잔
도기 겉면에 그려진 그림은 철학의 대
가 플라톤과 그의 제자인 아리스토텔
레스가 대화를 나누는 장면이다.

논술 키워드

이데아(idea)
그리스어로 본 뜻은 보이는 것
'알려져 있는 것'으로 형상이란
뜻이나, 플라톤은 인간 감성을
초월한 진실적인 존재에 대해
썼으며, 소크라테스는 윤리적·
미적 가치 자체를 표현하는 말
로 사용하였다. 근래에 와서는
특히 이성(理性)의 영원불변하는
최선의 이념(의식)을 뜻하는 말
로 사용되고 있다.

심금을 울리는 명인 한 마디

♠ 이상적인 것은 반드시 실현되는 것은 아니다. 설령 실현되지 못했다 할지라도 이로 인하여 그
것이 완벽하다는 것을 부정할 수는 없다.

아리스토텔레스

Aristoteles

위대한 철학자이자 과학자

생몰년	서기전 384~322년
국 적	고대 그리스
출생지	스타게이로스 성
성 격	고집이 있으며 지혜로움
신 분	사상가
가 정	부친은 마케도니아 국왕 필리포스 2세의 전의典醫(왕의 병을 치료하는 의사)

아리스토텔레스는 귀족적이며 의학적인 분위기의 가정에서 태어나고 자랐다. 당시 아리스토텔레스의 가문이었던 아스클레피오스 가문은 의학 및 해부의 기술을 아들에게 교육했다고 한다. 그의 아버지가 전의였으니 아리스토텔레스도 예외는 아니었을 것이다. 전통에 따라 아리스토텔레스는 아버지의 직업을 계승해야 했으나, 이러한 의학적인 분위기는 오히려 그에게 과학적인 관심을 불러일으켰다. 서기전 367년, 아리스토텔레스는 플라톤을 스승으로 삼고 플라톤의 학원 아카데메이아에 들어가 장장 20여 년 동안 각종 지식을 연구했다. 아리스토텔레스는 함께 공부하는 학생들 가운데에서도 뛰어났으므로 플라톤은 그를 '아카데메이아의 정신(또는 예지의 화신이라고도 함)'이라고 불렀다. 플라톤이 사망한 뒤에 아리스토텔레스는 소아시아의 아소스로 갔다. 그는 헤르메이아스의 궁전에 기거하면서 헤르메이아스의 질녀인(질녀이면서 동시에 양녀였다) 피티아스와 결혼하여 딸을 하나 낳아 자신의 어머니와 동일한 이름을 지어주었다. 피티아스가 세상을 떠난 후에 아리스토텔레스는 그의 시녀인 헤르필리스와 동거하면서 니코마코스라는 아들 하나를 낳았다.

고대 그리스의 위대한 철학자 아리스토텔레스는 추상적인 사유방식이 아닌 객관과 경험에 의거한 철학 방법을 개척했다.

서기전 342년, 아리스토텔레스는 마케도니아 국왕 필리포스 2세의 아들 알렉산더의 스승이 되었다. 아리스토텔레스는 서기전 335년 마케도니아에서의 유랑생활을 마치고 그리스로 돌아갔다. 그리스로 돌아온 아리스토텔레스는 아폴론 신전 근처의 리케이온 숲에 학당을 열었는데, 당시 마케도니아의 왕이 된 알렉산더로부터 거액의 경비를 지원받았다. 아리스토텔레스는 늘 제자들과 숲 속의 산책로 페리파토스를 거닐며 철학을 논했기 때문에 소요학파(逍遙學派, peripatetic)라 불리게 되었다.

아리스토텔레스는 고대 세계에서 가장 박식한 사람이었다. 그는 선인의 연구 성과를 종합하면서 당시에 이미 알고 있던 각 학문의 영역들 −논리학, 정치학, 경제학, 전략학, 수사학, 문학, 물리학, 의학 − 에 대해 비상한 지적 관심을 표출했다. 또한 그는 형식 논리학과 생물학 등의 새로운 영역을 개척했다. 굳이 과장하지 않더라도 아리스토텔레스의 연구 업적은 고대 그리스 과학 지식의

아테네 학당
이 벽화는 라파엘로가 바티칸궁을 위하여 그린 것이다. 그림 한 가운데는 플라톤과 아리스토텔레스가 이야기를 나누고 있으며, 각기 다른 지역과 학파를 대표하는 유명한 철학자들이 자유롭게 토론을 벌이고 있다.

최고 수준이라 할 수 있다.

아리스토텔레스는 형식논리학의 창시자로서 귀납과 연역의 사유 방식을 도출해냈다. 또한 동일률, 모순률, 그리고 배중률과 이들 사유의 기본 규율에 대해서 상세하게 설명했다. 그가 규정하고 발견한 원칙과 범주 및 그것들의 사용에 필요한 몇몇 전문 용어들은 지금까지도 논리 교재에서 쓰이고 있다.

〈정치학〉 삽입 페이지 아리스토텔레스
아리스토텔레스가 강의한 《정치학》에는 청소년을 위한 교육 즉, 역사, 군사, 예술, 종교 등 항목이 포함되어 있었다.

아리스토텔레스는 철학 분야에서 객관 세계는 진실의 존재임을 확신했고 인류 인식의 근원은 외부 사물에 대한 감각으로부터 비롯된다고 생각했다. 그는 '사인설四因說(질료인質料因, 작용인作用因, 형상인形相因, 목적인目的因)'을 제시했는데, 이는 사물이 발생하고 움직이고 발전하는 것은 모두 이 네 가지 원인이 작용한 결과라는 것이다. 또한 그는 정치학 분야에서 군주, 귀족, 공화, 참주, 과두와 평민의 여섯 가지 정체政體를 상세하게 비교 설명했다. 또 법치를 주장하며 '법률은 정욕의 영향을 받지 않는 이성이다'라고 했다. 문학 방면에서는 미학, 문예 이론과 관련된 일련의 문제들 예를 들면 문예의 발생과 분류, 문예와 현실의 관계 등을 광범위하게 고찰했으며 문예는 심오한 사회적 의의를 지닌다고 여겼다.

서기전 323년 알렉산더 대왕이 병으로 죽고 나서 아테네는 마케도니아 저항 운동의 중심이 되었다. 아리스토텔레스는 알렉산더 대왕의 스승이었기 때문에 아테네를 떠나 칼키스로 피신했다. 그리고 그 이듬해에 향년 63세로 세상을 떠났다.

알렉산더 대왕

Alexander

마케도니아의 위대한 정복자

생몰년 : 서기전 356~323년
국 적 : 마케도니아
출생지 : 마케도니아(그리스 북부)
성 격 : 의지력이 강함, 날카로우면서 과단성 있음
신 분 : 정치가, 군사가
가 정 : 아버지는 마케도니아의 국왕 필립포스 2세

알렉산더는 어려서부터 세계를 제패하고 위대한 업적을 달성할 꿈을 가지고 있었다. 그는 부왕이 승리를 거두었다는 소식을 들을 때마다 자신이 그로 인해 세계를 정복하는 영광을 누리지 못하는 것이 아닐까 걱정했다고 한다. 알렉산더는 열여섯 살부터 부왕을 따라 정벌에 나섰다. 그는 유명한 카이로네이아 전투에서 마

알렉산더는 가우가멜라 대첩 이후 일찍이 한 시대를 호령하던 페르시아 제국을 산산이 와해시켰다. 알렉산더 대왕이 전차를 타고 페르시아에서 획득한 전리품을 들고 바빌론성으로 개선하고 있다.

가우가멜라 대첩
이 그림은 알렉산더가 중기병을 이끌고 페르시아 군대를 무찌르는 장면을 그린 것이다. 이곳에서 알렉산더는 페르시아와 생존과 멸망을 가르는 대전을 벌여 결정적인 승리를 거두었다.

케도니아 기병을 이끌고 기세등등하게 적의 우익을 파고들어가 전투를 승리로 이끄는 데 공을 세웠다.

서기전 336년, 필립포스 2세는 딸의 결혼식에서 자객의 공격을 받고 사망한 후 알렉산더가 왕위를 물려받았다. 그때 그의 나이는 스무살이었다. 당시 국제 정세는 긴장되어 필립포스 2세가 세운 그리스 연맹과 정복했던 북방의 속지에서 차례로 반란이 일어났다. 알렉산더는 그의 탁월한 군사적 재능을 발휘해 숱한 반란세력을 제압하고 그리스에서 차지하고 있는 마케도니아 패주의 지위를 공고히 했다.

알렉산더는 내란을 평정하고 즉시 동방으로 원정을 떠났다. 서기전 334년, 그는 보병 3만과 기병 5,000명, 전함 160척을 거느리고 페르시아를 공격했다. 그의 대군은 빠른 속도로 소아시아를 정복해 나갔다. 서기전 333년 11월에는 킬리키아의 아수스성 근처 피나루스강 유역에서 페르시아 황제 다리우스 3세의 60만 군마와 유명한 '아수스 전투('아수스 평원의 전투'라고도 함)'를 치렀다. 전투가 시작되자 알렉산더는 정예병의 우측을 기병으로 제압하였고 병력을 재정비하고 맹렬한 기세로 적의 좌측을 공격한 후 바로 다리우스를 향해 돌진했다. 이로써 페르시아 군대는 완전히 궤멸했으며 다리우스 3세의 어머니, 아내와 두 딸은 포로로 잡혔다. 알렉산더는 다리우스 3세의 화친을 거절하고 페르시아 해군을 격파하며 지중해를 장악했다. 또한 그는 이집트를 무혈점령하며 서기전 331년 봄, 군대를 메소포타미아에 주둔시키고 페르시아 본토로 진격을 감행했다. 같은 해 9월 옛 앗시리아의 수도 나네베 부근의 가우가멜라에서 페르시아 군대와 결전을 벌였다. 페르시아군은 군사가 백만에 도륙전차 200여대를 보유한 대군이었지만 참패하고 말았다. 다리우스 3세는 동쪽으로 피신했으나 빅트리아의 총독인 베소스에 살해당했고 베소스는 오래지 않아 알렉산더에게 잡혀 죽음을 맞게 되었다. 한 시대를 호령하던 페르시아 제국은 결국 알렉산더의 철기 아래 무너지고 만 것이다. 서기전 324년, 알렉산더는 바빌론으로 돌아옴으로써 원정을 마쳤다.

알렉산더는 군사 정복을 통해 동으로 인더스강에서 서로는 마케도니아와 그리스까지 바빌론을 수도로 하는 전대미문의 거대한 제국을 세웠다. 그는 적극적으로 제국내의 경제 및 문화교류를 촉진시켰다. 알렉산더의 원정으로 많은 그리스의 학자들이 동방으로 유입되어 현지의 과학과 문화를 연구했다. 이로써 동서 과학 문화의 상호 보완과 교류가 이루어질 수 있었다. 또한 알렉산더는 마케도니아인들과 동방인들의 융합을 위해 결혼을 장려했으며 시범적으로 다리우스 3세의 딸과 결혼을 하기도 했다. 알렉산더의 여러 가지 적극적인 조치들로 그리스는 흥성할 수 있었다.

서기전 323년 6월 13일, 알렉산더는 다시 원정을 준비하다가 33세에 병환으로 세상을 떠났다.

알렉산더 기마 조각상
알렉산더는 부케팔루스를 타고 군대를 거느려 포위를 뚫으면서 페르시아군의 진격을 격퇴하고 있다.

심금을 울리는 명언 한 마디

♠ 나는 승리를 훔치지 않는다.

아르키메데스
Archimedes

과학계 불후의 위인

생몰년 : 약 서기전 287~212년
국 적 : 고대 그리스
출생지 : 시칠리아섬의 사라쿠사
성 격 : 신중하고 지혜로움
신 분 : 수학자이며 물리학자
가 정 : 아버지는 천문학자이자 수학자였음

고대 그리스 물리학자 아르키메데스
이는 비잔틴 벽화 가운데 일부분이다. 로마의 대군이 시라쿠스를 공격해 들어왔을 때 아르키메데스는 수학 연구에 몰두해 있었다고 한다. 그림속의 아르키메데스는 두 손으로 자신의 수학도구를 감싸며 분노에 찬 눈으로 어딘가를 주시하고 있다. 원화에는 그의 뒤쪽으로 검을 쥔 로마 병사가 서 있다.

서기전 287년, 아르키메데스는 사라쿠사 부근의 한 작은 마을에서 태어났다. 그의 가문은 귀족집안이었음에도 불구하고 부유하지 못한 생활을 했다고 전해진다. 아르키메데스는 아버지의 영향을 받아 어려서부터 배우는 것을 좋아했으며 생각하고 변론하기에 능했다. 또 수학과 천문학 특히 고대 그리스의 기하학에 깊은 관심을 보였다. 아르키메데스는 열한 살이 되었을 때 왕실과의 친분 덕으로 이집트의 알렉산드리아로 가서 공부할 기회를 얻게 되었다. 아르키메데스는 '지혜의 도시'로 불리던 이 도시에서 몇 년 동안 머물며 공부했다. 그는 수많은 도서를 섭렵했고 숱한 학자들과 밀접하게 교류했다. 아르키메데스는 유클리드의 제자 에리토스테이어스와 코논의 문하로 들어가 철학, 수학, 천문학에서 물리학 등을 함께 연구했다. 그는 시라쿠사로 돌아온 후로도 알렉산드리아의 학자들과 연락하며 과학적인 연구 성과를 교류했다.

아르키메데스는 과학영역에서 동시대 과학자들의

추앙을 받을 만한 수많은 업적을 남겼다. 아르키메데스는 수학영역에서 '착출법'을 이용해 포물선의 활꼴, 나선, 원형의 면적과 체적 및 타원구체, 포물면체 등 복잡한 기하체의 체적을 구하는 데 성공했다. 이것은 미적분 계산의 시조로 인정받고 있다. 그는 또한 이 방법으로 π(원주율)값을 추산해 3차 방정식의 해법을 얻어냈다. 또한 그는 명수법命數法을 발견했으며 이를 이용해서 수많은 수학의 난제를 해결했다. 그의 주요한 수학 저서로는 《구와 원기둥에 대하여》, 《코노이드(conoid)와 스페로이드(spheroid)》, 《포물선의 구적》과 《소용돌이선에 대하여》가 있다. 역학 영역에서 아르키메데스는 주로 정역학靜力學과 유체역학流體力學 방면에서 많은 성

아르키메데스는 히에론 왕의 왕관이 순금으로 만들어진 것인지를 밝히기 위해 무척 고심했으나 실마리를 잡지 못하고 있었다. 어느 날, 그가 목욕을 하려고 공중목욕탕의 목욕통 안으로 들어가다가 수위가 높아지자 물이 목욕통 밖으로 흘러 나가는 것을 보게 되었다. 그는 뛸 듯이 기뻐하며 소리쳤다. '만약 왕관을 물속에 넣었을 때 배출되는 물의 양이 같은 중량의 순금 덩어리가 배출하는 물의 양과 같다면, 왕관에는 다른 금속이 섞이지 않은 것이다.' 이것이 그 유명한 '아르키메데스의 원리'이다. 즉 액체 중에 물체를 넣으면 위로 향하는 부력을 받게 되고 이 부력의 크고 작음은 물체가 배출해 내는 액체의 중량과 같다는 것이다.

심금을 울리는 명인 한 마디

♠ 나에게 지렛대와 지렛목(지탱할 곳)만 준다면 지구라도 움직여 보이겠다.(지렛대의 원리를 발견하고 시라쿠사 왕 히에론 앞에서 한 말.)

과를 올렸다. 그는 기계를 연구하던 중에 지렛대의 원리를 발견했고, 부체(浮體, 물에 떠있는 물체)를 연구하다가 부력의 원리를 발견했다. 이것이 바로 그 유명한 '아르키메데스의 원리' 이다. 또한 그는 《부체에 대하여》, 《지렛대에 대하여》, 《중심에 대하여》 등의 역학 저서를 남겼다. 천문학 영역에서 아르키메데스는 돌아가는 구를 이용해서 일식과 월식 현상을 설명했다. 아르키메데스는 지구가 둥근 구의 형상을 하고 있으며 태양을 중심으로 돌고 있다고 생각했다. 이는 코페르니쿠스의 '지동설' 보다 무려 1800년이나 앞선 생각이었다.

복숭아를 완전히 물속에 넣고 배출되는 물의 양을 재면 복숭아의 체적을 계산해 낼 수 있다.

아르키메데스는 과학적 발견을 실전에 응용하는 데도 열중했다. 그는 일생동안 수많은 기계를 설계, 제작하여 지렛대 외에도 기중 도르래, 관계기, 펌프 및 군사용 투사기 등을 만들었다. '아르키메데스의 나선식 펌프' 로 불리는 양수기는 현대의 나사 운반기의 전신이다.

아르키메데스는 위대한 애국자이기도 했다. 로마군이 시라쿠스를 침공했을 때 그는 동포들과 함께 많은 무기들을 제작했다. 원거리 투척이 가능한 투석기, 적선을 휘둘러 던질 수 있는 기다랗게 생긴 기중기와 쇠로 된 갈고리 및 광원을 집중시켜 적선을 불태울 수 있는 초대형 볼록렌즈 등이었다. 3년간이나 저지당하던 로마인들에 의해 성이 함락된 후 아르키메데스는 75세에 어느 로마 병사의 손에 죽음을 당했다. 그의 시신은 시칠리아 섬에 묻혀 있으며 묘비에는 구에 외접하는 원기둥이 조각되어 있다. 이것은 그가 기하학에서 세운 위대한 공헌을 기념하기 위한 것이다. 수학자들은 아르키메데스를 '수학의 신' 이라 부르며 추앙하고 있다. 아르키메데스는 뉴턴과 가우스를 누르고 역사 이래 가장 훌륭한 수학자 3인 중 단연 1위를 차지하고 있다.

아소카왕

Asoka

인도 역사상 가장 걸출한 군주

생몰년	서기전 269~232년
국 적	고대인도
출생지	중인도 마가다국
성 격	악을 배척하고 선을 숭배함, 불심이 깊었음
가 정	아버지는 마우리아 왕조의 2대왕 빈두사라

아소카는 고대 인도 마가다국 마우리아 왕조의 제3대 왕이다. 그의 조부인 찬드라굽타는 백성을 이끌어 마케도니아 군대를 물리치며 난다왕조의 통치를 마감하고 마우리아 왕조를 열었다. 아버지 빈두사라는 제2대왕으로 아소카가 태어났을 때 '나는 오늘로서 고민이 사라졌다.'라고 해서 아소카라는 이름을 얻게 되었다. '아소카'는 걱정이 없다는 뜻이다. 따라서 아소카는 무우왕無憂王이라고 불리기도 한다.

아소카왕은 열여덟 살에 아반띠에서 총독을 역임했으며 택차실라의 1차 반란을 진압하며 두각을 나타내기 시작했다. 서기전 273년 빈두사라가 병으로 세상을 뜬 후 99명의 형제자매를 죽이고서야 왕으로 불리게 되었다. 그 후 4년이 지나서야 등극식을 거행하고 비로소 왕위에 오를 수 있었다고 한다.

아소카는 왕위에 등극한 후 즉시 해외로 영토 확장을 꾀했다. 그는 습파살濕婆薩국을 정복했으나 가장 규모가 큰 정복전은 칼링가 원정이었다. 칼링가는 벵골만 연안의 국가였는데 군사력이 강하고 해외 무역이 발달해서 경제적으로도

아소카왕의 석주 머리장식 사자상
현존하는 아소카왕의 석주 중 조각 기법이 가장 우수하다고 알려진 돌기둥이다

아잔타석굴의 전경
아잔타석굴은 서기전 3세기 아소카왕 시기에 짓기 시작해 7세기 굽타왕조에 이르러 완성되었으니 1000여 년에 걸친 공정이었다. 아잔타 석굴에는 총 29개의 동굴이 있는데 어떤 것은 문과 정원이 달린 불당이고 또 어떤 것들은 승도의 주거지이다. 앞에 것을 '지제굴(支提窟)'이라 하고 뒤에 것을 '비가라(毘訶羅)'라 부른다.

부유한 곳이었다. 아소카 왕은 바로 이 점을 탐냈던 것이다. 약 서기전 262년, 아소카는 칼링가에 대규모 진격을 감행하여 그 나라를 정복했다. 아소카왕의 통치시기에 남아시아 대륙의 일부는 아무리아 왕조의 통치를 받게 되었다. 이것은 고대인도 역사상 유래 없는 일이었다.

아소카는 어려서부터 부처님이 성불한 이야기 듣는 것을 좋아했다. 이것은 즉위 후 참혹한 전쟁 등을 겪으면서 그의 생각에 큰 영향을 미쳤다. 그는 전쟁에 대해 깊이 후회하기 시작했으며 차츰 불교에 대한 관심이 높아졌다. 아소카는 칼링가 전투 이후 곧 불교 고승과 여러 차례에 걸쳐 긴 이야기를 나눈 후 불교에 귀의했다. 그때부터 아소카왕의 대내외적인 정책에 있어 혁신적인 변화가 나타났다. 그는 자신이 칼링가 백성들에게 전쟁으로 인한 고통을 준 것에 대해 '깊은 우려와 회한을 느낀다'고 말했다. 이후 그

🗨 심금을 울리는 명인 한 마디

♠ 정법의 승리는 그야말로 무상無上의 승리다.

는 인근 국가에 용맹한 군대를 보내는 대신 고승들을 보내 '전쟁의 북소리'를 '법의 소리'로 바꾸었다. 그가 말하는 '법'이란 불교의 이념과 도덕관을 기초로 인애의 실천과 경건함을 강조한 것이었다. 아소카는 불법을 신봉하는 데 있어 중요한 것은 행동이라고 했다. 그는 모든 사람들이 우선 자신의 가정에서 도덕을 실천하기를 희망했다. 아소카는 이를 몸소 실천해 궁전과 온 나라에서 피비린내 나는 오락을 금했으며 동물을 죽여 제사 지내는 일도 하지 못하게 했다.

불교는 짧은 시간 안에 인도의 국교로 선포되었다. 아소카왕은 왕궁과 인도 각지에 석주石柱를 세우고 석벽石壁을 파도록 하고 그 위에 조령(사후 일정 기간이 지난 자의 생생한 영혼)을 새기도록 했다. 그는 또한 불교 고승들을 불러들여 불교경전을 편집, 정리하도록 했으며 각지에 많은 사원을 세웠다. 또한 불법을 널리 알리기 위해 왕자와 공주를 포함해 수많은 사절과 승려들을 인근 국가나 지역으로 보내 포교 활동을 벌이도록 했다. 약 서기전 253년 그의 도움 하에 화씨성華氏城에서 유명한 제3차 결집이 있었다. 이 결집에서 불교는 경經, 논論, 율律의 세 가지를 완비하게 되었다. 후에 그는 부처의 사리를 나누어 아소카 탑을 세우기도 했다. 아소카왕은 불교를 적극적으로 추진하여 이집트, 시리아, 미얀마, 중국에까지 전파되었고 결국 세계적인 종교로 자리잡게 되었다.

아소카왕은 고대에서 가장 정사에 힘을 기울였던 군주 가운데 한 사람이었다. 그는 백성을 위해 관개시설을 하고 도로를 닦았으며 병원을 세우는 등의 많은 일을 했다. 아소카왕은 재위 40여 년 동안 국내외에서 높은 명망을 얻었다. 인도와 기타 일부 국가의 역사가들은 그를 '위대한 아소카왕'이라 부른다.

붉은 도기 식판
고산비(高山比)에서 발견된 고대인도 조각의 정수. 화려한 옥좌는 이 작품의 두 주인공인 연인이 군주와 그 아내라는 것을 보여준다. 이것은 그들의 첫날 밤을 묘사한 것이다.

카이사르 *케사르

Caesar

고대 로마의 최고 통치자

생몰년 : 서기전 100~44년
국 적 : 고대 로마
출생지 : 로마성 밖의 농장
성 격 : 포부가 원대하고 용맹하며 지략이
　　　　뛰어났음
신 분 : 정치가, 군사가, 문학가
가 정 : 로마 귀족 율리우스의 후예

카이사르의 흉상
카이사르는 정적 폼페이우스를 물리친 뒤에 로마 제국의 통치자가 되었다. 그는 갈리아를 정복한 것과 자신이 지휘한 전투에 얽힌 이야기들로 이름을 떨쳤다. 이후 로마 제국 황제들은 카이사르를 정식 호칭으로 사용했는데 이는 전임자의 영광을 누리고 싶은 마음에서였을 것이다.

　　카이사르는 고대 로마 역사상 가장 위대한 인물이었다. 어떤 이들은 그가 젊어서 급작스럽게 죽임을 당하지 않았더라면 로마의 역사는 다시 써야 했을 것이라 단언하기도 한다. 심지어 어떤 사람들은 카이사르의 업적이 마케도니아의 알렉산더를 넘어선다고 말하기도 한다.

　　카이사르는 소년기에 이미 비범한 포부와 의지를 지니고 있었다. 그는 권력과 명예에 대한 환상을 가지고 급변하는 로마 공화국에서 큰 업적을 세우고자 했다. 서기전 84년, 카이사르는 아버지의 명을 받들어 콘스탄틴과 결혼했다. 그러나 아버지가 돌아가시자 그녀와 이혼하고 평민당 지도자인 곡시우스 코르넬리우스 신나의 딸 코넬리아를 아내로 맞았다. 슐라가 통치권을 장악하기 위해 자신의 정적 신나를 죽이자 그는 젊은 카이사르의 재능을 높이 사 코넬리아와 이혼할 것을 권했으나 카이사르는 이를 거절했다. 슐라는 이에 화를 내며 카이사르가 물려받은 재산과 그 아내의 지참금까지 몰수하고 그를 처형하도록 했다. 카이사르는 이 소문을 듣고 로마를 떠나 서기전 78년 슐라가 죽은 후에야 고향 로마로 돌아왔다.

로마로 돌아온 이후 카이사르는 신속히 정치계에 발을 들여 놓았다. 그는 웅변과 강개함, 열정적으로 공무에 임하는 태도와 개혁파의 모습으로 대중의 호감을 샀다. 또한 평민과 일부 상위층 인사들 사이에서도 널리 이름을 날렸다. 서기전 73년 그는 최고 제사장에 뽑혔고 이후 재정관, 시정관, 대제사장, 대법관 등 고위 관직을 역임했다. 또한 서기전 60년 로마 집정관의 폼페이우스, 크라소스와 결성해 '삼두 동맹'을 결성했다. 이 두 사람의 지지로 카이사르는 서기전 59년 로마 집정관(콘술)의 자리에 올랐고 임기가 만료된 후에는 갈리아(켈트) 총독을 맡았다.(서기전 58~51년) 갈리아 총독 재임시 카이사르는 전쟁에 능한 강력한 군대를 양성해 냈다. 이 군대는 갈리아 전역을 정복했고 라인강(당시 이름 레누스 강)을 넘어서 게르만 지역까지 공격했다. 또한 두 번에 걸쳐 영국해협을 건너 브리튼 섬을 침략하면서 혁혁한 공을 세웠다.

그러나 카이사르의 세력은 급속히 성장해 원로원 귀족들을 공포에 떨게 했다. 크라소스가 죽은 뒤 폼페이우스와 원로원은 모의하여 카이사르의 군권을 빼앗을 계획을 세웠다. 카이사르는 이에 무력으로 맞서기로 결정하고 5년간의 내전을 거쳐(서기전 49~45

카이사르의 죽음
카이사르가 살해당하는 장면을 그린 그림이다. 그는 사전에 미리 귀띔을 받았음에도 불구하고 무기를 지니지 않은 채 원로원으로 들어섰다. 카이사르는 그의 살해에 가담한 그룹 중에서 평소 신임하던 브루투스를 발견하고 '브루투스, 너마저……'라는 말을 남겼다고 한다.

카이사르와 클레오파트라가 함께 입궁하는 모습
카이사르가 클레오파트라(이집트 여왕)와 손을 잡고 대중의 환호를 받으며 왕궁의 계단을 천천히 걸어 오르고 있다. 클레오파트라의 미색은 이 위대한 영웅 카이사르를 사로잡았다. 카이사르는 원로원의 원성에도 불구하고 그녀를 로마로 데려왔다.

년), 폼페이우스를 우두머리로 하는 정적을 제거하고 로마 전역을 정복했다. 또한 그는 스스로를 독재자로 선포하고 최고의 정치권력을 획득했으며 군주라는 칭호가 없는 군주가 되었다.(군주라는 칭호는 없었지만 사실상 군주의 자리에 올라섰다.) 카이사르는 권력을 이용하여 토지제도와 공민권, 통치법규와 정치체제를 포함한 여러 분야의 개혁을 실시했다. 또한 고도로 집중된 중앙집권제를 완성하고 로마를 중심으로 하는 대제국을 세웠다. 이 중 몇 가지 조치는 후대에 미친 영향이 자못 컸다.

그는 일찍이 벽에 로마에서 발생한 중대사와 원로원 회의의 보고서를 쓰도록 했는데 이것은 현대 신문의 원형이라 할 수 있다. 그가 주도해 제작한 카이사르 달력(율리우스 달력이라고도 함, 이집트인들이 쓰던 달력을 고쳐 만들었음)은 아직도 일부 국가에서 여전히 사용하고 있다. 또한 국제적으로 통용되고 있는 그레고리안 책력은 이 역법에 기초해서 변화시킨 것이다. 그는 일찍이 당시의 많은 마차를 일방으로만 통행하도록 했는데 이것은 현대 교통 관리의 기원이 되고 있다. 또한 그가 쓴 《갈리아 전기》는 후세 사람들에게 갈리아와 라인 강 동쪽 유역의 지리, 풍속 등에 대해 알려주는 자료가 되고 있다.

카이사르의 권력 독점에 대해 원로원의 귀족 세력들은 시종 불만을 품고 있었다. 카이사르가 56세 되던 서기전 44년, 결국 이들은 원로원에서 카이사르를 죽이고 말았다.

심금을 울리는 명인 한 마디

> ♠ 왔노라! 보았노라! 이겼노라!
> (서기전 47년 소아시아 젤라에서 미트리다테스대왕의 아들 파르나케스를 격파하고 "왔노라, 보았노라, 이겼노라(veni, vidi, vici)"의 세 마디로 된 보고를 원로원으로 보냈다고 한다.)
> ♠ 인사(人事)를 다하고 운명의 여신의 도움을 바래야 한다.

아우구스투스

Augustus

로마 제국의 위대한 황제

생몰년	: 서기전 63~14년
국 적	: 고대 로마
출생지	: 로마
성 격	: 지혜롭고 과단성 있음
신 분	: 정치가
가 정	: 아버지 옥타비우스는 원로원 원로였음

아우구스투스의 원명은 가이우스 옥타비아누스다. 아우구스투스란 로마 원로원에서 그에게 수여한 존칭으로 '신성하고 장엄하며 위대하다'는 뜻이다. 옥타비아누스는 네 살 되던 해 아버지가 세상을 떠나고 어머니는 개가하여 계부繼父의 손에서 자랐다. 그는 열두 살에 외할머니의 장례식에서 추도사를 바쳤는데 공공장소에서는 처음으로 자신의 모습을 드러낸 것이었다. 그는 열아홉 살에 아폴로니아(지금의 알제리아)에서 교육을 받았으며 카이사르를 위해 파르티아(오늘날의 이란 일대)로 원정 떠날 준비를 했다. 카이사르는 유서에 자신의 재산 가운데 3/4을 옥타비아누스에게 주라고 명시했고 또한 자신의 후계자로 삼았다.

카이사르가 죽었다는 소식을 듣고 옥타비아누스는 로마로 돌아왔다. 그 후 아우구스투스는 카이사르가 자신에게 남긴 특별한 은총과 그의 영향력을 이용해 로마의 통치권을 모색하며 본격적인 활동에 들어갔다. 그는 카이사르의 수석 보좌관이며 당시 실권을 장악하고 있던

이 대리석 조각은 서기전 20년경에 만들어진 아우구스투스의 동상 복제품이다. 아우구스투스는 개선한 장군과 함께 신으로도 표현되었다. 아우구스투스의 두 발을 노출한 것은 신성을 뜻하며 왼쪽 다리 아래에 돌고래를 타고 있는 큐피트는 아우구스투스가 비너스에게서 태어났다는 것을 상징한다.

아우구스투스 대관식

안토니우스에게 카이사르의 후계자로서의 권리를 달라고 부탁했으나 거절당했다.(안토니우스는 자신이 카이사르의 제1후계자가 될 것으로 기대하고 있다가 예상에서 벗어나자 자신이 관리하고 있던 카이사르의 재산을 옥타비아누스에게 내주지 않으려고 했던 것이다.) 이후에 옥타비아누스는 일련의 정치, 군사적 행동을 통해 서기전 29년에 자신의 반대 세력을 제거하고 장기간의 내전으로 인해 분열되었던 로마를 다시 통일했다. 그는 개선하여 로마의 유일한 통치자가 되었다.

옥타비아누스는 로마로 개선한 이후 '원로원 수석 공민'(즉 원수)과 '원수元帥'의 칭호를 받았다. 서기전 28년에는 로마의 집정관으로 당선되었다. 옥타비아누스가 카이사르와 다른 점은 공화정부의 형식 아래서 실질적인 독재 통치를 했다는 것이다. 이것은 그가 로마를 42년간이나 다스릴 수 있었던 중요한 요인이 되었다. 서기전 27년 1월 13일, 그는 원로원 회의를 열어 독재권을 내놓고 '공화정'으로 돌아갈 것을 선포했다. 이에 감동한 원로원은 3일 후 그에게 '아우구스투스(신성)'라는 칭호를 수여했다. 그러나 그는 원로원과 시민들의 요구를 받아들이는 척하면서 공화국 원칙에 위배되는 절대 권력을 손에 넣어 독재 정권을 수립하는데 성공했다. 서기전 13년, 옥타비아누스는 제사장에 당선되어 로마 종교의 수뇌가 되었다. 이렇게 그는 군사, 행정, 사법과 종교에 이르는 대권을 모두 관장하게 되었으니 나이 50에 로마 제국의 첫 황제가 된 것이다.

아우구스투스는 원수제를 시행하였으며 로마의 각 행과 성을 원로원의 임명을 받은 총독이 관할하게 하는 원로원 행정구역과 직속 행정구역을 두었다. 동시에 카이사르의 제도를 계승해 각 행정구역에 자치제도를 실시하도록 하고 해당 지역의 상위 계급에게 공민권을 주었다. 또한 대규모의 퇴역 병사들을 이주해 거주시킴으로써 전국 각지에 대한 통제력을 강화했다. 신생정권을 공고히 하기 위해 아우구스투스는 사라져버린 옛 풍속을 살리고 일련의 법률을 반포했다. 또한 나날이 와해되어 가는 로마의 가정을 되살리기 위해 출산을 장려하고 옛 종교 의식과 로마의 전통 풍습을 복구하는 데 노력을 아끼지 않았다. 또한 로마에서 대규모 토

고대 로마 원로원

로마 병사 부조
용맹하고 기율이 엄한 군대 덕으로 아
우구스투스는 모든 적수를 물리치고
로마 황제의 옥좌에 앉을 수 있었다.

목공사를 벌여 일부 평민들에게 일자리를 제공해 주어 로마와 자
신의 명성을 높이는 데 일조했다. 외교 방면으로는 강력한 정규
상비군을 건립하여 갈리아와 스페인을 완전 정복했다. 라인강에
서 엘베강에 이르는 전 지역을 점령했으며 지중해를 로마에 속하
는 호수로 만들며 제국의 영토를 넓혔다.

서기전 14년, 아우구스투스는 남부 이탈리아를 순시하다 77세
의 나이로 병사했다. 그가 개척한 로마 제국은 후에 '로마의 지배
에 따른 평화'(Pax Romana 팍스 로마나)라고 불린 장장 200년에 걸
친 안정적인 번영의 시기를 맞았다. 또한 문화적으로도 '황금시
대'를 열어놓았다.

콘스탄티누스

Constantinus

생몰년	: 274~337년
국 적	: 고대 로마
출생지	: 세르비아의 나이수스
성 격	: 기지가 넘치며 냉혹함
신 분	: 정치가
가 정	: 아버지는 로마 제국의 아우구스투스

최초로 기독교를 받아들인 로마황제

콘스탄티누스 대제의 두상
그는 최초로 세례를 받은 로마 황제이다.

콘스탄티누스는 어렸을 때 교육받을 기회가 적었다. 따라서 그는 일찌감치 종군하여 이집트와 페르시아 등의 전투에서 용맹함과 기지를 발휘하며 고급 장교를 지냈다. 갈레리우스가 로마 황제를 계승한 후 콘스탄티누스를 자기 곁에 인질로 잡아두며 콘스탄티누스가 자신에게 충성을 바치도록 하고자 했다. 그러나 후에 콘스탄티누스는 갈레리우스의 곁을 탈출하는 데 성공했고 브리튼 전투를 치르고 있던 아버지를 찾아냈다. 당시 갈리아 군대는 그의 아버지에게 충성했기 때문에 재능 있고 용감하며 활력이 넘치는 이 젊은이를 좋아하지 않을 수 없었다. 306년, 그의 아버지가 브리타니아의 요크에서 죽자 군대는 콘스탄티누스를 '카이사르'로 추대하고 그를 '아우구스투스'로 선포했다. 이후에 콘스탄티누스는 6년 동안 그의 정적들과 투쟁을 벌여 312년, 이탈리아에서 카이사르를 자칭하던 막센티우스를 물리치고 로마로 개선했다. 또한 원래 막센티우스의 관할이던 이탈리아와 아프리카, 스페인을 정복하여 명실상부한 서방의 아우구스투스가 되었다.

313년, 콘스탄티누스는 당시 발칸 반도와 이베리아를 차지하고 있던 다른 아우구스투스인 리키니우스와 밀란에서 회합을 가

논술 키워드

아우구스투스(존엄자)
원로원으로부터 받은 칭호로 내정의 충실을 기함으로써 로마의 평화시대를 구가하였으며, 그의 통치기간에 베르길리우스, 호라티우스, 리비우스 등이 활약하는 라틴 문학의 황금기를 탄생시켰다.

콘스탄티누스는 자신의 이름을 기념비에 새겨 자신의 공적을 널리 알리도록 했다.

지고 '밀라노 칙령'에 사인했다. 그로써 기독교도와 기타 이교도들이 동등한 종교적 자유를 가진다고 선언했으며 그간 몰수된 예배당과 교회재산을 되돌려 주기로 결정했다. 그로부터 기독교는 로마 제국의 합법적인 종교가 되었으며 나아가 국가 정권의 정신적 지주가 되었다. 이후에 끊이지 않는 전쟁에서 콘스탄티누스는 323년, 리키니우스를 물리쳤다. 아울러 이듬해 반란을 기도하고 이민족과 내통했다는 죄명을 씌워 그를 사형시켰다. 이로써 로마 제국은 다시 통일제국을 이루게 되었으며 그는 제국의 유일한 통치자로 군림하게 되었다.

330년, 콘스탄티누스는 비잔틴을 수도로 정식 선포했다. 이는 로마 공화국 제도의 전통을 버리고 군주 전제제도를 확립하겠다는 뜻을 나타낸 것이다. 비잔틴은 대형 토목 공사를 거쳐 '콘스탄티노플'이라 명명되었는데 이

콘스탄티누스 개선문
전쟁에서 매번 승리를 거두고 개선하는 로마군은 이곳을 지나갔다. 개선문 위쪽에는 부조와 문자로 황제의 전공과 개선 경력을 기록해 두었다.

는 '콘스탄티누스의 성'이라는 뜻이다. 이로부터 1453년까지의 천년이 넘는 세월 동안 콘스탄티노플은 줄곧 로마 제국의 수도로 자리 잡았다. 또한 그런 이유로 당시의 로마 제국을 비잔틴 제국이라 부르는 것이다. 콘스탄티누스는 특별히 기독교를 보호하여 그 영향력이 제국 내에서 빠른 속도로 커져갔다. 콘스탄티누스와 그의 후계자는 모두 교회에 대해 우호적이었다. 따라서 백여 년도 채 안 되어 제국 내 토지의 1/10이 교회의 소유가 되었다. 콘스탄티누스는 현명한 외교 정책으로 수완을 발휘해 제국을 보호했으며 문학과 예술을 제창했다. 또한 콘스탄티노플에 대학을 세워 국가적으로 교수를 초빙하고 그리스어, 라틴어, 문학, 철학, 수사학과 법률을 가르치며 국가의 인재 양성소로 삼았다. 그는 또한 각 도시의 의사와 교사의 권리를 확대시키고 각지에 학교를 짓도록 명령했으며 여러 가지 특혜를 주어 학업을 독려했다. 예술가에게는 공민의 의무를 면해주어 예술 연구와 전수에 힘쓸 수 있도록 했다. 따라서 콘스탄티노플은 당시 기독교 세계의 최대 도시로 성장할 수 있었다.

콘스탄티누스는 통치기간 동안 기독교를 국교로 세우고 국민들에게 새로운 종교로 받아들이도록 했지만 스스로가 기독교임을 공개적으로 인정하지는 않았다. 그는 임종이 가까웠을 때야 비로소 생의 죄악을 씻어버리기 위해 목사를 불러 세례를 받았다고 한다. 예순네 살의 '피로로 지친' 이 군주는 보라색의 황제 옷을 벗어버리고 처음으로 신자가 된 사람들이 입는 하얀 옷으로 갈아입고는 편안히 세상을 떠났다.

유스티니아누스 1세

Justinianus

《로마법전》을 편찬한 중흥의 패왕

생몰년	: 483~565년
국 적	: 고대 로마
출생지	: 마케도니아의 타우레시움
성 격	: 영웅심이 가득하고 무력을 즐김
신 분	: 정치가
가 정	: 농민 가정 출신

유스티니아누스는 손에 예배당의 모형을 들고 있는데 이는 그가 기독교를 신봉했다는 것을 의미한다. 그가 재위할 당시 로마는 경제적으로는 번영했지만 정치적으로는 부패했다. 또한 장기간의 전쟁으로 국가 경제는 파탄이 나고 말았다.

소년기의 유스티니아누스는 숙부 유스티누스와 마을 청년 두 사람을 따라 입대하기 위해 콘스탄티노플로 가게 되었다. 신체가 건장한 그들은 근위병에 선발되어 아나시타우스의 시위(임금이나 우두머리를 모시거나 호위함)를 맡게 되었다. 이후 유스티누스는 여러 차례 공을 세워 황제의 신임을 얻었고 아나시타우스가 죽고 난 뒤에는 황제에 옹립되었다. 유스티니아누스는 양자의 신분으로 유스티누스를 도와 국내외의 중요한 정책을 결정함으로써 '카이사르'와 '아우구스투스'의 칭호를 얻었다. 527년 유스티누스가 죽자 유스티니아누스가 비잔틴 제국의 황제가 되었다.

유스티니아누스는 즉위 후 자신을 위해 명확한 정치적 목표를 세웠다. 그것은 서쪽 영토(서로마 제국)의 수복과 기독교 로마 제국의 회복이었다. 그는 이를 위해 밤낮으로 온 힘을 기울여 거의 미칠 지경까지 이르렀다. 당시 사람들은 '유스티니아누스는 사람이 아니고 휴식이 필요 없는 악마가 틀림없다!'고 말하곤 했다. 528년, 그는 토리보니아누스 등 16명의 법학자에게 《로마법전》을 편찬하도록 하여 534년, 6년간의 노력 끝에 완성했다. 법전은 세 부분으로 구성되었는데 첫째는 《칙법휘찬(勅法彙纂) Codex》으로 로마제국의 개국이래 공포된 모든 법률을 체계적으로 정리하고 시기에 맞지 않는 부분은 삭제한 것이다. 두번째는 《학설휘찬(學說彙纂) Digesta》인데 역사 이래로 관련된 법률 서적 및 문헌 중에서 대표적인 부분만을 정리한 것으로 실질적인 한 편의 방대한 '법률사상사' 였다. 마지막은 《법학제요(法學提要) Institutiones》로 법률을 전공하는 학생들을 위한 전공 서적이었다. 이 법률 문헌들은 《로마법대전》 또는 《로마법전》으로 불리며 유럽 역사상 최초의 완전한 법전이다. 이 법전에서 무한한 사유제의 개념을 통일했고 공법과 사법을 구분해 뒤에 유럽 각국의 법률 연구와 제정의 기초가 되었다.

유스티니아누스의 통치로 비잔틴은 경제적인 안정과 도시의

아우구스투스 대관식
로마 황제 유스티니아누스와 교황 그리고 대신들이다. 유스티니아누스의 머리 뒤로 보이는 후광은 그가 지극히 높은 지위에 있으며 신성하다는 것을 뜻한다.

명인
일화 유스티니아누스가 죽은 후, 제국은 서쪽의 영토를 계속 수복하지 못하고 있었다. 6세기 말엽, 비잔틴은 스페인의 영토에서 서고트인들의 침략을 받았다. 이탈리아와 이베리아반도 역시 노르만인들에게 빼앗기고 말았다. 또 7세기 말엽에는 아르메니아부터 시리아, 파키스탄까지, 이집트에서 아프리카에 이르는 방대한 영토가 아랍인의 손에 넘어갔다. 지중해를 로마 제국내의 호수로 삼았을 정도의 성세는 콘스탄티누스 시대가 마감됨에 따라 함께 막을 내렸다.

번영을 맞이했으며 상공업이 번창했다. 그러나 제국은 정치적으로 부패해 거대한 관료기구와 비대해진 군대는 국고를 낭비하여 국민의 원성을 사게 되었다. 532년 비잔틴에서 폭동이 일어나자 유스티니아누스는 놀란 나머지 성을 버리고 도망치려 했으나, 황후 테오도라의 격려를 받으며 정신을 차리고 군대를 지휘해 반란을 진압했다.

유스티니아누스의 장기간에 걸친 대외 전쟁은 제국의 군사력과 재정을 고갈시켰음에도 불구하고 유스티니아누스는 서쪽 지역의 잃어버린 영토를 수복하고자 했다. 그러나 슬라브인들과 흉노족의 공격을 막아내지는 못했다. 특히 548년, 슬라브족이 콘스탄티노플에 대규모로 침공해 왔을 때 많은 금을 잃었다. 흉노족 또한 558년 수도로 밀고 들어와 많은 재산을 약탈해 갔다. 560년 이후에는 전임 황제 유스티누스가 남겨준 32만 파운드의 황금이 흔적도 없이 사라져 국고는 바닥이 나버렸고 경제적으로 붕괴 위기에 처했다. 유스티니아누스는 나라 안팎의 어려움들에 속수무책이어서 신학을 연구하는 것으로 마음의 위안을 삼다가 565년 83세의 나이로 세상을 떠났다.

심금을 울리는 명인 한 마디

♠ 법을 지킨다는 것은 성실히 생활하며 다른 사람에게 죄 짓지 않고 자기 본분을 지키는 것이다.

예수
Jesus

기독교의 창시자

생몰년	서기전 4~서기 30년
국 적	이스라엘
출생지	베들레헴
성 격	의지가 굳고 관용적임
신 분	기독교 창시자
가 정	아버지 요셉은 목수였으며 어머니 마리아는 어질고 정숙한 주부였다.

오늘날 '서기(서력기원)'라는 개념은 예수가 탄생한 해를 그 시점으로 한다. 그러나 역사학자들의 추산에 의하면 예수는 서력 기원 원년에 태어난 것이 아니라 서기전 3~4년 즈음 태어난 것으로 보고 있다. 그는 베들레헴에서 태어나 갈릴리의 나사렛으로 이사했다. 그래서 성인이 된 후에 자신을 나사렛 사람이라고 말했다. 그의 부모는 그에게 여호수아(Joshua)라는 이름을 붙여 주었으나 후에 그리스인들과 로마인들에 의해 예수라고 불렸다.

예수가 태어나던 때 집안이 가난해 온 가족이 아버지 요셉 한 사람이 벌어오는 돈으로 살아가고 있었다. 따라서 예수는 정식 학교 교육을 받아본 적이 없다. 그러나 유태민족은 일찍이 모세 시절부터 대대로 집에서 민족 문화를 가르쳤으므로 예수는 사회와 문화 등을 배울 수 있었다. 예수가 열두 살 되던 해, 아버지를 따라 예루살렘의 성전으로 참배를 갔다가 그만 집으로 돌아오는 것을 잊어버리고 말았다. 부모가 그를 찾아냈을 때 그는 여전히 교회에 앉아서 교리를 듣고 있었다. 그러면서 때때로 질문을 했는데 그 한마디 한마디는 사람들을 놀라게 했다. 어머니가 예수에게 "아들아! 네가 어찌 우리에게 이러느냐? 아버지와 내가 너를 얼마나 찾

예수가 《성경》을 손에 들고 엄숙한 태도로 앉아 있다. 뒤쪽의 후광은 그의 신성함을 나타내는 상징이다. 로마의 통치자가 기독교를 국교로 선포한 이후로 예수의 형상은 교회 건축의 벽화에 자주 등장했다.

아다녔는지 아느냐?"라고 물었다. 그러자 예수는 오히려 "왜 저를 찾아다니셨나요? 제가 아버지 안에 있다는 것을 모르신단 말인가요?"라고 반문했다. 그의 대답에 요셉과 마리아는 놀라고 말았다. 그들은 예수의 입에서 나온 '아버지'라는 말이 '하느님'을 일컫는 것인 줄 몰랐던 것이다. 더군다나 하느님께서 열 두 살의 예수에게 어떤 일을 부탁했는지는 더욱 알 수 없었다. 나사렛으로 돌아온 후에 예수의 생활은 예전과 다름없었다. 서른 살이 되던 때 나사렛 사람들은 그를 '목수의 아들'이라고 불렀다.

예수는 서른 살을 전후에 요단강가에서 요한에게 세례를 받았다. 그는 하느님의 신성한 뜻에 따라 광야에서 40일간 기도하며 '인간이 지은 죄를 속죄하기 위한 하느님의 어린 양', 즉 하느님을 위해 세상 사람들의 죄를 짊어질 구세주가 되었다. 이후에 예수는 널리 포교활동을 펼쳤는데 그는 못하는 것이 없었다고 한다. 예수는 사람들에게 선을 베풀고 무료로 병을 고쳐주었다. 그러자 점점 더 많은 사람들이 예수를 숭배하며 따르게 되었다. 예수는 그들 가운데서 12명의 제자를 골라 그들에게 늘 천국의 말씀을 들려주며 가르침을 주었다. "심령이 가난한 자는 복이 있나니 천국이 저희 것임이요. 애통하는 자는 복이 있나니 저희가 위로를 받을 것임이요. 온유한 자는 복이 있나니 저희가 땅을 기업으로 받을 것임이요. 의에 주리고 목마른 자는 복이 있나니 저희가 배부를 것임이요. 긍휼히 여기는 자는 복이 있나니 저희가 긍휼히 여김을 받을 것임이요. 마음이 청결한 자는 복이 있나니 저희가 하나님을 볼 것임이요. 화평케 하는 자는 복이 있나

요한, 요한복음(제4 복음서)의 저자 그의 상징은 매이다.

누가, 누가복음(제3 복음서)의 저자 그의 상징은 소이다.

마태, 마태복음(제1 복음서)의 저자 그의 상징은 한 사람이다.

마가, 마가복음(제2 복음서)의 저자 그의 상징은 사자이다.

어린 양은 줄곧 제사에 바쳐지는 제물로 간주되어 왔다. 기독교에서 하느님의 어린 양은 자신을 바치는 것으로 인간의 죄를 대신 속죄하는 것으로 여겨진다.

기독교의 성물인 십자가

예수 **67**

가르침을 전하는 예수
예수는 천국의 복음을 전하기 위해 자신의 깊은 뜻을 전달해 줄 제자를 몇 명 뽑았다. 그 중 베드로는 예수가 가장 사랑한 제자였다. 이 장면은 예수가 제자들에게 강의하고 있는 모습을 그린 것이다.

니 저희가 하나님의 아들이라 일컬음을 받을 것이요. 의를 위하여 핍박을 받은 자는 복이 있나니 천국이 저희 것이라." 이러한 교의를 핵심으로 하는 기독교는 박해 받는 유태인들에게 마음의 안식처가 되었다.

예수가 포교활동을 하고 있을 때, 팔레스타인 지역을 장악한 유태교회의 최고 통치권은 예루살렘 최고 공회가 가지고 있었다. 나날이 커지는 예수의 영향력은 최고 공회의 불만을 샀고 그들을 두렵게 만들었다. 최고 공회는 예수에게 '왕을 사칭한 죄'를 씌워 잡아들여 십자가에 못 박았다. 예수가 죽은 후 그의 신도들은 계속해서 기독교를 전파했고 기독교의 영향력은 나날이 커져가고 있다.

무하마드 *마호메트

Muhammad

이슬람교의 창시자

생몰년 : 570~632년
국　적 : 아랍
출생지 : 아라비아 반도의 메카
성　격 : 강인하고 용맹하며 너그러움
신　분 : 이슬람교의 창시자
가　정 : 메카의 쿠라이시 부락 하심가문

무하마드는 어렸을 때 양을 치던 소년이었다. 그는 열 몇 살 무렵부터 상인들을 따라 팔레스타인과 시리아 일대의 유명한 도시들을 유랑하며 많은 경험을 쌓았다. 그는 그 무렵부터 유태교와 기독교의 교의를 접하게 되었다. 무하마드는 스물다

논술 키워드

이슬람교
610년 경 마호메트(무하마드)는 알라의 계시를 받고 이슬람교를 창시했다. 박해를 피해 622년 메카에서 메디나로 갔는데 이를 '헤지라'라고 한다. 교단을 정비하고 군대를 양성하여 630년 메카 함락에 성공했다. 이후 이슬람교는 아라비아 전역에 퍼졌다.

군대 기수들의 동행 아래 나팔을 불며 라마단이 끝났음을 알리고 있다. 깃발에는 알라신의 위대함을 알리는 표어가 적혀 있다. 선지자 무하마드는 일찍이 다음과 같이 말했다. '라마단은 인내의 절반이다.' 또한 이렇게도 말했다. '인내는 진리의 절반이다.'

등불 아래의 메카 마스지드(모스크)
마스지드는 7세기경 지어졌으며 무하마드가 직접 입 맞추었다는 신성한 흑요석 '카바'가 봉헌되어 있다. 경내에서는 일체의 악행이 금지되어 있기 때문에 메카 마스지드는 '금사禁寺'라고도 불린다. 사진은 기도하고 있는 이슬람 신도들이다.

섯 살에 메카 쿠라이시 부락의 귀족 상인의 미망인인 하디자와 결혼했다.

당시 아랍인들이 믿고 있던 종교는 매우 간단했으며 여러 신을 함께 모시고 있었다. 그 중 알라(Allah)가 중심이 되는 신이었는데 무하마드는 반드시 유일신을 섬겨야 한다고 생각했다. 이것은 여러 신을 믿어 각각 나뉘어 있던 아랍의 각 부족들을 통일하는 데 꽤 현실적인 일이었다. 610년 경 무하마드는 메카에서 이슬람교의 창립을 선포했다. '이슬람'이란 아랍어로 '복종'이라는 뜻을 지닌다. 그는 쿠라이시 부족의 주신인 알라를 우주에서 유일한 신으로 규정하고 다른 우상을 섬기는 일을 엄격히 금했다. 또한 전능한 알라의 사자이며 신도들의 선지자인 무하마드는 인간 세계

♞ 심금을 울리는 명인 한 마디

♠ 믿음은 승리를 가져오며 모든 것을 극복하도록 해준다.

에 알라신의 뜻을 전하기 위해 왔다고 했다.

이슬람교의 신도들을 '무슬림'이라고 부르는데 이는 '알라를 믿으며 선지자에게 복종하는 사람'이라는 뜻이다. 알라신을 믿고 현세의 생활에서 선을 행하는 자는 내세에 천당으로 가지만, 현세의 생활에서 죄를 지은 자는 지옥으로 떨어진다는 것이 이슬람교의 교의이다. 이슬람교는 개인의 재산을 보호한다고 천명하여 신도들에게 재산의 2.5%로 국고를 채우고 가난한 무슬림을 구휼하도록 하고 있다.

무하마드는 전도 초기에 보수 세력의 반대에 부딪혔을 뿐만 아니라 심지어 그를 죽이려 하는 사람들도 있었다. 622년 그는 메카에서 쫓겨나 제자들과 함께 야스리브(야트립이라고도 함)로 갔다. 그는 야스리브의 이름을 '선지자의 땅'이라는 뜻의 '메디나'로 바꾸었다. 그리고 통일된 정권을 수립하며 급속히 주변 지역을 통일해 나갔다. 630년 무하마드가 군대를 이끌고 메카로 들어가자 메카의 귀족은 강요에 못이겨 이슬람으로 개종하고 그의 권력을 인정했다. 그로써 메카는 성지로 선포되었고 도시 안의 카바 신전(솔로몬의 신전이라고도 불렸으며 아브라함이 외아들 이삭을 하느님께 번제로 드린 곳)을 마스지드(모스크라고도 불리는 이슬람 사원, '이마를 땅에 대고 기도하는 곳'이라는 뜻을 지님)로 바꾸어 이슬람교의 성지로 정했다. 아울러 신전 내에 있던 360여 개의 부락 신상은 모두 제거했다. 이어서 그는 군대를 보내 아라비아 반도의 여러 지역을 차례로 정복해 나갔다. 632년 그가 세상을 떠날 무렵 이슬람교는 이미 아라비아 반도의 지배적인 종교가 되었다. 각 부족들은 연합하기 시작했고 아랍은 서서히 통일 국가의 면모를 지니게 되었다. 이슬람교는 점차 세계적으로 전파되어 불교, 기독교와 함께 세계 3대 종교로 손꼽히고 있다.

논술 키워드

번제

이스라엘 민족이 구약시대에 야훼신에게 동물을 바치는 희생의 식에서 비롯되었다. 번제는 제단에 재물로 바쳐지는 산짐승을 말하는 뜻인데 주로 수컷의 소, 양, 염소 등을 사용하였다.

무슬림들이 기도할 때 사용하는 양탄자

아랍 세계의 많은 공예품들은 정교한 아름다움을 자랑한다. 이 양탄자 위에는 화려한 이슬람교 사원이 새겨져 있고 가운데는 나침반이 놓여 있다. 나침반 바늘은 성지 메카 쪽을 가리키고 있다.

샤를마뉴 대제 *샤를 대제, 카를로스 대제

Charlemagne

신성 로마제국의 창건자

생몰년	742~814년
국 적	프랑크왕국
출생지	로마
성 격	너그러움
신 분	정치가
가 정	아버지는 카롤링거 왕조의 국왕 피핀

샤를마뉴(또는 샤를이라고 불리기도 함)는 어려서부터 종교적인 환경에서 자랐다. 기독교에 대해 경건하고 정성스러웠으나 훌륭한 문화적 교육을 받지는 못했다. 그의 아버지 피핀이 751년 카롤링거 왕조를 창립했을 때 그는 겨우 아홉 살이었다. 768년 그의 아버지는 부종으로 파리에서 죽고 샤를마뉴와 카를로만 두 아들만을 남겼다. 프랑크인들은 민중대회를 열어 이 두 아들을 국왕으로 삼고 국토를 양분하기로 결정했다. 그러나 카를로만은 국왕의 권리를 버리고 수도원으로 들어가 수도사가 되었고 3년 뒤 세상을 떠났다. 결국 771년 모든 프랑크인들의 동의를 얻어 샤를마뉴가 국왕으로 추대되었다.

샤를마뉴는 대규모 영토 확장을 감행하여 일생동안 50회의 원정을 벌였으며 그 중 30회는 친히 참전했다. 그 중 가장 오랜 기간의 전쟁은 북방의 작센족을 정벌한 것이었다. 그는 기독교를 전파한다는 명목으로 772년부터 여덟 차례에 걸쳐 공격해 장장 33년의 전쟁 끝에 작센족을 정복하고 이들을 프랑크 신민으로 삼았다. 수십 년간의 전쟁으로 프랑크 왕국은 오늘날의 프랑스, 스위스, 네덜란드, 벨기에, 오스트리아 및 독일과 이탈리아 등에 걸치

샤를마뉴 시대에 기독교를 주제로 한 그림

샤를마뉴 대제의 대관식
800년에 대관식을 치른 샤를마뉴는 강력한 무력을 바탕으로 정복전쟁을 벌여 카롤링거 왕조에서 가장 위대한 왕으로 손꼽히고 있다.

는 광대한 영토를 차지했다.(이로 인하여 그는 다양한 이름으로 불리고 있다.) 그로써 당시 서유럽에서 공전의 강대한 국가를 형성했다. 800년, 샤를마뉴는 로마로 진격해 로마 귀족에게 축출당한 교황 레오 3세를 도와주고 교황으로부터 '로마 황제'의 자리에 오르게 되었다. 그로부터 프랑크 왕국은 '샤를마뉴 제국'이 되었고 국왕을 '샤를마뉴 대제大帝'라 부르게 되었다. 그는 자신의 제국을 고대 로마 제국의 연속으로 보았는데 일부 역사학자들은 샤를마뉴의 대관식을 신성 로마제국의 탄생으로 보고 있다.

샤를마뉴는 기독교에 열성이었으며 경건한 믿음을 지니고 있었다. 그는 교회와 수도원에 학업을 가르치도록 권장했다. 또한 궁궐 안에도 학원(궁정학원)을 세웠으며 널리 교사, 학자, 예술가들을 불러 강연을 열기도 했다. 그는 일반인들 가운데서 아이들을

선발해 부유한 가정의 아이들과 함께 교육받도록 했다. 심지어는 출신이 천하더라도 학업성적이 우수한 청년전도사를 주교로 삼기도 했다. 그는 아헨에 도읍을 정하고 난 후로 대규모 토목공사를 벌여 휘황찬란한 궁전과 교회를 많이 지었다. 이로 인해 건축이 발전하고 회화와 조각 같은 예술도 발전하게 되었다. 샤를마뉴는 라틴문과 그리스문의 친필 원고를 수집하고 베껴 쓰도록 했다. 그는 필사본의 내용에 대해서는 아는 바가 없었지만(그는 글을 몰랐다고 함) 후대를 위해 수많은 고전 작가의 저작들을 남겨주었다.

샤를마뉴는 814년에 병으로 세상을 떠났다. 843년, 그의 세 손자가 각기 왕이 되어 제국을 셋으로 나누었다. 동 프랑크는 이후에 독일이 되었고 서 프랑크는 프랑스가 되었다. 또 동부와 서부의 중간 지역은 이탈리아가 되었다.

샤를마뉴 대제
샤를마뉴 대제는 유럽 역사상 가장 위대한 정치인 중 한 사람이다. 그는 정복 전쟁을 통해 중앙 집권의 조직을 유지했을 뿐 아니라 중앙 집권을 강화하는 일련의 법규를 반포했다. 이런 일련의 조치들로 그의 왕국은 대제국이 될 수 있었다.

🔊 *심금을 울리는 명인 한 마디*

♠ 자유인과 농노의 아이들을 차별 대우해서는 안 된다. 반드시 그들도 함께 문법, 음악, 산술을 배우도록 하라.

단테
Dante

생몰년 : 1265~1321년
국 적 : 이탈리아
출생지 : 피렌체
성 격 : 불같은 열정과 굳은 의지력
신 분 : 시인
가 정 : 피렌체 출신의 몰락한 기사 가문, 부친은 상업에 종사

르네상스의 기수, 시대를 가른 시인

단테는 유년기에 누나의 보살핌을 받았으며 저명한 학자 B. 라티니를 스승으로 모시며 배웠다. 그는 후에 라티니가 자신을 지도해 준 것에 대한 감격의 마음으로 라티니를 '위대한 스승'이며 '아버지와 같은 모습'이라고 표현했다. 단테는 열 살에 이미 고대 로마 작가 베르길리우스, 호라티우스와 오비디우스 등의 작품을 탐독했으며 베르길리우스를 추앙했다. 단테는 그를 이성의 상징이며 자신을 인생의 잘못된 길에서 올바른 길로 인도한 첫 스승이라고 생각했다. 단테는 청년 시기에 방대한 양의 독서를 하며 보냈다. 그는 배우는 것을 좋아하고 지식에 대한 욕구가 무척 강했다. 일찍이 파도바, 볼로냐와 파리 등지의 대학에서 미술, 음악, 시학, 수사학, 고전문학, 철학, 신학, 논리학, 역사, 천문, 지리와 정치를 깊이 연구하여 다재다능하며 박학다식한 학자로 성장했다.

단테는 소년기에 결코 잊을 수 없는 사랑을 경험했다. 상대는 베아트리체라고 하는 소녀였는데 그녀의 단정하고 현숙하며 우아한 분위기에 이끌려 첫눈에 사랑에 빠져버렸다. 그러나 유감스럽게도 베아트리체는 아버지의 뜻에 따라 은행가와 결혼했다. 그리

〈신곡〉을 들고 있는 단테

고 그녀는 결혼한 지 몇 년 뒤 병에 걸려 요절하고 말았다.

단테는 그녀를 잊지 못해 슬픔에 잠긴 채 몇 년 동안 베아트리체를 향한 서정시 31편을 썼다. 그리고 《신생》이라 이름 붙여 시집을 출판했다. 이 시에서 단테는 소녀에 대한 깊은 감정과 순수한 사랑, 그녀를 향한 끊이지 않는 상념들을 노래했다. 이 시는 형식이 참신하고 자연스러우며 섬세하고 완곡한 표현으로 쓰였다. 또한 서유럽 문학사상 유일하게 사랑의 열병을 토로하며 공개적으로 감정을 드러낸 자전적 성격을 띠고 있다. 1291년, 단테는 부친의 중매로 젬마라는 소녀와 결혼하여 2남 1녀를 두었다.

청년 시기의 단테는 끓어오르는 열정으로 봉건 귀족의 통치와 로마 교황이 피렌체의 내정에 간섭하는 것을 반대하는 정치 활동에 뛰어들기도 했다. 교황이 다시 피렌체의 정권을 잡은 후인 1302년, 단테는 전 재산을 몰수당하고 종신유배의 판결을 받았다. 그때부터 그는 고향으로 돌아갈 수 없었다. 단테는 유배시기에 《향연》, 《속어론》, 《제왕론》의 세 편을 완성했다. 《향연》은 이탈리아에서는 처음으로 속어로 쓰인 학술 저서이다. 독자들에게 고금의 과학 문화와 지식을 소개하며 인류의 위대함을 칭송하는 내용을 담고 있다. 《속어론》은 라틴어로 쓰여 이탈리아어와 문학 언어의 발전에 이론적 기초를 다지는 역할을 했다. 《제왕론》은 이론적으로 정교政敎의 분리에 대해 명백히 논술하고 교황의 정치에 대한 간섭을 반대한다는 관점을 담고 있다. 따라서 통치적 지위를 지니는 신권에 대한 도전적인 견해를 펼쳤다.

단테는 1302년에서 1321년까지 14년 동안 위대한 《신곡》을 완성했다. 《신곡》은 〈지옥〉, 〈연옥〉, 〈천국〉의 3부로 이루어진다. 단테가 지옥, 연옥, 천국을 다니며 만난 수백 명의 각양각색의 사람들을 묘사해, 이탈리아의 전환기적 시점에서의 현실과 사회변화를 반영했다. 또 인문주의의 새로운 사상을 드러내 문예부흥운동의 새로운 기원을 마련했다. 그 밖에도 고대의 정치, 철학, 신학, 시, 회화와 문화를 예술적으로 논술하고 총결했다. 이는 사상적, 예술적으로 시대의 최고 위치를 뛰어 넘는 것이었으며 지식을 전달하는 백과사전적인 웅대한 대작이다.

단테는 만년에 라벤나에서 아내 젬마와 장성한 세 아이들과 함께 단란하게 지냈다. 그는 1321년에 병을 얻어 향년 56세로 세상을 떠났다.

베아트리체를 만난 밤에 단테는 다음과 같은 꿈을 꾸었다. 꿈에 근엄한 모습을 한 신이 나타나 붉은 시트에 둘러싸인 베아트리체를 안고 있었다. 신은 한 손에 타오르는 심장을 들고 있었다. 그런데 갑자기 신이 비탄에 잠긴 베아트리체를 데리고 하늘로 올라가 버렸다. 이 꿈에서 신이 들고 있는 심장은 단테의 애정을 상징하는데, 단테와 베아트리체의 강렬한 애정과 두 사람의 비극적인 결말을 뜻하는 것이다.

구텐베르크

Gutenberg

유럽 활자 인쇄술의 발명자

생몰년	1398~1468년
국 적	독일
출생지	독일의 마인츠
성 격	의지가 굳고 총명함
신 분	발명가
가 정	부유한 가정에서 태어났음. 구텐베르크는 어머니의 성을 이름으로 한 것임

마인츠라는 고대 독일의 한 작은 왕국에 라인강이 유유히 돌아 흐르고 있었다. 500여 년 전, 그곳에서 유럽의 활자 인쇄술이 탄생했다. 발명가는 요한 구텐베르크로 일생의 전반 40년을 마인츠에서 보냈다. 당시 그는 조폐국에서 주화를 찍어내면서 부형(patrix)으로 주화의 모형(matrix)을 찍어내는 작업에 풍부한 경험을 쌓았다.

구텐베르크의 인쇄 작업실
이 풍경은 오늘날의 많은 인쇄공들에게도 여전히 익숙한 장면일 것이다. 앞쪽의 좌우에는 글자를 배열하는 공인이 자판에서 일일이 알파벳 자형을 조판틀에 맞추고 있다. 그림 뒤쪽으로는 인쇄 보조공들이 활자 위에 잉크를 칠하고 인쇄공은 나사형 프레스를 움직여 인쇄하고 있다. 이 과정은 손이 많이 가고 고되어 보이지만 손으로 직접 필사하는 것에 비하면 하나의 혁명이었다.

나사형
프레스

먹구

압인석

압지틀

차폐용기

구텐베르크 시대의 인쇄기

또한 활자 인쇄술에 대한 연구를 게을리 하지 않았다. 1448년을 전후로 그는 마인츠의 공민 자격을 얻었다.

1450년, 그는 부유한 금은 세공사 푸스트와 계약을 체결하고 인쇄공장을 800길드의 전세금에 빌리기로 했다.

이후 활자와 인쇄기를 제작하고 완성하기까지 전세금이 1,600길드로 올랐다. 1455년 푸스트는 구텐베르크에게 배상을 요구했고 그는 패소하여 자신의 인쇄공장을 내줄 수밖에 없었다. 뒤에 그는 전에 인쇄 공장에서 활자를 배열하던 C. 후메리라는 사람과 합작해 1456년 대출을 받아 다른 인쇄기를 만들었다. 이후에 그는 자신이 발명한 활자, 잉크, 인쇄기로 《성경》을 인쇄해 내며 유럽에 활자 인쇄 기술이 탄생했음을 알렸다. 《성경》은 총 3권이며 각 페이지가 42행으로 이루어져 《42행 성경》이라고도 불린다. 이것이 바로 그 유명한 《구텐베르크 성경》으로 유럽 최초의 활자 인쇄술로 제작된 판본 도서이다. 구텐베르크의 발명은 유럽의 역사에서 한 획을 그을 만큼 엄청난 변화를 가져왔다. 이전에 책이라는

구텐베르크상

논술 키워드

세계 최초의 금속 활자
기록에 의하면 1234년의 《상정고금예문》으로 알려져 있으나 현존하는 것은 1377년 청주 흥덕사에서 인쇄된 《직지심체요절(직지심경)》로 프랑스 국립도서관에서 소장하고 있다.
물론 세계 최고의 목판인쇄물은 석가탑에서 발견된 700~751년 무렵에 제작된 《무구정광다라니경》으로 국립중앙박물관에 소장되어 있다.

《구텐베르크 성경》

것은 대부분 수도사들이 직접 필사한 것으로 수량이 극히 적어 매우 값 비쌌다. 따라서 일반인들에게 '책'은 그림의 떡일 뿐이었으며 이것은 문명의 발전과 전파를 저해했다. 그러나, 인쇄술의 발명으로 유럽에서는 서적이 대량으로 인쇄되기 시작했다. 또한 문예부흥의 조류에 부응해 유럽을 중세의 우매함과 암흑에서 벗어나게 해주었다.

1462년, 마인츠 지역은 나소의 아돌프 부대의 약탈로 무너지고 구텐베르크 인쇄 공장의 인쇄공들은 각지로 달아나 버렸다. 그들은 구텐베르크가 발명한 인쇄기술을 노르만 각지로 전파했다. 구텐베르크는 만년에 오스트레일리아에서 살았으며 1468년에 세상을 떠났다.

문명의 전승
이것은 후대인이 상상력을 동원해 그려낸 그림이다. 구텐베르크가 다른 사람에게 자신의 작품을 펼쳐 보이고 있다. 인쇄술의 발명은 사람들에게 귀중한 재산을 남겨 주었으며 소수에 의해 독점되던 지식의 보편화가 시작되어 역사의 발전과정을 바꾸어 놓았다.

마흐메트 2세
Mehmet II

오스만 제국의 위대한 정복자

생몰년 : 약 1430~1481년
국 적 : 터키
출생지 : 에디르네
성 격 : 냉혹하고 호전적이며 호기심이 많음
신 분 : 정치가, 군사가
가 정 : 부친은 술탄 무라드 2세

마흐메트(메머드 2세라고도 함)는 어려서 궁내 학교에서 양질의 교육을 받았다. 좀 자란 뒤에는 오스만의 관례에 따라 소아시아 서부의 마니사로 보내져 그곳을 관리했다. 1444년 그의 부친 술탄 무라드가 정사에 염증을 느끼고 물러나니 12세였던 마흐메트가 왕위를 물려받을 수밖에 없었다. 마흐메트가 즉위한 지 얼마 되지 않아 나라는 외세의 침입에 놓이게 되었고 대신들은 정권 다툼에 열을 올리는 등 혼란한 국면에 처했다. 그러나 어린 마흐메트는 이를 통제할 방법이 없었다. 그래서 늙은 술탄 무라드가 할 수 없이 복위하게 되었다. 1446년 그는 다시 마니사로 보내져 유명한 학자들에게서 문학과 역사를 공부했고 특히 전략 전술에 대해 집중적으로 공부하면서 성장해 나갔다.

1451년, 술탄 무라드가 병사하자 마흐메트는 속히 수도로 돌아와 왕위를 계승했다. 즉위 하던 날, 그는 명령을 내려 아직 젖먹이인 동생을 죽여 잔인한 면모를 드러냈다. 그는 처음 왕위에 올라 비잔틴 제국을 정복하기로 결심했다. 1453년 4월, 친히 15만 대군

술탄 마흐메트의 초상
술탄이 고상하고 우아한 자태로 손에 꽃을 들고 있다. 제국의 창시자로서 그는 탁월한 지도력과 군사적 전략으로 천년을 넘게 이어오던 비잔틴 제국을 무력으로 제압했다.

술탄 마흐메트 사원의 석양
술탄 마흐메트 사원은 푸른 모스크
(mosque, 이슬람교의 예배당)라고도
불린다. 이곳은 세계에서 유일하게 여
섯 개의 첨탑을 가진 사원이다. 석양
아래의 모스크는 한층 더 웅대하며 장
엄해 보인다.

을 거느리고 콘스탄티노플을 포위하며 육로와 해로로 공격해 들
어갔다. 콘스탄티노플의 수비군은 만 명도 안 되었지만 견고한 방
어 진지 덕분에 적의 공격을 차례로 막아냈다. 그러자 마흐메트의
군대는 수없이 많은 부상자가 발생하여 동요되고 혼란에 빠져 있
었다. 이런 긴박한 순간에 마흐메트는 사병들에게 성을 함락시키
면 사흘간 사병들이 재물을 약탈할 수 있도록 허락해 줄 것이며,
일체의 재물과 노예는 승리자의 몫으로 하겠다고 약속했다. 결국
오스만의 군대는 콘스탄티노플의 견고한 성벽을 무너뜨렸고 비잔
틴 황제는 전사했다. 입성한 다음날 마흐메트는 철군을 요구하던
주요 대신들을 잡아서 처형했다. 오스만 제국이 콘스탄티노플을

점령한 것은 천년을 이어온 비잔틴 제국의 멸망을 의미하는 것이었다.

콘스탄티노플은 이후에 이스탄불로 개명되어 오스만 제국의 정치 행정 중심도시가 되었다. 마흐메트는 정복지의 통치에 대해 자제와 관용 정책을 펼쳤다. 그는 제국의 행정과 무슬림 신민에 반하지만 않는다면 기독교도들이 자신들의 방식과 법률로 생활할 수 있도록 허락했다. 또한 종교적 자유를 누릴 수 있게 했을 뿐 아니라 민족 학교를 세워 자신의 민족 언어로 교육받을 수 있도록 해 주었다. 이는 당시 유럽의 기독교 국가들이 종교적인 차별과 박해 하는 정책을 취했던 것과는 극명하게 대비되는 것이다.

정복자 마흐메트는 명성에 걸맞게 31년의 재위기간 동안 거의 해마다 정복 전쟁을 일으켰다. 그는 통치 만년에 이미 소아시아의 20개 도시와 유럽의 28개 도시를 세운 대제국이 되었다. 또한 그는 스스로를 '두 대륙과(발칸과 아나톨리아) 두 대양(에게해와 흑해)의 군주'라 불렀다. 1481년 5월초, 마흐메트는 자신의 큰 아들 바야지트에게 독살 당했는데 그의 나이 채 50이 되지 않았을 때였다.

논술 키워드

술탄
이슬람교에서 종교적 최고 권위자인 칼리프가 수여하는 정치적 지배자의 칭호인데 13세기 이후 이슬람 전제 군주의 공식 칭호로 사용되기 시작하였다.

🔍 **심금을 울리는 명인 한 마디**

♠ 나는 도시 외에는 다른 어떤 것도 원하지 않는다.

콜럼버스 *콜럼부스

Columbus

생몰년 : 1451~1506년
국 적 : 이탈리아
출생지 : 이탈리아 제노바
성 격 : 의지가 굳고 모험심이 강함
신 분 : 항해가
가 정 : 양모 방직의 가내 수공업에 종사

신대륙을 발견한 위대한 탐험가

콜럼버스는 이탈리아의 유명한 항해가로 어려서부터 모험을 좋아했다. 전설 속의 금은보화가 가득한 중국과 인도를 찾기 위해 그는 네 번의 대서양 횡단을 감행했고 이 탐험으로 아메리카 대륙을 발견했다. 이로써 훗날 식민지 경영의 기초를 마련한 것이다.

콜럼버스는 1451년 8월 25일에서 10월 말 사이에 태어났다. 그에게는 남동생 세 명과 여동생 한 명이 있었는데 두 남동생은 요절했다. 그의 집안은 전형적인 중세 수공업 가정으로 일할 수 있는 가족 성원은 모두 노동에 종사했다.

콜럼버스는 어려서부터 항해 모험을 좋아해서 열다섯 살 때 화물선을 타고 지중해를 항해하기도 했다. 《마르코 폴로 여행기(동방견문록)》에서 묘사된 많은 인구와 풍부한 물자의 동양은 그의 관심을 끌었다. 콜럼버스는 젊어서 당시 유행하던 '지구가 둥글다'는 학설을 받아들였다. 유럽에서 계속해서 서쪽으로 나가면 전설속의 황금과 은, 향료로 가득한 중국과 인도에 도달할 수 있다고 생각했다. 그곳에서 재화와 보물을 얻는 것이 그의 일생의 꿈이었다. 이 꿈을 실현하기 위해 콜럼버스는 자신만의 항해 계획을 세웠다.

그러나 중세 시대 유럽에는 원양 항해에 대한 지식과 조건이 부족했다. 따라서 콜럼버스의 모험 계획은 포르투갈 국왕으로부터 거절 당했다. 그러나 스페인의 이사벨라 여왕이 그를 지원해 주기로 했다.

1490년대 콜럼버스가 서쪽으로 항해할 때 이런 범선을 이용했다. 이것은 여러 개의 마스트가 있는 범선에 종범을 달아 개조한 것이다. 선체 중앙에는 메인 마스트(mian mast)가 있고 포어 마스트(fore mast)에는 횡범(fore sail)이 달려 있다. 필요할 때는 메인 마스트를 오른쪽으로 향하게 하고 다시 종범을 달 수 있다.

1492년 8월 3일, 콜럼버스는 함선 세 척을 거느리고 스페인의 팔로스항을 떠났다. 인류 역사상 최초의 대서양 횡단이라는 위대한 항해의 첫 걸음을 내딛은 것이다. 탐험대원은 총 87명이었다(일설에는 90명이라고도 한다). 함대는 대서양의 아무도 알지 못하는 해역으로 들어가 서쪽으로 항해해 나갔다. 함대가 30여일 후 미국의 바하마 군도에 이르렀을 때 콜럼버스는 자신이 드디어 인도에 도착했다고 믿었다. 따라서 발견한 열도를 '서인도 군도'라 이름 짓고 원주민들을 인도 사람이라는 뜻의 '인디언'이라고 불렀다. 12월 25일 성탄절 당일, 기함(함대 사령관이 타고 있는 군함) 산타마리아호는 히스파니올라(서인도제도 중부 대앤틸리스 제도에 있는 섬, 아이티 섬) 북안에서 좌초되어 침몰하고 말았다. 그는 자원자 39명을 섬에 남겨 라나

콜럼버스가 제작한 지도
이 지도는 19세기에 콜럼버스가 제작한 것으로 알려졌다. 하지만 여러 가지 의문점이 남아 있다. 지도에는 아이슬란드와 페로 제도의 위치가 바뀌어 있는데 콜럼버스는 그런 실수를 할 사람이 아니다. 따라서 제작한 사람이 콜럼버스인지 아닌지는 함부로 단언할 수가 없다.

비닷에 정착하게 하고 남은 사람들을 두 척의 배에 태워 귀국했다. 1493년 3월 15일, '대서양 해군 원수' 콜럼버스는 240일의 원양 항해 모험 후 팔로스항에 도착했다. 이 소식은 스페인과 전 유럽을 떠들썩하게 만들었다. 개선하는 함대의 모습은 자못 위풍당당하여 알몸에 문신을 한 인디언 10명을 행렬의 맨 앞에 세웠다. 또한 신대륙에서 가져온 금은보화와 진기한 새, 짐승들을 과시하며 콜럼버스는 행렬의 마지막에 말을 타고 등장했다. 왕실에서는 그를 최상의 귀빈으로 대접했다. 여왕은 여러 차례 그의 안부를 묻고 그에게 새로운 해군 원수의 전포(옛날 전사들이 입던 옷)를 내렸다. 콜럼버스의 탐험 경과를 듣고 난 후 모든 사람들이 자리에서 무릎을 꿇고 찬양의 시를 읊었다. 1493년 5월 29일, 스페인 국왕은 콜럼버스에게 새로 발견한 군도와 육지의 해군 제독, 국왕 대리, 총독의 직함을 수여한다고 반포하고 수여 증서를 발급해주었다.

15세기 유럽 항해 성반로盤

이후에 콜럼버스는 다시 1493년, 1498년, 1502년 세 차례에 걸쳐 항해를 떠났는데 그 중 두 번째 항해의 규모가 가장 컸다. 그러나 이 세 번의 항해에서 그는 인도나 중국을 찾은 것이 아니라 신대륙에 대한 탐험 범위를 넓힐 수 있었을 뿐이었다. 네 차례에 걸친 항해를 마치고 스페인으로 돌아온 지 얼마 되지 않아 콜럼버스는 병이 깊어져 일어나지 못했다. 그는 결국 1506년 발라돌리드에서 세상을 떠나고 말았다. 콜럼버스는 죽기 전까지도 자신이 도착한 곳이 인도라고 믿고 있었다. 뒤에 아메리고라는 이탈리아인이 콜럼버스가 발견한 곳은 인도가 아니라 원래 아무도 모르던 신대륙이라는 것을 알아냈다. 이 신대륙을 자신의 이름 아메리고에서 따온 '아메리카' 로 부르게 되었다.

❦ 심줄은 울리는 명인 한 마디

♠ 우리가 희망하는 대륙을 마음에만 확실히 품고 있으면 풍랑은 싸워 이길 수 있다.

다빈치
Da Vinci

문예 부흥의 거장

생몰년 : 1452~1519년
국 적 : 이탈리아
출생지 : 토스카나 지방의 빈치
성 격 : 진지하며 지식에 대한 욕구가 강했음
신 분 : 화가 · 조각가 · 과학자 · 기술자 · 철학자
가 정 : 아버지는 공증인이었으며 어머니 카테리나는 농부의 딸이었음

레오나르도 다빈치는 이탈리아 문예 부흥 시기 최고의 화가로 전 유럽 문예 부흥 시기에 가장 뛰어난 인물 가운데 한 사람이다. 그는 박학하고 다재다능했으며 심오한 사상으로 예술의 대가 혹은 과학의 거장으로 불린다. 또한 그는 문예 이론가였으며 철학자, 시인, 음악가, 기술자와 발명가이기도 했다. 후세의 학자들은 그를 '문예 부흥 시기의 가장 완벽한 대표', '최고의 학자', '필적할 자가 없는 천재' 등으로 표현했다.

다빈치는 사생아로 태어나 어머니의 손에서 다섯 살까지 자랐으며, 그 후에는 할아버지 집에서 행복한 어린 시절을 보냈다. 당시 다빈치는 총명했으며 부지런하여 공부하기를 좋아했으며 다양한 것에 관심을 기울였다. 그중에서도 다빈치는 특히 그림 그리는 것을 좋아해 종종 이웃들에게

《모나리자》 다빈치의 작품

그림을 그려주었으며 '회화의 신동'이라는 별명을 얻기도 했다. 다빈치는 열네 살에 피렌체로 가서 살게 되었는데 유명한 예술가

베오키오를 스승으로 모시며 체계적으로 조형예술에 대해 공부하기 시작했다. 다빈치는 그곳에서 지명도 높은 숱한 인문주의자와 예술가, 과학자들을 사귀면서 인문주의의 영향을 받았다. 스무 살 때에는 이미 예술에 조예가 깊어져 모두가 인정하는 화가가 되었다. 그가 그린 벽화 《최후의 만찬》, 제단화 《암굴의 성모》와 초상화 《모나리자》는 세계 예술사에 길이 남을 명작이며 유럽 예술의 최고봉이다.

철학자로서의 다빈치는 지식은 반드시 실천에서 출발해야 하며 실천을 통해서 과학의 오묘함을 탐구해야 한다고 생각했다. 그의 사상은 뒤에 갈릴레오에 이르러 더욱 발전하게 되었다. 또한 영국 철학자 베이컨의 이론적인 보완을 통해 완성되어 근대 자연과학의 기본적인 방법으로 자리 잡았다. 다빈치는 천문학 영역에서는 전통적인 '천동설'에 대해 부정적인 견해를 보였으며, 심지어 태양에너지를 이용할 생각도 했었다. 물리학 방면에서는 액체의 압력에 대한 개념을 발견했으며 연통관의 원리를 도출해냈다. 또 관성의 법칙을 발견하고 지렛대의 원리를 발전시켰다. 또한 원자 원리를 예지하여 원자력의 위력을 생생하게 묘사했다. 그는 해부학과 생리학에서도 위대한 업적을 남겨 근대 생리해부학의 시조라고 여겨진다. 그의 연구와 발명은 군사와 기계, 수학 영역과 수리공정 등 여러 방면에서 중대한 공헌을 했다. 이렇듯 다빈치의 연구는 자연 과학의 모든 영역을 포함하여 세계적으로 보편적인 발전과 성과를 거두었다.

다빈치는 만년에 유랑을 하며 지냈는데 1517년 예순다섯 살에 이탈리아를 떠나 프랑스로 갔다. 1519년 5월 2일, '문예부흥의 거장' 이자 '인류 지혜의 상징' 인 다빈치는 프랑스에서 세상을 떠났다.

다빈치는 문예부흥 시기 거장 중의 거장이었다. 그가 완성한 작품은 열 개가 넘지 않지만 그의 천재성을 입증하기에는 충분하다. 그의 사상은 당시의 기술이 미칠 수 있는 범위를 크게 뛰어 넘는 것이었다. 그는 사람들을 만족시킬 만한 형상을 얻기 위해 늘 실험적 기법에 도전했다. 그러나 다빈치 역시도 천재들만의 비극적 최후를 맞이했다.

그림 속의 노인은 조수의 도움으로 실험에 집중하며 왼손으로는 재빠르게 실험 결과를 기록하고 있다. 만약 뒤쪽에 보이는 인체소묘와 《모나리자》가 그의 신분을 알려주지 않는다면 누구도 그가 '과학자' 다빈치라는 생각을 할 수 없을 것이다.

마키아벨리

Machiavelli

정치학의 아버지

생몰년 : 1469~1527년
국 적 : 이탈리아
출생지 : 피렌체
성 격 : 예민하고 급진적이며 자유를 숭상함
신 분 : 정치가, 문학가, 군사가
가 정 : 몰락한 귀족 가문

마키아벨리의 집안은 피렌체의 명문 귀족이었다. 일찍이 13세기에 가문의 숱한 인물들이 정치적 요직을 두루 지냈으나 마키아벨리의 집은 그중에서 빈한한 축에 속했다. 그의 부친은 공직에 있었으나 빚을 상환하지 못해 면직되고 말았다. 집안이 가난했던 탓에 마키아벨리는 어렸을 때 정규교육을 제대로 받지 못했다. 그러나 부모님의 엄격한 교육과 가정 분위기 속에서 많은 책을 읽을 수 있었다. 또한 독립적으로 사고하는 습관으로 유년기부터 이미 재능과 식견이 뛰어나다는 칭찬을 들었다.

이탈리아 정치가이자 작가인 마키아벨리는 일찍이 피렌체의 막강한 가문인 메디치가 통치자의 고문을 역임했다. 그는 실용적이고 냉정한 정치가의 신조 즉 '목적이 정당하다면 수단은 가리지 않는다.'는 말을 남겼다.

그는 성장한 이후 정치에 투신했는데 스물아홉에 피렌체 공화국의 최고 행정 기관인 '자유평화 10인 위원회'의 부서기관장이 되었다. 외교와 군사 및 정부 문건의 초고를 쓰며 여러 차례 이탈리아 각지와 독일, 프랑스 등지에 외교 사절로 파견되기도 했다. 1501년 마키아벨리는 마리에타 코로시니와 결혼하여 다섯 명의 자녀를 두었다. 그는 1512년 공화국이 전복되고 군주가 복위하자 체포돼 감금되었다. 그것으로 그의 정치생명은 끝이 나게 된다. 다시 자유를 찾게 된 뒤로 그는 오래도록 고향에 숨어 지내며 가난하고 고통스러운 생활을 했다. 그 무렵 그는 문장으로 이론을 세워 뛰어난 학술적 업적을 이루어 냈다.

1512~1513년, 마키아벨리는 역사 서적인 동시에 정론서인 《티투스 시대 초기의 10년에 관한 서설》을 완성했다. 그는 이 저서에서 자신의 공화주의 사상을 명확히 밝혔으며 역사적으로 유명했던 전투에 대해 분석하며 군사학적 관점을 제시했다. 그가 편찬한 《피렌체사》는 후세에 이탈리아의 진귀한 역사 연구 자료가 되고 있다. 이 책은 간결 명확하면서도 생동하는 아름다움을 지닌 이탈리아어 산문 형식으로 쓰였다.

그가 지은 저서 중 가장 유명한 것은 당연히 1513년에 완성된 《군주론》이다. 마키아벨리는 《군주론》에서 이탈리아의 수백 년간에 이르는 정치적 실천과 격렬한 혁명에 대에 총결산했다. 이 책은 작가의 10여 년에 걸친 경험과 교훈의 이론적 결정체이다. 그는 공화정만이 최고의 국가통치 방식이기는 하지만 공화제로는 이탈리아의 사분오열된 국면을 해소할 수 없다고 보았다. 무한한 권력을 가진 군주정만이 국민을 복종시키고 강한 적의 침입을 막아낼 수 있다고 주장했다. 그는 목적을 이루기 위해서는 권모술수, 잔학 행위, 사기, 위선, 배신 등 수단을 가릴 필요가 없으며 단지 군주의 통치에 도움이 되기만 한다면 모두 정당화될 수 있다고

🗨 *심금을 울리는 명인 한 마디*

♠ 군주는 사람들에게 사랑받기보다는 외경의 대상이 되는 편이 낫다.
(개인과 군주가 갖추어야 할 덕목은 다르며 개인으로서는 사랑받는 쪽이 좋겠지만, 인간은 두려운 사람보다는 애정을 가진 사람을 배신하기가 쉬우므로 군주가 권력을 유지하고 대중을 통치하기 위해서는 외경의 대상이 되어야 한다고 보았다.)

체사레 보르자는 교활하고 야심만만하며 아무 것도 거리끼지 않는 기회주의자였다. 그러나 그는 유능한 통치자로 마키아벨리는 그를 이상적인 군주의 모범이라고 말했다. 그림 속의 보르자는 교황 알렉산더 6세와 논쟁한 끝에 아버지께 문안을 드리고 바티칸을 떠날 준비를 하고 있다.

보았다. 그의 이런 사상을 후에 사람들이 '마키아벨리즘'이라고 불렀다.

《군주론》은 정치학계에서 가장 영향력 있는 저서 가운데 하나이다. 《군주론》은 바티칸에서 정한 첫 번째 정치 금서로 인류 사상사에서 무참히 비난 받았던 한편 호평을 받은 책이기도 하다. 따라서 이 책은 출판되고 400여 년간 줄곧 정치가, 모략가, 야심가들의 지대한 관심을 받았다. 20세기 후기에 이르러서야 사람들은 비로소 과학적인 태도로 이 책을 접하기 시작했다. 유사 이래 정치 투쟁의 기법에 대한 가장 독보적이고 예리하며 성실한 '검시보고서'라고 보게 된 것이다. 또한 마키아벨리는 정치학과 논리학을 최초로 분리한 정치 사상가라고 평가되고 있다.

1527년, 피렌체에서 폭동이 발생해 군주 통치가 전복되자 마키아벨리는 다시 공화국 신정부를 위해 여생을 바치며 일하고자 했지만 거절당하고 말았다. 그는 좌절한 나머지 병을 얻어 얼마 후 심한 절망감과 고통으로 세상을 떠났다.

코페르니쿠스

Copernicus

지동설의 창시자

생몰년 : 1473~1543년
국 적 : 폴란드
출생지 : 비수아 강 근처 토룬
성 격 : 성실하며 의지가 굳음
신 분 : 천문학자
가 정 : 상인 가문 출신, 아버지는 토룬시의 시장

코페르니쿠스는 열 살 때 부친을 여의고 삼촌 바체르로데 대주교의 손에 의해 길러졌다. 그는 천문학에 깊은 관심을 가지고 있었다. 중학교 때는 선생님의 지도를 받아 해의 그림자로 시간을 측정하는 해시계를 만들기도 했다. 코페르니쿠스는 열여덟 살에 크라코프 대학에 입학했다. 대학교의 인문주의자와 수학자, 그리고 천문학자 볼제프스키 등은 그에게 지대한 영향을 미쳤다. 코페르니쿠스는 항상 이들 학자에게 천문학이나 수학과 관련된 질문을 많이 했고 천문관측 장비들을 이용해 천문현상을 관측하기도 했다.

코페르니쿠스가 대학을 졸업하고 고향으로 돌아왔을 때 바체르로데 대주교는 그를 이탈리아로 보내 교회법을 공부하게 했다. 1497~1500년, 코페르니쿠스는 볼로냐 대학에서 공부하며 교회법 이외에도 각종 학문을 연구했다. 특히 수학과 천문학 분야에서 학교의 천문학교수이자 이탈리아 르네상스의 선도자인 라파엘로와 밀접하게 왕래했다. 코페르니쿠스는 라파엘로와 함께 우주의 크기를 측정하며 데이터를 기록하거나 선지자들의 천문학 관련

코페르니쿠스는 폴란드의 천문학자이다. 그는 오랜 관찰과 논증을 거쳐 '지동설'이라는 혁명적인 학설을 내놓아 변치 않는 진리로 여겨지던 '천동설'을 뒤집었다.

저서를 탐독했다. 그는 일찍이 서기전 3세기에 고대 그리스의 천문학자 아리스타르코스가 말했던 지구가 태양을 중심으로 돈다는 개념을 이해했다. 그는 지구에서 태양과 달에 도달하는 각 거리의 근사치를 측정했으나 뒤에 종교 세력의 반대에 부딪혔다. 코페르니쿠스는 이러한 저작들을 읽으며 그리스어를 배우게 되었다.

코페르니쿠스는 실제 천문 측량과 선인의 저서를 깊이 연구하면서 천동설에 대해 의심을 품기 시작했다. 천동설은 고대 그리스의 철학자 아리스토텔레스가 주창한 것으로, 2세기 로마의 천문학자 프톨레마이오스가 이것을 논리적으로 증명해냄으로써 더욱 체계화되었다. 천동설은 지구는 유한한 우주의 가운데에 정지해 있고 해, 달과 다른 별들이 지구를 둘러싸고 돈다는 개념이다. 이 학설은 기독교에서 진리로 신봉되면서 신권 통치의 중요한 이론적 기초를 제공했다.

1506년 코페르니쿠스는 폴란드로 돌아와 프라우엔부르크 대성당에서 신부로 재직했다. 이는 그에게 사회적인 지위와 물질적인 기반을 제공해 주었고, 계속해서 천문학 연구와 과학실험에 임할 수 있도록 만들어 주었다. 그는 연구의 편리를 위해 교회를 둘러싸고 있는 벽의 성루를 거처 겸 작업실로 이용했다. 그는 그곳에 작은 천문대를 만들고 자신이 제작한 초라한 도구들로 장장 30년에 걸친 천체 관측을 시작했다. 그리고 바로 이곳에서 거작 《천체의 회전에 관하여》를 썼는데, 관측사례 27개중 25개는 성루에서 관측 기록한 것이었다. 이 저서는 총 6권으로 코페르니쿠스는 지동설을 주장하며 프톨레마이오스의 지구가 정지되어 있다는 이론을 비판했다.

코페르니쿠스의 지동설은 과학적으로 천체의 운행 현상에 대해 기술하고 오래도록 진리로 믿어

'천동설'을 묘사한 천체도형
그림에서 보듯이 지구가 우주의 중심에 위치하고 태양과 달, 행성들이 지구 주위를 돌고 있다. 유럽 교회에서는 이 잘못된 이론을 1400여 년이나 지지했다.

져 왔던 천동설을 뒤엎는 것이었다. 또한 기독교에서 주장하는 하느님이 세상을 창조했다는 일체의 논리를 근본적으로 부정하는 것이었다. 그의 학설은 우주의 중심과 우주 유한론에 대한 관점을 견지하는 오류를 범하기는 했지만 천문학을 신학의 구속으로부터 해방시켰다. 또한 천문학의 근본적인 개혁을 이루어냄으로써 근대 과학 발전사에 한 획을 긋는 중요한 의미를 지닌다.

1543년, 코페르니쿠스는 일흔 살에 병으로 세상을 떠났지만 사람들은 그의 학설을 더욱 발전시켰다.

명인
일화 1524년 5월 24일 코페르니쿠스의 《천체의 회전에 관하여》는 출판된 후 로마 교황청의 강한 반대에 부딪혀 금서가 되었다. 심지어 독일의 종교 개혁가 마틴 루터조차도 이는 명백히 《성경》의 권위에 도전하는 것이라며 그를 욕했을 정도였다. 300여 년이 흐른 1882년에야 로마 교황청은 코페르니쿠스의 학설이 정확한 것이라는 것을 인정했다.

미켈란젤로

Michelangelo

르네상스 시대의 위대한 예술가

생몰년 : 1475~1564년
국 적 : 이탈리아
출생지 : 피렌체의 카프레세
성 격 : 성실하며 자유를 숭배함
신 분 : 화가, 조각가, 기술자
가 정 : 아버지는 카프레세의 행정장관

〈피에타〉
이것은 미켈란젤로의 유명한 작품 중 하나이다. 성모 마리아가 예수의 시체를 안고 있는 장면을 조각한 것이다. 예수는 머리를 뒤로 젖히고 마리아의 무릎에 누워서 힘이 빠진 사지를 무력하게 늘어뜨리고 있다. 마리아는 오른손으로 예수의 겨드랑이를 부축하고 있다. 그녀의 펼쳐진 왼손에는 어찌할 수 없는 안타까운 슬픔이 드러난다. 약간 기울인 머리와 깊은 슬픔에 잠긴 얼굴은 내면에서 치밀어 오르는 극한 고통을 나타내고 있다. 조각상 전체에 감도는 억제된 감정은 숭고하고 장엄한 기운마저 느끼게 한다.

미켈란젤로의 어머니는 쇠약하고 병치레가 잦아 그는 태어난 후 줄곧 유모의 집에서 자랐다. 유모의 남편이 석수였던 덕분에 미켈란젤로는 어려서부터 많은 조각들을 접하면서 지낼 수 있었다. 그는 열네 살 때 피레네의 은행가인 '무관의 제왕' 로렌조 데 메디치의 '메디치 동산'으로 보내졌다. 그곳에서 그는 엄격한 기술적인 훈련과 선진적인 르네상스의 인문주의 영향을 받았다. 이것은 이후 그의 예술 창작의 든든한 기초가 되었다. 또한 그는 그곳에서 자신의 창작 생애를 시작했다.

초기 조각 작품인 《피에타》는 그의 예술적 조예가 이미 높은 경지에 도달했음을 보여준다. 이 작품에서 죽은 예수는 성모의 무릎에 안겨있고 성모는 사랑과 근심

파리 국립 미술 학교의 반원형 강당의 벽화 《대예술가들의 회합》(1836~ 1841)이다. 빨간 모자를 쓰고 왼쪽에 앉아 있는 사람이 미켈란젤로이며 주위의 사람들은 이야기를 나누고 있다.

어린 시선으로 아들을 내려다보고 있다. 이 작품은 보는 이로 하여금 비탄에 잠기게 하면서도 아름다운 느낌을 준다. 《피에타》가 전시된 후 로마 전역은 들썩이기 시작했다. 사람들은 이것이 아직 스물다섯 살도 안 된 젊은이의 작품이라는 것을 믿을 수가 없었다. 미켈란젤로는 사람들의 의혹을 없애기 위해서 성모의 어깨에 '작가—미켈란젤로' 라고 새겨 넣었는데 이것으로 《피에타》는 유일하게 그의 낙관이 새겨진 작품이 되었다.

미켈란젤로의 유명한 조각으로는 《다비드》, 《모세》, 《죽어가는 노예》 등이 있다. 《다비드》는 그의 이름을 널리 알린 조각으로 고대 이스라엘 다윗왕의 정의감에 불타는 전사의 위용과 힘을 표현했다. 그는 이 조각을 완성하는 데 3년이 걸렸다. 완벽에 가까운 경지에 다다른 이 조각은 그를 '가장 위대한 조각가' 로 만들어 주었다.

미켈란젤로는 조각뿐만 아니라 회화에서도 최고의 예술적 경지에 도달해 있었다. 그가 시스틴 성당에 그린 벽화 《천지창조》는

4년 5개월에 걸쳐 제작되었다. 작품이 완성되자 이탈리아 전체를 뒤흔들었으며 세계 역사상 가장 위대한 미술 작품으로 인정받게 되었다. 심지어는 다빈치도 이 작품 앞에서 할 말을 잃고 자신의 시대가 지나갔음을 느꼈다고 한다.

미켈란젤로는 걸출한 작품을 배출해 낸 예술가일 뿐 아니라 일생토록 전장에서 분투한 애국 용사이기도 했다. 그는 일찍이 피렌체 사람들과 함께 외국의 침략자들과 교황의 군대에 맞서 전투를 벌이던 중 성의 수비공사 총지휘를 맡았다. 성이 함락되어 적의 감옥에 갇힐 때까지 성을 지키기 위해 자신의 자리를 고수했다.

1564년 2월, 미켈란젤로는 향년 89세로 자신의 작업실에서 세

상과 이별했다. 그는 일생의 마지막 20년 동안 건축 사업에 온 열정을 쏟아 산피에트로 성당을 설계하고 건축 공정을 감독했다. 미켈란젤로는 일생을 독신으로 지내며 예술에 힘써 자유분방하고 호기심 가득하며 웅대한 작품들을 만들어 냈다. 그는 다빈치, 라파엘로와 함께 르네상스의 거장으로 추앙받고 있다.

〈최후의 심판〉 미켈란젤로

마젤란

Magalhaes *Magellan

세계 일주 항해의 선구자

생몰년	1480~1521년
국 적	포르투갈
출생지	포르투(오포르토)
성 격	침착하고 꿋꿋하며 쉽게 포기하지 않음
신 분	항해가
가 정	몰락한 기사 집안

마젤란은 열 살을 전후해 아버지 손에 이끌려 궁정으로 들어가 일하게 되어 1492년 왕후의 시종이 되었다. 열여섯 살에는 포르투갈 국가 항해 사무국에 들어가 항해 사무 전반에 대해 배웠다. 당시는 이미 콜럼버스가 아메리카 신대륙을 발견하고 바스코 다 가마가 인도에서 전설 속의 동방의 재화를 가지고 회항했을 때였다. 마젤란은 동방의 재화와 먼 바다를 탐험한다는 생각에 사로잡혀 원정대에 참여하고 싶은 의지를 적극적으로 표현했다. 결국 그는 1505년에 해외 원정대에 참가할 기회를 얻었다. 마젤란은 원양 탐험 항해의 첫 발을 내딛게 된 것이었다.

그 후로 마젤란은 인도와 동남아 일대를 탐험하며 실제로 동남

항해하고 있는 마젤란
마젤란은 포르투갈의 하급 귀족 가문에서 태어났고 스무 살이 채 안 되어 선원이 되었다. 그는 《아메리카의 역사》라는 책에서 사람들에게 인디언에 대한 최초의 믿을 만한 자료를 제공해 주었다. 그는 침착하고 꿋꿋한 성격과 풍부한 경험으로 인류 역사상 최초로 세계 일주 항해라는 업적을 이루어 냈다.

지리상의 대발견은 유럽과 아메리카 대륙 —더 나아가 세계 각지—의 무역 거래를 촉진시켰다.

아 말레카 군도의 동쪽에는 드넓은 대양이 있다는 것을 알게 되었다. 그는 지구는 둥글며 이쪽 대해의 동쪽에는 분명 콜럼버스가 발견한 아메리카 대륙이 있을 것이라고 확신했다. 그는 이런 전제하에 아메리카 대륙을 돌아 말라카 군도로 가고자 했다. 중요한 것은 대서양과 태평양을 이어주는 통로인 해협을 찾는 것이었다. 마젤란은 이 해협을 찾기 위해 세계 일주 항해를 결심하게 되었다. 1518년 스페인 국왕 카를로스 1세는 마젤란과 원양 탐험에 관한 협정을 맺었다. 1519년 9월, 마젤란은 선원 265명과 배 5척으로 조직된 함대를 이끌고 스페인의 세비야항을 출발해 지구를 돌아 먼 바다를 탐험하는 항해를 시작했다.

함대는 2개월 동안 바다에서 표류한 끝에 대서양을 지나 브라질 해안에 도착할 수 있었다. 일행들은 그곳에서 약간의 휴식을 가진 뒤 해안을 따라 남쪽으로 계속 항해했다. 그러나 1520년 10

월이 되어서도 함대는 여전히 해협을 발견하지 못하고 있었다. 몇 차례에 걸친 해협 탐색에 실패하자 선원들은 의기소침해졌고 선장 세 명도 반대의 뜻을 비치기 시작했다. 마젤란은 어수선하고 소란스런 정세를 진정시키기 어려워 탐험을 그만두어야 할 위기해 처했다. 그러나 1520년 10월 21일, 함대는 드디어 남위 52도 지점에서 해협 입구를 발견했다. 서서히 탐색하며 전진한 결과 11월 28일에는 마침내 해협의 서쪽으로 빠져 나가 끝도 없이 드넓은 '태평양'을 만날 수 있었다. 유럽인들이 20여 년 동안 그토록 찾기를 바랐던 곳을 결국 마젤란이 발견한 것이다. 훗날 사람들은 그가 발견한 해협을 '마젤란 해협(파타고니아 해협)'이라고 이름 지었다.

1521년 3월, 함대는 필리핀 군도에 도착했다. 마젤란은 정복자로서 현지의 원주민들과 격돌하다가 그만 전투에서 죽고 말았다. 그 후에 그의 부관이 낡아 빠진 배 한 척은 불태워 버리고 겨우 남은 향신료가 가득한 두 척의 배로 말라카 해협을 건넜다. 그는 인도양과 희망봉을 지나 장장 1년 만인 1522년 9월에 스페인으로 돌아왔다. 이것으로 인류 최초의 세계 일주 항해를 마친 것이다.

마젤란 군도의 토착민들은 마젤란의 함대를 포위 공격하고 약탈했다. 마젤란은 불행히도 전투 중 숨지고 말았다. 이 그림은 마젤란 함대와 현지의 토착민들이 교전을 벌이고 있는 장면을 묘사한 것이다.

심금을 울리는 명인 한 마디

♠ 돛대를 감싸고 있는 쇠가죽을 전부 먹어치운다 해도 우리는 계속 전진해야 한다!

마틴 루터

Martin Luther

종교 개혁운동의 선구자

생몰년	: 1483~1546년
국 적	: 독일
출생지	: 독일 작센안할트 주 아이슬레벤
성 격	: 고집이 세고 반항적이며 의지가 강함
신 분	: 종교가
가 정	: 농민 가정 출신

1517년 독일의 신학자 마틴 루터가 《95개조 반박문》을 독일 비텐베르크 성당의 문에 써 붙임으로써 종교 개혁 운동이 시작되었다. 그는 로마교회가 국가의 정사에 관여하는 것을 반대했다. 1525년에는 이러한 논점을 포기하지 않는다는 이유로 로마교회로부터 파문당했다. 이것은 결국 수많은 신교도들의 탄생을 야기했다.

마틴 루터가 태어난 이듬해 온 가족은 광산 중심지인 만스펠트로 이사했다. 아버지 한스 루터는 광부였는데 영주에게서 빌린 세 개의 용광로로 공장을 운영할 만큼 성공을 거두었다. 1501년 봄 그는 독일에서 가장 유명한 에르프르트 대학에 들어가 1502년 가을 문학학사 학위를 받았다. 1505년에는 우수한 성적으로 석사 학위를 수여받았다. 대학시절 그는 로마 교황의 세속화에 반대하는 사상의 영향을 받았다.

대학을 졸업한지 얼마 되지 않아 루터는 부모님과 친구들의 의아해하는 시선을 뒤로 하고 세상을 등진 채 어거스틴파 수도원으로 들어갔다. 마틴 루터는 수도사가 되어 자신의 종교적 삶을 시작했다. 그는 그곳에서 마음을 다해 수도하고 각종 고행과 고해성사를 반복했다. 1512년 그는 신학 박사 학위를 받고 비텐베르크 성당(비텐베르크 성 부속 성당이자 비텐베르크 대학 부속 성당)의 부원장이자 비텐베르크대학의 신학 교수로 임명되었다. 1512년에서 1513년 사이에 그는 서서히 자신의 '이신칭의'(justification by faith through grace 은혜로 인한 믿음으로 의인이 된다는 내용의 교리) 교리를 확립했다. 그는 한 사람의 영혼적 구원이란 개인의 경건한 신앙에 의해 이루어지며 외재적인 선공善功이나 교회의 권위로 얻어질 수 있는 것이 아니라고 했다. 이 학설은 천주교의 면죄부를 판매

루터파 교도들이 로마교회의 신도들과 논점이 되는 문제에 대해 토론하고 있다. 이것은 1530년 신성로마제국의 황제가 개혁파와 마지막으로 화해를 시도했을 때의 모습이다.

하는 바탕이 되는 이론과는 다른 것으로, 근본적으로 교회와 교회 지도자들의 사회적 정치권을 부정하는 것이었다.

1517년, 교황 리오 10세가 면죄부의 발행과 판매를 빌미로 사람들을 착취하는 것(이때 교황 리오 10세는 성베드로 성당을 건축하기 위한 기금을 마련해야 했다)을 반대하기 위해, 루터는 비텐베르크 대성당 문 앞에 《면죄부 판매에 관한 논제》(즉,《95개조 반박문》)를 써 붙였다. 이 《논제》는 강렬한 반향을 일으켜 교회의 권리에 대한 원한과 분노, 반대의 감정을 들끓어 오르게 만들었다. 또한 독일 종교 개혁의 불꽃을 일으켜 루터는 순식간에 독일 국민들의 대변인이 되었다.

1519년 로마 교회의 신학자 요한 에크와 마틴 루터는 라이프치히에서 대 논쟁(라이프치히 토론)을 벌였다. 이 변론에서 루터는 종교 개혁 생애의 일대 전환점을 맞이하게 되었다. 1520년 10월, 교황은 루터에게 60일 내에 죄를 뉘우치고 잘못을 인정하도록 명했고, 이를 거부한다면 그를 파면하겠다는 내용의 조서를 내렸다. 그러나 루터는 온갖 회유책에도 불구하고 요지부동이었다. 오히려 그를 옹호하는 자들의 환호 속에서 교황의 조서를 불태워 버림으로써 자신과 로마 교황청이 철저히 다른 노선을 걷게 될 것이라는 결심을 분명히 했다. 그의 이런 행동은 독일과 서유럽 각 국민들을 고무시켰다. 1521년 4월, 교황은 보름스에서 공회를 열고 루터의 죄를 언도

마틴 루터가 신도들에게 교의를 강의
하고 있다. 《95개조 반박문》을 붙이고
나서부터 마틴 루터의 관점은 독일 신
도들의 열렬한 지지를 받았으며 이것
은 독일 종교 개혁 운동의 불씨가 되
었다.

했으나 루터는 논리적인 이치로 한 치도 물러서지 않았다. 로마 교
황청은 도저히 루터의 마음을 돌릴 방법이 없자, 무지막지한 고문
을 가하고 법률의 보호를 받을 수 없다고 선언했다.

루터는 바르트부르그에 은거하며 계속해서 종교 개혁 작업에
몰두했다. 1525년, 루터는 마흔두 살 때 수녀인 카타리나 폰 보라
와 결혼하여 교회의 금욕주의에 실천적 행동으로써 도전했다. 1543
년, 루터가 번역한 《성경》이 세상에 알려지게 되었다. 그의 《성경》
은 사람들에게 교회에 대항하는 사상적 무기가 되어주었다. 그가
번역한 《성경》은 독일어로 쓰였는데 이런 통일된 언어는 분산되었
던 독일의 각 연방에 유대감을 심어 주었다.

1546년 2월 루터는 자신이 태어났던 아이슬레벤에서 예순세 살
의 나이로 세상을 떠났다. 마틴 루터는 29년 전 한 시대를 뒤흔든
《95개조 반박문》을 붙였던 비텐베르크 성당의 묘지에 묻혀 있다.

✿ 심금을 울리는 명인 한 마디

♠ 게으르면 좋은 기회도 소용없지만 부지런하면 평범한 기회도 좋은 기회가 될 수 있다.

칼뱅 *캘빈

Calvin

유럽 종교 개혁 운동가

생몰년 : 1509~1564년
국 적 : 프랑스
출생지 : 프랑스 북부 피카르디의 누이용
성 격 : 우울하고 예민하며 부끄러움을 많이 탐
신 분 : 칼뱅교의 창시자
가 정 : 부친은 주교의 비서였으며 계모는 매우 엄격했음

칼뱅이 태어났을 때 주교의 비서였던 아버지는 포대기에 싸여 큰소리로 울어대는 작은 생명을 보고 매우 흐뭇해했다. "요 녀석! 커서 겁쟁이가 되지는 않겠구나. 울음소리 한번 시원하군! 이 녀석을 최고의 대학에 보내 온 사방에 명성을 떨치는 변호사로 만들겠어!" 1528년 칼뱅은 부친의 뜻에 따라 오를레앙대학에서 법률을 공부했다. 칼뱅은 대학에서 신학에 심취해 루터교의 사상을 받아들여 1534년, 칼뱅은 루터교의 신도가 되었다.

칼뱅은 파리 당국의 박해로 1534년 10월 스위스 바젤로로 도망갔다. 그곳에서 그는 루터파의 저작들과 《성경》을 계속 연구했다. 1536년, 칼뱅은 《그리스도교 강요》를 출판했다. 초판 당시에는 6장에 불과했으나 1559년 최종 수정본이 나올 때는 80장에 달했다. 이는 칼뱅이 평생을 들인 신교 연구와 제노바에서 종사했던 종교 정치 활동의 총 결산이었다. 또한 종교 개혁 시기의 가장 영향력 있는 신교 백과전서의 하나이기도 했다. 1536년, 칼뱅은 제노바까지 그 발길을 넓

프랑스에서 태어난 신학자 칼뱅은 제노바 종교 개혁 운동의 주도자였다. 그는 일생 동안 수많은 종교 개혁과 관련된 중요한 작품을 썼으며 '신학 개혁'에 깊은 영향을 미쳤다. 그러나 신학적 충돌과 도박, 음주, 무도를 금지하고자 하는 그의 주장은 소란을 불러일으키기도 했다. 그는 '칼뱅주의 운동'으로 종교 개혁을 시작했는데, 그 중에는 선거로 선출된 자로 교회를 구성해야 한다는 사상도 포함되어 있다.

논술 키워드

칼뱅주의[캘비니즘]
프랑스의 종교개혁자 칼뱅은 마틴 루터의 종교개혁 운동에 영향을 받았으며, 프로테스탄트 사상의 실천가로 활동하였다. 그의 사상은 서유럽 문화 형성과 근대 민주주의의 형성에 지대한 영향을 미쳤다.
주요 내용을 살펴보면 신의 예정을 인류의 조상인 아담의 타락 이전으로 보는 것과 그 이후로 보는 것과의 대립, 그리스도의 죽음을 구원받기로 정해진 자만을 위한 것으로 보는 것과 만인을 위한 것으로 보는 것(아르미니위스주의)과의 대립, 천지 창조로부터 완성까지를 신과 인간과의 계약의 실현과정으로 보는 계약신학의 성립 등이다.

혔는데 그곳은 후에 종교 개혁 운동의 본산이 되었다.

칼뱅은 신앙으로 구원을 얻을 수 있다고 주장했다. 또한 교회 조직을 간소화하고 교회 종사자는 민주적인 선거를 통해서만 나올 수 있다며 교회 조직에 대한 철저한 개혁을 주장했다.

칼뱅의 교리에서는 장로의 지위가 매우 도드라져 종교 개혁의 경찰이라 불렀다. 그 때문에 칼뱅교는 장로교라 불리기도 한다. 1541년, 제노바로 돌아온 후 칼뱅은 자신의 개혁을 시작했다. 그는 먼저 교회를 로마 교황의 제약으로부터 해방시키고 다시는 로마 교황이나 제후의 통제를 받지 않도록 했다. 장로, 시의원과 시정관 등으로 구성된 종교 법정은 제노바의 최고 행정 기관이 되었다. 칼뱅은 비록 종교 법정의 정식 구성원은 아니었으나 늘 법정 정기모임에 출석했고 실질적인 법정의 책임자가 되었다. 이것을

이것은 1564년 프랑스 화가가 그린 그림으로 리옹의 대중들이 칼뱅교 전도사의 포교를 귀 기울여 듣고 있는 장면이다.

기초로 제노바에서는 근본적인 변화가 일어나 정교합일의 신권공화국이 탄생하게 되었다. 국가의 법률과 종교의 기율은 사람들의 행동을 제약하는 두 가지 기준이 되었으며 칼뱅도 제노바에서 가장 높은 주재자가 되었다. 제노바는 신교의 로마라 불렸고 칼뱅은 '제노바의 교황'이 되었다. 1540년, 칼뱅은 과부인 이델레트 드 부레와 결혼해 아들 하나를 두었으나 후에 어른이 되기 전에 요절하고 말았다. 1549년, 이델레트가 세상을 떠나자 칼뱅은 그 후로 15년 동안 결혼하지 않았다.

만년의 칼뱅은 몸이 허약하고 병치레가 잦았다. 1564년 4월 25일 그가 남긴 유언을 보면 자신이 하느님의 영광스러운 선택을 받을 것이며 영원한 영광을 누릴 것이라는 확신에 차 있었다. 그는 1564년 5월 27일에 향년 56세로 세상을 떠났다.

일련의 개혁을 통해서 '칼뱅교'는 정치합일의 '신권공화국'을 탄생시켰고 칼뱅은 '제노바의 교황'이 되었다. 그림은 칼뱅이 교황에게 《그리스도교 강요》를 설명하고 있는 장면이다.

명인
일화 칼뱅은 자신의 일이 일종의 고행이라 생각하며 안일을 추구하지 않았다. 그는 일생 동안 《그리스도교 강요》를 수정해 완벽하게 만들었다. 초판본에서 최종판까지 25년 동안 수정해 그 길이가 무려 다섯 배가 늘어났다. 칼뱅은 이 책의 각 부분이 잘 연결되도록 편집해 마치 한 그루 나무가 균형 있게 자라 잎이 무성하고 과실이 주렁주렁 달린 것과 같았다.

엘리자베스 1 세
Elizabeth I

영국 황금시기의 여왕

생몰년 : 1533~1603년
국 적 : 영국
출생지 : 런던의 그리니치 궁
성 격 : 학업에 열중했으며 신중한 성격을 가짐
신 분 : 정치가
가 정 : 왕족출신으로 아버지는 헨리 8세

헨리 8세는 천주교를 신봉하던 캐롤린 왕비를 폐위시키고 다시 앤 불린과 결혼해 유일한 자식인 엘리자베스를 낳았다. 1534년 그녀는 왕위 계승자로 선포되었으나 어머니가 간통과 반역으로 사형을 받는 바람에 왕위 계승 서열에서 밀려나고 말았다. 헨리 8세는 후에 다시 결혼해 아들 에드워드를 두었고 그를 황태자에 봉했다. 11살이 되도록 병약했던 에드워드 덕에 엘리자베스는 공주의 신분을 회복할 수 있었다.

헨리 8세는 다음과 같은 유언을 남겼다. '에드워드에게 후사가 없으면 캐롤린이 낳은 메리로 왕위를 계승하도록 하고 메리에게도 후사가 없을 경우 엘리자베스가 왕위를 계승하도록 하라.'

엘리자베스는 어려서부터 훌륭한 교육을 받아 영어, 프랑스어, 이탈리아어, 스페인어, 라틴어와 그리스어의 6개 언어에 능통했다. 또한 그녀는 스승의 영향으로 신교도가 되었다.

엘리자베스 1세 초상화

1558년, 에드워드와 메리 1세가 차례로 세상을 떠나자 결국 엘리자베스가 왕위를 계승했다. 엘리자베스는 즉위 후 자신의 전제 권력을 강화하기 위한 여러 조치를 취했다. 그녀는 국왕은 하느님이 인간 세상에 보내주신 전권대표이니 신민들은 절대 복종해야 한다고 선포했다. 동시에 그녀는 국회의 권한을 제한하고 심지어 이에 반박하는 의원은 국회에서 퇴출시켰다. 종교 정책으로는 헨리 8세의 종교 개혁을 계속 추진해 신교도들의 지지를 얻었다. 그녀는 교회를 국왕의 통치 하에 두고 로마 교황의 지배를 받지 않도록 했다. 이런 조치들은 자본가 계급과 신귀족 및 국민들의 폭넓은 지지를 받았다. 경제 정책면에 있어서 엘리자베스는 영국의 해적 활동을 지지했다. 이는 국고를 채워줄 뿐 아니라 스페인을 공격하는 중요한 수단이기도 했다. 그녀는 영국 상인들을 고무시켜

도버해협 전투
이것은 1600년경 네덜란드의 화가가 그린 그림이다. 1588년 여름 영국을 침략한 스페인 '무적함대'가 영국의 함포 공격에 흩어져 후퇴하는 장면을 그린 것이다. 프랑스 해안 부근에서 이루어진 이 전투를 '도버해협 전투'라 부른다. 스페인 함대는 영국 함대에 쫓겨 북쪽으로 대오를 이동했으며 그들 중 대부분은 스코틀랜드와 잉글랜드 연안에서 좌초되어 침몰했다.

❓ 심금을 울리는 명인 한 마디

♠ 나의 모든 것은 그것의 빛나는 순간을 위한 것이다. ('나는 국가와 결혼했다.')

대열을 지어 행차하는 엘리자베스 여왕, 고관 귀족들이 행차에 따르고 있다.

각종 무역회사를 세웠다. 그 중 1600년 세워진 동인도 주식회사는 영국이 동방으로 뻗어 나가는 중요한 전초기지가 되었다.

1588년 영국의 해군이 스페인의 '무적함대'를 무찔렀다. 이것은 영국이 최전성기로 향하는 전환점이 되었으며 대서양의 해상권을 장악해 대규모 해외 확장의 새로운 길을 열었다. 이후에 영국의 경제는 지속적으로 발전해 런던은 유럽 상공업과 금융업의 중심도시가 되었다.

엘리자베스 1세는 평생 결혼하지 않고 자신의 모든 애정을 조국에 바쳤다. 그녀가 세상을 떠나고 난 뒤 프랜시스 베이컨은 그녀를 위대한 여왕이라며 찬양했다. "이 숙녀는 독보적인 재능을 지닌 여성으로 남성 군주 가운데서도 찾아보기 드문 인물이다. …… 만약 군주의 박애와 재능을 국민의 행복과 결합한다면 나는 감히 이보다 훌륭한 인물을 찾을 수 없다."

악바르 대제

Akbar

무굴제국의 걸출한 군주

생몰년 : 1542~1605년
국 적 : 인도
출생지 : 오늘날 인도의 라자스탄 지역
성 격 : 호전적이고 냉혹하며 진보적임
신 분 : 정치가
가 정 : 왕족 출신으로 아버지 후마윤은 무굴 왕조의
      제 2대 황제

악바르는 자하로딘 모하메드 하부르(무굴 제국의 첫 황제)의 손자이다. 천성이 영리하고 활발했으며 용감하여 위험한 운동을 좋아했다. 따라서 어려서부터 튼튼한 신체로 성장할 수 있었다. 1555년, 부왕이 그를 후계자로 선포했다. 1556년, 후마윤이 죽고 난 뒤에 무굴 제국의 수도는 아프가니스탄에 의해 점령되었다. 악바르는 일부 대신들의 도움을 받아 인도 국왕으로 등극했고 열여덟에는 전반적인 통치권을 손에 넣을 수 있었다. 1566년, 제국의 수도를 아그라로 옮겼다.

그는 할아버지의 열정과 탐욕을 물려받아 외부로의 영토 확장을 꾀해 아프간을 물리쳤다. 또한 대부분의 인도반도를 정복하여 유례없는 광대한 제국을 건설했다. 또한 인도를 다시 세계에서 가장 부강한 국가의 반열에 올려놓았다. 그는 다음과 같은 명언을 남겼다. "제왕이란 무릇 힘써 공격하고 빼앗아야 한다. 그렇지 않으면 그의 이웃한 국가들이 군대를 일으켜 우리를 쳐버리고 말 것이다." 이 말은 뒤에 무굴 왕조 대

나날이 확장하는 인도 무슬림 제국의 황제 악바르는 왕으로서의 자질을 두루 갖추어 많은 부족들이 그의 신민을 자청하고 결맹하고자 했다. 무굴의 건축과 회화 예술은 그의 통치 기간 중 절정에 달했다. 그는 백성들 간에 신앙의 문제로 혼란이 야기되었을 때 비범한 정치적 재능을 발휘하여 잘 처리해 냈다.

악바르의 통치 아래 무굴 왕조는 가장 융성한 시기를 맞이했다. 《악바르의 일생》이라는 이 작은 그림에서는 당시 황실 궁전의 우아함과 화려함을 엿볼 수 있다. 그림은 1562년 옥좌에 앉은 국왕이 아그라 성에서 왕자의 문안을 받고 있는 장면이다.

외 정책의 가장 중요한 사상이 되었다. 악바르가 세상을 뜰 무렵, 무굴 왕조는 이미 북으로는 카슈미르에서 남으로 인더스 강에 이르는 광대한 영토를 가지게 되었다. 따라서 아그라는 당시 세계에서 인구가 가장 많고 번화한 도시 가운데 하나가 되었다.

악바르는 효과적인 관료 제도와 법률 제도를 정하고 중앙 집권제를 강화했다. 그는 통치기간 동안 전국적으로 토지를 새로 측량, 분류하고 토지 유형에 따라 새로운 조세 제도를 운용해 정부의 세입을 늘렸다. 그로써 어느 정도 사회, 경제적 발전도 촉진할 수 있었다. 악바르는 문화적으로는 정통 이슬람교도였지만 관용

🗨 심금을 울리는 명인 한 마디

♠ 모든 종교에는 빛이 있다. 그리고 빛에는 많든 적든 그림자가 따르는 법이다.

적인 종교 정책을 펼쳤다. 그는 무슬림이 아닌 사람들에게 인두세(人頭稅, 성, 신분, 소득 등에 관계없이 성인이 된 사람에게 부과된 일률동액의 조세)를 받는 제도를 폐지하고 정부에 힌두교도들을 대량으로 등용했다. 그는 제국을 위한 독립적인 의식의 형식을 정하고자 시도했고 황제를 가장 높은 신으로 삼는 새로운 종교를 만들었다. 그는 여러 가지 종교에서 좋은 교리만을 모아 '신성종교'를 만들었다. 이 종교는 널리 전파되지는 못했지만 그의 종교에 대한 관용적인 태도는 이후 통치자들에게 큰 영향을 미쳤다. 그리하여 힌두교와 이슬람교라는 양대 종교의 융화를 이루어냈다.

그는 또한 힌두교 사회의 구습을 타파하려 노력했다. 과부의 개가를 허용했으며 과부 순장제를 철폐하여 국가의 문명화를 촉진했다. 각종 도서 자료를 수집하는데도 열중해 큰 규모의 도서관을 만들었고, 우수한 문학 작품의 초고와 회화 작품들을 많이 소장했다. 그는 화가, 건축가와 조각 예술가들에게 최고의 지위를 주고 종종 황실의 물건을 선사하기도 했다. 친히 힌두교 서사시인 《마하바라타》(바라타족의 전쟁을 읊은 대서사시)의 번역을 감독하기도 했다. 그 자신은 글을 몰랐기 때문에 다른 사람이 읽어서 들려주었다고 한다.(그는 난독증을 앓고 있었다고 함.) 그는 늘 이러한 심오하고 어려운 책들을 찾아 연구하면서 많은 지식을 쌓게 되었으며 결국 문학과 예술을 사랑하는 문맹학자가 되었다. 그는 문학, 예술, 회화, 음악 등을 제창하고 보호하여 크게 발전시켰다.

악바르는 만년에 아들 셀림 자한기르에게 왕권에 대한 강한 도전을 받았다. 그는 셀림의 왕위 계승 자격을 폐하려 했으나 귀족들의 반대로 실현하지 못했다. 1605년, 악바르는 아그라에서 병으로 세상을 떠났다.

명인
일화 1567년 10월, 악바르는 라지푸트족들의 요새인 치토르를 공격하기 시작했다. 라지푸트인들은 악바르에게 완강하게 저항하여 전투는 4개월 동안 지속되었다. 그러나 악바르는 뛰어난 군사적 수완을 발휘해 치토르 성 주위에 깊은 참호를 파게 했다. 그리곤 병사들을 엄호하면서 사병들에게 돌아가는 방패를 들고 적들의 칼을 막아내게 했다. 그는 또 성 밖에 높은 건축물을 지어 놓고 성을 내려다보며 전투를 지휘했다. 결국 치토르 성은 무굴 군대의 불 포탄으로 화염에 쌓였고 악바르는 마침내 성을 함락시켰다.

베이컨
Bacon

고전 경험론의 창시자

생몰년 : 1561~1626년
국 적 : 영국
출생지 : 런던
성 격 : 영민하며 언행이 신중하고 반항적임
신 분 : 철학자
가 정 : 영국 신귀족가문 출신으로 아버지는 엘리
       자베스 여왕의 옥새를 관장하는 일을 함

베이컨은 어려서부터 훌륭한 가정교육을 받았고 소년기에는 이미 뛰어난 재능을 보였다. 그는 열두 살에 케임브리지 대학 트리니티 학원에 들어가 수학했다. 재학 기간에 전통적인 아리스토텔레스의 철학에 의구심을 가지고 독자적으로 사회와 인생의 진리에 대해 생각하기 시작했다.

1567년, 베이컨은 영국의 주 프랑스 대사 수행원 자격으로 프랑스에 가게 되었다. 그는 파리에서 2년 반 동안 머무르며 프랑스의 거의 모든 지방을 돌아다녔다. 당시 그는 수많은 신문물을 접하면서 새로운 사상을 받아들였다. 그때의 경험이 그의 세계관 수립에 큰 영향을 미쳤다.

1579년, 베이컨은 아버지가 돌아가시자 급히 귀국했다. 이후에 그는 변호사와 국회의원을 지냈다. 1589년, 그는 민사법원에 결원이 생길 때 자리를 대신하는 서기직을 약속받았는데, 이 때문에 20년 동안 공석이 나기만을 기다려야 했다. 그때 베이컨은 현실과 자연에서 벗어나는 모든 지식을 개혁하기로 결심했다. 그

베이컨은 영국의 유명한 철학가로 일찍이 법무차관과 법무장관을 거쳐 대법관 등의 관직을 두루 지냈다. 1621년, 남작의 작위를 받았으나 이후에 뇌물 수수 혐의로 관직을 박탈당했다. 그러나 베이컨의 철학 사상은 그의 정치 능력을 뛰어넘는 것이었다. 그는 귀납법을 강조하여 자연 과학 연구에 지대한 영향을 미쳤다.

베이컨은 평생 많은 저작을 남겼고 위대한 성과를 거두었다. 이 우화는 대문호 셰익스피어가 문학적 성과를 나타내는 월계관을 베이컨의 머리에 씌어주는 모습이다.

는 경험 관찰, 사실 의거, 실천효과를 인식론으로 끌어들이는 것을 일생의 목표로 삼았다.

제임스 1세의 통치 시기에 베이컨은 승승장구하여 고위관직에 올랐다. 1602년에 나이트 작위(Knight)을 수여받았고 1604년 제임스 왕의 고문으로 임명되었다. 1607년에는 법무부 차관, 1613년에는 법무부 장관으로 임명되었다. 1618년에는 잉글랜드 대법관으로 벨럼 남작의 작위를 부여 받았고, 1620년에는 다시 오르반스 자작에 봉해졌다.

베이컨은 일생의 대부분 시간을 관직에서 보냈는데 만년에 감개무량해 하며 '내가 가장 정통하지도 않은 곳에 재능을 낭비하며 보냈다' 고 말하기도 했다. 1621년, 베이컨은 국회로부터 뇌물 수수 혐의로 탄핵되어 고등 법원에서 4만 파운드의 벌금형을 받았다. 아울러 런던탑에 수감되어 평생 궁정출입을 금지 당하고 관직에 복귀

🔵 *심금을 울리는 명인 한 마디*

♠ 아는 것이 힘이다.
♠ 자연에게 명령하고 싶다면 먼저 자연에 복종할 줄 알아야 한다.

할 수 없도록 처분되었다. 제임스 왕이 벌금과 수감은 사면해 주었으나 그 후에 베이컨은 정계를 떠나 평생 저작 활동에 전념했다.

베이컨은 일생 동안 많은 저작을 남겨 여러 방면에서 좋은 성과를 거두었다. 그중 1620년에 출판된 《신기관》(Novum Oranum)은 베이컨의 가장 중요한 철학 저서이다. 베이컨은 이 책에서 근대에 창시한 경험 인식의 원칙과 방식을 제시했다. 이 책은 근대 철학사와 논리사에 가장 중요한 의의를 지니며 광범위한 영향을 미치고 있다.

베이컨은 스콜라 철학이 당대 과학의 발전을 막고 있다고 생각해 스콜라 철학과 신학의 권위를 열렬히 비판했다. 그는 과학 이론과 과학 기술은 서로 보완하는 관계라고 말했고, '우상'을 타파하고 선입견과 환상을 깰 것을 주장했다. 그는 '진리는 시간의 딸일 뿐, 권위의 딸이 아니다'라며 스콜라 철학을 강하게 비판했다. 연구의 방법적인 측면에서는 관찰, 실험, 분석과 귀납을 연결짓도록 강조해 귀납법의 창시자로 인정받고 있다.

유물론의 입장에서 출발해 인식 과정에서의 감각 경험과 귀납적 논리의 작용을 중시했다. 아울러 경험을 수단으로 하고 감성과 자연을 연구하는 경험 철학의 새로운 시대를 열어 근대 과학 발전에 큰 역할을 했다. 러셀은 베이컨을 '과학 연구 과정에 논리적 조직화를 도입한 선구자'라며 높이 칭했다.

1626년, 베이컨은 냉동과 부패에 관한 실험을 하던 중 감기에 걸려 65세의 나이로 세상을 떠나고 말았다. 베이컨이 죽은 뒤에 사람들은 그를 위한 기념비를 세웠다. 헨리 워튼 경은 그를 위해 다음과 같은 묘비명을 썼다.

오르반스 자작
더욱 높은 명성으로 그를 표현한다면 '과학의 빛'이요 '법률의 혀'라 할 것이다.

셰익스피어

Shakespeare

가장 위대한 시인이자 극작가

생몰년 : 1564~1616년
국 적 : 영국
출생지 : 영국 스트렛퍼드 어폰 에이번
성 격 : 감성이 풍부하고 영민함
신 분 : 극작가, 시인
가 정 : 농민 가정 출신

셰익스피어의 부친은 초기에 자작농이었으나, 1551년 스트렛퍼드 어폰 에이번으로 이사하면서 가죽제품과 영농 상품을 판매하는 가게를 운영했다. 1557년, 현지 부호의 딸인 메리 아든과 결혼했고 여덟 명의 자녀를 두었으나 5명만이 생존했고 셰익스피어는 그 중 맏이였다.

셰익스피어가 네 살이 되었을 때 아버지는 읍장을 지내기도 했다. 그는 일곱 살에 현지 시골학교에 들어가 라틴어와 문학, 수사학을 배웠다. 그러나 열네 살 때 부모님이 가게 운영에 실패해 셰익스피어는 학교를 그만 두고 아버지를 도울 수밖에 없었다. 1582년, 열여덟 살의 셰익스피어는 자기보다 8살 연상이며 부유한 농민의 딸인 앤 헤서웨이와 결혼해 아들 하나와 딸 둘을 두었다. 그러나 아들은 열한 살 때 요절하고 말았다.

1586년, 셰익스피어는 런던으로 가 마부가 되었다. 그는 극장 문 앞에서 마차를 타고 연극을 보러오는 부자들을 기다렸다. 그는 영리하고 말솜씨가 좋았으며, 여가 시간에 몰래 무대를 엿보기도 하며 독학으로 문학, 역사, 철학 등을 공부했다. 또 그리스어와 라틴어를 배우기도 했다. 극단에서 임시로 배우가 필요할 때는 배역

셰익스피어, 영국의 극작가이자 시인. 고금을 막론하고 세계의 작가들은 모두 셰익스피어를 최고의 작가로 뽑는다.

'글로브 극장'은 팔각형 구조의 건축물이다. 중앙 홀의 위 부분은 뚫려 있고 세 층의 특별석으로 둘러 싸여 있다. 무대 위로는 발코니가 있어 《햄릿》을 공연할 때는 탑으로 쓰였고 《로미오와 줄리엣》에서는 발코니로 사용되었다. 극장의 꼭대기에는 깃발이 휘날리고 있는데 고대 그리스의 헤라클레스가 지구를 지고 있는 모습이 그려져 있다. 그 위에는 라틴어로 '세상은 하나의 무대'라는 글이 적혀 있다. 이것이 아마도 세계 최초의 극장 광고 중 하나일 것이다. 셰익스피어는 이 극장의 출자자였다.

을 맡기도 하다가 곧 극단의 정식 배우가 되었다. 당시 런던의 극단들은 심각한 대본 부족 현상을 겪고 있었다. 셰익스피어는 연기를 배우는 동시에 대본을 쓰기 시작했다. 스물일곱 살이 되던 해, 그가 쓴 사극 《헨리 6세》 3부작이 수정을 거쳐 무대에 올랐고 사람들의 반응은 뜨거웠다. 셰익스피어는 점차 런던 연극계에 뿌리를 내리기 시작했다.

셰익스피어는 일생 동안 서사시 2편과 대본 37편, 154수의 4행시와 다른 시들을 썼다. 대표작으로는 《베니스의 상인》, 《뜻대로 하세요》, 《말괄량이 길들이기》, 《십이야》의 4대 희극과 《햄릿》, 《리어왕》, 《오델로》, 《맥베드》의 4대 비극이 있다. 그는 작품에서 당시 영국의 사회상을 심도 있게 묘사해 현실을 비판하고 폭로했다. 그는 햄릿, 리어왕, 오델로, 맥베드, 셜록, 리처드 3세 등등 불멸의 예술적 캐릭터를 만들어 냈다. 또한 풍부한 사상적 내용과 철학을 담아냈으며 현실주의와 낭만주의를 융합해 냈다. 고대 그리스, 로마와 영국의 우수한 문화 전통을 계승했으며 유럽 각국의

'하얀 잎사귀를 거울 같은 수면에 비치면서 시냇가에 비스듬히 서 있는 버드나무가 한 그루 있단다. …… 그녀는 거기서 미나리아재비랑 쐐기풀, 데이지, 자란으로 이상한 화관을 만들었다는구나. 무식한 목동들은 자란을 상스러운 이름으로 부르지만, 얌전한 처녀들은 사인지死人脂라고들 부르지. 아무튼 화관을 늘어진 버들가지에 걸려고 올라갔다가 심술궂은 은빛 나뭇가지가 부러져서 화관과 함께 흐느끼는 시냇물 속에 떨어지고 만 거야. 그리고 옷자락이 활짝 펴져서 마치 인어처럼 물에 한참 둥실둥실 떠 있었단다. 그 동안에 그 애는 옛 노래를 토막토막 불렀는데 절박한 불행도 아랑곳없이 마치 물에서 자라 물에서 사는 생물 같았다는구나. 하지만 그게 오래 갈 리 없지. 물이 배어 무거워진 옷이 그 가엾은 것을 물속의 진흙 사이로 끌고 들어가 버리고 아름다운 노래도 끊어지고 말았단다.'

이것은 왕비가 햄릿의 연인 오필리어가 죽을 때의 정경을 이야기한 것이다. 이 그림은 이 대사를 주제로 그려진 것이다.

신문화와 새로운 사상, 창작 기법 등을 흡수했다. 그 밖에도 전통적 희곡의 창작 틀을 깨고 희비극의 경계를 허물었으며 민간의 구어, 속담, 속어, 격언 등을 작품 안에 집대성해 놓았다. 그로써 읽는 이로 하여금 강한 감동과 표현력을 느끼게 하며 영어란 언어를 풍부하게 만들었다.

약 1610년, 셰익스피어는 고향으로 돌아와 두 딸 수재나, 유디스와 함께 살며 희곡을 썼다. 1616년, 그는 병으로 세상을 떠났고 홀리 트리니티 교회에 묻혔다. 그의 묘지에는 '하느님의 이름으로 이 묘지에 손대는 자에게는 저주가 있을 것이다. 그러나 보호하는 자에게는 축복이 내릴 것이다.' 라는 문구가 씌어져 있다.

💬 심금을 울리는 명인 한 마디

♠ 약한 자여, 그대 이름은 여자이니라.
♠ 여자는 약하나 어머니는 강하다.

《맥베드》는 셰익스피어의 4대 비극 중 가장 마지막 작품이다. 스코틀랜드의 맥베드 장군이 아내와 함께 왕을 모살하고 충심을 져버린 채 왕권을 찬탈하지만 마지막에 토벌의 함성 속에 죽어가는 내용을 그렸다. 셰익스피어는 이 작품을 통해 개인의 야심과 반인륜적인 본질을 논했다.

《한여름 밤의 꿈》은 셰익스피어의 희곡 창작이 성숙해졌음을 보여주는 지표이다. 고대 그리스의 아테네와 교외의 숲 속을 배경으로 두 젊은 남녀의 애정 모순 속에 요정의 왕과 왕비의 감정싸움이 개입되면서 벌어지는 이야기이다. 이야기는 결국 연인들이 가족이 되면서 아름다운 결말을 보여준다. 왼쪽의 삽화는 요정의 왕이 오만한 요정의 여왕에게 복수하기 위해 '사랑의 꽃에서 짠 즙'을 요정 여왕의 눈꺼풀에 떨어뜨려 그녀가 당나귀 머리를 한 보텀을 미친 듯이 사랑하게 만들어 버린 장면이다.

셰익스피어의 '4대 비극' 가운데 《리어왕》은 강렬한 감정과 심오한 철학으로 세상 사람들에게 잘 알려져 있다. 극중에서 브리튼 국왕 리어왕은 국토를 자신에게 교묘한 말로 거짓 사랑을 보인 두 딸에게 나누어 주었다. 그리고 거짓된 사랑으로 아부하지 않은 막내딸에게는 아무것도 남겨주지 않았다. 이후 두 딸에게 버림받은 리어왕은 거의 미칠 지경에 이른다. 얼마 뒤 코딜리어는 프랑스에서 군대를 이끌고 두 언니를 토벌하러 오지만 포로로 잡혀 죽음을 맞이하게 된다. 그림은 리어왕이 코딜리어의 시체를 안고 비통함을 참지 못해 오열하는 모습이다.

맥베드는 왕을 살해한 후 자신의 친구인 뱅코우마저 죽이고 왕위에 오른다. 국왕의 연회에서 뱅코우의 영혼이 약속대로 연회에 참석해 맥베드의 죄상을 낱낱이 밝힌다. 이 그림은 당시 연회의 혼란스러운 정경을 나타냈다.

셰익스피어 작품 세계

희곡

《Henry VI, part 3》(헨리 6세 3부작) : 1589～92
《Richard II》(리처드 2세) : 1592～93
《The Comedy of Errors》(실수연발) : 1594
《Titus Andronicus》(타이터스 앤드러니커스) : 1593～4
《Taming of the Shrew》(말괄량이 길들이기) : 1593～4
《Two Gentlemen of Verona》(베로나의 두 신사) : 1594～95
《Love's Labours Lost》(사랑의 헛수고) : 1594～5
《Romeo and Juliet》(로미오와 줄리엣) : 1594～95
《Richard III》(리차드 3세) : 1595～96
《A Midsummer Night's Dream》(한여름 밤의 꿈) : 1595～96
《King John》(존 왕) : 1596～97
《The Merchant of Venice》(베니스의 상인) : 1596～97
《Henry IV, part 1》(헨리 4세 1부) : 1597～98
《Henry IV, part 2》(헨리 4세 2부) : 1597～98
《Much Ado About Nothing》(헛소동) : 1598～99
《Henry V》(헨리 5세) : 1598～99
《Julius Caesar》(율리우스 카이사르) : 1599～1600
《As You Like It》(뜻대로 하세요) : 1699～1600
《Hamlet》(햄릿) : 1600～01
《The Merry Wives of Windsor》(윈저의 즐거운 아낙네들) : 1600～01

《Twelfth Night》(십이야) : 1601～02
《Troilus and Cressida》(트로일러스와 크레시다) : 1601～02
《All's Well That Ends Well》(끝이 좋으면 만사형통) : 1602～03
《Measure for Measure》(법에는 법으로) : 1604～05
《Othello》(오델로) : 1604～05
《King Lear》(리어왕) : 1605～06
《Macbeth》(맥베드) : 1605～06
《Anthony and Cleopatra》(안토니우스와 클레오파트라) : 1606～07
《Coriolanus》(코리오레이너스) : 1607～08
《Timon of Athens》(아테네의 타이먼) : 1607～08
《Pericles, Prince of Tyre》(페리클레스) : 1608～09
《Cymbeline》(심벨린) : 1609～10
《Winter's Tale》(겨울 이야기) : 1510～11
《The Tempest》(템페스트 혹은 태풍) : 1611～12
《Henry VIII》(헨리 8세) : 1612～13

시집

《비너스와 아도니스》 : 1593
《루크리스의 겁탈》 : 1594
《봉황과 산비둘기》 : 1601
《소네트 집》 : 1609
《연인의 불평과 불사조와 거북이》 : 1609

《오델로》는 셰익스피어의 '4대 비극' 가운데 하나이다. 극중의 주인공 오델로는 용감한 베니스의 장군이었다. 베니스의 원로 브레벤쇼의 딸 데즈데모나는 가족의 반대를 무릅쓰고 오델로와 결혼한다. 뒤에 오델로가 캐시오를 부관으로 삼은 것에 앙심을 품은 이아고의 음모로 오델로는 계략에 빠져 그만 데즈데모나를 죽이고 만다. 진상이 밝혀지고 오델로는 스스로 아내의 곁에서 목숨을 끊고 만다. 사진은 오델로가 아내의 시신 곁에서 괴로워하는 모습이다.

셰익스피어가 사용했던 책상과 의자

《로미오와 줄리엣》은 셰익스피어가 초기 창작에서 보인 시적인 표현이 가득한 비극이다. 그러나 전체 극의 내용은 오히려 지극히 낙관적인 정신을 반영하는 청춘과 사랑에 바쳐진 찬가라 할 수 있다. 주인공은 생명의 대가를 치렀지만 사랑이 결국 복수로 얼룩진 관계를 극복한 것이다. 한 평론가는 《로미오와 줄리엣》을 일컬어 '달콤한 애정극'이라고 표현했다.

갈릴레이

Galilei

이탈리아의 위대한 과학자

생몰년	: 1564~1642년
국 적	: 이탈리아
출생지	: 피사
성 격	: 신중하고 활발하며 생각이 깊음
신 분	: 천문학자, 물리학자
가 정	: 몰락한 귀족 가문. 아버지 빈센치오는 뜻을 이루지 못한 음악가였음

갈릴레이는 세계에서 가장 위대한 과학자 가운데 한 사람이다. 그의 연구 성과는 역학에서 운동학과 광학을 비롯해 우주에까지 미친다. 그는 일생 동안 천부적인 과학적 재능과 지도력으로 교회의 교조와 일치하려고 노력했다. 그는 만년에 이르러서야 코페르니쿠스의 이교도적인 관점을 따름으로써 아리스토텔레스의 철학을 신봉하고 있던 사람들로부터 공개적인 저항을 받았으며 교회와도 마찰을 빚었다.

갈릴레오 갈릴레이는 교회의 작은 학교에 다녔는데 음악과 그림을 좋아했다. 또한 장난감과 각종 기계의 구조에 관심이 많았다. 성장한 후 그는 라틴어와 그리스어, 철학에 빠졌다. 1581년, 열일곱 살의 갈릴레이는 피사대학에 들어가 의학을 공부했다. 그는 실천을 중요시하고 독립적으로 사고하기를 즐겼으며 수학에 심취했다. 1586년, 갈릴레이는 아르키메데스의 원리와 지렛대의 원리를 결합해 합금 성분을 측정할 수 있는 '물정 역학 저울'을 발명했다. 2년 후 그는 '고체의 질량 중심'이라는 논문도 발표했다. 이러한 수학적인 개가를 올린 것을 계기로 그는 1589년 피사대학의 수학 강사로 초빙되었다. 이듬해 그는 유명한 피사의 사탑 실험으로 지배적인 위치를 차지하던 아리스토텔레스의 물리학 원칙에 도전했다.

피사의 사탑 실험 이후로 갈릴레이는 교수들에게 공격받고 배척되어 피사 대학에서 쫓겨났다. 그 이후 갈릴레이는 베이스의 학술 분위기가 자유로운 파도바 대학에서 수학 교수 자리를 얻었다. 갈릴레이는 파도바 대학에서 18년 동안 일했다. 이 기간에 그는 물체의 평형과 경사면에서의 운동, 포물선 낙하법칙 등 액체와 역

갈릴레이의 서재
이곳은 소박하지만 갈릴레이가 일생
동안 수많은 중요한 발견을 했던 그의
서재 내부이다. 서재 내부의 물건들은
그의 지식이 얼마나 많은 분야에 걸쳐
있었는지를 알 수 있게 해준다.

학 등에 관해서 깊이 연구했고 공기 온도계를 발명했다. 1609년, 갈릴레이는 네덜란드의 광학자 리더세이가 우연히 두 개의 렌즈를 겹쳤다가 이것을 통해서 먼 곳에 있는 것을 육안보다 더 크게 볼 수 있다는 사실을 발견했다는 소식을 듣게 되었다. 이것에 착안해 갈릴레이는 반 년 후에 세계 최초의 33배율의 천체 망원경을 발명했다.

갈릴레이는 이 천체 망원경으로 오묘하고도 신비한 우주의 신비를 탐색하고 중대한 발견을 하게 되었다. 그것은 바로 달의 표면은 아리스토텔레스가 말한 것처럼 매끈한 것이 아니라 불규칙한 요철로 덮여 있다는 것이다. 또한 목성 주변에는 4개의 위성이 돌고 있다는 것, 지구는 천체 운행의 중심이 아니며 태양 표면에는 흑점이 있다는 것, 토성에는 고리가 있다는 것 등을 발견했다. 이러한 결과는 모두 코페르니쿠스의 지구와 다른 행성들이 태양을 중심으로 돌고 있다는 '지동설'을 뒷받침하는 증거가 되었다.

1610년, 갈릴레이는 《별세계의 보고》를 발표해 그가 발견한 것들을 세상에 알렸다. 사람들은 깜짝 놀라며 "콜럼버스는 신대륙을 발견했지만 갈릴레이는 새로운 우주를 발견했다."고 말했다.

논술 키워드

갈릴레이 일화의 진실
그 당시 카톨릭 중심의 교회는 프톨레마이오스가 주장한 천동설을 신봉하였으므로 당연히 지동설을 배척하였는데 갈릴레이가 교회의 의견과는 달리 코페르니쿠스의 견해를 옹호하는 책을 출간함으로써 종교재판에 회부되어 결국 갈릴레이는 가택연금이라는 평결을 언도받았다. "그래도 지구는 돈다."는 말은 갈릴레이가 종교 재판을 받고 나오면서 옆 사람에게 귀엣말로 말했다고 전해지고 있으나 역사의 흐름에 역행하는 반동적이고 보수적인 정치권력에 대항하는 진보적 지식인의 태도로 수많은 사람들에 의해 인용되어 왔지만 이 일화는 후세들에 의해 조작되었다고 한다.

갈릴레이는 피사의 사탑 실험으로 아리스토텔레스가 주장한 낙하하는 물체에 대한 이론이 잘못된 것임을 증명했다. 그러나 갈릴레이는 경사면을 이용해 공이 낙하하는 시간의 간격을 측정하는 방법을 사용하고서야 정량의 법칙을 얻을 수 있었다. 그림은 갈릴레이가 자신의 실험을 설명하는 장면이다. 뒤에 보이는 피사의 사탑으로 이곳이 피사임을 알 수 있다.

1613년, 갈릴레이는 《태양의 흑점에 관한 서한》을 발표하며 코페르니쿠스의 '지동설'을 뒷받침했다. 그로 인해 로마 교황청으로부터 '지동설'에 관한 강의를 금지당했다. 1632년, 갈릴레이의 가장 유명한 저작인 《프톨레마이오스와 코페르니쿠스의 2대 세계 체계에 관한 대화》가 출판되었다. 갈릴레이는 이 저서로 인하여 일흔의 고령에도 불구하고 로마 교황청의 심판과 지독한 시련을 겪어야 했다. 그는 코페르니쿠스의 학설을 버릴 것을 강요당했고 종신형을 받고 가택연금에 처해졌다. 그러나 갈릴레이는 과학연구를 멈추지 않았고 3년 후, 그는 최후의 저서인 《두 개의 신과학에 대한 수학적 논증과 증명》을 완성했다. 이 책은 그가 역학 방면에서 세운 연구 실적의 결정체라 할 수 있다. 그 가운데 많은 원리들은 후에 뉴턴이 '뉴턴의 3대 법칙'으로 발전시켰다.

그러나 안타깝게도 이 책이 네덜란드에서 출간되었을 때 갈릴레이는 이미 두 눈을 볼 수 없게 되었다. 1642년, 갈릴레이는 병으로 세상과 이별을 고했으니 향년 78세였다.

하비
Harvey

인체 혈액순환의 비밀을 밝힌 의사

생몰년 : 1578~1657년
국　적 : 영국
출생지 : 켄트주 포크스턴
성　격 : 진지하고 고집스러움
신　분 : 생리학자, 의사
가　정 : 농민 가정 출신, 부친은 상업에 종사

　　윌리엄 하비는 어려서부터 총명해 공부하기를 좋아했다. 그는 초등학교를 다닐 때 줄곧 성적이 우수했으며 특히 영어와 라틴어에 뛰어났다. 그는 열 살 때 캔터베리 왕실 학교에 들어갔으며, 열여섯 살에는 케임브리지 대학에 입학하여 3년 뒤에 문학 학사학위를 받았다. 1600년, 하비는 이탈리아 파도바 대학에 들어가 2년 동안 의학을 공부해 우수한 성적으로 의학 박사 학위를 따냈다. 학업을 마치고 귀국한 지 얼마 되지 않아 하비는 엘레자베스 여왕의 시의(임금과 왕족의 진료를 맡은 의사)의 딸과 결혼했다. 모교인 케임브리지 대학은 그가 유학중에 거둔 탁월한 성적을 표창하며 그에게 박사학위를 수여했다. 2년 후, 그는 영국 왕립의대의 의원으로 뽑히게 되었고 몇 년 뒤에는 세인트 바솔로뮤 병원의 의사가 되었다.

　　일찍이 서기전 2세기, 고대 로마의 신의神醫 칼레노스는 일종의 혈액 순환 이론에 대해 제창했다. 그는 혈액은 인체 내에서 마치

윌리엄 하비는 국왕 찰스 1세의 시의였다. 그림은 그가 국왕에게 혈액 순환 이론에 대해 설명하고 있는 모습이다.

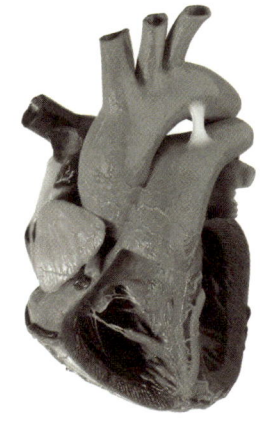

하비의 《동물의 심장과 혈액의 운동에 관한 연구》는 반박할 수 없는 사실로 정맥혈이 심장을 향해서 한 방향으로만 순환한다는 이론을 증명했다.

심장 구조 설명도
하비는 끊임없는 연구를 통해 인체의 혈액은 심장에서 시작되어 마지막에 다시 심장으로 흘러들어가 순환한다는 것을 발견했다.

조수처럼 움직여 사라진다고 생각했다. 그리고 혈액의 운동은 하느님께서 안배하신 것이라고 해석했었다. 그의 이론은 교회에 의해 불가침의 진리로 16세기에 이를 때까지 신봉되었다.

'해부학의 아버지' 라 불리는 벨기에의 의사 베살리우스는 혈액의 소순환 체계를 발견했다. 스페인의 의사 미카엘 세르베루스는 이어서 칼레노스의 학설을 비판했다. 그러나 그들은 이로 인해서 목숨을 잃는 값비싼 대가를 치러야 했다. 베살리우스는 종교 재판을 거쳐 사형을 언도 받았다. 세르베루스는 제노바에서 '이교도'로 취급당해 산 채로 화형에 처해졌다. 반세기가 흐른 뒤, 하비는 인체 혈액의 오묘함을 밝혀야겠다고 결심하고 자신의 집에 실험실을 차리고 어려운 탐구를 계속했다.

하비는 80여 종의 동물을 해부하여 마침내 혈액 운동의 법칙을 발견했다. 그 내용은 다음과 같다. "정맥혈은 우심방에서 우심실로 들어가고 나중에 폐로 들어가 산소와 결합해 암흑색의 정맥혈은 선홍색의 혈액으로 바뀐다. 이것이 다시 좌심방으로 흘러들어가 동맥혈관을 타고 온 몸으로 흐른다. 또한 심장의 끊임없는 박동은 혈액이 쉬지 않고 흐르게 만들어 준다. 심장에 있는 4개의 판막과 혈관에 붙은 판막은 일방개폐기 역할을 해 혈액이 역류하지 않도록 해준다."

1628년, 그의 《동물의 심장과 혈액의 운동에 관한 연구》가 독일의 프랑크푸르트에서 출판되었다. 이 삽화를 곁들인 72페이지의 저서는 세상 사람들을 깜짝 놀라게 했고, 몽매했던 생리학이 과학의 길로 들어서는 전환점이 되었다. 만년의 하비는 동물의 생식과 발육에 관한 문제를 연구하는 데 매진했다. 1651년, 그는

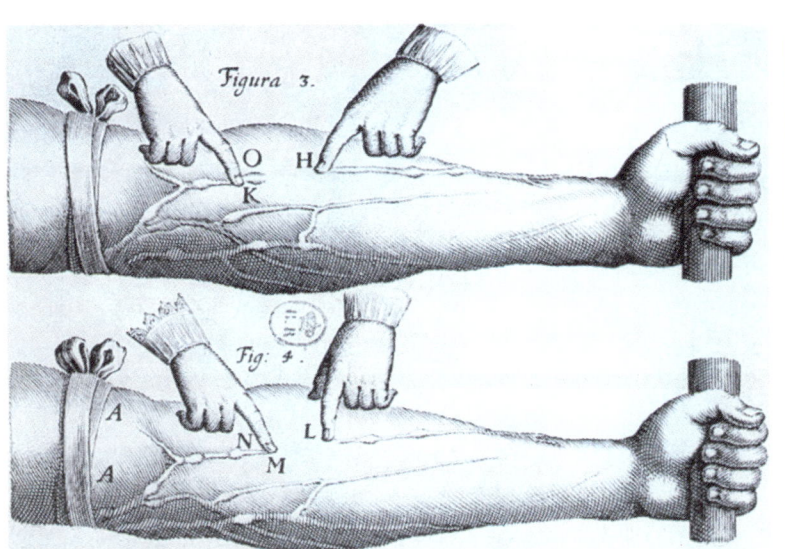

《동물의 심장과 혈액의 운동에 관한 연구》의 도해 가운데서 하비는 판막이 어떻게 해서 정맥의 피가 심장이 아닌 다른 방향으로 가는 것을 막는지 보여주고 있다. 이것으로써 혈액 순환 이론의 일부를 확립했다. 팔을 묶으면 정맥이 튀어나와 보이게 되는데 이때 군데군데 작게 융기 되어 보이는 것들이 판막이다.

명인
일화 《동물의 심장과 혈액의 운동에 관한 연구》가 출판되고 하비는 어의를 맡게 되었다. 영국에서 내전이 발발했을 때 하비는 왕가의 편에 서서 두 왕자의 보호자로 임명되었다. 그는 포화가 터지는 전장에서도 자신의 안위는 아랑곳 않고 한시도 자신의 일을 잊은 적이 없었다. 한 번은 가까운 곳에 포탄이 떨어졌는데도 책에 떨어진 먼지를 털고는 자리를 옮겨 다시 연구에 몰두했다.

《동물 발생론》을 출판하고 생물기관의 '후성설'을 부르짖으며 기관이 동시에 형성된다는 '전성설'(배자의 발생은 이미 형성되어 있던 축소형의 생물이 분화도, 새로운 부분의 첨가도 없이 크기만 하는 것에 불과하다는 학설)을 부정했다. 영국 황실 과학원은 그의 공로를 표창하며 동상을 만들어 주었다.

1657년 6월 3일, 하비는 런던에서 뇌혈전으로 갑자기 사망했다. 향년 80세였다. 황실 의학원은 그를 위해 성대한 장례식을 치러주었다. 그의 묘비에는 다음과 같이 적혀 있다.

'혈액순환을 발견해 인류에 축복을 주었으니
그 이름 오래도록 빛나리라!'

논술키워드

가이아 가설(Gaia Hypothesis)
지구상의 모든 생명체들이 지구의 대기나 지표면 등 다른 환경조건들을 지구상의 생명체에게 적절한 조건으로 유지되도록 자체적으로 조절할 수 있는 하나의 살아있는 생명단위를 구성하며 마치 인체가 외부의 기후변화나 다른 충격에도 항상성을 유지해 나가는 것처럼 지구를 다른 생명체가 존재하지 않는 행성들과 다른 독특한 조건을 유지하는 행성으로 유지해왔다는 것이 J. 러브록의 가이아 가설이다.

데카르트
Descartes

근대 철학의 아버지

생몰년 : 1596~1650년
국 적 : 프랑스
출생지 : 토오레느주 라에이시
성 격 : 세심하고 신중함
신 분 : 철학자, 수학자, 과학자
가 정 : 귀족 출신. 부친은 브레타뉴 지방의
회 의원 및 법관을 지냈음

데카르트는 1596년 프랑스에서 출생했다. 천성적으로 총명하여 법률을 공부했으며 후에 네덜란드로 가서 수학을 전공했다. 또한 그 무렵 과학에 대해서도 깊은 흥미를 가지기 시작했다. 데카르트는 1619년부터 1628년까지 유럽의 여러 지역을 돌아다니며 과학적 관념을 받아들여 마침내 위대한 철학자가 되었다.

유년 시절의 데카르트는 몸이 허약했지만 궁금한 일에 대해서는 끝까지 캐묻고 원인을 밝혀내기 좋아했다. 부친은 일찌감치 아들의 재능을 발견하여 그를 '나의 작은 철학자' 라고 부르곤 했다. 데카르트는 8세 때 예수교 학교에 입학하여 공부했으나 학교 수업에 대해 회의적이었다. 그가 생각하기에 교과서의 논증들은 애매모호하거나 심지어는 모순투성이의 이론들이었기 때문이다. 그는 아침에 늦게 일어나는 습관이 있었는데 침대에 누워서 수많은 철학, 수학, 문학, 역사 등의 진귀한 서적 등을 즐겨 읽었다. 1612년, 그는 푸아티에 대학에서 법학을 전공하여 4년 뒤에는 우수한 성적으로 법학박사 학위를 취득했다.

1616년, 젊은 데카르트는 사회에 나가 세상을 통해 배움을 구할 것을 결심하게 된다. 그는 다년간 여러 지역을 두루 돌아다닌 후 1625년에 파리로 돌아왔는데 그때는 이미 학술계에서 명성이 자자해진 때였다. 끊임없이 찾아드는 방문자의 발길은 조용히 사고하는 것을 즐기던 그를 괴롭혔다. 1628년, 데카르트는 파리에서 네덜란드로 거주지를 옮긴 후 장장 20년에 걸쳐 연구와 저작 활동에 전념했다. 그 기간 동안 그는 수학과 철학 분야에 큰 영향을 미친 수많은 책과 논문 등을 발표했다.

데카르트는 웅장한 이상과 포부로 평생 독신을 고집했으며 그의 저작 중 대부분은 네덜란드에서 완성되었다. 그는 1634년에 《우주론》을 써서 철학과 수학 그리고 수많은 자연과학

이 그림은 데카르트의 고향인 라에이시의 건축물 등을 그린 것이다.

문제에 대한 자신의 견해를 정리했다. 1637년에 《기하학》을 발표했고 1641년에는 《형이상학적 성찰》을, 1644년에는 《철학 원리》 등을 출판했다. 데카르트의 저작들은 살아서는 교회의 지탄을 받았으며 죽은 후에는 바티칸 교황청에 의해 금서(禁書)가 되기도 했다. 그러나 그런 것들이 데카르트의 사상이 전파되는 것을 막지는 못했다. 데카르트는 철학 분야에서 신이론을 개척했을 뿐 아니라, 물리학과 생리학 영역에서도 수많은 독창적 견해를 제기했다. 특히 수학 분야에서는 '해석 기하학'을 창시함으로써 '근대 수학의 대문'을 활짝 열어 놓았다. 이것은 과학사상 획기적인 의의를 지닌 것으로 이로써 '근대 과학의 시조'라는 명예를 얻게 되었다.

데카르트가 수학 분야에서 세운 주요한 공헌은 기하학(幾何學, 토지측량을 위해 도형을 연구하는 데서 기원했으며, 공간의 수리적(數理的) 성질을 연구하는 수학의 한 분야) 문제를 대수학(代數學, 수학의 한 분야로 수 대신의 문자를 쓰거나, 수학법칙을 간명하게 나타내는 것이다. 방정식의 문제를 푸는데서 시작됨)의 형식으로 접근했다는 것이다. 그는 대수학의 방법으로 계산하고 증명하여 최종적으로 기하 문제를 해결해냈다. '해석 기하학'은 이런 생각에 근거하여 창시되었으며, 이는 또한 미적분 창시의 기초를 마련하는 발판이 되기도 했다. 데카르트는 기타 과학 분야에서도 큰 업적을 쌓았는데, 이론상 '굴절의 법칙'을 이끌어

논술 키워드

방법론적 회의론 (Methodical Doubt)
성찰을 거쳐 그는 모든 회의에서 벗어나 명석한 판단을 위한 제1원리라고 생각되는 명제를 내세웠다. 이것이 바로 "나는 생각한다. 고로 나는 존재한다."이다. 또한 데카르트의 방법론적 회의의 특징은 사과를 하나씩 들어내 검사하면 그동안 썩은 사과가 다른 사과까지 썩게 할지 모르기 때문에 바구니를 엎어서 한꺼번에 조사해야 한다는 것이다.

이것은 데카르트가 스웨덴의 크리스 티나 여왕에게 철학수업 하는 장면을 그린 것이다.

내어 네덜란드의 스넬과 공동으로 '빛의 굴절법칙'을 발견하는 영 예를 누렸다. 그는 또 인간의 안구眼球를 광학 분석해 시력 교정 렌 즈를 설계하기도 했다. 또한 우주간의 운동량 총계는 상수(常數; 변수 (變數)에 대하여 항상 일정한 값을 취하는 양(量))적 관점임을 제기했으며, '운동량 보존법칙'(질점계에 외부의 힘이 작용하지 아니하면 그 계의 운동량 의 합은 바뀌지 아니한다는 법칙. 계를 구성하는 입자 개개의 운동량은 변할 수 있으나 전체 운동량의 합에는 증감이 없다는 법칙으로, 이때 질점계의 중심은 등 속도 운동을 한다)을 창시하여 '에너지 보존법칙'(에너지는 그 형태를 바 꾸거나 물체에서 물체로 옮기거나 해도 전체 양은 변함없다는 물리법칙)의 기 초를 다졌다. 또한 그는 유럽 근대 철학의 창시자 중 한 사람으로서 그 체계를 확립했으며, 유물주의唯物主義와 유심주의唯心主義를 결합 해 철학사에 깊은 영향을 미쳤다.

1649년, 데카르트는 스웨덴의 초청에 응해 스톡홀름으로 가서 여왕에게 철학을 가르쳤다. 그러나 1659년, 감기로 인한 폐렴으로 불행히도 생애를 마감해야 했다. 1819년, 그의 유해遺骸는 성 게르 만 대성당으로 옮겨졌으며 묘비에는 다음과 같이 적혀 있다. "데 카르트, 유럽 르네상스 이래 인류를 위해 이성理性의 권리를 쟁취 하고 확보했던 첫 번째 사람이다."

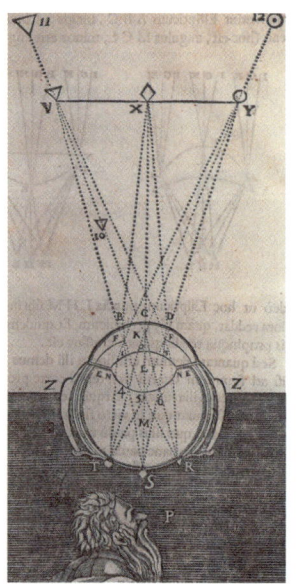

데카르트의 《인간론》은 첫 번째 생리 학 저작으로 간주된다. 이 그림은 형상 에 대한 감각기관의 인지 과정과 근육 전달간의 가상 관계를 나타낸 것이다.

크롬웰
Cromwell

의회 민주제의 기초를 다진 호국경

생몰년 : 1599~1658년
국 적 : 영국
출생지 : 헌팅턴
성 격 : 야심만만하고 거침
신 분 : 정치가
가 정 : 젠트리 출신. 아버지는 시의회 의원을 지냈음

크롬웰은 자신의 가정에 대해 다음과 같이 회상했다. '나는 태어나면서부터 젠트리였다. 지위가 그리 높은 것도 유명한 것도 아니었지만…….' 그는 어려서부터 제멋대로인데다 장난꾸러기였다. 크롬웰은 열일곱 살이 되어서 케임브리지 대학에 들어가 공부하면서 청교도 사상의 영향을 받았다. 그러다가 아버지의 별세로 학업을 포기하고 가정을 돌보게 되었다. 2년 후, 그는 다시 런던으로 가 법률을 공부했다. 스물한 살에 그는 상인의 딸인 엘리자베스와 결혼했는데, 그녀는 많은 지참금을 가져왔으며 유능한 주부였다. 크롬웰은 현지에서 점점 자신의 명성을 쌓아갔고 스물여덟에는 헌팅턴의 대표로 국회에 참석하기도 했다.

1642년, 영국에서 처음으로 내전(청교도 혁명)이 발발했을 때 크롬웰은 국왕 찰스 1세에 반대하며 전투에 참가했다. 그는 케임브리지와 헌팅턴 등지에서 자작농으로 조직된 기병대를 모집했다. 이 부대는 용감해서 종종 일당백으로 싸우면서 승리를 거두어 '철기대' 라는 이름을 얻었다. 1644년 7월, 크롬웰은 '철기대' 를 이끌고 마스턴 무어 전투에서 승리를 거두어 전쟁 초기에 연전연패하던 의회군의 수동적 국면을 바꾸어 놓았다. 나중에 국회는 그에게

논술 키워드

젠트리
본래는 '가문이 좋은 사람들' 이라는 뜻이며 넓은 의미로는 귀족을 포함한 좋은 가문의 사람들을 지칭해서 쓰인다. 그러나 보통 신분적으로 귀족의 아래이며 요먼리의 윗 계층을 가리키며 가문의 문장(紋章) 사용이 허용된 사람들을 일컫는다.

크롬웰 호국경의 형상을 새긴 보석 세공품(공예품)

크롬웰은 영국의 위대한 군인이며 정치가중 한 사람이다. 1642년 이전에 그는 의회에서 청교도 신앙을 지닌 한 젠트리에 지나지 않았다. 그러나 내전이 일어난 뒤 그는 의회군 가운데 가장 우수한 기병 지휘관이 되었다. 그가 지휘한 부대는 용맹하고 기율이 엄해 '철기대'라는 칭호를 얻었다. 이 철군은 내정에서 승리를 거두는 데 핵심적인 역할을 했다.

2만여 명으로 조직된 '새로운 모범군'을 창설할 권리를 주었다. 크롬웰은 이 군대로 네이즈비 전투에서 국왕의 주력 부대를 무찔러 국회군은 처음으로 내전에서 승리를 위한 기초를 닦게 되었다. 1646년 6월, 그는 국왕의 본영인 웨일즈를 함락시켰다. 그로부터 오래지 않아 국왕 찰스 1세는 잡히는 신세가 되고 말았다. 국회는 그의 수훈을 표창하며 연 수입 2500파운드의 장원莊園을 수여했고 그는 런던으로 이사했다.

1649년 1월 30일, 찰스 1세는 단두대로 보내졌고 크롬웰은 영국의 통치권을 장악하게 되었다. 국내 정세가 안정되자 그해 9월 군을 이끌어 아일랜드를 원정했고 2년 뒤에는 스코틀랜드를 공격했다. 1653년 12월 16일 런던에서 열린 성대한 의식에서 그는 잉글랜드, 스코틀랜드, 아일랜드의 호국경이 되었다. 아울러 육해군 총 사령관을 겸하게 되어 실질적인 군사 독재자로 군림했다. 영국을 통치하는 동안 크롬웰은 강력한 군사력을 바탕으로 해상패권을 쥐고 있던 네덜란드를 무찔렀다. 따라서 네덜란드는 《항해조례》를 받아들일 수밖에 없었다. 포르투갈로부터는 식민지 통상에

네이즈비 전투

윌리엄 영국 서안에 상륙
1660년 영국 스튜어트 왕조가 복귀했
다. 1688년 영국 왕 제임스 2세의 사
위 윌리엄이 '신교, 자유, 재산과 국
회'를 지키겠다는 명분 하에 군대를
이끌고 영국으로 들어왔다. 1689년,
제임스 2세는 강압에 못 이겨 퇴위했
다. 부르주아지(유산 계급) 사학자는
이 정변을 '명예혁명'이라고 부른다.
'명예혁명'으로 유산 계급은 통치적인
지위를 확립했으며 영국 혁명을 공고
히 해 역사의 전환점이 되었다.

관한 특권을 얻어냈으며, 영국 선박이 폴로 해상을 자유롭게 다닐
수 있도록 덴마크에 압력을 가했다. 카리브 해상에서는 스페인의
수중에 있던 노예무역의 중심지인 자메이카를 빼앗았다. 이러한
조치들로 영국은 네덜란드를 제치고 해상 패권을 잡는 든든한 기
초를 다지게 되었다.

　1657년, 영국국회는 《공손히 드리는 청원 건의서》를 전달해 크
롬웰은 영국의 국왕이 되었다. 크롬웰은 완곡하게 이 요청을 거절
하면서도 호국경을 세습하도록 개정했다. 1658년, 크롬웰은 화이
트홀에서 세상을 떠나 웨스트민스터 사원에 묻혔다. 2년 후, 선거
로 새로 선출된 국회는 찰스 1세의 아들을 귀국시켜 왕위를 계승
하도록 결정했다. 크롬웰이 온 힘을 다해 무너뜨린 스튜어트 왕조
가 다시 정권을 잡게 된 것이다.

논술 키워드

호국경(Lord Protector)
1653~1659년에 존재한 영국
혁명정권의 최고행정관이다. 입
법권, 행정권, 관리임명권·군사
권·외교권 등도 가지며, 임명은
세습에 따르지 않고 선거로 이
루어진다고 하였다. O. 크롬웰이
초대에 취임하여 사실상 독재에
가까운 권력을 휘둘렀다.

로크

Loche

민주 입헌제를 집대성한 정치사상가

생몰년 : 1632~1704년
국 적 : 영국
출생지 : 링턴
성 격 : 자유를 숭상하고 언행이 신중함
신 분 : 철학자, 정치사상가
가 정 : 젠트리 계급의 부유한 가정

존 로크
로크는 영국의 가장 뛰어난 자유주의자이다. 그의 주요
공적은 17세기 격변하던 영국의 사회 정치 원리를 명백
히 서술하고 인류의 지식을 분석했다는 것이다.

로크는 열네 살 이전에 학교를 다녀본 적이 없지만 아버지는
그에게 엄격하게 가정교육을 시켰다. 1646년, 로크는 웨스트민스
터 학교에서 전통적인 고전 문학의 기초를 배웠다. 1652년, 웨일
즈 대학에 입학했고 1656년, 1658년에 각각 학사와 석사 학위를
받았다. 웨일즈에서 공부하던 시기에 그는 교내에 성행하던 스콜
라 철학에는 관심이 없었지만 데카르트의 철학과 자연 과학은 좋
아했다.

1666년 로크는 우연히 샤프츠베리 백작을 만난 후 친구이
자 조수가 되었다. 그 시기에 로크는 일생에서 가장
중요한 철학 저서인 《인간오성론》을 쓰기 시작했다.
1675년, 로크는 과중한 업무로 건강에 문제가 생겨 프
랑스로 가서 3년간 휴양했다. 1679년에 런던으로 돌
아온 로크는 백작의 비서 업무를 계속했다. 1682년 샤
프츠베리 백작은 실패한 반란에 가담하는 바람에 네
덜란드로 도피하게 되었고 로크도 그를 따라갔다. 백
작은 이듬해 세상을 떠났고 로크는 1689년에야 영국
으로 돌아왔다.

네덜란드에서 머물던 시기에 로크는 이름을 알리지 않은 채 《인간오성론》을 포함한 중요한 저서를 많이 완성했다. 영국으로 돌아온 후, 로크는 건강이 좋지 않아 시골에서 휴양해야 했다. 그때 로크는 한 젊은 부인과 결혼했다. 그는 《종교 관용에 대한 서한》(1689), 《통치이론》(1689), 《인간오성론》(1690)를 차례로 발표해 철학, 정치, 종교와 논리사상에 대한 완벽한 체계를 갖추었다.

로크는 베이컨과 홉스 이래의 영국 유물주의 경험론을 발전시켜 집대성했다. 그는 데카르트 등의 본유관념(태어나면서부터 인간정신에 내재해 있다고 하는 관념)을 버리고 다음과 같이 여겼다.

'인간의 영혼은 처음에는 하얀 종이와 같다. 여기에 정신적 내용을 제공하는 것을 경험(즉 소위 그가 말하는 관념이라는 것)이라고 한다. 관념이란 감각 관념과 반성이라는 두 가지로 나눌 수 있다. 감각 관념은 감각기관이 외부로부터 받아들이는 느낌으로부터 유래하며, 반성은 영혼이 본질을 관찰하는 데에서 온다.'

정치사상의 이론에서 로크는 군권은 신에게서 받은 것이라는 주장을 반박했다. 정부의 권위는 통치자에 의해 옹호 받는다는 기초 위에서 만이 가능한 것이라고 주장했다. 그는 사회 계약론을

로크는 사람이 태어날 때 뇌는 백지와 같으며 이후의 발전은 모두 교육을 통해 이루어지는 것이라 생각했다. 이런 급진적 사상은 모든 사람은 교육을 통해서 해방을 얻을 수 있다는 신념을 만들어 냈다. 《학교의 남녀 학생들》은 교실의 풍경을 풍자적으로 표현했다.

지지하고 개인 재산의 합리성을 주창했으며, 개인은 노동을 통해서 합법적인 재산을 가질 권리를 가진다고 생각했다.

로크는 가장 먼저 권력의 분배 사상을 제창했는데 행정과 입법은 반드시 분리되어야 하며 입법 기관은 행정기관보다 높아야 한다고 생각했다. 이것은 뒤에 몽테스키외에 의해 3권 분립설로 발전되었다.

미국은 로크의 자유주의를 신성하게 받들어 독립에 지대한 영향을 받았다. 그의 사상은 토머스 제퍼슨 등 미국 정치가들에게 깊은 영향을 주며 혁명의 불씨를 일으켰다. 로크는 프랑스에서의 더 큰 영향력을 발휘했다. 볼테르는 로크의 사상을 프랑스에 전한 사람으로 프랑스 계몽운동 및 프랑스혁명은 로크의 사상과 관계가 있다.

로크는 만년에 병이 든 채 공직에 종사했는데 1696년부터는 영국의 상업 감독관을 지냈다. 그는 1700년에 퇴직했고, 1704년 72세를 일기로 별세했다.

뉴턴

Newton

가장 위대하고 영향력 있는 과학자

생몰년 : 1642~1727년
국 적 : 영국
출생지 : 링커셔의 울즈소프
성 격 : 부끄러움을 타며 말이 없고 사색을 즐겼음
신 분 : 과학자
가 정 : 농민 가정 출신. 뉴턴은 외할머니와 생활함

아이작 뉴턴은 어려서부터 말이 없고 무뚝뚝한 성격이어서 작은 기계들을 가지고 놀기를 좋아했다. 뉴턴은 열두 살에 클라크의 약방에서 기숙하며 그란섬의 킹즈스쿨을 다녔다. 그는 나무 상자와 유리병으로 물시계를 만들어 매일 새벽이면 시간에 맞춰 얼굴에 물을 떨어뜨리도록 했다. 그는 이 방법으로 잠에서 깨어나 분초를 다투며 공부했다.

중학생이 된 뉴턴은 성적이 그다지 좋지는 않았다. 그러나 책 읽기를 좋아하고 자연 현상에 호기심이 많았다. 그는 읽은 책을 부문별로 나누어 독후감을 적어 놓았다. 그 외에도 작은 공구, 발명, 실험 등을 좋아했다. 1661년, 뉴턴은 근로 장학생 자격으로 케임브리지 트리니티 칼리지에 들어 갔다. 1664년에는 장학금 수여자가 되었고 1665년에는 학사 학위를 받았다. 베로라는 학자는 뉴턴의 재능을 알아보고 그를 대학원생으로 추천하여 자연과학의 세계로 인도했다. 1665년, 런던에 페스트가 유행하자 케임브리지

아이작 뉴턴은 세계에서 가장 뛰어난 자연과학자로 17세기 자연과학 혁명의 1등 공신이다. 그는 물리학, 천문학, 수학 등의 영역에서 탁월한 업적을 남겼다. 또한 처음으로 여왕에게 기사 작위를 받은 자연 과학자이기도 하다.

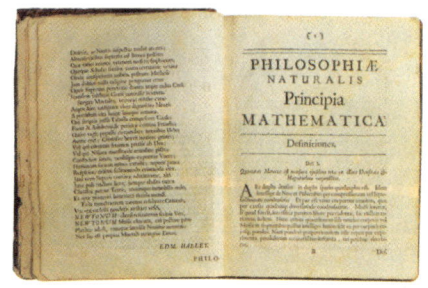

〈자연철학의 수학적 원리〉
이 책은 과학사상 가장 위대한 저서로 평가 받는다. 뉴턴
은 이 책에서 이후 300여 년간의 역학 연구 기초를 다
져 놓았다.

는 휴교에 들어갔고 뉴턴은 고향으로 돌아갔다.

1665~1666년, 뉴턴은 거장들의 과학연구 방법 등을 실제적으로 운용해 이항정리를 세우고 미적분법을 알아냈다. 또 프리즘을 이용해 백색광이 7색의 복합이며 각 색광은 굴절율이 다르다는 사실 등을 알아냈다. 뉴턴은 데카르트가 지구의 역학을 천체 현상에 응용하고자 했던 생각을 계승했다. 그는 행성의 타원 궤도 문제에 관해 연구하고 사과의 낙하와 달이 지구를 도는 것을 연관지었다. 1667년, 뉴턴은 케임브리지로 돌아와 베로 교수의 지도 아래 계속해서 과학 연구에 몰두했다.

1667년 베로 교수는 그를 루카스 석좌 교수직에 추천해 부임하게 되었다. 뉴턴은 이 일을 스물여섯에 시작해 쉰세 살까지 했다.

1672년, 뉴턴은 런던 왕실 학회의 회원이 되었다. 1687년, 뉴턴은 《자연철학의 수학적 원리》(프린키피아)라는 한 시대에 획을 그은 저서를 세상에 발표했다.

이 책은 3대 운동 법칙과 만유인력의 법칙을 기초로 완벽한 역학 이론의 체계를 갖추었다. 당시 사람들이 이해할 수 있었던 모든 역학 현상을 설명하고 행성의 운동, 낙하하는 물체의 운동, 진동자 운동, 미립자 운동, 소리와 파장, 밀

열네 살의 뉴턴은 높은 이상을 품고 여러 가지 문제에 관해 생각하곤 했다. 그는 자기 집의 돌담에 해시계를 그려 분초를 다투어 가며 공부했다. 한번은 그가 폭풍우 속에서 이리저리 뛰어다니며 풍력을 측정하느라 온 몸이 흠뻑 젖었다. 그의 모습을 본 어머니는 아들이 정말 미쳐버리는 것이 아닐까 걱정되었다. 그러나 그녀는 뉴턴이 농부라도 되었으면 하는 생각에 계속 학교에 다니도록 해주었다.

물과 썰물 및 지구의 원반상 등 각종 문제를 해결했다. 이후로 200여 년간, 누구도 그의 본질적 이론을 깨지 못했고 20세기에 양자학과 상대성 이론이 나온 뒤에야 역학의 범주가 확대되었다. 1696년, 뉴턴은 당시 재무장관이었던 친구의 요청으로 조폐국 부국장으로 부임하게 되었다. 뉴턴은 몇 년에 걸쳐 영국 화폐제도의 혼란을 해결했고 1699년에는 조폐국 국장으로 승진했다. 1703년, 뉴턴은 왕실학회 회장에 당선되었다. 이후에 그는 다시 《광학》, 《3차 곡선론》, 《유율론》, 《급수해석학》, 《유율과 무한급수》 등의 저서를 남겼다.

1727년 3월, 여든네 살의 뉴턴은 왕실학회 모임 뒤에 갑자기 병이 나서 집으로 돌아가 3월 20일 새벽을 맞기도 전에 세상을 떠나고 말았다. 그는 임종 전에 다음과 같은 유언을 남겼다.

"나는 세상 사람들이 나를 어떻게 평가하는지는 모르겠으나 스스로는 해안에서 놀고 있는 소년에 지나지 않는다고 생각한다…… 매끄러운 조약돌과 그 무엇보다 더 아름다운 조개껍질을 발견하고는 기뻐하는 소년, 내 눈앞에는 여전히 밝혀지지 않은 진리를 가득 안은 커다란 바다가 펼쳐져 있다."

논술 키워드

만유인력 법칙
비단 지구와 물체뿐만이 아니라 천체를 포함한 모든 물체 사이에는 상호 작용하는 힘이 있으므로 보편적이란 뜻의 '만유'를 붙여 중력을 '만유인력'이라 하였다. 따라서 지구의 지표면 위에서 작용되는 지구의 중력(지구가 물체를 끌어당기는 힘)과는 엄밀히 구분되어야 한다. 지구는 태양을 중심으로 돌게 되므로 밤낮이 발생하며, 달은 지구를 중심으로 돌면서 상호간에 인력이 작용하므로 밀물과 썰물을 발생하게 된다.

심금을 울리는 명인 한 마디

♠ 대담한 추측을 하지 않으면 위대한 발견을 할 수 없다.

루이 14세
Louise XIV

절대주의 시대의 전제 군주

생몰년 : 1638~1715년
국 적 : 프랑스
출생지 : 파리
성 격 : 과단성 있고 공명심이 컸음
신 분 : 정치가
가 정 : 황실 출생으로 아버지는 루이 13세, 어머니는 안 도트리쉬 황후

이 그림은 야셍트 리고가 그린 초상화이다. 루이 14세가 대관복을 입은 채 앞을 보고 있는 우아한 모습이 시선을 끈다. 그는 발레를 장장 20여 년간 배운 탁월한 무용가였다. 쌩 시몽은 '그의 미세한 손짓, 걸음, 몸짓은 참으로 고결했으며 또한 자연스러웠다.' 라고 표현했다.

부왕이 일찍 별세하는 바람에 루이 14세는 다섯 살 때 왕위를 계승했다. 당시 모후인 안 도트리쉬가 섭정했지만 실제적인 권리는 수상인 마자랭이 잡고 있었다. 어린 시절 루이 14세는 법원 귀족과 부르조아지가 이끄는 반정부 세력의 '프롱드의 난'으로 파리를 떠나 쫓기는 신세가 되었었다. 이 사건은 뒤에 그가 직접 통치하게 되면서 왕권을 강화하고 고등법원의 권리를 약화시키고 귀족들을 견제하는 정책에 큰 영향을 미쳤다.

1661년 마자랭이 죽자 루이 14세가 친정을 시작했다. 그는 어떤 일이라도 반드시 몸소 처리하며 스스로를 '국왕이라는 직업'에 종사하는 사람이라고 했다. 막 즉위했을 무렵부터 안하무인인 재정부 장관 니콜라스 푸케를 종신형에 처하며 고등 법원의 권위에 일격을 가했다. 그리고 군주와 국민 사이의 명령 전달을 위한 기구의 권력을 약화시키고 중앙 집권제를 강화했다.

이런 개혁으로 인해 프랑스는 일순간에 유럽의

패권을 잡았다. 볼테르는 이 시기를 일컬어 '루이 14세의 세기'라고 했다.

경제 분야에서 루이 14세는 콜베르의 중상주의 정책을 채택해 기조 시설을 닦았다. 세금을 낮추고 공업 생산을 장려했으며 대외 무역에 힘써 프랑스의 경제적인 번영을 이루어냈다. 루이 14세는 로마제국 통치 이래 유럽에서 수적으로나 실력 면에서 가장 강성한 군대를 갖추었다. 1672년 육군은 12만에 달했고 1690년에는 30만을 넘어섰다. 이는 유럽 기타 국가의 군인 총수에 해당하는 수치였다. 루이 14세는 이 군대로 프랑스의 오랜 적인 독일과 스페인을 물리치고 유럽의 수많은 국가들과 동맹을 맺으며 프랑스의 지위를 올려놓았다. 그는 '군권신수(君權神授, 군주의 권력은 신이 내린다)' 사상을 펼치며 '짐은 곧 국가이다'라고 선언했다. 그로

말을 탄 시종 행렬이 베르사이유 궁내의 정원으로 들어가고 있다. 국왕과 왕후는 4륜 마차에 타고 궁전에 도착했다. 피에르 파텔이 그린 이 장면은 1668년 막 지어진 베르사이유 궁의 모습이다.

써 강력한 왕권을 수립하여 궁정에서는 '태양왕'이라고 불렸다. 루이 14세는 문학과 예술, 과학 방면에도 지원을 아끼지 않았다. 우선 프랑스 과학원을 세운 후 프랑스 건축 과학원과 희극원, 화려한 베르사이유 궁도 지었다. 그의 통치 기간에는 고전주의 희극과 미술, 건축 예술 및 회화 등이 크게 성행했다.

그러나 루이 14세의 강권 통치는 심각한 사회적 위기를 초래하

♣ 심금을 울리는 명인 한 마디

♠ 집정자는 일로써 집정하는 것이며 또한 일을 위해 집정하는 것이다.

명인
일화 옛날, 프랑스 사람들은 목욕을 자주 하는 것은 좋지 않다고 생각했다. 그러다보니 옷은 자주 갈아입었지만 몸에서 나는 냄새는 어쩔 수 없었다. 몸의 냄새를 가리기 위해 루이 14세는 매일 아침에 포도주를 섞은 물로 세수와 양치를 하고, 향수를 뿌린 마른 수건으로 얼굴을 닦았다. 그는 향수를 대량 사용했고 매일 자신이 좋아하는 향을 배합해 만들었다. 또한 국민들에게도 향수를 쓰도록 했고 향수를 뿌리지 않은 사람은 공공장소에 출입할 수 없도록 했다. 이런 이유로 프랑스의 향수 제조 기술이 발전할 수 있었던 것이다.

1692년 나무르를 포위 공격했는데 이는 아우스부르크 동맹이 기타 국가를 반대하여 일어난 전쟁이다. 전쟁에서 루이 14세가 승리를 거두기는 했지만 프랑스의 국고에 있던 은은 바닥이 나버렸다. 루이 14세는 레이스웨이크에서 기진맥진한 채 평화 협정에 서명할 수밖에 없었다. 그로써 1678년 이래로 얻어온 많은 권리를 포기해야 했다.

기도 했다. 그는 재위기간 55년 중 32년을 전쟁으로 보냈다. 계속되는 대외 전쟁과 호사스러운 궁중 생활로 프랑스의 인력과 재력은 고갈되었다. 이러한 이유로 그의 통치 기간 중 프랑스에는 대규모 반란이 끊이지 않았다. 1715년, 한 시대를 주름 잡았던 절대왕정의 대표적 전제군주 루이 14세는 국민들의 원성 속에 세상을 떠났다.

표트르 대제 *tsar(차르), 슬라브계 군주 칭호

Pyotr

생몰년 : 1672~1725년
국 적 : 러시아
출생지 : 모스크바
성 격 : 강인하고 부지런하며 야심만만함
신 분 : 정치가
가 정 : 황실 출신으로 차르 알렉세이와 나라슈키나 황후 사이에서 남

제정 러시아를 근대화시킨 황제

표트르는 어려서부터 전쟁놀이를 즐겨 친구들과 소년 군단 두 개를 만들기도 했다. 이 소년 군단은 표트르가 집권한 후 그의 직속 부대가 되었다. 어린 표트르는 늘 외국인 거주자촌의 주민들과 교류하며 그들에게서 수학과 항해술 등의 지식을 배우며 서구 문화의 영향을 받았다. 1689년, 표트르는 귀족의 딸인 에브도키아와 결혼했으나 1696년 이혼한 뒤 그녀를 수녀원으로 보내버렸다.

1689년, 표트르는 정권을 장악하여 국사를 어머니와 삼촌 등에게 맡겨둔 채 자신은 여전히 전쟁놀이를 즐겼다. 그러다 1694년 모후가 별세하자 그때부터 친정을 시작했다. 1695년, 그는 러시아군 3만 명을 이끌고 투르크로 진격해 아조프해를 장악하고 흑해로 가는 통로를 확보하고자 시도했으나 실패하고 말았다. 그는 다시 재빠르게 전함 30척과 운송선 및 어뢰정으로 조직된 해군을 창설했다. 같은 해 5월 육로와 해로로 포위해 들어가 카스피를 장악했다. 1697~1698

표트르 대제는 18세기 초기 러시아의 통치자로 러시아를 최초의 제국으로 만든 장본인이다. 그는 온 힘을 기울여 폐쇄적이며 보수적이던 러시아를 진정한 제국으로 만들었다.

표트르 대제가 추기경의 묘소를 참배하고 있다. 표트르 대제의 종교에 대한 관용적 태도를 엿볼 수 있다.

년 사이에 표트르는 서유럽으로 대사단을 파견했다. 서유럽 각국과의 반 투르크 연맹을 확산시키는 동시에 서유럽의 각국으로부터 선진적인 과학기술을 배워왔다. 아울러 기술자와 전문가들을 청해오고 신식 기구와 설비들을 들여왔다. 1698년 국내 군사 반란을 평정한 뒤, 표트르는 유럽화 정책을 펼쳐 경제, 군사, 문화, 정치 등 방면에서 개혁을 단행했다.

경제 방면에서 표트르는 공업을 발전시키고 사회 기반 시설들을 적극적으로 건설했다. 또한 통상을 위한 항구를 만들고 국내 무역을 발전 시켰으며 관세 보호 정책을 펼쳐 수출을 장려하고 수입은 제한했다. 군사적으로는 보병, 기병, 포병, 공병으로 조직된 정규 육군 20만과 함선 48척, 대량의 어뢰정, 해병 3만으로 조직된 해군 함대를 창립했다. 문화 교육 방면에서 많은 학교를 지었고 귀족의 자제들에게 수학과 한 가지 외국어를 반드시 배우도록 했다. 그는 러시아 최초의 인쇄소와 박물관, 도서관 및 극장을 지었다. 아울러 최초로 전 러시아에 《베도모스티》('기록'이라는 뜻을 가짐)라는 신문을 발행하며 직접 편집장을 맡았다. 1724년에는 러시아 과학원을 세우기도 했다. 정치적으로는 종교의 통제권을 국가와 자신의 수중에 두고 행정관리 제도(관등표 : 근대 행정조직의 기초)를 개혁해 중앙집권제를 강화했다. 약한 생산력과 상공업, 문화에서 저조한 발전을 보이던 러시아는 개혁을 통해 유럽 강국의 기초를 마련할 수 있었다.

표트르는 국내를 개혁함과 동시에 외부로는 끊임없이 전쟁을 벌여 동서남북 모든 방향으로 러시아의 영토를 넓혔다. 그는 전략적 의미가 큰 네바강 하구에 상트페테르부르크 요새를 부설했다. 또한 1713년에는 수도를 모스크바에서 상트페테르부르크로 옮겼다. 상트페테르부르크는 20년도 채 안 되어 몇 개의 작은 촌락에서 인구 7만 명의 대도시로 성장했다. 1721년 10월, 표트르는 '황제'와 '조국의 아버지'라는 칭호를 받으며 러시아의 국호를 러시아 제국으로 바꾸었다.

표트르 대제는 서로는 발트해에서 동으로는 태평양, 북으로는 북극해에서 남으로는 인도양에 이르는 대제국을 건설하려는 이상을 품었으나 실현하지는 못했다. 1725년 1월 28일, 그는 상트페테르부르크에서 향년 53세로 세상을 떠났다.

러시아의 흥성

'공포의 이반'이 잔혹한 살육으로 온 유럽의 간담을 서늘하게 만들었으나 당시 러시아의 기반은 매우 취약했고 낙후되어 있었다. 표트르 대제는 러시아를 개혁해 근본적인 변화를 꾀했다. 그의 노력으로 러시아는 정치, 경제, 군사에서 모두 발전했으며 처음으로 유럽의 열강 대열에 오를 수 있었다. 또한 러시아는 유럽의 역사를 좌지우지하는 대제국이 될 수 있었다.

표트르 대제의 수염 깎기 운동
대중들은 수염을 깎는 것에 대해 거부감을 가지고 있었다. 따라서 표트르 대제는 고액의 세금을 내는 사람에게는 수염을 기를 수 있도록 허락해 주었다.

1. 변화의 서막; 전통에 대한 공격

1689년, 표트르는 유럽 여행을 마치고 귀국한 뒤 어느 날 갑자기 가위로 한 대신의 수염을 잘라 버렸다. 표트르는 이런 전형적 행동으로 상식과 구습을 타파하기 시작했다. 그는 농민과 목사를 제외한 모든 남자들이 수염 기르는 것을 금지했다. 사람들은 수염이란 전통적으로 하나님이 기르게 해주신 것인데 이것을 자르라는 것은 말이 안 된다며 강한 불만을 드러냈다. 일부 사람들은 단호히 저항하며 결국 임종 때 잘려진 수염과 함께 묻어 달라는 유언을 남기기도 했다. 그들은 그렇게 함으로써 죄를 씻고자 했던 것이다.

수염이 조각되어 있는 이 인장에는 '세금 냈음'이라는 글자가 새겨져 있다. 이것을 지니고 있는 사람은 '이미 수염세를 낸 사람'이라는 뜻이었다.

2. 서방을 내려다보는 창

구시대의 러시아와 결별하기 위해 표트르는 1703년 정치적 중심지로서의 모스크바를 버렸다. 그는 서방과 나란히 하는 새로운 러시아를 만들기 위해 수도를 다시 정했다. 새 수도는 예수님의 제자 베드로와 표트르 대제를 기념하기 위해 상트페테르부르크로 이름 지어졌다.(영토 확장 시기 러시아에서는 갑작스럽게 도시의 이름을 지어야 할 일이 많았는데 이때 성경에 나오는 인물이나 황제의 이름을 붙이기도 했다. 러시아 정교의 성인 이름인 베드로는 표트르, 피터, 뾰뜨르 등으로 발음됨) 그

표트르 대제는 그의 유럽 선생님으로부터 건축과 항해술을 배웠고 이는 일생동안 그의 취미가 되었다. 러시아의 위대한 작가 푸시킨은 1697년에서 1698년까지 유럽을 평복으로 방문한 표트르 대제에 대해 다음과 같이 묘사했다. '그는 선원이든지 아니면 목수로 일하든지 간에 어쨌든 항상 일을 했다.' 러시아는 표트르의 집정 기간에 최초로 해군을 보유하게 되었다.

는 질퍽한 네바강 삼각주로 수많은 노동자들을 불러들여 이 도시를 건설했다. 이곳은 발트해로 가는 직통로였기 때문에 '서방을 내려다보는 창구'가 되었다. 표트르는 도시를 건설하는 동안 도로의 규격을 정하는 일에서부터 각기 다른 계급이 거주하게 될 건물의 설계까지 세심하게 관여했다. 19세기 한 프랑스 학자는 이렇게 묘사하고 있다. '상트페테르부르크에서 표트르 대제의 그림자를 찾는 일은 어렵지 않다. 그는 모든 건축물에, 광장에 그리고 제방에 존재하고 있다.

풀타바 전투
표트르가 지휘한 유명한 전투이다. 표트르 대제는 이 전쟁에서 거만한 스웨덴 군대를 물리쳤고 러시아는 발트해를 장악할 수 있었다.

3. 러시아의 확장

16세기, 러시아는 동으로 영토를 확장함에 따라 몽고인을 무찌르고, 볼가강 유역부터 카스피해에서 중앙아시아로 통하는 통상로까지 장악하며 시베리아를 정복하기 시작했다. 17세기 말 러시아의 영토는 태평양까지 이르게 되었다.

그러나 러시아는 오스만 제국의 부대와 뛰어난 전술의 코사크 용사들의 저항으로 인해 남쪽으로 뻗어나가는 데에는 많은 어려움이 있었다. 서쪽 확장로는 더욱 어렵고 복잡했다. 발트만 연안에 자리한 국가들의 해군력과 군사조직이 러시아보다 우세했기 때문이다. 표트르 대제는 집권하고 18세기에 이르기까지 남쪽과 서쪽으로만 영토 확장을 진행했다. 이는 폴란드의 한 국왕이 영국의 엘리자베스 1세에게 보낸 서신에서 잘 드러난다. '당신들이 그들(러시아)에게 준 것은 그냥 상품이 아니라 지금까지 그들이 가지지 못한 무기와 예술 그리고 수공예입니다. 이러한 수단을 이용해 그들은 스스로를 부강하게 만들어 모두를 이기고 말 것입니다. …… 이를 감안해 보았을 때, 우리는 이런 점에서 그들을 비교적 잘 알고 있습니다. 또한 그들과 국경을 접하고 있는 국가들은 조속히 다른 기독교 국가들의 군주들에게 미리 이런 점을 경고해 자신들의 존엄과 자유, 생명 및 그들의 신민을 이 야만스럽고 흉악한 적에게 내주지 말아야 할 것입니다.'

표트르가 1703년 상트페테르부르크를 다시 세우기 시작했을 때 그곳은 악취를 풍기는 늪일 뿐이었다. 그러나 18세기 중엽의 유화를 보면 상트페테르부르크는 이미 관광지가 되었음을 알 수 있다. 네바강 왼편 연안에 높이 솟은 것은 에르미타쥬 박물관(겨울 궁전)이며 우측으로는 과학원이 보인다.

표트르 대제가 1703년 상트페테르부르크 기공식에서 사용했던 도끼. 고상한 표트르 대제 또한 호전적인 인물임을 엿볼 수 있게 해준다.

볼테르
Voltaire

생몰년 : 1694~1778년
국 적 : 프랑스
출생지 : 파리
성 격 : 예지롭고 민감하며 자유를 숭상함
신 분 : 작가, 철학자, 계몽사상가
가 정 : 부유한 가정 출신으로 아버지는 법원 공증인이었음

프랑스 계몽 운동의 선구자

볼테르는 전제 정치와 맹종, 포악한 군인을 반대하여 여전히 프랑스에서 가장 위대한 작가의 한 사람이자 18세기 계몽 운동의 화신으로 추앙받고 있다.

볼테르는 천성이 영리해 세 살 때 프랑스 시인 라퐁텐의 《우화시》를 암송할 정도였다. 그는 열 살에 중학교에 입학했고 열두 살에는 이미 시를 지을 줄 알았다. 볼테르는 종교에 반대하는 책이나 자유 숭상과 관련된 책 읽기를 좋아했다. 볼테르가 열여섯 살에 중학교를 졸업했을 때 아버지는 그가 계속해서 법률을 공부하기 원했다. 그러나 그는 문학을 좋아하고 종종 시를 지으며 세도가들과 교류하는 것을 좋아했다.

1717년, 젊은 볼테르는 프랑스 궁정의 문란한 생활을 풍자하는 작품을 썼다는 이유로 바스티유 감옥에 갇혀 1년을 보냈다. 그는 옥중에서 비극 《오이디푸스》를 완성했으며 출옥한 후 파리에서 상연해 호평을 받으며 세상에 이름을 알렸다.

1725년, 볼테르는 영국으로 이주해 철학자 로크와 과학자 뉴턴의 작품을 연구했다. 1734년, 그는 《영국서신》(또는 철학 서신이라고도 한다)을 발표했다. 이 책은 영국의 정치, 철학, 과학과 종교 등을 서간체 형식으로 쓴 것이다. 전제

군주제도와 프랑스 교파간의 투쟁을 비난하며 유물론의 사상을 전해 프랑스를 크게 뒤흔들어 놓았다. 법원은 이 책을 금서로 정하고 전부 태워버리도록 했으며 볼테르를 로렌 부근의 작은 성루에서 은거하도록 했다.

볼테르는 그곳에서 은거하며 지내는 동안 익명으로 《형이상학론》, 《뉴턴 철학의 요소들》 등의 저서를 발표하며 여전히 봉건제도와 교회의 통치에 대해 맹렬히 공격했다. 1745년, 볼테르는 루이 15세에 의해 프랑스 역사를 편찬하는 사관으로 임명되었고 이듬해에는 프랑스 어문 학원의 일원으로 선발되었다. 그러나 그는 권세가들을 거슬리게 하여 파리에서 다시 로렌의 성루로 쫓겨났다. 1750년, 그는 프러시아(프로이센) 국왕 프레드리히 2세의 청을

🔍 심금을 울리는 명인 한 마디

♠ 왕권이 없다 한들 뭐가 대수란 말인가! 내게는 펜이 있는 것을…….

받고 귀빈 자격으로 프러시아로 갔다. 그러나 뒤에 사상의 관점에서 프레드리히 2세와 마찰을 일으켜 두 사람의 관계는 깨지고 말았다. 그때부터 볼테르는 두 번 다시는 어떤 군주와도 왕래하지 않았다. 1755년, 볼테르는 스위스 국경의 페르네에 성을 사들이고 그곳에서 반평생을 보냈다. 볼테르는 페르네에 거주하면서 계몽 운동에 적극적으로 뛰어들었다. 그는 민주 사상을 전파하고 봉건 통치자들과 교회의 죄악을 규탄하면서 프랑스 사회에서 발생한 각종 사건들을 평론했다.

당시 계몽 운동의 대표적 인물로는 루소, 몽테스키외, 엘베시우스 등이 있었는데 이들은 모두 볼테르를 그들의 스승으로 모시며 숭배했다. 볼테르는 다양한 분야에서 많은 문학 작품을 남겼다. 그가 남긴 가장 유명한 비극은 《오이디푸스》, 《브루투스》, 《이렌느》 등이고, 희극으로는 《방탕아》, 《스코틀랜드 여인》이 있다. 그가 쓴 시로는 유명한 서사시인 《앙리아드》와 풍자시 《오를레앙의 처녀》가 유명하다. 소설로는 《자디그》, 《낙천주의자, 캉디드》 등이 있다. 그는 작품속에서 뛰어난 창의력과 재치 있는 언어 그리고 날카로운 문장으로 기지 넘치는 풍자와 명구들을 숨겨두었다.

1774년, 루이 15세가 세상을 떠나자 볼테르의 사상은 프랑스에서 폭넓게 찬미를 받았다. 1778년, 84세의 볼테르는 열렬한 환영을 받으며 파리로 돌아왔다. 파리의 극장에서 그의 새 작품인 《이레느》를 공연했을 때 배우들은 무대에 그의 대리석 반신상을 들고 나와서 대관의식을 거행했다. 그 해 5월 30일 볼테르는 병으로 세상을 떠났다.

프랭클린
Franklin

위대한 과학자이자 정치가

생몰년 : 1706~1790년
국 적 : 미국
출생지 : 메사추세츠주 보스턴
성 격 : 부지런하며 공부를 좋아했고, 겸손하며 실천적임
신 분 : 과학자, 정치가
가 정 : 평민 가정 출신. 아버지는 초와 비누를 만드는 일에 종사함

프랭클린은 평생 학교를 2년 정도밖에 다니지 못했다. 그는 열두 살 때 형 제임스가 경영하는 작은 인쇄소에서 5~6년 동안 인쇄공으로 지냈다. 그는 이런 직업적 편의로 몇몇 서점의 직원들과 친해져서 서점의 책을 빌려다 밤새 읽은 후 다음 날 아침에 반환하곤 했다. 프랭클린은 열네 살부터 작문을 연습했다. 1721년, 그는 《뉴잉글랜드 커런트》지에 글을 보내 호평을 받고는 했다.

1723년, 프랭클린은 보스턴을 떠나 펜실베이니아와 런던의 인쇄 공장에서 일했다. 1730년에는 《펜실베이니아 가제트》를 직접 간행하기도 했는데 예술과 과학 위주의 내용으로 매주 1회씩 18년간 발행했다. 프랭클린은 펜실베이니아에서 몇몇 젊은이들과 독서 토론 클럽을 열어 스스로 공부하기도 했다. 1년간의 노력 끝에 1731년 그는 북미 최초의 도서관을 열 수 있었다. 이 클럽은 1743년에 '미국철학회'로 이름을 바꾸었다. 1749년에 세운 필라델피아 아카데미는 이후 펜실베이니아 대학으로 이름을 바꾸었다. 그는 펜실베이니아에 소방대와 병원 경찰기구를 창설하고 도로를 닦는 등 적지 않은 공익사업을 벌였다.

프랭클린 반신 조각상

1787년 미국 헌법 제정 광경. 가운데 지팡이를 잡고 앉아 있는 사람이 프랭클린이다.

프랭클린은 종종 대자연에 관심을 가지고 과학 연구에 종사하기도 했다. 그는 전자학 방면에서 괄목할만한 성과를 이루기도 했다. 그는 유명한 연 실험을 통해서 번개의 존재와 성질을 실증했고 피뢰침을 발명해 영국 왕실학회의 회원으로 초빙되었다. 또 케임브리지 대학의 하틀리와 공동으로 에테르를 증발시켜 −25℃의 저온을 만들 수 있게 되어 '증발냉동이론'을 세웠다. 그는 기상, 지질, 음향학 및 해양 항해 등 다방면에서 연구를 거듭해 많은 성과를 거두었다.

프랭클린은 미국 역사상 뛰어난 정치가이기도 하다. 그는 1757년부터 1775년까지 북미 식민지 대표로 몇 차례 영국으로 가 담판을 벌였다. 독립전쟁이 발발한 뒤에는 제 2회 대륙 회의에 참가했고,《독립선언문》초고 작성에도 참여했다. 1776년, 70의 고령인 프랭클린은 프랑스에 사절로 보내져 북미의 독립 전쟁에 대한 프랑스와 유럽인들의 지지를 받고 돌아왔다. 1785년에 그가 프랑스에서 귀국하기 전날 밤 루이 16세는 진주로 장식한 자신의 초상화를 프랭클린에게 상으로 주며 외교부문에서 거둔 성과를 표창했다. 프랭클린은 귀국한 뒤에 펜실베이니아주의 행정 위원회 위원장으로 선출되었다. 1787년 81세의 프랭클린은 중요한 위원 중 한 사람이 되어 미국 헌법 제정 작업에 적극적으로 참여했다. 아울러 그는 흑인 노예 제도에 반대하는 운동을 조직했다.

1790년 4월 17일 밤 11시, 프랭클린은 향년 84세로 돌연 세상을 떠났다. 그는 생전에 명성이 자자했으나 그의 묘비에는 '인쇄공 프랭클린'이라고만 적혀 있다.

《독립선언문》의 발표는 북미 식민지의 투쟁 방향을 명백히 하며 종주국인 영국과 확실한 경계선을 그었다. 이 그림은 벤자민 프랭클린이 막 초고를 잡은 《독립선언문》을 읽고 있는 모습이다. 옆에 앉아 있는 사람은 대륙회의 의장인 존 헨콕이고 반대편에 서 있는 사람은 토마스 제퍼슨이다. 바닥에는 버려진 초고들이 널려 있다.

🔍 심금을 울리는 명인 한 마디

♠ 그대는 인생을 사랑하는가? 그렇다면 시간을 낭비하지 마라. 시간은 생명을 이루는 재료이다.

루소
Rousseau

민주주의의 시조

생몰년 : 1712~1778년
국　적 : 프랑스
출생지 : 제노바
성　격 : 자만심이 있고 반항적이었음
신　분 : 철학가, 계몽 사상가
가　정 : 평민 가정 출신. 부친은 시계 만드는
　　　　 장인이었고 어머니는 목사의 딸이었음

장 자크 루소
루소는 18세기 유럽의 가장 위대한 사상가 중 한 사람이다. 그의 저서는 프랑스 대혁명과 낭만파의 발생에 영향을 미쳤다.

루소는 어려서 고모와 함께 살았다. 루소는 고모의 지도로 고대 그리스와 로마 명인들의 전기와 서정 소설을 많이 읽으며 풍부한 지식을 쌓았다. 열 살 때 랑베르세 목사 집으로 보내져 2년을 살았는데 그곳에서 라틴어를 배웠다.

열두 살에는 공증인 집에서 하인으로 지냈다. 1725년에서 1728년 사이에는 난폭한 조각가의 가게에서 도제로 잡일을 하며 힘들게 보냈다. 시도 때도 없이 계속되는 주인의 포악한 행동에 루소는 결국 참지 못하고 도망쳐 고생스러운 유랑 생활을 시작했다.

1728년, 여기저기를 떠돌던 열여섯 살의 루소는 사보이로 들어가게 되었다. 1740년에는 리옹, 2년 후에는 다시 파리로 가게 되었다. 1750년 7월, 루소는 디종아카데미 공모전에서 논문 《과학과 예술에 관한 담론》으로 우수상을 차지했다. 그 이후로 루소는 비로소 사회에서 이름을 얻기 시작했고 철학계의 유명인사가 되었다.

이름이 알려진 뒤 루소는 생활 방식을 바꾸어 재산과 명예를 버리고 빈곤하고 독립적인 생활을 했다. 1752년, 그가 지은 가

1762년, 파리의 최고 법원은 루소의 《에밀》과 《사회계약론》이 정부나 종교의 입장에 반한다며 죄를 물어 루소는 스위스로 피신했다. 그러나 그곳에서도 루소의 저서는 여전히 금기시 되었다. 그는 《산에서 쓴 편지》에서 자신을 변호하는 내용을 적었다. 1770년, 프랑스 정부에서 그를 사면하고 나서야 루소는 파리로 돌아갈 수 있었다.

곡 《시골 점쟁이》가 상연되어 대성공을 거두었다. 공연 이틀째 되는 날, 프랑스 국왕 루이 15세가 그에게 연금을 주려했지만 그는 거절했다. 1755년, 루소는 《인간 불평등 기원론》을 발표했다. 그는 이 책에서 불평등의 기원인 사유 재산 제도를 비난하고 아울러 자연인이 자연 상태를 떠나 정치 사회에서 얼마나 불평등한 인간이 되는가를 고찰했다. 이후 그는 피해망상증에 시달리며 심각한 아픔을 겪었다.

　1761년에서 1762년 사이에 그는 자신의 가장 중요한 저서인 《신 엘로이즈》, 《에밀》과 《사회계약론》을 발표했다. 《신 엘로이즈》는 평민 출신의 소년 생 프레와 귀족의 딸 쥘리와의 비극적인 사랑을 통해 사회윤리의 도덕적 충돌을 담아냈다. 《에밀》에서 사람은

태어나면서부터 완전한 존재이며 교육자의 직분은 아이의 그 완전성을 유지해 주는 것이며, 피 교육자의 자연스러운 발전을 촉진해주는 것이라는 의견을 나타냈다. 《사회계약론》은 루소의 민주주의 사상이 총 결합된 저서로 후에 서방 전통 정치사상에서 가장 영향력 있는 저서 가운데 하나로 손꼽혔다. 루소는 국가는 계약을 통해 세워지는 것이며 국민은 계약의 주체가 된다고 보았다. 따라서 국민은 자신에게 불리한 계약을 파기할 권리가 있으며, 자신의 권익에 부합되는 계약을 성사할 권리도 있음을 주장했다. 이것이 유명한 '국민 주권론'이다.

《에밀》과 《사회계약론》의 출판으로 루소는 엄청난 재앙에 빠지게 되었다. 책은 불태워졌으며 그는 법원의 지명수배와 교회의 비난을 한 몸에 받게 되었다. 루소는 하는 수 없이 이름을 감추며 숨어 지냈다. 1770년, 프랑스 정부는 그를 사면했고 루소는 파리로 돌아왔다. 루소는 자신의 이름을 되찾고 살롱에서 자신의 생활사를 서술한 책 《고백록》(참회록)을 낭독했다. 이 세계 문학사에 길이 남을 명저는 루소의 생활사를 솔직하게 서술하고 있다. 뿐만 아니라 아름다운 문체와 탁월한 재능으로 자신의 학설을 옹호하며 반대파들을 반격하기 시작했다.

루소는 만년에 우울증과 극도의 빈곤으로 시달려야 했다. 1778년 7월 2일, 그는 중풍으로 인해 향년 66세에 세상을 떠났다.

아담 스미스

Adam Smith

현대 경제학 이론의 아버지

생몰년 : 1723~1790년
국 적 : 영국
출생지 : 스코틀랜드의 커콜디
성 격 : 영리하고 신중하며 사람들에게 친근감을 줌.
신 분 : 경제학자, 철학자
가 정 : 평민 가정 출신. 아버지는 해관 직원이었음

아담 스미스는 네 살 때 거리에서 노래하던 여인에게 납치되었다. 그러나 다행히 숲까지 쫓아간 어머니 덕에 구출되었다고 한다. 열네 살에 글레스고대학 입시에 통과해 수학과 자연 철학을 공부했다. 그는 성적이 우수해서 1740년에는 무료로 옥스퍼드 대학에 입학했고 계속해서 학업에 매진할 수 있었다. 그는 옥스퍼드 대학에서 당시 영국의 유명한 철학자이자 역사학자이며 경제학자인 데이비드 흄을 알게 되어 깊은 우정을 나누었다. 1746년, 아담 스미스는 졸업을 했지만 일을 구하지 못해 고향으로 돌아갔다.

1751년, 아담 스미스는 글레스고 대학의 교수직을 맡게 되어 논리학과 도덕 철학을 가르쳤다. 그의 경제 사상은 이 시기부터 발전하기 시작했다. 1759년, 그는 《도덕 감정론》에서 도덕적인 판단의 원인을 증명하거나 사람이 어떤 행위를 하는 것이 도덕적으로 허락되는지를 결정하는 원인을 설명했다. 아담 스미스는 사람을 이기적인 동물로 간주했으나 그들은 이기적인 사고에 기인하여 도덕을 판단하지는 않는다고 했다. 아담 스미스는 이 책으로

아담 스미스는 18세기 영국의 유명한 경제학자이자 철학자로 《국부론》으로 명성을 떨쳤다. 1748년부터 그는 데이비드 흄과 전기 작가인 제임스 보즈웰, 기계 기술자 제임스 와트와 함께 에든버러 문인계의 일원이 되었다.

크게 명성을 얻었다. 1764년, 스미스는 글레스고 대학 교수직을 사직하고 청년 귀족인 바클루 공작의 개인 교사를 맡았다. 그는 바클루 공작을 따라 유럽을 여행하면서 프랑스 계몽학파의 사상가인 볼테르와 중농학파의 영수인 케네 등 많은 유명한 학자들을 사귀게 되었다. 이 시기에 아담 스미스의 대표작 《국부론》의 체계가 서서히 잡혔다.

1767년, 아담 스미스는 고향으로 돌아와 연구에 매진했다. 그리고 1776년에 당시 경제학의 원조가 된 《국부론》을 출판하기에 이르렀다. 이 책은 인간의 이기심에서 출발해 경제 성장의 원천과 동력의 문제를 다루고 있다. 또한 자유 경제사상에 대해 체계적으로 서술하고 있으며 스미스는 바로 이 책에서 그의 유명한 '보이지 않는 손'에 대해 언급했다. 이 저서는 총 5편으로 이루어지는데 제 1편은 분업의 발전을 국민의 부의 증식에 중요한 요소로 강조했다. 제 2편은 자본의 성질, 구조, 축적 및 사용에 대해 논술하고 있다. 앞의 두 편은 아담 스미스 경제학 원리의 기본을 이루고 있다. 뒤의 세 편은 국민의 부의 증가와 관련한 간접적인 요소를

18세기 영국의 한 방직 공장. 여직공들이 밤새워 일하고 있다. 아담 스미스는 《국부론》에서 분업은 이미 오래 전부터 발전해 왔으며 농민들의 민첩한 지적 능력에 비해 노동자의 지적 능력을 떨어뜨린다고 지적했다. 그는 전문화 된 노동자는 '인류가 그렇게 될 것처럼 일반적으로 우매하고 무지해진다.'고 말했다.

고찰하고 있다. 그는 역사적인 관점에서 출발해 각기 다른 경제 정책과 경제 학설 그리고 제정제도가 국민의 부를 증가시키는 것의 관계에 대해 논술하고 있다. 《국부론》의 출판은 큰 반향을 불러일으켰고 전 유럽대륙으로 퍼져나갔다.

1778년, 스미스는 스코틀랜드 해관의 세무국장을 역임했다. 1787년에는 모교인 글레스고 대학의 학장직을 맡았다. 그는 평생 결혼하지 않았고, 1790년 67세로 삶을 마감했다.

공업혁명은 1760년대에 영국으로부터 시작되었다. 공업혁명은 이전에는 볼 수 없었던 기술적 혁명으로 영국은 방직, 철강, 석탄, 제조 및 운송의 5대 공업 부문에서 혁명을 이루어냈다. 아울러 1850년대에는 세계 공업과 무역에서 지도적인 위치에 서게 되었다.

💬 심금을 울리는 명인 한 마디

♠ 노동은 모든 상품의 진정한 가치를 재는 척도이다.

칸트
Kant

근세 철학의 집대성자

생몰년 : 1724~1804년
국 적 : 독일
출생지 : 독일 동프로시아 쾨니히스베르그
성 격 : 낙관적이고 성실하며 소박함
신 분 : 철학자, 자연 과학자
가 정 : 수공업자 가정 출신으로 아버지는
　　　 말안장 만드는 사람이었음.

칸트는 몸이 약해서 평생 동안 고향을 거의 떠나보지 못했다. 여덟 살에 담임목사가 운영하던 경건주의 학교에 입학했다. 이 학교는 인문주의 교육을 표방하고 교회가 개인의 사상을 경직시키는 것을 반대했다. 이런 사상은 어린 칸트에게 큰 영향을 미쳤다. 1740년, 열여섯 살의 칸트는 쾨니히스베르그대학에 들어가 철학을 공부하며 스승 크누첸의 가르침을 받았다. 크누첸은 칸트에게 철학 사상을 가르쳤고 자연과학, 특히 뉴턴의 과학 사상을 공부하도록 이끌어 주었다. 1745년, 대학을 졸업한 칸트는 7년간 가정교사로 일했다. 그는 1755년에 쾨니히스베르그대학에서 무급강사 자격을 얻었다. 칸트는 15년 동안 학생들의 수업료로 생활비를 조달했다. 그때부터 칸트는 숱한 중요 저작들을 지속적으로 발표하며 명성을 쌓아갔다.

칸트의 학술 생애는 1770년을 기준으로 두 단계로 나눌 수 있다. 전기에는 주로 자연 과학을 연구했고 후기에는 철학을 연구했다. 그는 1755년에 발표한 《자연통사와 천체이론》과 《우주발전사 개론》에서 태양계 기원의 성운설星雲設을 제기했다. 이 가설에서

임마누엘 칸트
독일의 철학가 칸트는 역사상 가장 위대한 철학자 가운데 한 사람이다. 그는 '인간의 지식은 경험과 이성에서 나온다.'는 관점을 내세우며 유럽의 이성주의와 경험주의를 집대성했다.

이 장면은 상원의원들이 웨스트민스터사원에서 자신의 논거를 변론하고 있는 모습이다. 어떤 특수한 이유가 충분하다면 그것으로 보편적인 인증을 얻을 수 있다는 것을 의미한다. 일단 하나의 이유가 성립되기만 한다면 이는 보편적으로 유효한 것이다.

성운은 크고 작은 고체 미립자로 이루어지며 '천체는 인력이 가장 강한 곳에서 형성되기 시작한다'고 보았다. 인력은 미립자들을 서로 가까워지게 만들며 큰 미립자는 작은 미립자를 끌어당겨 더 큰 덩어리를 형성한다. 이 덩어리는 점점 더 커지며 인력이 가장 강한 중심부는 흡인력이 더 커져 많은 미립자를 빨아들이면서 이것이 먼저 태양을 형성한다. 외부의 미립자 운동은 태양의 흡인 아래 중심체로 떨어지는 것이 다른 미립자와 부딪히면 방향을 바꾼다. 이것이 태양의 주위를 돌며 움직이게 되는 것이다. 이런 태양을 도는 미립자들은 점차로 몇 개의 흡인 중심을 형성하고 결국 태양을 도는 행성을 형성하는 것이다.

　그의 가설은 뉴턴의 유물주의 사상에서 영향을 받은 것으로 천

논술키워드

칸트 철학의 핵심
칸트의 철학은 자신의 이성적 한계를 인정하는 인간 존재의 자기 가치와, 자신의 한계를 이성의 자기 입법적 능력을 통해 자기한계로 전환할 줄 아는 인간의 존엄성에 관한 철학이었다.

☺ 심금을 울리는 명언 한 마디

♠ 나에게 물질을 준다면 나는 우주를 만들어 보일 수 있다.

체의 발전을 일종의 규칙적인 과정으로 보았다.

후기인 1781년부터 9년 동안, 칸트는 《순수이성 비판》(1781년), 《실천이성 비판》(1788년)과 《판단력 비판》(1790년) 등을 포함해 다양한 분야에서 독창적인 저서들을 내놓았다. '3대 비판'의 출판은 칸트 철학 체계의 완성을 의미한다. 칸트는 완전한 철학 이론을 세우고 철학 분야에서 코페르니쿠스적인 혁명을 이루어 냈다. 그는 인지의 이원론과 삼단론을 제기하면서 인과율, 종교문제와 논리학 등에서 괄목할 만한 성과를 거두었다. 그리하여 칸트는 피히테, G.W.F 헤겔 철학 사상의 선구자가 되었다.

1770년, 칸트는 쾨니히스베르그 대학의 논리와 형이상학 교수로 임명되었다. 1786년에는 동 대학의 학장이 되었다. 그 외에도 그는 베를린 과학아카데미, 상트페테르부르크 과학 아카데미, 이탈리아 토스카니 과학 아카데미의 회원이었다. 그는 1804년 2월 12일 향년 80세에 병으로 세상을 떠났다. 온 도시 사람들이 그의 운구를 따르며 그 도시가 낳은 위대한 아들과 이별을 고했다.

칸트는 사물이 만약 우리의 신체 기관에 의해 파악되지 않는다면 경험이 될 수 없다고 보았다. 밀레이가 그린 《앞 못 보는 소녀》에서 맹인 소녀는 협주곡의 소리를 들을 수도 있고 '옆에 앉은 동생의 머리에서 나는 냄새를 맡을 수도 있다. 그러나 뒤쪽 하늘에 걸린 무지개는 영원히 볼 수 없는 것이다.'

예카트리나 2세

Ekaterina II

제정 러시아의 가장 위대한 여왕

생몰년 : 1729~1796년	
국 적 : 러시아	
출생지 : 프로이센 슈테틴	
성 격 : 냉혹하고 야심만만함	
신 분 : 정치가	
가 정 : 귀족 가문 출신	

　예카트리나의 원래 이름은 소피아 프리드리카 아우구스타로 독일 왕실의 후예였다. 열다섯 살에 모친과 함께 러시아로 와서 이름을 예카트리나 알렉세에브라로 바꾸고 이듬해 표트르 3세와 결혼했다.

　1762년, 예카트리나는 정변을 일으켜 겨우 반년 동안 제위에 있던 남편 표트르 3세를 가두었다. 그녀는 3일 후 남편을 죽이고 러시아 황제의 자리에 앉았다. 예카트리나 2세가 즉위하면서 국내 형세는 매우 불안해졌다. 왕위 찬탈에 반대하는 귀족들이 많았기 때문에 그녀는 귀족들의 특권을 옹호하는 정책을 펼쳤다. 그녀는 귀족 전제정치를 강화하고 농노제를 공고히 하는 등의 조치로 자신의 정권 기반을 다져나갔다. 동시에 그녀는 중앙과 지방의 정부기관을 개혁했다. 고도로 집중된 전제정치 제도를 세우며 여러 가지 조치를 취해 상공업의 발전을 꾀했다. 그로써 러시아 제국은 표트르 1세 이후 처음으로 빠른 속도로 발전해 나갔고 전성기로 진

화려한 의상을 입은 예카트리나 2세, 빈손으로 러시아에 온 독일의 공주는 잔혹한 수단으로 러시아를 30여 년간 통치했으며 러시아를 세계에서 영토가 가장 넓은 나라로 만들었다.

이 그림은 동유럽의 군주가 처음으로 폴란드 분할에 참여한 장면을 그린 것이다. 예카트리나 2세가 공평하지 못한 분할에 대해 말다툼을 벌이고 있는 모습이다.

입했다. 그녀는 탁월한 재능과 업적으로 표트르 대제 이후 두 번째로 귀족들로부터 '대제'의 칭호를 받게 되었다.

예카트리나 2세는 의심할 여지없는 러시아 역사상 가장 야심에 찬 황제 가운데 한 사람이었다. 그녀는 통치 기간 동안 전쟁을 6차례나 일으키며(세 번은 대 폴란드전, 두 번은 대 투르크전, 한번은 대 스위스전) 프러시아, 오스트리아와 연합해 폴란드를 나누어 가졌다.

🗨 심금을 울리는 명인 한 마디

♠ 내가 200세까지 살 수 있다면 전 유럽은 러시아의 지배를 받게 될 것이다.

이것은 이 독일 공주가 러시아를 위해 크림반도와 폴란드에서 승리를 거두며 흑해로 나가는 길을 열었다는 것을 의미했다. 뿐만 아니라 63만 평방킬로미터였던 영토를 1642만 평방킬로미터나 늘려 총 1705만 평방킬로미터에 달하는 광활한 영토를 소유하게 만들었다는 뜻이기도 했다.

예카트리나 2세는 매우 잔인한 차르 중 한 사람이었다. 그녀가 세운 업적은 러시아 농민과 농노들의 생활을 한층 괴롭게 함으로써 가능했다. 그녀는 러시아 역사상 최대 규모의 농민봉기인 푸가초프의 봉기를 무자비하게 진압했다. 진보적인 지식인들을 박해하고 약소민족과 국가를 정복해 잔혹한 면을 드러냈다.

예카트리나 2세는 만년에도 세계의 패권을 잡을 것이라는 생각을 멈추지 않았다. 그녀는 6개 도시(상트페테르부르크, 모스크바, 베를린, 비엔나, 콘스탄티노플, 아스트라칸)를 포함하는 러시아 제국을 건설하고자 이란과 중국, 인도를 공격했다. 1796년 11월 6일, 그녀는 67세의 나이에 중풍으로 세상을 떠났다.

1762년 9월 22일 거행된 대관식에서 예카트리나 2세는 러시아의 다른 군주들과 마찬가지로 대담하게 왕관을 자신의 머리에 쓰고 있다. 이는 제왕이 하느님의 뜻을 따른다는 의미를 갖는다. 그녀는 오른손에는 왕권을 상징하는 지팡이를 짚고, 왼손에는 작은 공을 쥔 채 성모승천대성당에 모인 중신들에게 인사하고 있다.

워싱턴
Washington

미국 건국의 아버지

생몰년 : 1732~1799년
국 적 : 미국
출생지 : 버지니아 주
성 격 : 인내심이 강하고 민주적
신 분 : 정치가, 군사가
가 정 : 귀족 출신, 아버지는 장원의 영주였음

조지 워싱턴은 미국 독립전쟁을 조직하고 이끈 독립군 총사령관이었다. 미국인들은 그를 초대 대통령으로 선출했고 미국의 아버지라 불렀다. 조지 워싱턴은 미국의 상징으로 세계적인 명성을 얻고 있다.

조지 워싱턴은 명문 귀족 출신이다. 어려서부터 우수한 예절 교육을 받으며 도덕적인 분위기에서 자랐다. 1752년, 형 로렌스가 죽고 워싱턴은 8,000에이커에 달하는 토지와 농노 수백 명을 물려받았다. 같은 해, 그는 영국의 버지니아 총독 로버트 딘위디의 명으로 프랑스군에 영국이 에팔레치아 산맥 서쪽에 보유하고 있는 영토의 '잠식'을 중단할 것을 요청했다. 그의 정치 인생은 그때로부터 시작되었다. 워싱턴은 스물세 살에 이미 변경의 안전과 버지니아를 책임지는 총사령관이 되었다. 1759년 1월, 워싱턴은 부유한 과부인 마사 댄드리지 커스티스와 결혼했다.

1773년, 유명한 보스턴 차사건이 발생하며 영국과 북미 대륙간의 충돌이 격렬해졌다. 워싱턴은 완전한 독립이 아니고서는 북미의 탈출구가 없다는 것을 알았다. 1774년 9월 5일, 필라델피아에서 제1차 대륙회의가 열렸다. 워싱턴은 필라델피아의회 대표로 군장을 하고 회의에 출석했다. 이 대회에서 워싱

턴은 무장투쟁을 최후의 수단으로 삼자는 결의를 독촉해 회의에
서 채택되게 했다. 당시의 북미 대륙은 해군이 없었고 그렇다고
이렇다 할 육군도 갖추지 못한 상태였다. 따라서 세계 패권을 쥐
고 있는 '해가 지지 않는 나라 영국'을 상대로 이러한 결정을 내린
것은 무척 용기 있는 결단이었다. 1775년 4월 18일, 렉싱턴의 총
성을 시작으로 미국의 독립 전쟁이 시작되었다. 같은 해 5월 10
일, 제2차 대륙회의가 필라델피아에서 열렸고 워싱턴은 독립군 총
사령관으로 결정되었다.

독립군이 초기에 승리를 거두었기는 했지만 미국군에 비하면
적이 훨씬 강하다는 것은 분명한 일이었다. 독립군은 뉴욕 수비전
에서 거의 전군이 몰사할 뻔했다. 1776년 겨울, 독립군이 매우 힘
든 상황에 놓이자 워싱턴은 모험을 택했다. 그는 군대를 이끌고
트렌턴에서 프로이센 용병을 기습 공격했다. 이 싸움에서 워싱턴
은 다섯 명의 사상자(2명 사망, 3명 부상)를 냈을 뿐 적 천여 명을 무
찔러 군의 사기를 올려놓았다.(델라웨어 전투) 1777년 가을, 세러토
가 전투가 시작되었다. 허드슨 강변 서안의 고지에서 영국의 명장
존 버고인 장군과 8,000여 명의 군대는 독립군으로부터 양측면을

워싱턴이 칼 프린스턴 전투에서 영국군이 승리하도록 지휘하고 있다. 전쟁의 국면은 점차 독립군에게 유리하게 바뀌었고 승리를 향해 한 발짝씩 다가가고 있는 장면이다.

공격당해 투항했다. 이 전투는 1778년 2월 미불 동맹을 촉진시켰고 미국은 점차 전쟁의 주도권을 쥐게 되었다. 1781년 10월 9일, 미국 독립 전쟁은 결국 미국의 승리로 끝났다.

전쟁이 끝나고 워싱턴은 어떤 상도 거절한 채 부대를 떠나 마운트 버논으로 돌아갔다. 1787년, 워싱턴은 다시 정계에 몸을 담아 제헌회의를 열고 현재까지 이어오는 헌법을 만들었다. 1789년, 워싱턴은 미국의 초대 대통령에 당선되었다. 두 차례의 임기를 마친 후(1789~1797년), 워싱턴은 3선 대통령으로 추대되었으나 단호히 거절하고 마운트 버논으로 돌아갔다.

1799년, 워싱턴은 67세에 후두염으로 세상을 떠났다.

와트
Watt

증기기관의 발명가

생몰년 : 1736~1819년
국 적 : 영국
출생지 : 스코틀랜드의 클라이드(그린녹)
성 격 : 침착하며 겸손함, 고집스러움
신 분 : 과학자
가 정 : 평민 가정 출신. 아버지는 조선 사업에 종사
         했고 어머니는 와트의 계몽 선생님이었음

제임스 와트는 어려서 몸이 약해 병치레가 잦아 학교 다닐 나이가 되었을 때도 부모는 그를 학교에 보내지 않았다. 그러나 와트의 어머니는 그에게 문법과 수학을 가르치며 각종 장난감과 기계를 가지고 놀게 했다. 따라서 그는 어려서부터 문제를 관찰하고 사고하며 실천하는 응용력을 기를 수 있었다.

뒤에 와트는 글래스고 그래머스쿨에 들어갔으나 건강으로 인해 학교를 도중에 그만 두어야 했다. 열여덟 살이 되던 해, 와트는 글래스고에서 기술을 배우게 되었다. 후에 그는 런던으로 가서 기계 제조에 대해 공부했다. 1757년, 와트는 친구들의 도움으로 글래스고대학에서 수학기계공이 되었다. 이것은 와트에게 학습과 실전에서 응용할 수 있는 좋은 기회가 되었다. 그는 그곳에서 화학자 조지프 블랙과 후에 물리학 교수가 된 존 로빈슨 등과 친분을 맺었다. 세 사람은 늘 함께 모여서 증기기관의 개량에 대해 연구하고 토론했다. 와트는 그렇게 해서 많은 과학적 이론과 지식들을 익힐 수 있었다.

1764년, 와트는 사촌 누이인 마가렛 밀러와 결혼했다. 같은 해, 와트는 뉴커먼 배수기관을 수리해 달라는 부탁을 받았다. 기

와트는 평민 가정 출신으로 어려서부터 머리와 손을 많이 쓰는 습관을 길렀다. 그는 수십 년 동안 끊임없이 노력한 덕분에 와트기관을 완벽하게 만드는 데 성공했다. 그의 발명은 전 유럽을 '증기기관 시대'로 이끌었다.

계는 금방 고칠 수 있었지만 와트는 그것에 만족하지 않았다. 그
는 그 기계를 개량하고 싶었던 것이다. 와트는 뉴커먼 배수기관이
많은 결함을 가지고 있다는 것을 알았다. 연료 소모가 지나치게
크고 활용 범위가 작아 갱도의 물을 뽑아 올리거나 관개에 이용할
수밖에 없었다. 와트는 이것을 더 좋은 증기 기관으로 개량하기로
결심했다. 그는 존 바로크라는 공장주와 합작해 2년간 반복 실험
한 결과 1768년 실제로 움직일 수 있는 증기 기관을 만들게 되었
다. 이듬해 그는 발명 특허권을 획득했다. 와트가 발명한 새 증기
기관은 분리식 컨덴서 등 발전된 기술을 도입하여 연로 소비량을
뉴커먼 기관의 1/4로 줄였다. 이런 중요한 기술적 진전으로 효율
을 높일 수 있었다.

1781년, 와트는 왕복운동을 회전운동으로 바꿔주는 다섯 가지
방법을 개발했다. 그 중 가장 유명한 '유성기어장치'는 이후 공업
생산에 광범위하게 응용되고 있다. 1782년, 와트는 '복동(순환식)
기관'으로 특허를 취득했고 1784년에는 또다시 새로운 특허를 내
면서 '수평(평행) 운동'을 개발했다. 이로써 와트기관은 더욱 널리
쓰이게 되었다. 1788년, 그는 다시 원심조속(왕복 운동을 회전 운동으
로 개량)를 발명했고 1790년에는 압력
계를 발명했다. 와트는 이러한 장치
들을 이용해 실제적인 와트기관을 완
성할 수 있었다.

와트기관의 발명은 제1차 산업혁
명에서 중대한 역할을 했다. 와트기
관의 광범위한 활용으로 인류는 그
어느 때보다 강력하고 통제가 가능한
동력 자원을 얻게 되었다. 또한 와트
기관의 광범위한 활용은 경제의 비약

기차가 궤도에서 천천히 움직이던 시절, 와트의 증기기관은 새로운 시대로 안내했다.

적 발전에 핵심적인 역할을 했다. 1807년, 미국인 풀턴은 와트기관을 선박에 장착해 범선의 시대에 종결을 고했다. 1814년, 영국인 트레비식은 와트기관을 열차에 장착해 육로 운송의 새로운 시대를 열었다. 1785년 와트는 런던 왕실 학회 회원으로 선발되었으며 1806년에는 글래스고대학의 법학 박사를 받게 되었다. 1814년 그는 프랑스 과학 아카데미의 회원으로 추천되었다. 1819년 8월 25일, 와트는 85세의 나이로 자신의 집에서 편안히 눈을 감았다. 후에 사람들은 그의 위대한 발명을 기념하기 위해 출력의 단위를 '와트' 라 이름 지었다.

증기시대의 도래로 영국의 산업혁명은 전에 없던 발전을 거두었다. 석탄이 기계 공업의 필수 원료가 되면서 대규모 채굴이 이루어졌다.

제퍼슨

Jefferson

《독립선언문》의 기초자

생몰년 : 1743~1826년
국 적 : 영국
출생지 : 버지니아 주 구치랜드카운티
성 격 : 부지런하고 배우기를 좋아했으며 민주적
신 분 : 정치가, 사상가
가 정 : 귀족 가문 출신으로 아버지는 농장 주였음

제퍼슨은 상류사회의 신사로 유달리 해박했다. 그는 《독립선언문》 초안을 작성했으며 두 차례 미국 대통령에 당선되었다. 그는 외교적인 방법을 동원해 영국으로부터 1500만 달러로 루이지애나를 사들였다. 이것은 이후 미국의 발전에 든든한 기초가 되었다.

　　토마스 제퍼슨은 부모님의 성품을 이어받아 온화하며 천성적으로 자연을 사랑했다. 또한 성실하고 과단성 있으며 책임성이 강했다. 제퍼슨의 아버지는 그에게 세 가지를 바랐다. 건강한 신체와 훌륭한 교육 그리고 어진 마음을 지니는 것이었다.

　　그는 다섯 살에 학교에 다니기 시작했고 아홉 살에는 스코틀랜드의 더글러스 목사가 운영하는 학교에 들어갔다. 그곳에서 라틴어, 그리스어 그리고 문법을 배웠다. 제퍼슨은 열일곱 살에 윌리엄앤메리 귀족학교에 들어가 공부했다. 그는 학교의 규칙을 잘 지켰으며 여가시간에는 말을 타고 시골로 나가 농민들과 어울리거나 바이올린 등을 켜며 지냈다. 젊은 제퍼슨은 스코틀랜드 음악을 좋아했고 여섯 개 나라의 문학을 이해했다. 그는 수학과 측량학, 건축학, 정치학, 법률, 음악에 모두 통달했다. 또한 사람들과 어울리거나 자연과 접촉하기를 좋아하여 점점 더 많은 것들을 알게 되었다. 1762년에서 1765년의 4년 간 제퍼슨은 법률을 연구했는데, 이것은 나중에 그의 정계 진출에 기초를 마련해 주었다.

　　1767년, 제퍼슨은 변호사 자격증을 취득한 후 7년 간

변호사로 일했다. 1769년, 제퍼슨은 버지니아 의회의 의원으로 당선되었다. 같은 해, 그는 노예주가 노예를 풀어주는 것을 허가하는 법률안을 제출했다. 이 안건은 비록 통과되지는 못했지만 그의 민주와 자유적 정치사상은 이때부터 싹을 틔웠던 것이다. 1772년, 제퍼슨은 마사 웨일스 스켈턴이라는 23세의 젊은 과부와 결혼했다. 1782년, 부인이 세상을 떠나고 난 뒤에도 그는 다시 결혼하지 않았다.

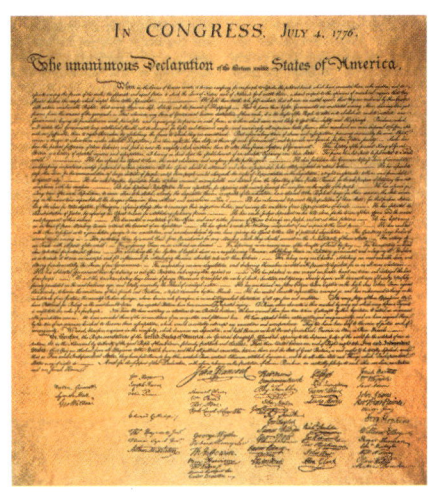

〈독립선언문〉 원문

영국과 식민지간의 대립이 날로 심해지던 시기에 태어난 그는 유럽의 '천부인권설'과 '사회계약설'을 굳게 믿었다. 제퍼슨은 자신이 초고를 잡은 《영국령 북아메리카가 가진 권리에 대한 대략적 개요》에서 북아메리카 사람들의 독립 사상에 대해 분명히 제시했다. 이 논문은 제 1차 대륙회의에서 널리 알려져 북아메리카 사람들의 독립 정신을 고취시켰다. 1775년, 제퍼슨은 버지니아의 대표로 제 2차 대륙회의에 참석해 '독립선언문기초위원회'의 수석위원으로 선발되었다. 서른세 살의 제퍼슨은 《독립선언문》에서 다음과 같이 밝혔다.

"모든 사람은 평등하게 태어났고 그들 모두에게는 조물주가 부여한 양도할 수 없는 권리가 있다. 그것은 생존권, 자유권 그리고 행복을 추구할 권리이다. 이 권리를 확보하기 위하여 인류는 정부를 조직했으며 정부의 정당한 권력은 국민의 동의로부터 유래하는 것이다. 어떤 형태의 정부이든 이러한 목적을 파괴할 때에는 국민은 언제든지 정부를 개혁하거나 폐지할 권리가 있다."

《독립선언문》은 미국 독립전쟁의 사상적 무기가 되었으며 그 획기적인 면모로 인해 '최초의 인권 선언문'이라고 불린다.

1784년, 제퍼슨은 미국으로 파견되어 프랭클린과 존 애덤스를 도와 통상조약에 서명했고, 프랑스 주재공사에 임명되었다. 1796

명인
일화 1803년, 제퍼슨은 외교적인 방법으로 1500만 달러를 들여 당시 미국의 영토에 버금가는 루이지애나를 사들였다. 그로써 미국은 멕시코 만에서 캐나다, 그리고 미시시피 강 서안에서 록키 산에 이르는 100만 평방마일의 토지를 소유하게 되었다. 가격은 1 평방마일에 15달러 정도였다고 한다.

《독립선언문》 초고 작성위원회의 구성
원들이 의장인 존 애덤스 앞에 서 있
는 그림이다. 서 있는 사람들 가운데
왼쪽에서 네 번째가 제퍼슨이다.

년, 그는 민주공화당에 의해 대통령 후보로 추천되어 미국 부통령
에 당선했다. 1800년에는 제3대 대통령이 되었고 1805년에 재임
했다. 제퍼슨은 두 번의 대통령 임기 동안 미국의 경제 발전을 촉
진시켰으며 민주의 물결은 신속히 전 미국에 확산되었다.

　1826년 7월 4일, 제퍼슨은 83세를 일기로 세상을 떠났다. 제퍼
슨의 유물 중에는 그가 생전에 써놓았던 묘비문이 들어 있었다.

　"미국 독립선언문과 종교의 자유를 확립한 버지니아 헌법의 기
초자이며 버지니아대학교의 아버지인 토머스 제퍼슨, 여기에 잠
들다."

제너

Jenner

생몰년 : 1749~1823년
국 적 : 영국
출생지 : 스코틀랜드 글로스터셔 버클리
성 격 : 이타적, 끈질기며 용감함
신 분 : 의사
가 정 : 목사가정 출신

천연두를 정복한 위대한 의사

1979년 10월 26일은 인류가 경축할 만한 날이다. 세계보건기구(WHO)가 천연두 환자가 지구상에서 완전히 사라졌다고 선포한 날이기 때문이다. 아프리카 소말리아의 한 양치기가 1977년 치유된 뒤로 수천 년간 인류를 괴롭혀 왔던 천연두라는 질병은 완전히 정복되었다. 천연두는 강한 바이러스성 전염병이다. 영국 여왕 메리2세와 프랑스 국왕 루이 15세, 중국 청나라의 순치황제가 모두 천연두로 목숨을 잃었다. 천연두는 체내 잠복기가 길고 끝내는 환자를 사망에 이르게 하는 무서운 병이다. 천연두 바이러스는 건조한 공기 중에서도 수 개월간 버틸 수 있었다. 18세기, 천연두는 유럽의 세탁소를 통해 전염되었으며 6,000만 명이 사망하는 비극을 초래했다. 제너는 인류가 천연두를 정복하는 데 큰 공헌을 한 사람이다.

제너는 열두 살에 한 외과의사의 도제로 들어갔고, 후에 당시 유명한 의학자 존 헌터를 스승으로 모셨다. 헌터의 훌륭한 의술과 헌신하는 정신은 제너의 직업의식에 큰 영향을 주었다. 제너는 스물여섯 살 때 고향으로 내려가 마을의 의사로서 의술을 펼치며 천연두를 치료할 방법을 연구했다. 그는 연구 조사

제너가 사용했던 백신과 수술 칼
비록 초라한 도구이지만 당시 제너는
이것으로 수많은 천연두 환자의 생명
을 구해냈다.

중에 거의 집집마다 천연두로 죽은 사람이 있지만 축사에서 일하는 사람 중에는 병에 걸린 사람이 적다는 것을 발견했다. 여기에서 착안해 더 연구한 결과 소의 피부에서 우두(牛痘; 바이러스에 의한 소의 급성 전염성 질병(cowpox))라고 불리는 작은 농포를 발견했다. 우유를 짜는 사람들이 우두에 걸린 소의 젖을 짜면 역시 우두에 감염되지만, 정도가 경미해 병이 나은 후에는 천연두에 걸리지 않는다는 것을 알아냈다. 제너는 만약 이것이 정확하다면 사람에게 우두를 접종해 천연두에 걸리지 않게 할 수 있다는 결론을 얻었다. 1796년 5월 어느 날, 제너는 젖 짜는 아낙의 손에서 미량의 우두 백신을 얻어 여덟 살 소년의 어깨에 접종했다. 그러자 소년은 병변을 보였으나 곧 완쾌되었다. 몇 주가 지난 뒤, 제너는 이 소년에게 천연두를 접종했고 아이에게서는 천연두의 어떤 증세도 나타나지 않았다. 이 실험으로 소년은 천연두에 대한 저항력이 생겼으며 제너의 가설이 옳다는 것이 증명된 것이다. 제너는 아이가 천연두로 죽을 수 있는지 알아보기 위해 천연두에 걸린 사람의 농포

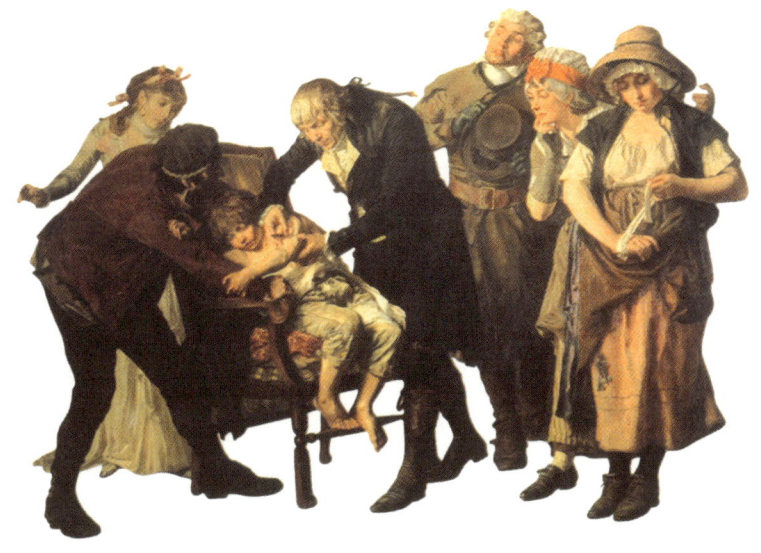

제너의 첫 번째 우두 접종을 묘사한 그림. 18세기 이전, 천연두는 세계에서 가장 무서운 전염병이었다. 우두 왁친의 출현으로 인류는 천연두에 맞설 무기를 가지게 되었다.

18세기 유럽의학 교류회. 이런 교류 모임은 의학의 발전에 지대한 작용을 했다.

를 아이의 어깨에 다시 접종했다. 아이는 천연두에 걸리지 않았고 인류는 드디어 천연두에 대항할 무기를 찾아낸 것이다.

제너는 더욱 깊이 조사 연구한 결과를 기록해 한 권의 책으로 만들어 1798년에 출판했다. 이후에 그는 우두와 관련된 저작 5편을 발표했고 이 기술을 전파하는 데 모든 시간을 할애했다. 몇 년 후 전 세계 대부분 지역에서 우두 접종법을 채택하게 되었다. 영국 의회는 1802년과 1807년에 각각 1만 파운드와 2만 파운드를 제너에게 장려금으로 주었다. 아울러 런던에 왕립 제너협회라는 새로운 연구 기관을 세워 제너를 초대 회장으로 임명했다.

제너는 세 자녀를 두었고 1823년 버클리에서 향년 74세로 숨을 거두었다.

괴테
Goethe

독일 문학의 기수이자 대문호

생몰년	1749~1832년
국 적	독일
출생지	프랑크푸르트
성 격	다정했으며, 공부하기를 좋아함
신 분	문학가, 사상가
가 정	귀족 집안 출신. 아버지는 황실의 참의원을 지냈고, 어머니는 시장의 딸이었음

괴테는 유년기에 양호한 교육을 받으며 자랐다. 부친은 괴테가 변호사가 되기를 바라며 영국과 프랑스의 문자와 실용적인 지식들을 가르쳤다. 괴테는 어머니의 영향으로 독일과 이탈리아 문학을 배우기도 했다. 1765년에 라이프치히 대학에서 법률을 공부하다가 병으로 고향에서의 요양생활을 하는 동안 신비주의와 연금술, 그리고 신앙에 관심을 가졌다. 1770년, 괴테는 브루크 대학에서 법학을 공부하고 이듬해 학사학위를 받았다. 브루크 대학에 있는 동안 괴테는 셰익스피어와 호메로스 등의 작품을 접했고 그들의 창작 기법에 깊은 영향을 받았다.

1774년, 괴테는 《젊은 베르테르의 슬픔》을 발표하면서 크게 명성을 얻었다. 1775년, 그는 대공의 초청으로 바이마르(Weimar)에 갔고 이듬해 바이마르 공국 재상으로 임명되었다. 1786년 이전, 그는 바이마르에서 중신으로 지내며 정치에 깊이 관여하며 일련의 개혁들을

괴테는 세계가 인정하는 거장 가운데 한 사람이다. 이 다작(多作)의 작가는 희곡, 회화, 정치, 철학 등에 모두 뛰어난 전문가였다. 그는 올림푸스의 신들에 비견되는 지혜를 가지고 있었으나 평생을 사랑과 번뇌에 흔들리기도 했다. 이 그림은 괴테가 애정 어린 눈빛으로 샤롯테의 실루엣을 바라보는 장면이다.

마리아나 집에서의 저녁시간. 괴테는 여주인의 친구들과 책을 읽고 이야기를 나누고 있다.

시도했다. 그러나 그는 이곳저곳에서 저항을 받았을 뿐 아니라 그 자신은 과학 연구와 문학 창작에 애착을 가지고 있었던 까닭에 딜레마에 빠지고 말았다. 그러던 중 결국 1786년 가을, 괴테는 인사도 없이 이탈리아로 떠났다가 1788년 6월에 다시 바이마르로 돌아왔다.

이탈리아 여행은 괴테의 일생에서 중요한 전환기가 되었다. 그는 자신의 과거를 되돌아보았고 로마에서는 많은 예술가들을 만나 풍부한 문학적인 영감을 얻을 수 있었다. 이탈리아의 그림 같은 풍경 또한 그의 시적인 상상력을 더욱 풍성하게 해주었다. 바이마르로 돌아온 괴테는 문학예술 작품 창작에 몰두했고 희곡《에그몬트》와 《토르크바토 타소》를 차례로 발표했다. 1796년, 괴테는 저명한 시인 실러를 알게 되었다. 두 사람의 밀접한 왕래는 독일문학을 유래 없는 발전으로 인도했다. 그들 덕분에 바이마르라는

작은 공국은 당시 독일과 유럽의 문화 중심으로 도약할 수 있었
다. 괴테는 실러의 격려로 청년기부터 구상해 오던 거작 《파우스
트》를 다시 창작하기 시작해 1808년 제 1권을 출판했다. 그 후로
괴테는 《파우스트》 2권의 집필에 몰두했고 1831년에 출판했다.
1807년, 괴테는 그와 18년간 동거해 오던 크리스틴과 결혼했다.
그때 그들의 아이는 이미 17살이었다.

괴테가 쓴 《파우스트》는 장장 58년에 걸쳐 쓰여졌으니 그가 필
생의 공을 들인 작품이라 해도 과언이 아니다. 괴테는 1831년 최
종적으로 이 책의 집필을 끝냈다. 집필을 끝낸 괴테는 일기에 이
렇게 적어놓았다. '대부분의 일은 이미 끝냈다.' '이후의 삶은 순
전히 덤이라고 할 수 있을 것이다. 내가 무엇을 해왔는지 앞으로
무엇을 할 것인지는 이제 완전히 상관없다.'

《파우스트》는 인생의 진리를 끊임없이 모색하고 진취하는 모
습을 그리고 있다. 주인공 파우스트는 백 살이라는 나이와 두 눈
을 잃었음에도 불구하고, 인생에 대해서 '매일 삶과 자유를 개척
해야 비로소 자유와 삶을 누릴 수 있다.' 라고 생각했다. 이것은 자
산 계급이 생겨나던 시기 진리를 추구하며 끊임없이 노력하는 정
신과 독일 민족의 우수한 전통을 반영한 것이다. 철의 재상 비스
마르크는 《파우스트》를 '세속의 성경' 이라 부르기도 했다.

1832년 3월 22일, 괴테는 《파우스트》 2권을 출판한 다음해 83
세를 일기로 세상을 떠났다.

모차르트

Mozart

비엔나의 천재 음악가

생몰년	: 1756~1791년
국 적	: 오스트리아
출생지	: 잘츠부르크
성 격	: 자유롭고 낭만적이며, 순수한 완벽주의자
신 분	: 음악가
가 정	: 아버지 레오폴트는 궁정 음악가였음

모차르트 아버지의 국적은 독일로 잘츠부르크의 대주교 음악단에서 바이올린을 연주했다. 그는 후에 궁정 작곡가 겸 부악장이 되었다. 그와 아내는 총 7명의 아이를 낳았는데 그 중 다섯 명은 1년도 안되어 죽고 모차르트와 누나인 마리아나만이 남았다. 모차르트와 그의 누나는 모두 천부적인 재능을 타고 난 행운아들이었다. 이 두 아이는 어려서부터 아버지에게 음악을 배웠는데 곳곳에서 천재적인 기질을 드러냈다. 모차르트는 세살 때 자신이 들은 음악을 피아노로 연주할 수 있었고 다섯 살에는 작곡을 배웠다. 여섯 살에는 즉흥 연주를 했다.

레오폴트는 심혈을 기울여 아들을 키웠다. 모차르트에게 복잡한 음악 이론과 연주기술을 가르치는 외에도 여러 외국어와 문학 및 역사를 가르쳤다. 모차르트는 여섯 살인 1762년부터 아버지를 따라 열한 살의 누나 마리아와 함께 장장 10년에 걸쳐 음악을 연주하며 유럽대륙을 여행했다. 그들은 뮌헨에서 비엔나, 파리, 런던, 로마 등 수많은 도시를 돌아다녔다. 모차르

모차르트는 서양 음악사에서 가장 위대한 음악가 중 한 사람으로 인정받고 있다. 그는 하이든, 베토벤과 함께 비엔나 고전주의 음악을 전성기로 이끌었다. 그는 불후의 가곡과 장대한 음악으로 사람들을 매료시키며 36년의 짧은 생애 동안 600여 곡의 음악 작품을 완성했다. 모차르트의 일생은 찬란했지만 실의와 몰락을 경험하기도 했으며 풀리지 않는 많은 수수께끼를 던져주고 있다.

트의 음악적 재능은 사람들을 놀라게 했고 가는 곳 마다 큰 반향을 일으켰다.

1772년, 열여섯 살의 모차르트는 여행을 마치고 고향인 잘츠부르크로 돌아와 대주교 음악단의 수석 악사가 되었다. 모차르트의 음악적 재능이 천재적인 것이었다고 하나 대주교의 눈에는 그저 보통의 하인이나 다름없었다. 그래서 모차르트는 종종 무례한 대접을 받아야 했다. 모차르트는 1777년 음악단을 그만두고 운명을 바꿀 기회를 얻기를 소망하며 다시 여행을 떠났다. 그러나 현실은 냉혹했고 모차르트는 할 수 없이 다시 고향으로 돌아와야 했다.

그는 대주교의 궁정으로 돌아갔고 대주교는 모차르트에게 더욱 심하게 굴었다. 이 시기에 모차르트의 생활은 너무나 어려웠다. 유일한 수입원은 그가 쓰는 교향악과 협주곡 그리고 가곡이었다. 1781년, 모차르트는 결국 참지 못하고 다시 사직하고 말았다. 1782년, 모차르트는 비엔나에서 콘스탄틴과 결혼했다. 그들은 여섯 명의 아이를 낳았지만 넷은 죽고 두 아이가 남았다. 그러나 유감스럽게도 아이들은 아버지의 재능을 물려받지는 못했다. 모차르트는 점점 유명해졌지만 생활은 더욱 궁핍해져 심지어는 끼니를 걱정하며 남에게 손을 벌려야 할 지경이 되었다.

어느 겨울 날 저녁 친구들이 모차르트의 집을 방문했다. 그들은 창밖에서 모차르트 부부가 유쾌하게 춤을 추고 있는 것을 보고 감탄했다. 그러나 집에 들어가서야 이들이 석탄을 살 돈이 없어 추

1763년, 겨우 일곱 살의 모차르트가 아버지, 누이와 함께 음악을 연주하고 있다. 모차르트는 천부적인 음악적 재능으로 신화적인 수많은 작품들을 남겼다.

위를 이기기 위해 춤을 추고 있었다는 사실을 알게 되었다 한다.

1791년 12월 6일 새벽 1시, 모차르트는 눈물을 머금고 인간 세상과 영원한 작별을 고했다. 그의 나이 겨우 서른여섯이었다. 그는 이 짧은 인생에 오페라 22부, 교향악 41곡, 피아노 협주곡 27편, 바이올린 협주곡 6편 등 놀라울 정도로 많은 작품을 남겼다.

오페라 〈피가로의 결혼〉의 한 장면
이것은 모차르트의 가장 위대한 오페라 작품으로 1786년에 완성되었다. 모차르트는 작품에서 고정적인 인물을 살아 있는 캐릭터로 만들었다.

맬서스 *맬더스

Malthus

《인구론》을 저술한 경제학자

생몰년	1766~1834년
국 적	영국
출생지	잉글랜드 서리
성 격	책임감 있고 변론에 뛰어났으며 지혜로움
신 분	경제학자
가 정	귀족가문 출신

맬서스의 아버지는 옥스퍼드 대학에서 공부했으며 비교적 박식했다. 그러나 사업에서는 그다지 성공하지 못했고 할아버지가 남겨주신 재산으로 여유롭게 생활했다. 맬서스는 부유한 가정에서 어려서부터 편안한 생활을 하며 훌륭한 교육을 받았다. 아버지의 보살핌으로 맬서스는 순조롭게 초등학교와 중학교 교육을 받았으며, 1784년 케임브리지 대학에 들어가 철학과 신학을 공부했다. 1788년, 맬서스는 대학을 졸업하고 집에서 잠시 지낸 뒤 다시 케임브리지로 갔다. 그는 연구에 종사하며 1791년에 박사학위를 받았다.

1798년, 맬서스는 고향의 알보그성에서 교회 목사와 교장을 맡아 일했다. 같은 해 그는 《인구론》을 익명으로 출판했고 이 책은 널리 알려져 맬서스는 단번에 이름을 알리게 되었다. 1799년부터 그는 5년 동안, 독일, 스위스, 핀란드 등 유럽 국가를 여행하면서 인구문제와 기타 사회 경제적인 문제들을 연구했다. 1803년, 그는 실명으로 《인구론》 2판을 발표했다. 이 책은 이후에 수정과 보완을 거쳐 1826년에는 6판을 찍어냈다.

유명한 경제학자 맬서스는 《인구론》에서 비관적인 이론으로 격렬한 논쟁을 불러일으켰다. 그는 이로 인해 각국 경제학자들의 관심을 한 몸에 받게 되었다.

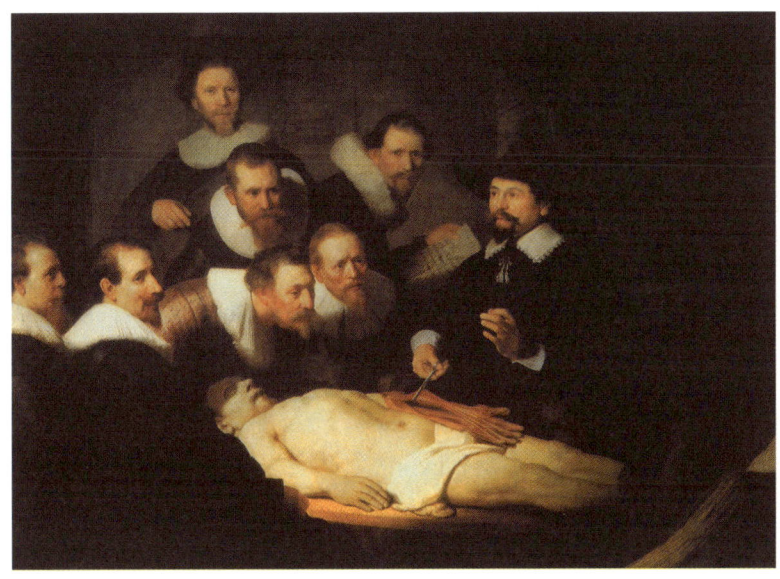

    맬서스 인구론의 기본 사상은 인구는 기하급수적으로 즉 1, 2, 4, 8, 16……늘어나는 데 비해 식량은 산술급수적으로 즉 1, 2, 3, 4, 5……늘어난다는 것이다. 인구는 무제한으로 늘어나는데 식량의 공급이 극에 달하면 인류는 빈곤해지고 심지어는 기아 상태에 이를 것이라는 이론이다. 그렇다면 어떻게 인구 증가를 통제할 수 있을 것인가? 맬서스는 전쟁과 천연두 그리고 질병이 인구를 신속히 감소시킨다고 지적했다. 이것은 인구가 과도하게 팽창하는 것을 적절히 막아주기는 하지만 결코 궁극적인 해결 방법은 아니라고 말했다. 그는 '도덕적 억제'로 인구 팽창을 억제해야 한다고 주장했다. 이것은 늦게 결혼하거나 스스로 성 접촉을 절제하는 것 등의 내용을 포함하는 것이다. 맬서스의 인구이론은 경제론과 생물학 연구 등에 중대한 영향을 끼쳤다.

    1811년, 그는 유명한 경제학자 데이비드 리카도와 교분을 나누면서 늘 학술적인 문제를 토론하고는 했다. 맬서스는 리카도의 《경제학 원리》와 쌍벽을 이루는 《경제학 원리》를 1820년에 출판

맬서스는 어떠한 평등도 어떠한 대규모의 농업 조례도 인구문제를 해결할 수는 없다고 생각했다. 또한 모든 사회 구성원이 안락하고 행복하며, 먹고 살 걱정 없이 지내는 것은 실현 불가능하다고 생각했다.

했다. 맬서스는 이 책에서 지나친 절약을 반대하면서 국가는 고도의 부를 축적해 '생산 능력과 소비 욕구의 균형'을 이루어야 한다고 주장했다. 맬서스의 사상은 뒤늦게서야 존중받게 되었다. 1819년, 그는 영국 왕실학회 회원으로 선발되었다. 1833년에는 프랑스 논리와 정치 과학 아카데미와 베를린 황실 학원의 회원이 되었다.

1834년, 맬서스는 다른 집에 손님으로 갔다가 갑작스런 심장병으로 68세를 일기로 세상을 떠났다.

나폴레옹
Napoleon

유럽을 정복한 프랑스의 황제

생몰년 : 1769~1821년
국 적 : 프랑스
출생지 : 코르시카섬의 아작시오
성 격 : 과단성 있고 야심만만함
신 분 : 군사가, 정치가
가 정 : 귀족 가문 출신. 아버지는 변호사였으며 어머니는 명문가 출신

나폴레옹은 어렸을 때 사람들이 좋아할 만한 아이가 아니었다. 왜소하고 허약한데다 어리석고 우둔한 말을 많이 했기 때문이다. 그러나 나폴레옹은 통솔력이 뛰어나 아이들을 복종하게 만들고 심지어 형마저 순종하게 했다. 1779년, 나폴레옹은 브리엔 유년 사관학교에 들어가 공부했는데 성적이 매우 뛰어났다. 열다섯 살에는 파리 육군사관학교에 입학했는데 2년이라는 짧은 기간 동안 프랑스 계몽사상의 영향을 깊이 받았다.

나폴레옹은 학교를 졸업하고 포병대의 소위로 임관했다. 1791년 중위로 승진했으며 이듬해에는 대위가 되었다. 1793년, 프랑스 보국당이 영국과 스페인의 도움으로 프랑스 남부의 툴롱을 점령했다. 공화국은 오래도록 이들을 함락시키지 못하고 있었다. 나폴레옹은 명을 받고 포병을 지휘해 툴롱전투에 참가했고 장교로 승진했다. 나폴레옹은 포병부대를 지휘해 공화군은 결국 툴롱을 차지할 수 있었다. 나폴

지도를 보고 있는 나폴레옹은 손을 이집트식 가구 위에 올려놓고 있다. 이집트 문명을 사랑했으며 아울러 이집트를 정복한 나폴레옹의 전공이 드러나는 장면이다.

'나폴레옹' 화폐

나폴레옹의 군대가 5월 광장에서 황제를 향해 충성을 맹세하고 있다. '브뤼메르 쿠데타'의 승리로 나폴레옹은 정치무대의 선두에 서게 되었다. 아울러 프랑스 자산계급 혁명 정신은 전 유럽으로 퍼졌다.

레옹은 이 전투로 명성을 알리게 되었고 곧 준장으로 승진했다. 1795년, 나폴레옹의 포병부대는 파리에서 5,000명으로 폭도 2만여 명을 섬멸해 다시 한 번 공훈을 세웠다. 그 후 나폴레옹은 프랑스 '국방군'의 부사령관이 되었다. 1796년, 나폴레옹은 젊은 과부인 죠세핀과 결혼했다. 뒤에 그는 다시 이탈리아와 이집트로 파견되어 전투에 참여했다. 1799년, 나폴레옹은 전장에서 홀연히 프랑스로 돌아와 '브뤼메르(초원의 달) 쿠데타'를 일으켰다. 그 쿠데타로 나폴레옹은 프랑스 권력의 정점에 올라서게 되었고 결국 1804년에 대관식을 거행하며 나폴레옹 1세가 되었다. 이로써 프랑스는 제1제정 시기를 맞게 되었다.

나폴레옹은 집정 기간에 내정과 외교에 두루 힘써 프랑스는 빠른 속도로 부강한 국가가 되었다. 그는 교회 세력을 공격하고 반대 세력을 누르며 각종 정책으로 경제 발전을 이루었으며 《나폴레옹법전》을 편찬했다. 프랑스 대혁명의 성과는 법률 형식으로 정해져 프랑스와 기타 자본주의 국가의 입법에 깊은 영향을 미쳤다. 나폴레옹이 이끈 군대는 대외 전쟁에서 거의 모든 유럽의 대국들을 쓰러뜨리며 프랑스 대혁명의 사상을 전 유럽에 전파했다.

그러나 그는 러시아 공략에 실패하여 프랑스는 사기가 꺾였으며 다른 적대 국가들에게 기회를 제공한 결과를 낳았다. 1814년의 라이프치히전투는 나폴레옹이 처음으로 반 프랑스 동맹에 패한 기록이다. 이후 반 프랑스 연합군이 파리를 점령했고 나폴레옹은 이탈리아의 엘바 섬으로 쫓겨났다. 1815년, 나폴레옹은 엘바 섬에서 탈출해 프랑스로 돌아와 열렬한 환영을 받으며 권력을 회복했다. 그러나 이 시기의 프랑스는 이미 예전처럼 위풍당당하지 못했다. 나폴레옹은 워털루 전투에 참패하면서 영원히 역사의 무대에서 퇴장했다. 그는 대서양의 세인트헬레나 섬으로 유배 보내졌고 1821년 51세로 생을 마감했다.

논술 키워드

나폴레옹의 편지
1813년 나폴레옹이 Lemarois 장군에게 쓴 편지에 있는 내용이 바로 "내 사전에 불가능이란 없다"인데 영어로 번역하면 Impossible is a word from a fool's dictionary.이라고 할 수 있으나 원문에는 그런 뜻이 담겨 있지 않다고 한다.

심금을 울리는 명인 한 마디

♠ 모든 것은 변할 수 있다. 내 사전에 불가능이란 없다.

나폴레옹은 "나는 때로는 여우가 되고, 때로는 사자가 된다. 행군의 비결은 언제가 먼저이고 언제가 나중인지를 아는데 있다."라고 말했다. 확실히 나폴레옹은 용병의 기술을 잘 알고 있었다. 그러나 그는 구습이나 관례에 얽매이지 않았다. 나폴레옹은 자신은 이전부터 지금까지 미리 행동방침을 정한 적이 없다고 밝혔다. 그는 항상 대기하고 있다가 필요할 때마다 시의 적절하게 움직이는 전략을 사용했기 때문에 프랑스군이 연전연승할 수 있었던 것이다.

그림은 프랑스와 오스트리아 간에 벌어진 로디전투에서 가장 아슬아슬했던 장면으로 아다강의 다리(로디교)를 건너는 모습이다. 1796년 5월 10일 오후 6시, 나폴레옹의 호령으로 전투가 시작되었다. 나폴레옹은 직접 적진 깊이 들어가 적을 함락시켰다. 오스트리아군 1만 6천명이 지휘체계를 잃고 당황하는 동안 프랑스 군대는 사기충천해 단숨에 로디교를 점령했다. 이로써 프랑스-이탈리아의 군사적 협력은 그 기초를 더욱 공고히 했다.

프랑스군은 늘 비교적 작은 작전 단위로 나뉘어 있었고 모두가 황제의 직접 지령으로 움직였다. 이런 유연성 있는 조직 방식은 실제로 전장에서 이상적인 성과를 올렸다. 각 작전 단위는 전투에 임할 때 휴대 배치가 가능한 대포와 기병을 가지고 독립적으로 행동했다. 부대는 행군할 때 현지에서 보급품을 조달했기 때문에 군수품을 가지고 다니는 부담이 없었다. 이 때문에 각 작전 단위는 놀라운 속도로 움직일 수 있었다. 횡대배열의 행군은 가장 훌륭한 행군 방법으로 여겨졌으나 나폴레옹은 종대로 전진하도록 했다. 그 덕에 프랑스군은 빠른 속도로 복잡한 지형을 통과할 수 있었으며 신속히 전투대열을 만들 수 있었다.

군사기술사상 유탄포는 전장식 활강포에 속한다. 군사 기술의 발전으로 특히 19세기 이후로는 후송식 선조포가 유행해 명중률이 더 높아졌다. 검은 화약을 이용하는 초기의 포탄들은 더욱 논할 가치도 없어졌다. 후송식 선조포의 광범위한 활용은 많은 사병들을 순식간에 포병으로 만들어버렸다. 대포의 보유량은 또한 승리의 중요한 관건이 되었다. 나폴레옹은 유능한 포병 지휘관으로서 대포의 위력을 통쾌하게 발휘했다.

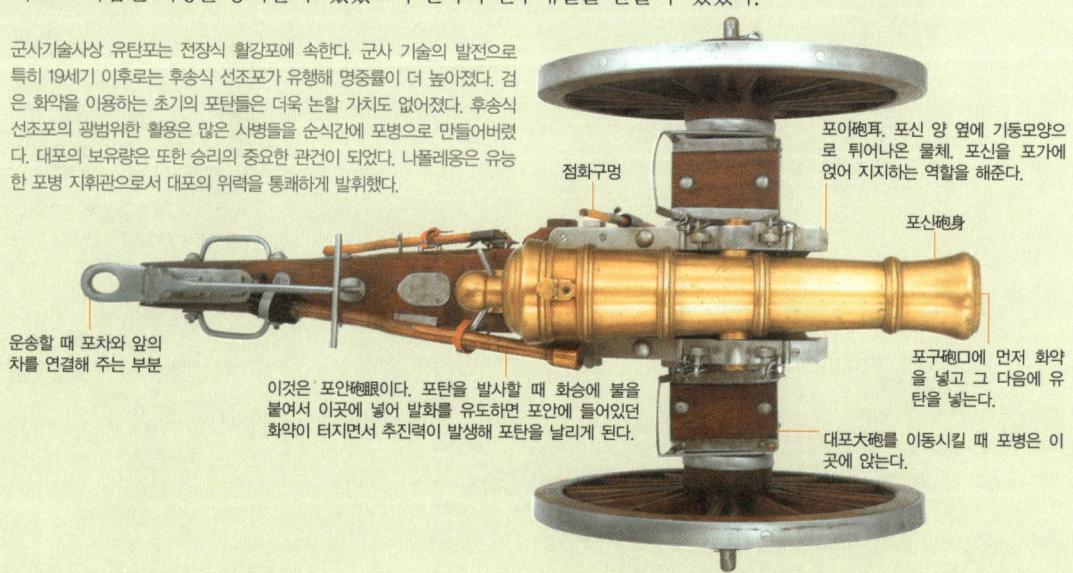

점화구멍

포이砲耳. 포신 양 옆에 기둥모양으로 튀어나온 물체. 포신을 포가에 얹어 지지하는 역할을 해준다.

포신砲身

포구砲口에 먼저 화약을 넣고 그 다음에 유탄을 넣는다.

운송할 때 포차와 앞의 차를 연결해 주는 부분

이것은 포안砲眼이다. 포탄을 발사할 때 화승에 불을 붙여서 이곳에 넣어 발화를 유도하면 포안에 들어있던 화약이 터지면서 추진력이 발생해 포탄을 날리게 된다.

대포大砲를 이동시킬 때 포병은 이곳에 앉는다.

프랑스군은 이렇게 돌발적인 기습과 치밀한 정탐이 한데 어우러져 늘 놀라운 승리를 거두었던 것이다. 동시에 나폴레옹이 구사한 신화적인 포병 기술도 이미 예술적인 경지에 올라있었다. 독일의 문학가 괴테는 다음과 같이 평가했다. '나폴레옹은 마치 피아노를 치듯 세계를 정복했다. ……그 어느 때에라도 생각만 품으면 연주가 빠르던 느리던, 성조가 높던 낮던 자유자재였다.'

리볼리에서 오스트리아 군을 대패시킴
이 결정적 전투 후에 오스트리아군은 군사적 요지인 만토바를 내주고 말았다.

◀ 나폴레옹이 아우스터리츠전을 시작하기 전에 준비하고 있는 모습

▶ 나폴레옹이 아우스터리츠전투를 벌이고 있는 모습

◀ 나폴레옹이 전투 후 사상자를 점검하는 모습

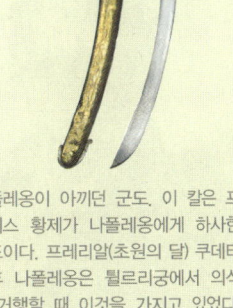

나폴레옹이 아끼던 군도. 이 칼은 프랑시스 황제가 나폴레옹에게 하사한 군도이다. 프레리알(초원의 달) 쿠데타 이후 나폴레옹은 틸르리궁에서 의식을 거행할 때 이것을 가지고 있었다. 그 이후로 이 칼은 계속 틸르리궁에 걸려 있다.

나폴레옹이 아우스터리츠 대 전투 전날 전장에 나가 있다. 나폴레옹의 승리는 탁월한 군사적 재능과 예리한 관찰력 덕분이었다. 나폴레옹은 병서는 열심히 읽었으나 일찍이 스스로 말하길 한 번도 행동 방침을 미리 정한 적이 없다고 했다. 그는 언제 어느 때라도 시의 적절하게 대응할 수 있는 전략을 취함으로써 프랑스군은 연전연승을 거둘 수 있었다. 나폴레옹은 통상적으로 군대를 비교적 작은 작전 단위로 나누어 놓았고 각 단위는 작전 시, 자신들의 대포와 기병부대를 보유하고 있었기 때문에 독립적으로 행동했다. 또한 그들은 현지에서 물품을 조달했기 때문에 가벼운 군장으로 전진할 수 있었고 번개처럼 빠르게 적을 공격할 수 있었다. 당연히 모든 작전단위는 최종적으로는 황제에게 귀결되는 지휘체계를 가졌다. 행군의 배열문제에 있어 나폴레옹은 횡대 행군을 최적으로 여기던 관례를 바꾸어, 종대로 전진하게 했는데 이로 인해 더욱 빠르게 대형을 바꿀 수 있었다. 이러한 특징들과 함께 치밀한 정탐 활동 그리고 나폴레옹의 정예 포병부대의 전술이 결합되었으니 프랑스군의 승리는 당연한 결과였다. 아우스터리츠 전투는 나폴레옹의 작전 재능을 다시 한번 시험한 무대였다.

베토벤
Beethoven

가장 위대한 작곡가(악성)

생몰년	: 1770~1827년
국 적	: 독일
출생지	: 라인강변의 본
성 격	: 거칠고 급하며 강함
신 분	: 음악가
가 정	: 부친은 궁정악장을 지냈음

베토벤은 서양 음악 역사상 가장 위대한 작곡가이자 최고의 파괴자이기도 했다. 그는 초기에 고전 음악으로 성공했다. 후에는 프랑스 혁명 사조의 영향과 깊어지는 귓병 그리고 실연의 아픔으로 인해 베토벤은 전통적인 소나타, 사중주, 협주곡과 교향악을 의미심장하며 개성적으로 표현했다.

베토벤은 불행한 어린 시절을 보냈다. 그는 늘 술에 취한 아버지를 경찰서로부터 모셔 와야 했기에 따뜻한 가정의 정을 느껴보지 못했다. 아버지는 베토벤이 음악에 천부적인 재능이 있다는 것을 알고는 그를 돈 줄로 생각했다. 그는 어린 베토벤에게 억지로 힘든 바이올린을 배우도록 했다. 또한 종종 한밤중에 술이 취한 채 돌아와서 베토벤을 깨워 연습을 시키곤 했다. 베토벤은 여덟 살 때 아버지 손에 이끌려 라인강변에 나가 음악을 연주하고 돈을 벌었다. 열한 살 때에는 극장의 악단에서 일을 했다. 베토벤의 어머니가 1787년 세상을 떠나자 아버지는 거의 매일 밤 취해서 돌아왔다. 따라서 맏아들인 베토벤이 집안과 두 동생을 부양해야 했다. 얼마 뒤, 그는 궁정 예배당의 오르간 연주자로 들어가게 되었고 피아노 가정교사로도 일했다.

1792년, 베토벤은 비엔나로 가서 음악가 하이든과 작곡가 셴크, 음악이론의 대가 알브레히트 베이거 및 작곡가 살리에리로부터 사사받았다. 1795년, 베토벤은 비엔나에서 첫 연주회를 열었고 손수 작곡한 '피아노 3중주곡'을 연주해 비엔나의 귀족들과 시민들을

베토벤의 《피델리오》에서 프로레스탄
이 사형되기 전의 모습

탄복시켰다. 이후로 5년 동안 베토벤은 제 1번에서 제 11번 '피아
노 협주곡'을 써냈으며, 1799년에는 '제 1번 교향곡'을 완성했다.
음악계를 놀라게 한 그의 명작들은 생명에 대한 환희와 열정으로
가득 차 있었으며 이전에 볼 수 없었던 자유로움을 표현해 냈다.
베토벤의 앞에는 찬란한 미래가 펼쳐졌으며 스스로도 낙관적인
미래에 대해 환희에 차 있었다.

그러나 바로 그때부터 젊은 베토벤에게는 심각한 귓병을 앓는
불행이 닥쳤다. 처음에는 계속적인 이명이 있다가 나중에는 고음
은 견딜 수가 없고 저음은 들리지 않는 지경이 되었다. 베토벤은
다른 사람들이 자신의 귀가 안 들린다는 것을 알아차리지 못하도
록 점차 혼자서 지내기 시작했다. 그러면서 그의 성격도 차츰 괴
팍해져갔다. 1801년, 그는 열일곱 살의 소녀 줄리에타 주치아르디
와 사랑에 빠졌다. 제 14번 피아노 소나타 《월광》은 그들의 사랑
을 노래한 작품이다. 그러나 주치아르디는 2년 후 그를 떠나 어느
백작에게로 가버렸다.

1802년, 베토벤은 비엔나에서 멀지 않은 조용한 시골로 가서 작곡하기 시작했다. 그곳에서 '제 2번 교향곡'이 완성되었다. 그러나 귓병이 악화되어 베토벤은 심한 고통에 시달렸고 자신의 비참한 신세와 불행에 대해 적은 유서를 남기기도 했다. 그러나 베토벤은 다시 마음을 바로잡고 1803년, 웅장한 제 3번 교향곡인 '운명'을 완성했다. 베토벤은 그 후로 몇 년에 걸쳐 불후의 명곡들을 작곡했다. 제 9번 바이올린 소나타 '크로이체르', 피아노 소나타 제 21번 '발트슈타인', 피아노 소나타 제 24번 '열정', 오페라 '피델리오', '제 4번 피아노 협주곡', 'D장조 바이올린 협주곡', 제 5번 교향곡 '운명', 제 6번 교향곡 '전원', 피아노 협주곡 제 5번 '황제' 등이다. 1806년, 베토벤은 다시 주치아르디의 사촌인 요제핀과 사랑에 빠졌다. 두 사람은 그 해에 약혼까지 했으나 그들의 사랑은 겨우 4년 동안 지속되었을 뿐이었다. 요제핀도 베토벤을 떠나고 말았다. 다시 실연의 아픔을 겪은 베토벤은 더욱 실의에 빠졌고 행동은 더욱 난폭해졌다. 1809년, 나폴레옹이 비엔나를 점령했을 때 베토벤의 보호인과 친구들은 분분히 피난을 가버렸고, 그는 고독과 경제적 곤란이라는 이중고에 시달려야 했다. 그러나 베토벤은 그 와중에서도 '장엄미사곡'과 '제 9번 교향곡(합창)'을 완성했다. 특히 '제 9번 교향곡'의 성공적 공연은 베토벤의 일생에서 가장 큰 영광이며 환희였다.

1827년 3월 26일, 비엔나에 봄비가 억수 같이 쏟아지던 날 57세의 베토벤은 세상과 고별했다. 비엔나 시민 약 2만여 명이 그의 장례식에 참석했다.

🔊 심장을 울리는 명인 한 마디

♠ 나는 운명의 신의 목을 죄어주고 싶다. 절대로 운명에 굴복해서는 안 된다.

헤겔
Hegel

생몰년 : 1770~1831년
국 적 : 독일
출생지 : 슈투트가르트
성 격 : 끈질기고 고집스러움
신 분 : 철학자
가 정 : 관료 집안. 아버지는 재정부의 관리였음

고전 철학의 집대성자

헤겔은 어려서 어머니를 따라 라틴어를 배웠고 일곱 살에 슈투트가르트의 학교에서 정규 교육을 받았다. 1788년, 튀빙겐 대학교 신학과에 들어가 2년 동안 철학, 3년 동안 신학을 배운 후 1793년에 철학학사 학위를 받았다. 대학에 있는 동안 그는 철학자인 셸링과 교분을 맺었는데 두 사람은 늘 교외를 산책하면서 철학 문제를 토론했다.

헤겔은 대학을 졸업하고 스위스, 독일의 프랑크푸르트 등지에서 가정교사를 하며 남는 시간에는 그리스 문화와 칸트의 철학을 연구했다. 1798년, 헤겔의 첫 저작 《논리학》이 출판되었다. 1801년, 헤겔은 셸링의 추천으로 예나 대학의 철학 강사를 맡게 되었고 1805년에는 교수로 승진했다. 1806년, 헤겔은 《정신현상학》을 완성하여 자신의 철학적 관점을 서술했다. 원고가 완성된 다음날, 나폴레옹의 군대가 예나를 침공해 헤겔은 피난을 가야만 했다. 1808년, 헤겔은 뉘른베르크 김나지움(일종의 퍼블릭스쿨)의 교장이 되었다. 그는 그곳에서 철학과 그리스 문화 , 미적분 등을 가르치며 철학적인 체계를 완성했다. 1811년, 헤겔은 뉘른베르크 원로원의 딸인 마리와 결혼했는데 헤겔은 마흔한 살이었고 신부는 겨우

1806년, 나폴레옹이 독일 프랑스 전쟁에서 승리를 거두면서 예나대학은 휴교하게 되었고 헤겔의 학술 인생도 잠시 중단되었다. 이후에 그는 신문사의 편집장과 중학교 교장을 지냈으며, 1818년에야 비로소 하이델베르크 대학에서 교편을 잡게 되었다.

1803년의 크리스마스이브, 프러시아 왕 프리드리히 빌헬름 3세가 군대 제복을 그의 아이들에게 선물로 보내주었다. 헤겔의 사상은 철학뿐 아니라 역사와 정치학 등 많은 분야에서 중대한 영향을 미쳤다. 헤겔이 세상을 떠나자 보수적인 헤겔 우파가 그의 정치 철학을 계승했다. 그들은 군주입헌제의 프러시아가 가장 이상적인 국가이며 더 이상의 개혁은 필요 없다고 생각했다.

열아홉 살이었다. 1812년에서 1816년 사이에 헤겔은 《논리학》(즉, 《대논리학》)을 완성했다. 1816년 가을, 그는 하이델베르크 대학의 철학교수로 초빙되었다. 1818년, 그는 다시 대작 《백과전서》를 완성했는데 이 책은 그의 명성을 더욱 높여주었다. 헤겔은 같은 해 베를린 대학의 철학교수로 초빙되었다. 헤겔은 일생의 마지막 13년을 베를린 대학에서 보냈다. 그는 그 곳에서 《소 논리학》, 《자연철학》, 《정신철학》, 《법철학원리》 등의 저작을 완성했고 1830년에 베를린 대학의 학장이 되었다.

헤겔은 절대 정신을 세계의 근본으로 보았다. 자연과 인류사회 그리고 사람의 정신 현상은 모두 절대 정신과 다른 발전 단계에 있다고 표현했다. 따라서 사물의 변화, 발전, 영원한 생명의 과정은 모두 절대 정신 그 자체인 것이다. 헤겔 철학의 임무와 목적은 자

💬 심금을 울리는 명인 한 마디

♠ 힘들고 어려운 일이나 임무는 오랜 시간을 거쳐야만 완성할 수 있다.

연과 사회 그리고 사유로 구현되는 절대 정신을 드러내 보이는 것이다. 아울러 그것의 발전 과정 및 규칙을 드러내는 것이다. 실질적으로는 사유와 존재의 변증 관계를 연구해 유심주의의 기초에서 이 두 가지의 변증적 통일을 표현하는 것이다.

헤겔은 이런 기본 명제로 사람들이 감탄한 객관 유물주의 체계를 세웠다. 절대 정신의 자아 발전에 관해 논한 세 단계는 논리학, 자연 철학, 정신철학이다. 헤겔은 각각의 개념, 사물과 모든 체계의 발전을 논술하는 데 있어 시종일관 이런 변증법을 원칙으로 삼았다. 이것은 인류 사상사에서 사람들을 놀라게 한 대담한 사고의 하나였다.

논술 키워드

헤겔의 변증법
칸트 철학을 계승한 독일 관념론의 집대성자이다. 18세기의 합리주의적 계몽사상의 한계를 통찰하고 '역사'가 지니는 의미에 눈을 돌린 데 의미가 있다. 또한 모든 사물의 전개를 정(正)·반(反)·합(合)의 3단계로 나누는 변증법(辨證法)은 그의 논리학과 철학의 핵심이다.

헤겔은 후대에 이렇게 평가받고 있다.

"근대 독일 철학은 헤겔에 이르러 그 정점에 도달했다. 헤겔은 자신의 사상 체계에서 처음으로(이것이 그의 가장 위대한 업적이다) 모든 자연과 역사, 정신의 세계는 끊임없는 운동과 변화, 전환 그리고 발전한다고 묘사했다. 아울러 이런 운동과 발전에 내재된 연관성을 명시하고자 했다."

1831년, 헤겔은 향년 61세에 병으로 세상을 떠났다.

헤겔은 독일의 유명한 철학가로 절대 정신의 전도사이다. 그는 세상의 모든 것과 그 발전 과정은 모두 비물질적인 것이라고 생각했다. 그의 철학이 제시한 자아의식은 이러한 역사 발전 과정의 최정점이 되었다.

볼리바

Bolivar

남아메리카의 워싱턴

생몰년 : 1783~1830년
국　적 : 베네수엘라
출생지 : 베네수엘라의 수도 카라카스
성　격 : 의지가 강하고 독선적이며 강경함
신　분 : 정치가
가　정 : 백인 지주 가정 출신

볼리바는 남아메리카의 워싱턴이라는 칭호를 받고 있다. 그는 스페인 지배하의 식민 국가들을 통합해 하나의 정치연맹으로 이루겠다는 꿈을 가지고, 수많은 전투를 치르며 남아메리카의 독립에 크게 공헌했다.

볼리바의 집은 큰 농장을 소유하여 수천 명의 노예를 거느리고 있었다. 또한 금광, 사탕수수 농장, 부동산 및 모직물 상점 등도 소유하고 있었다. 어려서 그의 부모가 모두 죽자 그는 많은 유산을 물려받았다.

볼리바는 1797년 1월에 베네수엘라 민병대의 사관생도 모집에 참여했고 이듬해 7월에 소위로 승진했다. 1799년에서 1806년, 볼리바는 스페인, 프랑스, 이탈리아 등지에서 유학했다. 당시 유럽은 프랑스 대혁명의 폭풍이 거세게 일던 때였다. 이는 젊은 볼리바에게 큰 영향을 미쳤다. 그는 1806년 조국으로 돌아온 뒤, 즉시 반식민 통치와 독립운동에 몸을 던졌다. 1810년에서 1812년 사이 베네수엘라에는 제1공화국이 성립되었고 볼리바는 혁명에 적극적으로 가담했다. 제1공화국은 실패로 끝났지만 볼리바는 다시 역량을 모아 투쟁을 계속해 나갔다. 1813년, 그는 혁명군을 이끌고 카라카스 등지를 해방시키고 식민군을 무찌르며 베네수엘라 제 2공화국을 세웠다. 그는 '우리를 노예로 만들려는 자들에게 결사적으로 항전하자!' 며 사람들을 전투에 참여하도록 했다. 그로부터 오래지 않아서 제 2공화국은 다시 실패했고 볼리바는 국외로 떠돌아 다녀야 했다.

볼리바는 경험을 바탕으로 노예제도를 없애는 법령을 발표했다. 그는 흑인들을 모아 자유를 얻기 위한 투쟁을 하도록 했고 많은 흑인들의 지지를 얻어냈다. 볼리바는 스페인 왕실과 반역자들의 재산을 몰수하고 혁명군 병사들에게 토지를 나누어 주기로 약속하는 등의 조치를 취했다. 그리하여 사회 각계각층의 지지를 받으며 혁명 세력을 키워나갔다. 볼리바는 군사적으로 실질적인 전략과 전술을 구사하려 노력했다. 그는 대도시를 공격하거나 식민통치자들과 정면으로 맞서는 대신 식민 통치의 손이 잘 닿지 않는 동부로 이동했다.

1824년 6월 24일, 볼리바가 식민 통치자에게 자유의 깃발을 건네고 있다. 이는 스페인의 식민통치가 끝났음을 의미하는 것이다.

1819년 5월 볼리바는 혁명군 2,000명을 이끌고 고난의 대장정을 거쳐 남미 서부의 안데스산을 넘어 갑자기 뉴그라나다에서 나타났다. 같은 해 6월, 그는 군대를 이끌고 오야카에서 스페인 군대와 결정적 전투를 치뤄 대승했다. 이후에 그는 보고타를 점령했고 콜롬비아를 독립시켰다. 그는 곧 뉴그라나다와 베네수엘라 연방의 대통령에 선출됐다. 볼리바는 잇달아서 베네수엘라를 공격해 수도 카라카스를 점령하고 전국을 독립시키는 데 성공했다.

베네수엘라의 독립 후, 독립군은 남쪽의 에콰도르를 향해 나가며 스페인 군대와 교전을 벌여 수도 키토를 점령했다. 에콰도르는 독립을 선언했고 이로써 남아메리카 서부가 모두 독립하게 되었다. 1819년 12월 뉴그라나다, 베네수엘라, 에콰도르는 함께 '그란 콜롬비아 공화국'을 성립했다. 볼리바는 공화국의 대통령

1819년 6월의 보야카 전투는 볼리바가 콜롬비아를 스페인의 통치에서 해방시키는 데 결정적인 전투였다. 초라한 독립군이 엄청난 군사수와 장비를 갖춘 스페인군과 싸워 결국 승리를 거두었다.

과 최고원수로 선출되었다. 당시 페루는 스페인의 세력이 가장 강력하게 미치던 지역이었다. 볼리바는 힘든 전투를 치르고 엄청난 대가를 치른 뒤에야 승리를 얻을 수 있었다. 페루 동부는 볼리바에 의해 해방된 뒤로 그의 업적을 기리기 위해 볼리비아로 이름을 바꾸었다.

볼리바는 일생동안 크고 작은 전투를 472회나 치렀으며 남아메리카 사람들을 식민 통치에서 해방시켰다. 사람들은 독립에 큰 공헌을 한 볼리바를 '남아메리카의 워싱턴' 이라고 불렀다.

1830년 5월, 볼리바는 공화국의 대통령직을 사임했다. 같은 해 12월 17일, 그는 47세를 일기로 콜롬비아에서 병으로 사망했다.

패러데이

Faraday

현대 전기 공업의 초석을 다진 인물

생몰년	1791~1867년
국 적	영국
출생지	런던
성 격	인내심 있고 열정적이며, 지혜롭고 소박함
신 분	화학자, 물리학자
가 정	수공예 장인 가정. 아버지는 대장장이였음

패러데이는 어려서 집이 가난했다. 아버지가 버는 돈은 한 가족을 부양하기에는 턱없이 부족해 늘 자선단체의 도움을 받아야 했다. 패러데이는 열한 살 때 1년 정도 초등학교를 다녀 본 것 외에는 평생 동안 정규 교육을 받지 못했다. 열세 살 때에는 서점 겸 제본을 하는 가게에서 잡일을 하게 되었다. 그는 부지런히 일한 덕분에 제본 견습생이 될 수 있었다. 특이할만한 점은 그가 독서에 매우 흥미를 느꼈다는 점이다. 패러데이는 일을 하고 남는 시간에 많은 책을 읽어 주인의 격려를 받곤 했다. 패러데이는 가게에서 일하는 7년간 화학에 대한 흥미가 점점 깊어졌다.

1812년 어느 날, 가게에 온 고객이 패러데이에게 왕실학술강연회 표를 한 장 주었다. 주 연설자는 당시 유명한 과학자이자 런던 왕실학회의 화학교수인 데이비였다. 강연회를 보고 온 후 패러데이는 강연을 들으면서 메모했던 내용을 들고 데이비를 찾아가 실험실에서 일하게 해달라고 부탁했다. 얼마 뒤, 그는 데이비의 조수로 일하게 되었다. 1813년, 데이비 부부는 유럽여행을 하게 되었는데 패러데이가 수행비서로 동행하게 되었다. 패러데이는 18개월 동안의 여행에서 앙드레마리 앙페르, 알렉산드로 볼타 등

패러데이는 영국의 유명한 과학자이다. 그는 10여 년의 연구와 실험 끝에 유명한 패러데이 유도법칙을 발견하여 현대 전기 공업의 기초를 다졌다.

패러데이 법칙
1833년 발견한 전기분해 법칙과 이보다 2년 전에 발견한 전자기유도(電磁氣誘導) 법칙이 있다. 전기분해 법칙에 의해 물질의 원자구조와 관련해서 전기량에도 최소 단위(기본 전하량)가 존재한다는 것이 처음으로 예측되었고, 전자기유도법칙은 전자기유도가 일어나는 방식을 밝혀냈다.

전압기
패러데이가 사용한 이런 전압기는 전기를 이용해 물을 분해하는 실험에 쓰였다. 두 개의 관은 산소와 수소를 모으는 데 쓰인다.

과 같은 유명한 과학자들을 많이 만날 수 있었다.

런던으로 돌아온 패러데이는 자신의 연구를 시작했다. 그는 교수들의 강연을 듣기만 하면 바로 실험을 했고 분야별로 상세한 실험 기록을 남겼다. 1860년을 전후로 패러데이의 연구 활동이 끝났을 무렵에는 이런 실험 기록이 무려 16,000여 건에 달했다. 그는 순서에 따라 번호를 부여하고 여러 권으로 나누어 놓았다. 이렇게 기록해 둔 것과 기타 제본해서 책으로 만들기 전의 수백 가지의 필기가 여러 권의 책으로 출판되었다. 그중 가장 유명한 것이 《전기학의 실험적 연구》이다.

1821년, 패러데이는 자신을 첫눈에 반하게 한 사라 버나드와 결혼했다. 1830년 이전에 패러데이는 화학자이며 당시 이미 성공적인 화학 분석과 실험 고문이 되어 있었다. 그는 1827년에 자신의 풍부한 경험을 모아 600여 쪽에 이르는 방대한 저서 《화학 및 물리학의 실험적 연구》를 펴냈다.

패러데이의 업적 중 가장 뛰어난 것은 1830년에서 1839년에 이르는 시기 현대 전자학에 대한 공헌이다. 1831년 말, 10여 년의 고찰 끝에 패러데이는 전기의 본질을 정확하게 설명해 냈고 '패러데이의 법칙(전자유도 법칙)'을 발견했다. 또한 가장 원시적인 발전기인 전자전류발생기를 발명하여 전력공업의 기초를 세웠다. 패러데이 역시 전자장 이론의 기초자인 것이다. 아인슈타인은 일찍이 전자장이론은 패러데이의 가장 창조적인 생각이며 뉴턴 이래로 가장 중요한 발견이었다고 말했다. 맥스웰은 패러데이의 전자장 이론을 발전시켜 더욱 완벽한 수학적 형식을 찾아내 전자기장 이론을 세웠다.

전기와 자기의 통일성이 증명되고 나서 패러데이는 빛과 전자기 현상의 연관성을 찾기로 결심했다. 1846년 그는 《빛의 진동에 관한 생각》을 발표해 최초로 빛과 전자기의 본질을 밝혔다. 그는

이 그림은 패러데이가 실험실에서 일하는 광경을 묘사한 것이다. 당시 그는 이미 나이가 들었을 때로 실험에 집중하는 모습에서 신중함을 엿볼 수 있다. 선반 위의 실험 도구들과 바닥에 놓인 기자재들은 패러데이의 연구 영역이 얼마나 다양했는지 보여준다.

일찍이 많은 실험을 통해서 중력과 전기의 관계를 발견하고자 했다. 또한 자기장이 편광된 빛에 미치는 영향과 전기가 빛에 미치는 영향 등을 밝히고자 했다. 실험 조건에 한계가 있었기 때문에 실험이 모두 성공하지는 못했지만, 그의 관점이 정확했다는 것은 훗날 다른 사람들에 의해 실증되었다.

1867년, 76세의 패러데이는 평온히 세상을 떠났다. 가까운 사람들은 그의 뜻에 따라 간소한 장례식을 치러주었으며 묘비에는 단 세 줄만을 적었다.

'마이클 패러데이 / 1791년 9월 22일 태어나 / 1867년 8월 25일 세상을 떠나다.'

명인 일화 패러데이는 중대한 과학적인 성과를 발표하는 동안 각종 영예 −왕실 학회 회장 등의 휘황한 직함에서 영국 귀족원에서 주는 귀족의 칭호까지− 의 유혹을 받게 된다. 그러나 그는 이런 제의들을 일언지하에 거절했다. 그는 아내에게 다음과 같이 말했다고 한다. "우리 아버지는 대장장이셨고 형제들은 기술자였소. 또 나는 얼마 전까지만 하더라도 책이 보고 싶어서 책방에서 일하던 견습생이었오. 내 이름은 마이클 패러데이요. 죽어서 묘비에 쓰일 이름도 이거 하나면 충분하지."

발자크
Balzac

현실주의 문학의 거장

생몰년 : 1799~1850년
국 적 : 프랑스
출생지 : 루아르강 유역의 투르
성 격 : 끈질기고 꿋꿋하며 완벽주의자
신 분 : 문학가
가 정 : 중산층 가정 출신으로 아버지는 금융실업가였음

발자크는 프랑스의 유명한 현실주의 작가로 평생 동안 많은 작품을 썼다. 그의 작품에는 19세기 프랑스 사회의 천태만상이 반영되어 있다. 작품 제목은 《인간 희극》이었지만 빈곤과 질병이 동시에 닥친 발자크는 최종적으론 비극적인 결말을 맞았다.

발자크는 어려서 부모님의 사랑을 받지 못했다. 태어나자마자 시골 유모의 집에 맡겨졌고 여덟 살 때는 현지의 한 교회 학교에 맡겨져 교육을 받았다. 이 학교는 규율이 엄했지만 그는 장난이 심하고 공부에는 게을러 성적은 형편없었다. 한번은 라틴어 시험에서 35명 가운데 32등을 했다. 부모님과 선생님은 그에게 희망이 없다고 생각했다.

1816년, 발자크는 대학에 입학해 법률을 공부했고 이어서 법률사무소와 공증인 사무소에서 서기관으로 근무했다. 이 시기에 발자크는 복잡하고 번거로운 소송 업무에 대해서도 알게 되었지만 파리의 각양각색의 면모를 보며 많은 경험을 쌓을 수 있었다. 1819년, 발자크는 학교를 졸업했고 아버지의 뜻에 따라 법률사무소에서 일을 했어야 했으나 그는 갑자기 가족들에게 작가가 되겠노라고 선언했다. 그로 인해 부자 관계는 나날이 나빠졌다. 발자크의 아버지는 심지어 경제적인 지원을 더 이상 해주지 않겠다며 그의 마음을 돌려보려 했다. 그러나 결국 아버지는 그에게 2년간의 시간을 줘보기로 했다. 이 기간 안에 발자크가 사

람들이 감탄할 만한 성과를 거두지 못한다면 다시 법률 사무소로 돌아가 일하기로 약속했다. 이후에 발자크는 교외의 한적한 곳으로 가 창작인생을 시작했다.

1820년 4월 말, 반년 동안의 노력 끝에 발자크는 《크롬웰》이라는 비극을 완성했다. 그러나 그가 집에서 4시간 동안 가족들과 친구들에게 자신의 작품을 읽어주었을 때 청중들은 그의 작품에 별다른 흥미를 보이지 않았다. 발자크의 첫 창작은 그렇게 실패로 끝나고 말았다. 그는 이번에는 다시 소설로 승부를 보기로 결정했으나 역시 실패하고 말았다. 1821년, 2년의 시험기간이 끝났으나 발자크는 이렇다 할 작품을 발표하지 못했다. 그러나 그는 여전히 고집을 부렸고 화가 난 아버지는 그에 대한 경제적 지원을 중단했다.

가족의 경제적 지원을 잃자 발자크는 곧 곤경에 빠져버렸다. 그는 생계를 위해 저속한 작품을 써보기도 하고 활자 주조 공장과 인쇄소를 열어보기도 했다. 그러나 모두 실패했으며 6만 프랑의 빚을 지고 말았다. 이런 경험은 발자크를 프랑스의 하급사회로 떨어뜨렸다. 그는 인간관계의 냉혹함을 인식하게 되었으며 금전관계의 심각성을 깨닫게 되었다. 이것은 이후에 그의 문학 창작에서 가장 중요한 주제가 되었다.

발자크는 다시 엄숙하게 문학 창작의 길로 들어섰다. 1829년 3월, 그는 장편 소설 《올빼미당》을 발표해 주목을 받게 되었다. 이후 3~4년 동안 발자크는 《들나귀 가죽》, 《샤베르 대령》, 《고브세크》, 《외제니 그랑데》 등 20여 편의 소설을 창작했다. 1841년, 발자크는 웅대한 창작 계획을 세웠다. 그는 풍속 연구, 철학연구, 분석 연구의 세부분으로 나누고 137편의 소설을 쓰기로 결심했는데 이것이 《인간희극》이다. 이 소설은 19세기 프랑스 사회를 전면적으

이 그림은 발자크가 남긴 유명한 캐릭터 '고리오 영감'이다. 물질주의가 팽배한 자본주의 사회에서 금전으로 인해 괴멸해가는 전형적인 아버지의 모습을 보여주는 인물이다.

《외제니 그랑데》의 한 장면을 그림으로 옮긴 것이다. 그랑데가 딸을 미끼로 이용해 구혼자들을 유혹해 어부지리 하려는 모습을 표현했다.

로 반영하는 한편의 프랑스 사회 풍속사였다. 발자크가 세상을 떠날 때 《인간희극》은 91편이 완성되었으며 그 가운데 가장 유명한 것이 《외제니 그랑데》와 《고리오 영감》이다.

발자크는 놀라울 정도로 많은 소설을 남겼지만 만년에는 역시 빈털터리였다. 1850년, 그는 경제적인 곤경에서 벗어나기 위해 우크라이나로 가서 18년 동안 사귀던 과부와 결혼했다. 그러나 장기간에 걸친 피로로 그의 생명은 이미 다해가고 있었다. 발자크는 파리로 돌아온 뒤 병이 들었고 병상을 떨치지 못한 채, 그 해 8월 18일에 51세의 나이로 세상을 떠났다.

심금을 울리는 명인 한 마디

♠ 예술의 목적은 자연을 모사하는 것이 아니라 창조하는 것이다.

위고
Hugo

생몰년 : 1802~1885년
국 적 : 프랑스
출생지 : 프랑스 브장송
성 격 : 근면하고 예민하며 낙관적임
신 분 : 문학가, 시인
가 정 : 중산계층 출신. 아버지는 나폴레옹 수하의
        장군이었음

낭만주의 문학의 선두주자

위고는 유년기에 아버지의 항상 옮겨 다녀야 하는 직업으로 인해 부친을 따라 유럽의 많은 곳을 다니며 경험을 쌓을 수 있었다. 그는 나폴레옹이 패전하고 난 후에야 파리로 돌아와 어느 나이 든 목사님에게서 수학했다. 위고는 어려서부터 문학에 심취했고 소년기에 접어들면서는 사람들 입에 오르내릴 만한 시를 짓기도 했다. 열다섯 살에 300여 행에 달하는 장편 시 《면학이 인생에 끼치는 행복》을 써서 아카데미 프랑세즈 콩쿠르에서 선외 가작으로 뽑혔다. 열일곱 살 때는 잡지사에서 원고 쓰는 일을 하기도 했다. 스무 살에는 시집 《오드와 발라드》를 출판해 루이 18세의 높은 평가를 받아 매년 1,000프랑의 연금을 받기도 했다.

1824년, 위고의 처녀 소설집 《아이슬란드의 한스》는 소설가 노디에의 칭찬을 받았다. 노디에와의 만남은 위고를 낭만주의로 전향하게 만들었고 점차 낭만파의 선두에 서게 되었다. 1827년, 위고는 자신의 극본 《크롬웰》을 위해 장편의 머리말을 썼는데 이것은 낭만파 문예 선언의 표지로 여겨지고 있다. 그는 머리말에서 공식화 하지는 않았지만 낭만주의의 문학 주장에 대해 구체적으로 표현했다. 또한 특별히 진선미와 악을 대비한 원칙을 내세우고

팔짱을 끼고 전방을 주시하는 위고의 모습에는 제왕의 풍모가 엿보인다. 그의 문학 작품은 참신한 내용과 인도주의 사상 및 풍부한 상상력을 담고 있다. 위고는 낭만주의 문학가로서 명성을 얻었다.

있다. 이 시기부터 위고는 청년 낭만주의 예술가의 핵심인물이 되었다.

1830년, 위고의 희곡 《에르나니》가 공연되었다. 공연은 성공을 거두었고 이것은 고전주의에 대한 프랑스 낭만주의의 결정적 승리로 손꼽히고 있다. 이때부터 낭만주의가 프랑스에서 점차 고개를 들게 되었다. 1832년, 위고의 장편 명작 《노트르담 드 파리》(노틀담의 꼽추라고도 함)가 출판되었다. 이 작품은 색다른 구조, 인물의 희극성, 천태만상의 인생에 대한 통쾌한 묘사 등 낭만주의의 각종 요소를 담고 있었다. 이 작품으로 위고는 유명한 소설가로서 명성을 얻게 되었다.

위고는 문학 창작에서 성공을 거둔 동시에 정치사상에서는 민주공화 쪽으로 기울었다. 그는 1841년에 상의원 의원으로 당선되었다. 1851년, 나폴레옹 3세의 황제 등극에 반대하는 투쟁이 실패하고 그는 장장 19년 동안의 망명생활을 시작했다. 위고는 망명

낭만주의 시기, 위고(오른 쪽에서 두 번째)는 아카데미 프랑세즈에 들어간 소수의 사람 중 한 사람이었다. 알프레드 백작은 일찍이 5번을 거절당했고, 뒤마(왼쪽에 손을 든 사람)는 결국 들어가지도 못했다.

시기에 《여러 세기의 전설》 및 《레미제라블》을 발표했다. 《레미제라블》은 위고의 사상과 예술적 풍격을 잘 드러내는 작품이다. 소설이 출판되기도 전에 이미 9개 국어로 번역이 되어 전 유럽과 미국을 뒤흔들었다. 위고의 문학적 풍격은 웅대하고 힘찼으며 강렬한 인도주의 사상과 인생에 대한 해박한 지식으로 가득했다. 1870년, 나폴레옹 3세가 무너지고 위고는 프랑스로 돌아왔다. 1874년, 그는 다시 자신의 또 다른 명작인 《93년》을 완성했다. 이것은 그가 계획한 '3부작'의 첫 부분이었으며 프랑스 대혁명을 전후로 한 전쟁 이야기를 다루고 있으나 남은 두 부는 더 이상 쓰지 않았다.

1881년 2월 26일, 60만 파리 시민들은 위고의 창문 앞에서 그의 여든 살 생일을 축하했다. 그는 1883년에 남긴 유언에서 가난한 사람들에게 5만 프랑을 주도록 했다. 또한 가난한 사람들의 운구차로 자신의 시신을 묘지까지 운구해 달라는 희망을 비쳤다. 위고는 1885년 5월 18일 세상을 떠났다. 프랑스 정부와 사람들은 그를 위해 웅대한 국장을 거행해 주었다. 프랑스와 전 세계 각지에서 온 200만 명이 행렬이 그를 팡테옹(국가를 빛낸 위대한 인물들을 위한 프랑스의 국립 묘지)까지 배웅했다. 그는 소설 《노트르담 드 파리》, 《레미제라블》, 《93년》 및 희곡 《에르나니》외에도 시 《가을의 나뭇잎》, 《정관 시집》, 《빛과 그림자》 등 많은 문학 작품을 남겼다. 위고는 영국의 워즈워드, 독일의 괴테와 함께 19세기 3대 낭만 시인으로 손꼽힌다.

명인
일화 위고는 창작에 몰두하기 위해 최대한 사교모임에 참석하지 않으려고 했다. 그러나 사교생활이라는 현실을 피하기는 어려웠고 지나친 사양은 사람들에게 오해를 불러일으켰다. 그래서 그는 자신의 머리와 수염의 반을 싹 깎아버려 외모를 망가뜨렸다. 이것을 빌미로 그는 집에서 창작에 몰두할 수 있었다고 한다.

안데르센
Andersen

동화의 제왕

생몰년 : 1805~1875년
국 적 : 덴마크
출생지 : 코펜하겐 오덴세
성 격 : 예민하고 관용적이며 열정적
신 분 : 작가, 동화의 제왕
가 정 : 가난한 가정 출신. 아버지는 제화공
         이었음

안데르센의 아버지는 구두를 만드는 사람이었지만 인생에 대한 열정으로 가득한 사람이었다. 아버지는 늘 잠자기 전에 어린 안데르센에게 《아라비안나이트》를 읽어 주었고 이것은 그에게 큰 영향을 미쳤다.

안데르센은 어려서 자선 학교에서 공부하며 견습공으로 일했다. 그는 아버지와 사람들이 들려준 옛날이야기로 문학에 대한 애정을 키워갔다. 열한 살 때 아버지가 병으로 돌아가시자 어머니는 새로 결혼을 하셨다. 그러나 새아버지는 무정한 사람이어서 열네 살의 안데르센은 홀홀단신 집을 떠나 코펜하겐으로 갔다. 코펜하겐에서 안데르센은 고관과 귀인들의 집을 찾아가 연기를 보여주는 것으로 생계를 유지했다. 8년간의 힘든 생활을 겪은 후 그는 시극(詩劇, 운문으로 쓰인 희곡)을 써서 재능을 나타냈다. 그는 왕실 예술극단의 도움으로 슬라겔세 라틴어 학교와 헬싱고르 학교에서 무료로 공부할 수 있게 되었다. 1828년, 안데르센은 코펜하겐 대학에

이것은 미국 센트럴 파크에 있는 안데르센의 동상으로 아이들을 위해 만든 것이다.

입학했다. 졸업을 하고 나서는 일을 찾지 못해 원고료로 생활했
다. 1838년, 안데르센은 작가 장학금 −국가에서 주는 200크로네
비공직자 보조금−을 받아 생활했다.

안데르센의 문학 일생은 1822년부터 시작되었다. 초기에는 주
로 시와 극본을 썼는데 그리 성공적이지는 못했다. 1833년에 장편
소설 《즉흥시인》을 출판하면서 안데르센은 비로소 명성을 얻었다.
또한 그때부터 동화를 쓰기 시작했는데 《어린이들을 위한 옛날이
야기》를 출판하면서 아이들의 환영을 받았다. 사람들은 안데르센
의 동화를 앞 다투어 읽었고 그의 새 작품을 목마르게 기다렸다.
그 후로 안데르센의 주된 창작물은 동화가 되었다. 그는 평생 동
안 총 168편의 동화를 썼다.

안데르센의 동화는 독창적이고 시적인 아름다움과 희극적인
유머를 지니고 있었다. 시적인 아름다움은 주로 찬미적인 동화에
서 드러났고 희극적인 유머는 풍자적인 동화에서 나타났다. 그의

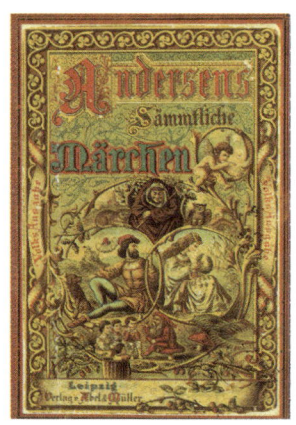

《안데르센 동화집》의 표지, 1895년

동화는 새롭고 재미있었으며 현실의 사람과 사건을 작품에 반영했다. 그는 평범한 인물, 억울한 사람, 고생하는 사람들부터 고귀한 국왕에 이르기까지 다양한 캐릭터를 그려냈다.

안데르센의 작품은 초기, 중기, 말기의 세 부분으로 나눌 수 있다. 초기 동화는 아름다운 환상과 낙천적인 정서가 가득하다. 또한 현실주의와 낭만주의가 결합된 특징을 지닌다. 대표작으로는 《부시통》, 《엄지공주》, 《인어공주》, 《들판의 백조》, 《미운 오리 새끼》 등이 있다. 중기 동화는 환상이라는 부분이 약해지면서 현실적인 면이 상대적으로 강해졌다. 악을 배척하고 선량함을 찬미하면서 아름다운 삶을 추구하고자 했다. 대표작으로 《성냥팔이 소녀》, 《백설공주》, 《어느 어머니의 이야기》등이 있다. 말기 동화는 중기에 비해 현실성이 더 강해졌으며 하층민의 고통스러운 운명을 묘사했다. 사회의 어둡고 차가운 부분을 표현하며 인간의 불평등에 대해 이야기했다. 대표작으로 《버드나무 아래에서의 꿈》, 《저 여자는 쓸모없다》, 《독신남의 나이트캡》 등이 있다.

유명해진 안데르센은 아이들의 친구가 되었을 뿐 아니라 유럽 각국의 국왕으로부터 귀빈으로 초청받았다. 이들은 그를 접견하고 가장 명예로운 훈장을 주기도 했다. 1872년 어느 날, 안데르센은 침대에서 떨어지는 바람에 크게 다쳤다. 결국 그는 회복하지 못하고 1875년 8월 4일 70세로 생을 마감했다.

링컨
Lincoln

노예를 해방시킨 지도자

생몰년 : 1809~1865년
국 적 : 미국
출생지 : 켄터키주 서부 호젠빌
성 격 : 부지런하고 꿋꿋하며 유머가 넘침
신 분 : 정치가
가 정 : 농민 가정 출신

링컨은 어려서 집이 가난해 정식 교육을 제대로 받지 못했다. 그러나 공부하기를 좋아해 기회만 있으면 다른 사람들에게 가르침을 구하며 독학으로 풍부한 지식을 쌓았다. 열아홉 살이 되었을 때, 링컨은 처음으로 바깥세상을 접하게 되었다. 그는 배를 타고 오하이오강을 따라 미시시피강으로 진입해 뉴올리언즈까지 갔다. 링컨은 여행 중에 흑인 노예의 비참한 생활을 보고 마음 아파했다. 그는 은연중에 기회가 온다면 노예 제도를 없애야겠다는 결심을 하게 되었다.

1830년, 링컨은 부모님을 따라 일리노이로 이사를 간 뒤 스스로 삶을 개척해 나갔다. 그는 성실히 일했기 때문에 '정직한 에이브' 라는 별명을 얻게 되었다. 그는 1834년 일리노이의 의원에 당선되었다. 2년 후에는 변호사 자격시험에 통과했다. 변호사 생활을 한 지 얼마 되지 않아서 그는 아름다운 메리와 결혼해 세 자녀를 두었다. 1854년, 공화당이 설립되자 링컨은 즉각 노

에이브라함 링컨은 미국의 16대 대통령으로 19세기 중엽 미국 북부 자본주의 민주파의 대표적 인물이다. 그는 노예제를 철폐하겠다는 분명한 기치로 국민들의 찬사를 받으며 남북 전쟁을 승리로 이끌었다. 링컨은 '새 시대 정치자의 모범' 이라는 칭송을 받고 있다.

뉴올리언즈 공격
전쟁 초기의 실패로 진통을 겪은 후 북부군은 강력한 반격을 시작했다. 전쟁의 형세는 점차 바뀌면서 북부군이 주도권을 잡아나갔다.

예제도의 철폐를 주장하는 이 당에 입당했다. 2년 후, 링컨은 공화당의 첫 전국 대표대회에서 부통령후보로 추대되었다. 당시 미국 남부와 북부는 노예제도의 철폐를 두고 격렬하게 대립하고 있었다. 양측의 대립은 매우 민감한 단계까지 진행되고 있었다.

1858년, 링컨은 일리노이 참의원 경선에서 《분열한 집은 설 수가 없다》라는 유명한 연설로 남과 북 두 제도(노예 제도와 자본주의 제도)의 공존을 '분열한 집'에 비유했다. 또한 국가의 통일을 이룩하고 싶다는 희망도 분명히 밝혔다. 링컨은 이 경선에서 패배했지만 매력적인 연설은 그의 명성을 전국에 알렸다. 1860년, 링컨은 마침내 미국 대통령에 당선되었다.

❦ 심금을 울리는 명인 한 마디

♠ 그저 한 번 넘어진 것에 불과하다. 죽어서 못 일어나는 것이 아니다.

링컨의 당선으로 남부의 농장주는 자신들의 이익에 큰 위협을 느꼈다. 1860년 12월, 남부의 남캐롤라이나주가 먼저 연방을 탈퇴하며 독립을 선언했다. 이어서 미시시피와 플로리다 등 노예를 많이 보유하고 있던 주들도 연방 탈퇴와 독립을 선언했다. 남부의 각 주들은 각기 자신들의 정권을 수립했다. 이들은 1861년 4월 12일 선전 포고도 없이 전쟁을 일으켰다. 연방 정부군이 주둔하고 있던 섬터 요새를 점령함으로써 미국 내전이 발발했다.

전쟁 초기에 북부군은 연전연패해 국민의 강한 불만을 샀다. 링컨은 노예제를 철폐할 때가 왔다고 판단했다. 1862년 9월, 링컨은 《노예해방선언》을 썼고 이듬해 1월 1일 정식으로 선포했다. 그 내용은 모든 주에서 노예제를 철폐하며 흑인 노예는 자유를 얻었다는 내용이었다. 이 법안은 국민들의 혁명적 열정을 불러일으켰고 북부군이 전세를 뒤집는 중요한 전환점이 되었다. 1864년 11월, 링컨은 대통령에 재당선되었다. 1865년 4월, 미국 내전은 링컨이 이끄는 연방정부의 승리로 끝났다.

그러나 전쟁의 승리가 링컨을 적대시하던 사람들이 사라졌다는 의미는 아니었다. 남부군이 항복을 선언하고 5일째 되던 날 밤, 링컨은 워싱턴의 포드 극장에서 연극을 보고 있었다. 링컨은 56세에 남부 노예주에게 매수된 저격수 부스에 의해 목숨을 잃고 말았다.

명인
일화 링컨이 변론을 위해 법정에 나갔을 때의 일이다. 상대 변호사는 간단한 논리를 이리저리 돌려가며 두 시간이 넘게 변론을 끌어 청중들이 모두 지루해하고 있었다. 링컨이 피고를 변호할 차례가 왔을 때 그는 변호대로 올라가 먼저 외투를 벗어 탁자에 놓았다. 그리고는 유리컵을 들어 물을 두어 모금 마신 후 다시 외투를 입었다. 그리고 다시 외투를 탁자에 벗어 놓고 물을 마신 후 도로 외투를 입었다. 이렇게 대여섯 번을 반복하고 나니 청중들은 포복절도하고 말았다. 링컨은 한마디도 않고 기다렸다가 청중들이 웃음을 멈추고서야 자신의 변론을 시작했다.

링컨의 정직성
링컨이 주 의회 의원 선거에 출마했을 때의 일이다. 당에서는 그에게 2백 달러의 선거 자금을 지원해 주었다. 그런데 링컨은 선거가 끝나자, 곧바로 199달러 25센트를 편지와 함께 당으로 되돌려 보냈다. 그는 편지에서 "선거 기간 중 나는 말을 타고 다녔으므로 비용이 전혀 들지 않았습니다. 다만 한 노인에게 음료수를 대접하느라 75센트를 지출한 것뿐입니다. 그래서 나머지 돈을 반납합니다."라고 했다. 링컨의 이러한 정직성은 당원들을 감동시켰고 결국 그는 대통령 후보로 추대되기에 이르렀습니다.

링컨의 복수
대통령에 출마한 링컨을 가장 괴롭힌 사람은 스탠턴이었다. 스탠턴은 미국 전역을 다니며 링컨을 헐뜯었다. 그는 링컨의 이름조차 부르지 않았다. "강마르고 무식한 자"라고 놀려댔다. 대통령에 당선된 링컨은 주위의 반대를 무릅쓰고 스탠턴을 국방장관에 임명했다.
"그는 나를 비난했지만 국방장관으로는 적임자다. 지도자는 공(公)과 사(私)를 구분할 줄 알아야 한다."
그 후 링컨이 암살당했을 때 자원해서 조사를 맡은 사람이 스텐턴이었다. 그는 울먹이며 링컨을 추모했다. "링컨은 역사적인 인물이다. 링컨의 사랑은 사람을 변화시키는 힘이 있다. 그는 이 시대의 위대한 창조자다." 링컨을 무식한 자라고 비난했던 그가 위대한 창조자라는 말로 링컨을 추모했다. 최선의 복수는 용서하는 것이다. 용서는 마음의 병을 치유한다.

다윈
Darwin

진화론의 창시자

생몰년 : 1809~1882년
국 적 : 영국
출생지 : 잉글랜드 노팅엄셔 엘스톤 홀
성 격 : 호기심 많고 부지런하며 신중함
신 분 : 박물학자
가 정 : 의사집안 출신으로 아버지도 명망
       높은 의사였음

다윈의 아내 에마 다윈은 천재적인 연주자였다. 만년의 다윈은 늘 집에서 아내가 연주하는 피아노 소리에 귀를 기울이곤 했다.

다윈은 여덟 살에 교회 학교에 들어가 공부했다. 그는 어려서부터 우표, 그림엽서, 광석, 동전, 동식물 등 이것저것 모으는 것을 좋아했다. 아홉 살이 되었을 때, 그는 문법학교에 들어가서 공부하게 되었는데 성적은 평범했지만 자신의 취미에는 더욱 몰두했다. 열여섯 살이 되었을 때 아버지는 그를 에든버러 대학에 보내 의학공부를 시켰다. 그러나 그는 수업 내용에 별 흥미를 느낄 수가 없었고 2년 후 케임브리지 대학에 들어가 신학을 공부했다. 아버지는 그가 장차 '존귀한 목사님'이 되기를 바랐다.

다윈은 케임브리지에서 지질학 교수인 세지위크와 식물학 교수 헨슬로우와 알게 되어 자연계를 관찰하고 연구하는 일을 더욱 좋아하게 되었다. 그러나 신학 공부에는 그다지 진전이 없었다. 다윈은 훔볼트의 《남아메리카여행기》와 헉슬리의 《자연철학서론》을 읽고 나서 자연과학 연구에 매진하기로 결심했다.

1831년, 다윈은 대학을 졸업하고 헨슬로우의 추천으로 박물학자의 신분으로 영국 정부가 조직한 군함

'비글호'를 타고 전 세계로 탐사를 떠났다. 그로써 그의 길고도 험난한 지구 탐사 여행이 시작되었다. 다윈은 도착하는 곳마다 진지하게 관찰하고 연구했다. 현 주민들을 방문하고 광물과 동식물 표본을 채집했으며 생물 화석을 채굴했다. 또한 기록에 없는 신종을 수집하며 많은 자료를 모았다. 그러던 중에 다윈은 각 종들의 다른 지역에서 보이는 변화 상황에 대해 알아냈다. 그는 차츰 《성경》의 '창세기'에 나오는 인류의 기원에 대해 의심하게 되었고 진화론에 대해 생각하기 시작했다. 이 지구 탐사는 1836년 10월에 끝났다. 영국으로 돌아온 다윈은 생물 진화론에 대한 근거를 찾기 시작했다.

1839년 그는 사촌 동생 에마와 결혼했다. 1859년 11월, 다윈은 20여 년에 걸친

다윈의 〈비글호 항해기〉

항해 중인 '비글호'

명인
일화
'비글호'가 브라질에 정박한 후, 다윈은 안데스 산을 올라 과학 관찰을 하고 있었다. 해발 4,000미터까지 올라갔을 때, 그는 뜻밖에도 산꼭대기에서 조개 화석을 발견했다. 다윈은 깜짝 놀랐다. '바다 속에 있어야 할 조개가 어째서 산꼭대기에 있는 걸까?' 고심 끝에 그는 지각 상승의 원리를 이해했고 나아가 다음과 같은 결론을 얻었다. "종은 변하지 않는 것이 아니라 조건의 변화에 따라 상응하는 변화를 거친다."

논술 키워드

종의 기원
코페르니쿠스의 지동설과 함께 다윈의 진화론은 인류의 자존심을 추락시킨 2대 이론으로 불리어지곤 하는데 기존의 천동설이나 창조론적 관점을 부정하였기 때문에 그 만큼 더 반향을 일으켰고, 수많은 반대에 부닥쳤다. C. 다윈(1809~1882)의 생물의 진화론에 관한 저서로서 전문 14장으로 구성되어 있으며, 변이의 법칙·생존경쟁·본능·잡종·화석·지리적 분포·분류학 및 발생학 등의 여러 면에서 자연선택설을 전개하고 있다. 1872년에 간행된 제6판이 최종판인데, 이때 과학적으로 제기된 여러 이론에 답한 새로운 한 장(章)이 제7장으로 추가되었다.

각고의 노력과 연구 끝에 대작 《종의 기원》을 정식으로 출판했다. 이 책에서 그는 생물은 계속해서 변화하고 있는 중이라며 '진화론'을 제기했다. 즉, 생물은 낮은 단계에서 높은 단계로, 단순한 것에서 복잡한 것으로 변화하고 있다는 설명이었다. 다윈은 자연 선택과 생물의 진화에 대한 관점을 실증을 들어가며 상세히 설명했다. 이 저서는 처음으로 생물학을 과학의 기초에 올려놓았으며 창조론을 뒤집으면서 진화론을 정식으로 확립했다.

다윈은 다시 그의 두 번째 저서 《사육동물의 변이》를 쓰기 시작했다. 그는 저서에서 진일보한 진화론에 대한 관점을 기술하며 종의 변이와 유전, 생존 투쟁과 자연 선택에 관해 중점적으로 기술했다.

《종의 기원》은 학술계와 사회에 큰 파장을 일으켰다. 다윈의 명성도 빠른 속도로 퍼져나갔다. 케임브리지 대학은 그에게 법학박사학위를 수여했고 성대한 학위수여식을 열어주었다. 여기서 다윈은 라틴어로 축하를 받았다. 1878년, 그는 프랑스 과학 아카데미의 식물학부 객원 회원이 되었고 같은 해 베를린 과학 아카데미의 객원 회원이 되었다.

1882 4월 19일, 다윈은 73세를 일기로 집에서 세상을 떠났다. 그는 웨스트민스터 사원에 뉴턴 등의 유명인사와 함께 잠들어 있다.

비스마르크

Bismarck

독일의 '철의 재상'

생몰년 : 1815~1898년
국 적 : 독일
출생지 : 프로이센의 쇤하우젠
성 격 : 냉혹하며 의지력이 강함
신 분 : 정치가
가 정 : 귀족 가문 출신. 아버지는 정부의 관원이었음

비스마르크는 천성적으로 총명하여 학업성적 또한 우수했다. 그러나 어려서부터 난폭한 성격으로 늘 다른 사람과 싸움을 벌이곤 했다. 그는 1832년, 괴팅겐 대학에 들어갔고 1년 반 뒤에는 베를린 대학으로 전입해 법률을 전공했다. 그는 역사와 외국어에 특히 관심이 많았다. 대학 시절의 그는 친구들과 28차례나 싸운 기록이 있다. 1835년 비스마르크는 대학을 졸업하고 베를린 법원에서 견습 서기로 일했다. 그러나 그런 자질구레한 일은 근본적으로 그의 성격에 맞지 않았다. 그는 늘 업무 시간에 말을 타고 산책을 나가고는 했다. 비스마르크는 1847년에 결혼했는데 부인은 독실한 종교인이었다. 비스마르크는 아내의 영향을 받아 점차 과거의 악습을 버리고 독실한 신도가 되었다.

결혼한 얼마 후 비스마르크는 프로이센 연방의회의 의원이 되어 정계에 입문했고 차츰 정치 신념을 형성해 나갔다. 그는 가장 좋은 정부 형식은 전제군주정만한 것이 없으며, 독일 연방은 반드시 프로이센이 통일을 이끌어야 한다고 생각했다. 1859년, 비스마르크

비스마르크는 1862~1890년 프로이센의 총리를 맡았다. 그는 시종 흔들리지 않는 신념으로 분열되고 낙후한 독일을 전 유럽에서 가장 강한 나라로 만들었다. 비스마르크는 수완 좋은 기회주의자이기도 했다. 그는 전쟁과 외교라는 두 가지 방법을 동원해 마침내 통일 독일의 목표를 이루었다.

1878년 베를린. 러시아, 오스트리아, 영국, 독일, 프랑스 등의 국가 원수들이 《베를린 조약》을 맺었다. 그림은 체격이 훤칠한 비스마르크가 러시아 대표와 악수를 하며 조약의 체결을 축하하는 장면이다.

는 주 러시아 공사로 임명되었고 1861년에는 주 프랑스 공사를 맡았다. 1862년, 그는 프로이센 수상 및 외교 대신이 되었다. 며칠 후, 그는 취임 첫 연설에서 유명한 '철혈정책'을 제시했다. 즉, '현재의 중대한 문제는 공허한 빈말이나 다수결의 원칙으로 해결할 수 있는 것이 아니다. 반드시 철과 피로서 해결해야 한다.'는 주장이었다. 비스마르크의 '철의 수상'이라는 별명은 이로부터 비롯된 이름이다. 그는 무력이 정치문제를 해결하는 가장 중요한 수단이라고 생각했다. 당시의 정치적 문제란 오스트리아를 몰아내고 독일 연방의 통일을 이루려는 것이었다.

비스마르크는 세 차례의 왕조 전쟁으로 통일 독일의 목표를 달성하고자 했다. 첫 번째는 1864년 프로이센과 덴마크간의 전쟁이었다. 이 전쟁으로 덴마크에 속해 있던 슐레스비히와 홀스타인의

🔍 심금을 울리는 명인 한 마디

♠ 정치는 역량이며 예술이다.

두 공국(주민은 대부분 독일 연방 사람이었다)을 독일로 편입시켰다. 두 번째는 1866년 프로이센 대 오스트리아 전쟁이었다. 이 전쟁에서 오스트리아를 독일 연방에서 몰아내고 프로이센을 중심으로 북부 독일 연방을 세우며 독일 연방의 북부와 중부를 통일했다. 세 번째는 1870년 프로이센 대 프랑스 전쟁(보불전쟁이라고도 한다)이었다. 이 전쟁으로 남부 통일을 저해하던 요소를 없애고 독일은 유럽에서 우뚝 일어서게 되었다. 강대국 프랑스는 스당전투에서 맥없이 무너졌고 황제 나폴레옹 3세는 포로로 잡혔으며 파리는 프로이센군이 점령했다. 1871년 1월 18일, 비스마르크는 프랑스 베르사이유 궁전에서 통일된 독일 제국의 성립을 선포했다. 프로이센 국왕은 독일 제국의 황제가 되었고 비스마르크는 제국의 수상이 되어 공작에 봉해졌다. 이로써 비스마르크는 19세기 하반기 유럽 정치 무대의 풍운아로 등장했다.

비스마르크는 독일을 통일한 후 안으로는 경제 발전에, 밖으로는 유리한 국제 환경을 만들기 위해 힘썼다. 또한 해외 진출을 꾀하는 정책들을 펼쳤다. 1888년, 빌헬름 2세가 독일의 황제가 되었다. 그는 아버지와 달리 야심만만하고 외고집인 사람이었다. 그는 비스마르크와 '정책의 주도권을 누가 쥘 것인가'하는 문제로 마찰을 빚었다. 1890년 3월, 빌헬름 2세는 비스마르크에게 사직서를 제출하도록 했고 비스마르크는 28년 만에 정치 무대에서 내려와야 했다.

1898년 3월 18일 비스마르크는 83세를 일기로 세상을 떠났다.

1871년 프로이센과 프랑스 전쟁 후기, 승리한 독일군이 파리 성벽 밖의 한 공터에 모여 있다.

마르크스 *맑스

Marx

무산계급 혁명의 지도자

생몰년	: 1818~1883년
국 적	: 독일
출생지	: 라인주 트리어
성 격	: 강직하고 끈기 있음
신 분	: 사상가, 철학자, 경제학자
가 정	: 유태인 그리스도교 가정

마르크스(과학적 사회주의 창시자)는 어려서부터 열심히 공부했고 혼자서 생각하기를 좋아했다. 그는 중학생 시절에 프랑스 계몽사상의 영향을 받아 인류의 행복에 대한 숭고한 이상을 품게 되었다. 1835년 중학교를 졸업하고 본 대학에서 법학을 전공했으며, 1년 뒤에 베를린 대학에서 다시 법학과에 들어갔다. 대학시절에 그는 법학 연구 외에도 역사, 철학과 예술 이론을 공부하며 헤겔 철학을 깊이 연구했다. 1841년, 마르크스는 철학 박사 학위를 받았다.

1842년 초, 마르크스는 첫 번째 정치 평론인 《프로이센의 서적 검열령 평가》를 썼다. 그는 이 글에서 언론출판 검열 제도를 비난하고 프로이센의 전제제도를 폭로했다. 같은 해 그는 《라인신문》에 기고를 시작했고 곧 편집장이 되었다. 그가 편집장이 된 후로 신문사는 점차 혁명민주주의적 성향을 띠게 되었다.

1843년, 마르크스는 어렸을 적 친구인 예니 폰 베스트팔렌과 결혼했고 그해 가을 파리로 이사했다. 그곳에서 그는 많은 노동 운동가들과 알게 되었고 자신의 과학

칼 마르크스는 세계 무산 계급 혁명의 지도자이자 과학적 사회주의의 창시자이다.

적 사회주의 사상을 형성해 나갔다. 1844년 8월, 엥겔스가 영국에서 파리로 와 마르크스를 방문했다. 두 사람은 그때부터 평생의 친구로 지내게 되었다.

1845년 1월, 마르크스는 프랑스 정부로부터 강제 출국 당해 브뤼셀로 갔다. 그는 그곳에서 《신성 가족》를 통해서 실천은 진리를 검증하는 유일한 표준이라고 주장했다. 그는 또한 엥겔스와 함께 집필한 《독일 이데올로기》에서 처음으로 체계적인 유물주의 역사관을 내세웠다. 즉, 물질자료의 생산은 사회 존재와 발전의 기초가 되며 사회의 존재는 사회의 의식을 결정한다는 것이다. 또한 생산관계는 반드시 생산력의 발전에 따라야 한다는 등의 주장이다.

독일 제1국제 지부가 제작한 사회주의 포스터

1847년 11월, 마르크스는 공산주의자 동맹 제 2차 대표회의에 참석해 엥겔스와 동맹 강령을 기초했다. 1848년 2월 《공산당 선언》이 정식으로 발표되었고 무산계급 혁명의 사상적 지침이자 행동 강령이 되었다.

마르크스의 혁명적 사상은 당시 유럽 전제국가에서 용인되기 어려운 것이었다. 이 때문에 그는 벨기에, 프로이센, 그리고 프랑스 정부로부터 강제출국 당했다. 1849년 마르크스는 런던에 이르게 되었는데 그는 런던에서 생에 가장 곤란한 시기에 봉착했다. 빈곤한 생활과 반대세력의 공격이 잇달았고 심지어 언론도 그에게 문을 닫아버렸다. 그러나 마르크스는 엥겔스의 도움으로 굳건하게 자신의 학설을 전파하고 적극적으로 노동 계급 혁명 운동에

논술 키워드

변증법적 유물론
모든 사물은 모순적인 국면의 충돌에 따라 지속적인 변화를 겪게 된다는 〈헤겔의 변증법〉과 물리적인 조건들을 관념의 상위에 두는 〈포이어바흐의 유물론〉을 결합시키는 방향으로 이루어지게 된다.

심금을 울리는 명언 한 마디

♠ 사람은 오로지 동시대인의 완전함과 그들의 행복을 위해 일할 때 비로소 자신의 완전함에 이를 수 있다.

마르크스와 엥겔스가 새로 인쇄한 신문을 읽어보고 있다. 마르크스의 지도와 도움으로 《라인 신문》의 발행량은 세 배로 늘어났고 프로이센의 최고 신문이 되었다.

가담했다. 또한 1867년 경제학 거작 《자본론》 제1권을 출판했다. 이 책에서 그는 자본주의 사회 경제의 운영 규율, 방식, 특징과 본질을 철저하게 해부했다. 마르크스 사상의 사회주의 학설은 이 책에서 체계적이고 논리 정연한 이론 체계로 자리잡게 되었다.

장기간의 빈곤한 생활과 긴장되고 과중한 일로 마르크스는 건강을 해치게 되었다. 1883년 3월 14일, 부인 예니가 세상을 떠나고 1년 뒤 마르크스도 런던에서 세상과 작별을 고했다. 그는 런던의 하이게이트 공동묘지에 안장되었다. 엥겔스는 추도문에서 과학적 공산주의의 창시자인 마르크스의 이론과 혁명 활동은 위대한 역사적 의의를 가진다고 평가했다.

파스퇴르
Pasteur

미생물학의 아버지

생몰년 : 1822~1895년	
국 적 : 프랑스	
출생지 : 프랑스 쥐라현	
성 격 : 자신감 있고 예지로움	
신 분 : 과학자	
가 정 : 평민 가정 출신. 아버지는 제혁업자	

파스퇴르는 집안 사정이 좋지 않아서 아홉 살에야 학교에 들어가 공부할 수 있었다. 파스퇴르는 열심히 공부했고 그림 그리기를 좋아해 가족들 모두가 그의 스케치 대상이 되고는 했다. 당시 프랑스 학생들은 사범대학이나 공과대학에 들어가 공부하고 싶어 했으며 특히 파리 대학을 선호했다. 그러나 집이 가난한 학생은 이런 학교에 들어가기가 매우 어려웠다. 파스퇴르의 부모님은 아들에 대한 희망이 컸으므로 차곡차곡 모아왔던 돈으로 파스퇴르를 파리 고등 사범대학(파리의 유명한 사범대학)에 보냈다.

1847년, 파스퇴르는 파리 고등 사범대학을 졸업하고 한 중학교에서 초급 물리학을 가르치게 되었다. 1년 뒤 스트라스부르 대학의 화학교수 대행으로 초빙되었다. 1849년, 파스퇴르는 스트라스부르 대학장의 딸인 마리 로랑과 결혼했다. 그때부터 파스퇴르는 화학과 미생물학을 연구했고 탁월한 성과를 거두었다. 프랑스 정부는 특별히 그에게 훈장을 수여하기도 했다. 1851년, 그는 릴 대

실험실의 파스퇴르. 그는 이타적인 과학자로서 인류의 고통을 없애기 위해 평생 노력을 다 바쳤다.

파스퇴르는 일생동안 무수한 발명과 발견으로 많은 영예를 안았음에도 불구하고 과학연구를 손에서 놓지 않았다. 그림은 연로한 과학자 파스퇴르가 실험실에서 일하는 모습이다.

학의 이과대 교수이자 학장으로 초빙되었다.

파스퇴르의 주요한 업적은 미생물학 분야에 있다. 뉴턴이 역학을 창시했던 것처럼 파스퇴르도 미생물학 영역을 개척했다. 그는 일생 동안 다음의 중요한 세 가지 문제를 증명해 냈다.

1. 발효는 세균의 작용으로 생기는 것이다.

파스퇴르는 처음에는 맥주 생산 공장의 부탁을 받고 연구를 하다가 발효작용은 일종의 세균의 증식으로 생겨난 것이라는 것을 발견했다. 그는 열을 가하는 방법으로 이런 맥주의 맛을 쓰게 만들어 골치를 썩이던 미생물을 죽였다. 이것이 오늘날 각종 식품과 음료에 광범위하게 쓰이는 '파스퇴르 살균법'이다. 또한 파스퇴르의 장기간에 걸친 연구로 상처가 곪는 것과 질병의 전염

🂡 심금을 울리는 명인 한 마디

♠ 뜻을 세우고, 일하고, 성공하는 것은 인류 활동의 3대 요소이다. 뜻을 세우는 것은 사업의 대문이고 일을 하는 것은 그것이 무르익어 가는 과정이다. 이 과정의 끝에는 그간 노력한 결과를 축하하기 위해 성공이 기다리고 있다.

이 모두 세균 때문이란 것을 알게 되었다. 이런 사실이 알려지면서 소독과 예방이 의학계에 널리 퍼지게 되었다.

2. 모든 전염병은 세균이 생체에 침입해 발생하는 것이다.

누에알에 침입한 세균을 발견하고 제거함으로써 파스퇴르는 프랑스의 실크 산업을 구해냈다.

3. 질병을 일으키는 박테리아를 특수하게 배양해 내면 독성을 없앨 수 있다. 이것을 이용해 질병을 막는 백신을 만들 수 있다.

그는 많은 질병이 모두 미생물에서 기인한다고 보고 세균이론을 세웠다. 그는 성공적으로 닭 콜레라 백신과 광견병 백신 등 수많은 백신을 만들었다. 그의 이론과 면역법은 의학계에 중대한 변혁을 일으켰다.

파스퇴르는 일생 동안 자신의 이론을 실천하며 인류의 생명을 구하려 힘썼다. 따라서 파스퇴르는 프랑스 사람들에 의해 '19세기를 대표하는 가장 위대한 사람'이 되었다. 1892년 12월 17일은 파스퇴르의 70회 생일이었다. 프랑스 정부는 그를 위해 성대한 축하연을 열어주었다. 프랑스 대통령 및 정부 요인, 각계각층의 사람들이 참석한 가운데 프랑스 대통령은 파스퇴르의 어깨를 부축해 식장에 들어섰다. 파스퇴르는 이 축하연에서 '파스퇴르의 70회 생신을 기념하며, 당신께 감사드리는 프랑스, 당신께 감사드리는 인류로부터'라고 적힌 기념패를 받았다.

1895년 9월 28일, 73세의 파스퇴르는 세상과 긴 이별을 고했다.

개에게 물려 광견병에 걸릴 경우 치사율이 매우 높았다. 광견병 백신이 나오기 전에 광견병 환자는 치료를 받지 못하고 죽을 수밖에 없었다. 파스퇴르의 발명은 많은 사람들을 병고로부터 벗어나게 해주었다.

톨스토이
Tolstoy

러시아 문학의 금자탑

생몰년	: 1828~1910년
국 적	: 러시아
출생지	: 야스나야 폴라냐
성 격	: 정직하고 끈기 있음
신 분	: 문학가
가 정	: 귀족 가문 출신. 아버지는 러시아 백작이었으며 어머니는 귀족의 후예였음

톨스토이는 부모님이 일찍 돌아가시고 고모와 가정교사의 교육을 받으며 자랐다. 그는 유년기에 매우 규칙적인 생활을 했다. 오전에는 독일어와 프랑스어를 배우고 오후에는 놀이와 미술을 즐겼다. 톨스토이의 집에는 규모가 큰 도서관이 있었다.

도서관은 할아버지와 아버지가 지어놓은 것으로 문학, 역사, 철학과 자연 과학 등 방면의 책들을 모두 보유하고 있었다. 톨스토이가 좋아하는 책은 러시아의 영웅 서사시와 《아라비안나이트》였고 시인 푸시킨을 가장 좋아했다. 1844년, 톨스토이는 카잔주립대학교에 들어가 공부하며 프랑스 계몽 사상가의 영향을 받았다. 그는 짜르의 독제와 농노제에 불만을 느끼고 1847년 학교를 그만두고 집으로 돌아왔다.

집으로 돌아온 뒤로 톨스토이는 평민들과 함께 생활하면서 농민들의 경작을 도왔다. 그러다가 나중에는 귀족 생활에 염증을 느껴 1851년에는 카프카스(코카서스라고도 한다. 영문식 표기)에서 병역에 지원했다. 이것은 그의 일생에 큰 전환점이 되었고

레프 니콜라예비치 톨스토이는 러시아의 소설가이자 도덕 철학이며 사회 개혁가였다. 그는 러시아인들이 가장 사랑하는 작가 중 한 사람이다. 톨스토이의 작품은 탁월한 진솔함과 사실주의, 깊이 있는 인물의 심리 묘사로 평론가들의 찬사를 받았다.

그때부터 예술적 재능을 나타내기 시작했다. 그는 자신의 경험을 바탕으로 《세바스토폴 이야기》를 완성했고, 《유년 시절》, 《소년 시절》, 《청년 시절》 3부작을 썼다. 또 《지주의 아침》 및 크리미아 전쟁을 배경으로 한 《카프카스》를 완성했다. 크리미아 전쟁 이후로 톨스토이는 육군 중위로 제대하고 수도인 상트페테르부르크로 갔다. 25세의 그는 그곳에서 많은 환영을 받았으며 고골리의 계승자로서 러시아 문학의 희망이 되었다. 뒤에 톨스토이는 국외로 여행을 떠났는데 폴란드, 프랑스, 스위스, 이탈리아, 독일 등을 여행하고 고향으로 돌아왔다. 1863년, 그는 궁정 시의 베르스의 딸인 소피아와 결혼했다. 그들은 서로 사랑하면서도 한편으론 고통스럽게 48년간의 결혼 생활을 이어갔다.

1869년, 톨스토이는 장편소설 《전쟁과 평화》를 완성했다. 이 작품은 러시아-프랑스 전쟁을 배경으로 4개의 귀족 가문의 생활상을 이야기했다. 이 책은 1805년에서 1820년에 이르는 기간의 러시아 사회의 중대한 변화를 반영하고 있다. 생생한 묘사와 웅대

톨스토이가 직접 경작하는 모습을 그린 유화

한 전쟁 장면 및 각양각색의 시대적 인물들이 어우러진 이 작품은 6년에 걸쳐 완성되었다. 이 책은 출판되자마자 문단에 큰 반향을 불러 일으켰고 수많은 언어로 번역되어 지금껏 많이 읽히고 있다. 1877년, 톨스토이는 두 번째 장편소설 《안나 카레니나》를 완성했다. 이 작품은 농촌 생활을 바탕으로 러시아 농노제 개혁 이후의 복잡한 사회관계를 반영하고 있다. 1899년, 그는 세 번째 장편소설 《부활》을 발표했다. 이 작품은 두 주인공 카츄사와 네플류도프의 애정을 그리며 독제와 압박에 시달리는 러시아의 사회 제도를 심도 있게 묘사했다.

톨스토이는 만년에 고민의 나날을 보내야 했다. 장성한 두 아들은 분분히 집을 떠났고 아끼던 아들 하나와 딸 하나는 죽고 말았다. 아내는 다른 사람들과 너무나 다른 이상을 지닌 톨스토이를 이해하지 못했다. 1910년 10월, 82세의 톨스토이는 집을 뛰쳐나갔다. 그는 추운 완행열차 안에서 그만 불행하게도 폐렴에 걸려 아스타보 역에서 내려졌다. 아내 소피아가 달려왔을 때 톨스토이는 이미 혼수상태였다. 임종이 가까워진 톨스토이는 이렇게 중얼거렸다. '진리…… 나는 모든 사람을 사랑했다.'

1910년 11월 7일, 이 뛰어난 재능과 숭고한 인격의 문학가는 결국 세상과 이별하고 말았다.

♣ 심금을 울리는 명인 한 마디

♠ 선인들이 한 모든 것을 흡수하고 그 다음에 앞으로 나가는 것, 이것이 바로 옳은 길이다.

노벨

Nobel

노벨상을 만든 폭탄제조의 대가

생몰년 : 1833~1896년
국 적 : 스웨덴
출생지 : 스톡홀롬
성 격 : 의지가 강함, 사색적
신 분 : 과학자
가 정 : 평민 가정 출신으로 아버지는 기술자였음

노벨은 네 살 때 온 가족이 핀란드로 이주했다. 여덟 살이 되었을 때는 다시 러시아의 상트페테르부르크로 이사했다. 그곳에는 스웨덴어 학교가 없었기 때문에 아버지는 노벨 삼형제를 위해 스웨덴 출신의 가정교사를 구했다. 가정교사는 학식이 뛰어나 노벨의 형제들에게 영어, 독일어, 프랑스어, 러시아어 등 각국 언어를 가르쳤다. 뿐만 아니라 과학 기술 지식도 함께 가르쳤다.

1850년, 아버지는 노벨을 미국으로 보내 기계를 공부하도록 했다. 2년 뒤, 노벨은 러시아로 돌아왔고 아버지의 공장에서 일했다. 아버지는 노벨이 엔지니어가 되기를 바랐다. 아버지를 도와 몇 년 동안 수뢰와 폭탄 만드는 일을 하던 노벨은 점점 폭탄을 연구하는 쪽으로 흥미가 기울었다.

1847년, 이탈리아 화학자 소브레로가 니트로글리세린을 발명했다. 이 글리세린은 의료용으로 사용할 수 있었으나 폭발성을 가지고 있었다. 소브레로는 니트로글리세린의 폭발성을 통제할 수 없어 연구를 중단했다. 노벨은 만약 니트로글리세린과 중국에서 발명한 화약을 섞으면 위력적인 폭탄을 만들 수 있을 것이라는 생각이 들었다. 그는 여기에 착안해 반복된 실험을 실시

노벨상 메달
노벨은 죽기 전 자신의 대부분 재산을 들여 노벨 기금회를 만들었다. 그는 매년 그 이윤으로 과학, 문학 및 세계 평화부문에서 특별히 공헌한 사람에게 노벨상을 수여하도록 했다.

노벨의 실험실

했고 결국 니트로글리세린 폭탄을 만들 수 있었다. 그러나 화약으로 니트로글리세린을 폭발시키는 일이 뜻대로 되지는 않았다. 노벨은 계속 연구하며 화약을 대체할 기폭제를 찾기 시작했다. 1864년 9월 3일, 노벨의 실험실이 큰 소리가 나면서 폭발했다. 이 폭발로 노벨의 동생을 포함한 조수 5명이 사망했다. 노벨은 당시 현장에 있지 않았기 때문에 죽음을 면할 수 있었다. 노벨의 아버지는 충격을 받아 반신불수가 되고 말았다.

그러나 이러한 재난도 노벨의 의지를 꺾을 수는 없었다. 그는 스톡홀름 교외의 마라렌 호수로 실험실을 옮겼다. 그는 호수에 배를 띄우고 연구를 계속했다. 그는 뇌산수은이 진동에 매우 민감해서 마찰이나 충격을 받으면 즉각 폭발을 일으킬 수 있다는 사실을 발견했다. 노벨은 수백 차례에 걸친 실험 끝에 이상적인 기폭장치인 뇌관을 만들어 냈다. 뇌관의 발명은 폭탄 제조의 중요한 돌파구가 되었다. 이것은 곧 폭탄 발명과 다름없는 중요한 의미를 지닌 것이다. 1865년, 노벨은 정식으로 니트로글리세린 공장을 열어 독일 함부르크 등지에 폭탄 회사를 세웠다. 당시 유럽은 공업이 한창 발전하던 시기로 개간, 도로 건설, 탄광 개발 등 분야에서 폭탄이 필요했다. 따라서 그의 회사에는 주문서가 폭주했다. 그러나 니트로글리세린은 작은 진동에도 불안정하다보니 운반 중 폭발 사고가 자주 일어났다. 한번은 니트로글리세린을 가득 실은 '유러피언' 호가 대서양을 건너다가 큰 폭풍우를 만났다. 배는 심하게 흔들렸고 니트로글리세린이 폭발하는 바람에 모든 것이 바다 밑으로 가라앉고 말았다. 결국 각국 정부는 노벨의 폭탄 운송을 엄격히 금지했다.

노벨은 폭탄을 안전하게 운송할 방법을 찾아내기로 결심했다. 그는 힘든 연구로 수많은 좌절을 겪은 후에 마침내 다이너마이트, 폭발성 젤라틴, 발리스타이트를 차례로 발명했다.

노벨은 일생 동안 255개의 특허권을 따냈는데 그중 129개가 폭탄과 관련된 것이다. 그는 영국, 미국, 프랑스, 러시아, 이탈리아, 독일 등 10여개 국가로 공장을 확장해 나가 당시 세계 최고의 부호가 되었다. 노벨은 평생 결혼을 하지 않아 자식이 없었다. 1895년 11월 27일, 노벨은 자신의 재산 920만 달러를 은행 기금으로 예치하라는 유서를 작성했다. 아울러 이 기금의 이윤으로 매년 세계의 평화, 문학, 물리, 화학, 생리, 의학 분야에 뛰어난 공헌을 한 사람들에게 상으로 주도록 했다. 이것이 바로 세계적으로 유명한 노벨상이다.(1968년에 노벨 경제학상이 추가되었다.)

1896년 12월 10일 노벨은 63세를 일기로 세상을 떠났다.

논술 키워드

노벨상의 종류
생리의학상, 물리학상, 경제학상, 화학상, 평화상, 문학상 등의 6개 해당하는 분야에 걸쳐 매년 수여한다. 노벨상은 세계에서 가장 권위 있는 국제 문화상인 셈이다.

실험실에서 일하고 있는 노벨
그가 발명한 폭탄은 인류에게 큰 공헌을 했지만 재난을 초래하기도 했다.

뢴트겐

Rontgen

엑스선(X-Ray)의 발견자

생몰년 : 1845~1923년
국　적 : 독일
출생지 : 프로이센의 레네트
성　격 : 강직하고 겸허함
신　분 : 과학자
가　정 : 중산층 출신. 아버지는 상인이었음

뢴트겐은 어려서 부모님과 함께 라인 강을 지나 네덜란드의 큰 도시인 위트레흐트로 왔다. 그는 위트레흐트에서 초등학교와 중학교를 다녔다. 뢴트겐은 어려서 운동을 좋아하고 장난꾸러기였으며 학교 성적은 중간쯤이었다. 한 번은 친구를 돕다가 선생님의 오해를 사서 퇴학을 당한 적도 있었다. 그래서 그는 중학교 졸업장을 받지 못했다. 1865년, 뢴트겐은 스위스 취리히 공과 대학에 입학해 그곳에서 베르타를 알게 되었다. 1869년에 대학을 졸업한 뢴트겐은 쿤트교수의 조수가 되었고 1871년에는 베르타와 결혼했다.

뢴트겐은 빠른 시간 안에 연구 성과를 거두어 1874년 스트라스부르크 대학의 강사를 맡게 되었고 후에 다시 교수가 되었다. 그곳에서 뢴트겐은 쿤트교수와 함께 직접 만든 측정 장치로 '빛'과 '자기'의 관계를 명확히 연구해냈다. 1879년, 그는 독일 기센 대학교 물리학 교수와 물리연구소 소장을 지냈다. 이 시기에 뢴트겐은 이미 독일 물리학계의 권위 있는 인사가 되어 있었다. 그는 패러데이에 앞서 '뢴트겐 전류'를 증명해 냈다.

1894년, 뢴트겐은 뷔르츠부르크 대학의 교장이 되었고 음극선

뢴트겐은 엑스선을 발견해 영상학을 개척했다. 이것은 의사들이 칼을 대지 않고도 신체 내부의 병변을 알 수 있게 해주었다. 현대 의학은 이로써 새로운 혁명을 맞게 되었다.

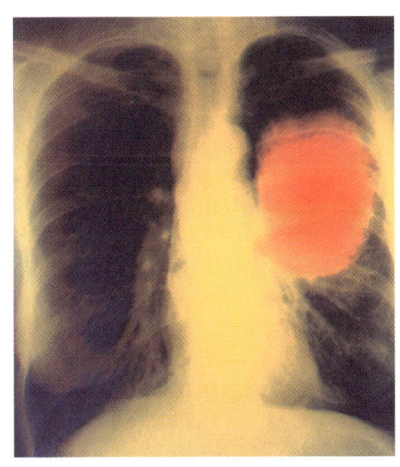
엑스선의 발명으로 인체 내부의 구조를 볼 수 있게
되었다.

을 연구하기 시작했다. 이 과정에서 그는 엑스선을 발견한 것이다.

일찍이 1861년 영국 과학자 윌리엄 크룩스는 음극선관에 전기를 통과시켜 방전으로 생겨난 광선을 발견하여 찍어 보았다. 그러나 현상한 후 아무 것도 찍히지 않은 것을 발견했다. 크룩스는 몇 번이고 다시 반복했지만 결과는 마찬가지였다. 결국 크룩스는 위대한 발견의 기회를 놓치고 말았다. 1895년, 뢴트겐도 이 현상을 발견하고는 7일 동안 계속 실험했다. 그는 검은 종이로 크룩스관을 싸고 방을 캄캄하게 만들었다. 뢰트겐은 전류가 통과할 때 2미터 밖의 시안화백금바륨을 칠한 종이가 형광을 내는 것을 발견했다. 전기가 끊기고 난 후에 형광은 사라졌다. 뢴트겐은 이것이 눈으로는 볼 수 없는 광선이며 종이와 알루미늄 등 밀도가 작은 물질은 통과할 수 있지만, 납 같은 밀도가 높은 물질은 통과할 수 없다는 사실을 알아냈다. 그리고 크룩스관과 시안화백금바륨 종이 사이에 손을 뻗었을 때 뼈 그림자가 비친다는 것을 우연히 발견했다.

뢴트겐은 새로 발견한 광선을 엑스선이라고 불렀다. 12월 28일, 뢴트겐은 뷔르츠부르크 물리·의학 학회지에 엑스선의 사진

사람들은 엑스선으로 신체 내부에 숨어 있는 병을 발견할 수 있게 되어 적시에 필요한 치료를 받을 수 있게 되었다. 그림은 뢴트겐이 엑스선을 이용해 어린이의 몸을 검사하고 있는 모습이다.

을 첨부한 논문《새로운 종류의 광선에 관해서》를 발표했다. 뢴트겐의 발견은 즉각 전 세계를 뒤흔들어 놓았다. 독일 황제 빌헬름 2세는 즉각 뢴트겐을 접견하고 바이에른 왕관 공로훈장을 내렸다.

뢴트겐은 인품이 고상했고 영예와 금전에 초연했다. 1901년, 그는 최초의 노벨 물리학상 수상자가 되었다. 그러나 그는 스웨덴 수도 스톡홀롬으로 가서 노벨상을 받을 때 식장에서의 연설을 사양했으며 각종 초청에도 거절한 채 독일로 돌아왔다. 아울러 상금은 모두 뷔르츠부르크 대학 연구기금으로 내놓았다. 많은 상인들이 고가로 엑스선의 특허권을 사들여 폭리를 취하려 했으나 뢴트겐은 모두 거절했다.

뢴트겐의 위대한 발견으로 사람들은 물질의 내부를 투시해 볼 수 있는 신비의 열쇠를 손에 쥐게 되었다. 또한 그의 발견은 과학자들에게 원자와 분자의 결합에 대한 많은 정보를 제공해 주었다. DNA의 구조 등과 같은 중대한 발견도 모두 엑스선의 사용과 밀접한 관련이 있다. 아울러 엑스선의 의학적 응용으로 수많은 생명을 구해냈다.

1923년 2월 10일, 뢴트겐은 78세로 세상을 떠났다. 사람들은 뢴트겐이 엑스선을 발견한 집에다 뢴트겐 기념관을 세워 인류를 위해 남긴 위대한 공적을 기리고 있다.

로뎅
Rodin

근대 조각의 시조

생몰년	: 1840~1917년
국 적	: 프랑스
출생지	: 파리
성 격	: 끈기 있고 반항적이며 완벽주의자
신 분	: 예술가
가 정	: 평민 가정 출신. 아버지는 경찰국 임시직 직원, 어머니는 가정주부였음

로뎅은 어려서부터 미술은 좋아했지만 다른 과목의 성적은 형편 없었다. 아홉 살 무렵에는 그림에 심취해 학교에서 도망치기도 했다. 결국 누나 마리가 자신이 번 돈으로 로뎅의 숙식비를 대주며 무료 미술 학교인 파리 미술 공예 학교에 보냈고 그의 예술생애는 그때부터 시작되었다.

로뎅은 그곳에서 평생 존경하며 따랐던 스승 르콩드 보이보드라오(Leconde Boisbaudrao)를 만나게 되었다. 르콩드 보이보드라오는 평범한 미술 교사였지만 로뎅의 예술 감각을 키워주고자 했으며 교칙에 얽매이지 않도록 해주었다. 스승의 지도는 로뎅의 일생에 큰 영향을 미쳤다.

이 기간에 그는 종종 루브르 박물관에 가서 대가들의 그림을 모사하고는 했다. 그러나 그는 유화 안료를 살 돈이 부족해 조각반으로 옮겼고 그때부터 조각

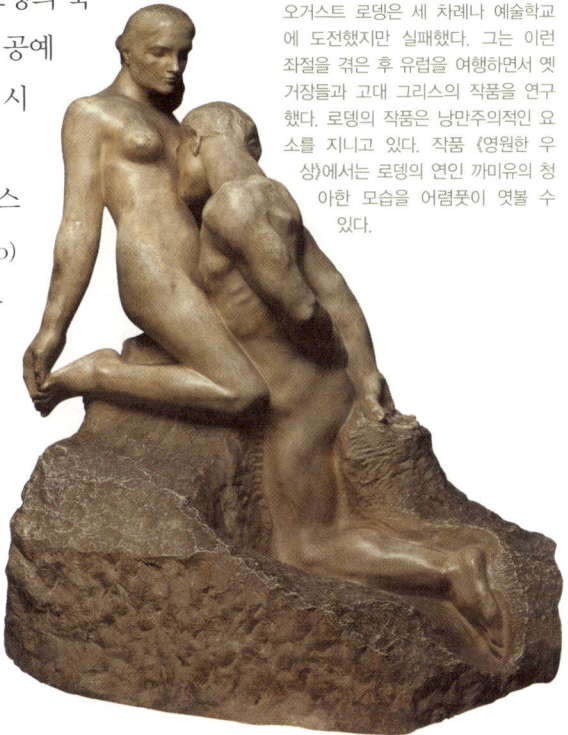

오거스트 로뎅은 세 차례나 예술학교에 도전했지만 실패했다. 그는 이런 좌절을 겪은 후 유럽을 여행하면서 옛 거장들과 고대 그리스의 작품을 연구했다. 로뎅의 작품은 낭만주의적인 요소를 지니고 있다. 작품 《영원한 우상》에서는 로뎅의 연인 까미유의 청아한 모습을 어렴풋이 엿볼 수 있다.

을 좋아하기 시작했다. 1857년, 로뎅은 국립 미술 전문학교(에콜 데 보자르)에 지원했다. 그러나 3년 연속 낙방하고 말았다. 이후 그의 누나는 실연으로 수녀원에 들어가 버렸고 1862년에 세상을 떠났다. 미술학교 낙방과 사랑하는 누이와의 이별이라는 이중의 고통 속에서 로뎅은 비통해하며 누나가 그랬던 것처럼 수도사가 되기로 결심했다. 선량하고 사리에 밝은 수도원 원장 에마르 신부는 로뎅에게 수도원에서 나와 계속 조각을 하며 주님께 봉사하라고 권했다.

로뎅은 신부의 설득으로 다시 수도원을 나오게 되었다. 그 후 로뎅은 극장에서 장식용 조각을 만들거나 루브르 박물관 복도에 장식할 부조를 만들면서 지냈다. 이 시기에 그는 젊은 재봉사 로즈 뵈레를 알게 되었고 얼마 후 그들은 부부가 되었다. 1864년, 로뎅은 코가 내려앉은 거지를 모델로 한 《코가 이그러진 남자》를 발표했다.

《영원한 청춘》

로뎅은 작품의 표현력에 중시하며 창작했다. 그는 자신이 추구하는 바를 작품 속에 그대로 담아내어 조각 예술을 하나의 강력한 언어로 만들었다. 이런 예술적 사상은 미켈란젤로가 만년에 간절히 추구했었으나 300여 년 만에야 로뎅이 작품 속에서 적용했던 것이다. 그러나 이 조각은 당시에는 인정받지 못했다. 1875년, 로뎅은 이탈리아로 여행을 떠나 미켈란젤로의 작품에서 큰 영감을 얻고 현실주의의 창작 기법을 확립하게 되었다.

1876년, 로뎅은 대형 인체 석고상인 《청동시대》와 《설교하는 세례자 요한》을 완성했다.

이들은 1880년 파리의 살롱에서 함께 전시되었으며 동시에 룩셈부르크 박물관에 전시되었다.

로댕은 일생을 노력해 미켈란젤로 이후 최고의 경지에 이른 예술가이자 뛰어난 낭만주의 조각의 대가가 되었다. 로댕의 위대함은 그의 작품을 대하는 의식에만 있는 것이 아니다. 그의 작품은 낭만파에서 쉽게 볼 수 있는 천박함이나 공허함, 거짓과 같은 폐단이 보이지 않는다. 그의 작품은 사람의 마음을 움직일 뿐 아니라 생각을 깨우기도 한다.

로댕은 위대한 조각가의 한 사람이었으며 동시에 위대한 스승이기도 했다. 그의 학생이나 조수들은 예술적으로 로댕의 영향을 많이 받았다. 그러나 로댕은 결코 예술적 관점으로 학생들을 옭아매지 않았다. 따라서 그의 제자들은 자신만의 독창적인 분위기를 지니며 재주가 남달랐다. 그러나 로댕은 살아서는 학원파의 공격과 조롱을 감내해야 했다. 그의 《청동시대》, 《생각하는 사람》, 《위고》, 《칼레의 시민들》과 《발자크》 등의 작품은 너무나 새로운 창작 기법을 사용해 논란의 대상이 되었다.

1917년 2월, 로댕의 아내 로즈 뵈레가 세상을 떠났는데 병들고 허약해진 로댕도 충격을 견디지 못하고 그 해 11월 17일 세상과 하직하고 말았다. 그의 나이 77세였다. 로댕과 그의 두 제자 마이욜과 부르델은 유럽 조각의 '3대 거장'으로 불린다.

《신의 손》, 로댕은 능숙한 솜씨로 굵은 관절과 가느다란 손가락을 가진 큰 손을 만들어냈다. 날렵하면서도 힘 있는 손바닥 한 가운데서 혼돈을 탈피해 살과 피, 영혼을 가진 생명이 탄생하고 있다.

🔍 심금을 울리는 명인 한 마디

♠ 우리의 삶은 아름다움이 부족한 것이 아니라 발견하지 못할 따름이다.

에디슨
Edison

생몰년 : 1847~1931년
국 적 : 미국
출생지 : 오하이오 주의 밀란
성 격 : 호기심 많고 성실하며 겸손함
신 분 : 과학자
가 정 : 평민 가정 출신. 아버지는 제재소 운영, 어머니는 초등학교 교사

발명의 왕

손에 전구를 들고 있는 에디슨이 실험실의 작업대에 비스듬히 기대 서 있다. 이 실험실은 뉴저지의 시골에 있던 것으로 에디슨이 직접 지은 것이다. 그가 자신의 모험적 사업을 위해 투자할 사람을 찾고 있을 때, 그의 스스로와 발명에 대한 자신감은 학벌적인 단점을 상쇄하고도 남을 정도였다. 에디슨은 놀라운 정신력과 식지 않는 열정으로 결국 성공할 수 있었다.

에디슨은 어려서부터 호기심이 많아 주변에서 궁금한 것이 있으면 끝까지 캐내어 알아냈다. 어른들이 만족할 만한 답을 해주지 않으면 스스로 해결 방법을 찾고는 했다. 에디슨은 여덟 살에 학교에 들어갔으나 3개월 만에 '저능아'라는 이유로 학교에서 쫓겨났다. 에디슨은 늘 선생님을 당황스럽게 만드는 질문을 했다. 예를 들면 2 더하기 2는 왜 4가 되는지 등의 질문이었다. 에디슨의 이런 질문들은 선생님을 당황하게 만들었지만 정작 자신은 깨닫지 못했던 것이다. 부모님은 하는 수 없이 그를 집으로 데리고 올 수밖에 없었다.

집으로 돌아온 후 어머니는 에디슨의 선생님이 되어 주었다. 어머니의 지도로 에디슨은 독서에 심취하게 되어 8살 때 이미 셰익스피어, 홉킨스의 명작과 많은 역사 서적 등을 읽었다. 아홉 살에는 파커의 《자연과 실험철학》 같은 비교적 어려운 책들을 빠른 속도로 읽어나갔다.

열두 살이 되던 해 그는 열차에서 신문을 팔기 시작했다. 에디슨은 신문팔이에 만족하지 않고 차량의 작은 방을 하나 빌려 간단한 인쇄기를 구입했다. 그러고는 스스

로 신문을 만들어 인쇄해 팔기 시작했다. 에디슨은 이렇게 해서 벌어들인 돈으로 화학 용품들을 사들였다. 열차의 작업실에서 실험을 하기 시작했다. 한번은 화학약품에 불이 붙는 사고가 발생했다. 그로 인해 그가 사용하던 실험 용품들은 전부 창밖으로 던져졌으며 심하게 뺨을 맞았다. 그로 인해 에디슨은 한 쪽 귀가 안 들리게 되었다. 에디슨은 열다섯 살 때 철로 변에서 우연히 역장의 아이를 구해주게 되었다. 역장은 에디슨에게 감사를 표하며 철도 전신기술을 가르쳐 주었다. 또 철도 공사에 전신수로 에디슨을 추천해 주었다. 에디슨은 새로운 인생의 여정을 걷기 시작했다.

1869년, 에디슨은 뉴욕으로 갔다. 거기서 자신이 가장 익숙한 기술을 이용해 통신소에서 전보기계를 관리하는 일을 맡게 되었다. 오래지 않아서 그는 새로운 전보 기계를 발명했다. 그의 발명은 현대 전보업의 발전을 촉진했다. '청년 발명가 에디슨' 의 이름

명인
일화 에디슨은 어렸을 때 책에서 기구가 하늘을 나는 원리를 보고 공기만 있으면 하늘을 날 수 있다고 생각했다. 그래서 주석산 가스를 친구에게 먹였다. 그는 친구가 하늘을 날아오를 것이라고 생각했으나 생각과는 달리 친구는 기절해 버렸다. 에디슨의 부모님은 친구네 집으로 사과를 하러 가야만 했다.

캐나다 토론토 시내 중심가의 야경. 사람들은 여러 분야에서 전기의 힘에 의존하고 있다. 전구의 발명과 발전으로 인류의 밤은 더욱 번화해졌다.

축음기의 발명은 인류의 정신문명을
더욱 풍요롭게 만들어 주었다.

에디슨이 발명한 축음기

이 전국으로 빠르게 퍼져갔다. 그때 에디슨의
나이는 겨우 스물여섯이었다. 1876년, 에디슨
은 뉴욕 부근의 먼로 공원에 규모가 큰 공장용
실험실을 차렸다. 그는 벨이 발명한 전화를 발전시켜 실제 사용이
가능하게 만들었다. 그는 계속해서 축음기, 전구, 영화 촬영기와
영사기 등을 발명해 나갔다. 그의 회사는 1903년 첫 드라마 《대열
차 강도》를 만들었다. 이후 에디슨은 많은 상업적인 회사들을 차
렸다. 그 회사들은 나중에 합병되어 에디슨 제너럴 전기회사가 되
었고, 나중에 다시 제너럴 일렉트릭으로 이름을 바꾸었다. 에디슨
은 알칼리 내장 전지를 발명하고 무성영화를 탄생시켰으며 고무
대용식물을 찾기도 했다. 1896년부터 1910년까지 41년 동안 에디
슨은 총 1,328개의 발명 특허를 획득했다. 평균 열흘에 하나씩을
발명한 셈이었다.

1931년 10월 18일, 에디슨은 향년 84세로 세상을 떠났다.

🔍 심금을 울리는 명인 한 마디

♠ 천재란 1%의 영감과 99%의 땀이다.
Genius is one percent inspiration, ninety–nine percent perspiration.

반 고흐
Van Gogh

후기 인상파의 거장

생몰년	1853~1890년
국 적	네덜란드
출생지	프로트 준데르트
성 격	다정하고 허약하며 고집스러움
신 분	예술가
가 정	목사 가정 출신. 아버지는 목사

빨강 머리의 어린 반 고흐는 사람들에게 귀여움을 받던 아이였다. 그는 고향에서 초등학교를 마치고 1866년 제벤베르겐의 중학교에 들어갔는데 2년간 다니다가 그만두었다. 1869년, 네덜란드 헤이그의 한 공예품 상점의 도제로 들어갔고, 4년 후에는 런던의 작은 분점에서 일하게 되었다.

1878년, 그는 목사가 되어 벨기에 남부의 탄광도시인 보리나주로 갔다. 반 고흐는 그곳에서 자신의 옷을 광부들에게 벗어주고 얼굴에는 탄칠을 해가며 그들과 함께하고자 했다. 아울러 광부들의 처우 개선과 환경 개선을 위해 노력했다. 그러나 그의 업무에 대한 '지나친 노력'은 도리어 목사직을 그만두게 만들었다. 그때부터 고흐는 체계적으로 그림을 배워 훌륭한 화가가 되기로 결심했다. 세계 예술사상 고흐의 창작 기간은 비록 짧았지만 그가 그린 작품 수는 상당히 많았다. 오늘날까지 남아서 내려오는 것만 소묘 900여 점과 유화 800여 점을 포함해 총 1,700여 점에 이른다.

1882년 7월 6일, 고흐는 동생 테오에게 쓴 편지에서

반 고흐는 19세기의 탁월한 회화 예술가 중 한 사람이다. 그는 결코 분별없고 무모한 천재가 아니었으며 그의 열정 가운데는 강렬한 자기 억제가 숨어 있었다. 그는 미술을 깊이 함양해 광대한 지식을 가지고 있었다. 사람들은 그가 남긴 수백 통의 편지에서 거장의 깊은 예술적 교양을 느낄 수 있다. 그림은 고흐가 그린 《파이프를 물고 있는 자화상》이다.

처음으로 자신에게 나타난 심리적 변화에 대해서 묘사했다. 놀라운 것은 고흐가 자신의 정신병 증세를 너무나도 분명하게 분석하고 있다는 점이다. 비록 고흐가 왜 정신병에 걸렸는지는 정확히 알 수 없지만 두 번에 걸친 실연의 기억은 그에게 큰 충격을 주었을 것이라는 점은 분명하다.

1885년 고흐는 네덜란드를 떠났고 이듬해에는 파리에 도착했다. 그는 그곳에서 많은 화가들을 만나 인상파와 점묘법의 영향을 받았으며 자신의 작품에 적용하기 시작했다. 고흐의 작품은 독창적인 분위기를 풍긴다. 그는 전통적인 회화에 나타나는 전형적인 색조를 벗어나 자신의 상상에서 나온 독특한 색채를 구사하고 있다. 따라서 이런 색채는 작품에서 상징적 가치와 계몽성을 더욱 짙게 만들어 주었다.

1888년 2월, 고흐는 아를로 가서 남부 인상파 화가들의 모임을 조직하고자 했다. 그는 그곳에서 자신을 잊은 채 일에 몰두했으나

〈아를의 도개교〉

논술 키워드

임파스토 기법
인상파와 점묘법의 영향을 받아 고흐 자신만의 특유한 화풍을 개발하였는데 그의 작품(유화) 대부분에서 "그림 물감을 두껍게 칠하는 기법"이 나타난다. 아마도 에칭이나 명암효과로 유명한 렘브란트의 영향을 받았던 것 같다.

정신병 증세가 깊어지기 시작했다. 1888년 12월 23일, 친구 고갱과 격렬한 다툼 끝에 그는 면도칼로 자신의 오른쪽 귀를 잘라버렸다. 이후로 그의 정신병은 점점 더 빈번히 발작했다. 1889년 5월, 반 고흐는 성레미 정신병원에 입원했지만 그림에 대한 열정만큼은 결코 시들지 않았다. 1890년 5월, 반 고흐는 성레미 정신병원을 나와 파리로 갔고 한 카페에 방을 얻어 의사 가세로부터 치료받았다. 1890년 7월 27일 일요일, 고흐는 한 농가로 가서 권총을 자신의 배에 대고 쏘았다. 그리고 무거운 발걸음으로 자기 방으로 돌아와서는 이틀 뒤 새벽, 37세의 나이로 세상과 영원한 이별을 하고 말았다.

〈까마귀가 나르는 보리밭〉
이것은 반 고흐가 남긴 마지막 작품이다. 낮게 깔린 어두운 하늘과 놀라서 날아가는 까마귀떼 그리고 강렬한 동세가 느껴지는 보리밭이 어우러져 있다. 이 작품은 고흐가 자살하기 전에 느꼈을 당황스러움과 절망적인 심경을 사실적으로 반영하고 있다. 눈여겨 볼 것은 고흐의 대부분 작품에는 선명한 노란색이 사용되고 있다는 점이다.

🔍 *심금을 울리는 명인 한 마디*

♠ 지도에서 도시나 마을을 가리키는 검은 점을 보면 꿈을 꾸게 되는 것처럼, 별이 반짝이는 밤하늘은 늘 나를 꿈꾸게 만든다.

−테오에게 보내는 편지(1886년)−

반 고흐의 작품 세계

진한 주황색의 해바라기는 복잡하면서도 한 덩어리의 불처럼 아름답게 그려져 있다. 색의 불균형 속에 붓끝을 힘 있게 화폭에 찍어 눌렀다. 화면에서 붓의 방향은 사방으로 평탄하게 향하고 있는 것을 어렴풋이 볼 수 있다.

대나무 바구니를 짜듯이 종횡으로 교차한 터치가 엿보인다. 단순한 배경을 치즈 같은 노란색으로 바구니를 짜는 듯한 터치를 이용해 표현함으로써 독특한 질감을 보여준다.

안료를 듬뿍 묻힌 붓을 힘 있게 눌러 그렸다. 붓이 지나간 곳은 양쪽으로 눌려서 높이 올라가 마치 바퀴가 지나간 듯 깊은 흔적을 남기고 있다.

화병의 위아래 색깔은 배경과 정 반대로 매우 평면적으로 보인다. 화면이 거의 평면으로 보이기 때문에 마지막으로 두터운 흰 색으로 하이라이트를 표현해줌으로써 입체감을 주었다.

줄기를 그릴 때는 좌우 대칭을 이루어 평탄하게 칠했다. 입체감이 나타나지는 않지만 작가의 의도가 엿보인다. 화면의 세세한 부분까지 일종의 방향감이 느껴진다.

이 서명은 다른 작품에서 보이는 것과는 사뭇 다른 색으로 다른 위치에 쓰여 있다. 서명은 화분의 형태를 따라 쓰여 화면의 경계를 이루며 화면 구성의 중요한 부분을 차지하고 있다.

이렇게 진한 색으로 마지막에 윤곽을 표시하는 방법은 동양화의 밀화에서 마지막에 윤곽을 표현하는 기법과 같다. 단지 이 작품에서는 처음부터 끝까지 세밀하게 윤곽을 그린 것이 아니라 필요한 곳에만 비백(먹을 적게 하여 붓 자국에 흰 잔줄이 생기게 쓰는 서체)하듯 몇 줄을 그려 화병이 배경에서 돌출되어 보이게 했다.

Vincent

프로이트

Freud

정신 분석학의 창시자

생몰년	: 1856~1939년
국 적	: 오스트리아
출생지	: 모라비아(현 체코)의 프라이베르크
성 격	: 유머가 넘치고 반항적이며 의지가 굳음
신 분	: 과학자, 사상가, 심리학자
가 정	: 유태인 가정 출신 아버지는 상인이었음

프로이트의 가족은 그가 네 살 때 오스트리아 수도 비엔나로 이사했다. 프로이트는 그곳에서 초등학교와 중학교를 우수한 성적으로 마쳤다. 1873년, 프로이트는 빈 대학 의학부에 들어갔다. 1876년부터는 유명한 생리학자 에르베르트 폰 브뤼케의 지도 하에 연구에 종사했고 1881년에 의학 박사학위를 받았다. 1885년, 그는 파리로 가서 당시 매우 유명했던 신경학자 샤르코에게 사사받았다. 프로이트는 샤르코의 '히스테리'의 증상에 관련된 논문을 읽고 샤르코가 제기한 최면 요법에 대해 알게 되었다. 1886년, 프로이트는 바르테 베르네이즈와 결혼해 여섯 명의 자녀를 두었다.

프로이트는 공부하던 중 브로이어라는 의사가 최면 요법으로 히스테리를 치료했다는 내용을 읽었다. 이것으로 그는 정신과 신체 관계의 오묘함을 깨닫게 되었다. 프로이트도 최면 요법으로 신경병을 치료해 보고자 했으나 점차 최면 요법의 효과가 오래가지 못한다는 것을 알게 되었다. 그래서 그는 '자유 연상법'을 사용하기 시작했다. 이 이론과 '자아분석법'은 프로이트가 이룬 두 가지

프로이트는 20세기의 가장 영향력 있는 심리학자이며 정신 분석학의 기초를 다진 사람이었다. 그는 필생의 노력을 통해 사람들이 관심 가지지 않았던 '잠재의식'을 연구해 심리학 연구의 새로운 영역을 탄생시켰다. 그의 연구는 의학, 문학, 철학, 예술 등 다방면에 걸쳐 큰 영향을 미쳤다.

큰 업적이다.

1900년, 프로이트의 걸작 《꿈의 해석》이 출판되었다. 이 책에서 그는 다음의 세 가지 이치를 발견했다고 말한다. ① 꿈은 무의식과 어린 시절의 욕망의 가장된 만족이다. ② 오이디프스 콤플렉스(아버지를 미워하고 어머니를 좋아하는 것)는 인류의 보편적인 심리 현상이다. ③ 아이들은 성애의식과 동기를 가지고 있다. 프로이트의 이런 발견은 정신 분석학의 기초를 다졌다. 그러나 당시에 이 책은 그리 환영받지 못했다. 600권의 초판은 8년이 지나서야 모두 판매할 수 있었다.

1905년이 되어서 그는 《성 이론에 대한 세 가지 논문》을 발표했다. 이 책은 아동 성 심리의 발전과정과 정신 상태 사이의 메커니즘을 심도 있게 다루었다. 이때부터 그의 학설은 세인들의 관심을 불러일으켰다. 그러나 프로이트의 학설은 전통적인 개념을 뒤

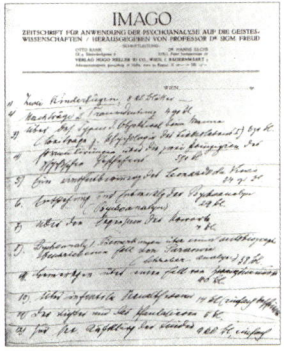

프로이트의 친필 원고

1876년의 가족사진. 아버지 야코프는 61세, 어머니 마리아는 41세였고 프로이트는 20세였다. 뒤쪽에 누이동생 안나와 이복형제 임마누엘 사이에 서서 어머니의 의자 등받이에 손을 올리고 있는 것이 프로이트이다.

논술 키워드

오이디푸스 콤플렉스(Oedipus complex)
프로이트가 그리스신화에서 인용한 정신분석학 용어로써 "아들이 부친을 증오하고 모친에 대해서 품는 무의식적인 성적 애착증세"를 말하는데 반대로 "딸이 아버지를 애정의 대상으로 생각하여 어머니의 존재 때문에 생기는 심리적 갈등상황"을 엘렉트라 콤플렉스라고 한다.

엎는 것이었기 때문에 많은 사람들의 비난을 받았다. 그는 독일 과학계에서 가장 환영받지 못하는 인사가 되고 말았다.

프로이트는 초심을 잃지 않고 계속해서 자신의 정신 분석 이론을 기술하고 전파했다. 그는 20여 년도 채 안 되는 기간 동안 논문 80편과 책 9권여를 내놓았다. 그의 이론은 심리학에서 필수적인 지식이 되었으며 기타 영역과 예술 분야 및 상식 면에서도 많은 도움을 주고 있다.

1931년, 프로이트의 고향에서는 그의 75세 생일을 축하하며 그가 태어난 거리에 프로이트의 이름을 붙여주었다. 1936년, 그는 영국 왕실 학회의 객원 회원이 되었다. 프로이트는 일생 동안 정신 분석 학설을 세우고 발전시키는 데 열정을 받쳤다. 아들러 같은 세계적 영향력을 지닌 그의 학술적 계승자들은 정신 분석 운동을 세계적인 흐름으로 만들었다.

1938년, 나치 독일이 비엔나를 점령한 뒤로 프로이트는 영국으로 이주했다. 1939년 9월 23일, 그는 구강암이 재발하면서 83세의 나이로 런던에서 숨졌다.

♠ 심금을 울리는 명인 한 마디

♠ 정상인은 자신이 상상하는 것만큼 도덕적이지 않다.

타고르
TaGore

아시아 문학의 거장

생몰년 : 1861~1941년
국 적 : 인도
출생지 : 캘거타
성 격 : 지혜롭고 정직하며 열정적임
신 분 : 문학가, 사회운동가
가 정 : 아버지는 철학가였으며 어머니는 종교 개혁
가였음

타고르의 아버지는 친구를 폭넓게 사귀어서 그의 집은 당시 캘거타 지식계의 활동 중심이 되었다. 그 덕분에 타고르는 어려서부터 훌륭한 문화적 환경에서 자랄 수 있었다. 타고르는 여덟 살에 시를 짓기 시작했고 열일곱 살에는 《시인의 이야기》라는 서정시를 발표했다. 1878년, 그는 런던 대학에 들어가 법률을 배웠으나 영국 문학과 서양 음악을 공부하는 데 모든 열정을 바쳤다. 귀국한 뒤로 타고르는 인도의 오래된 문화와 서양의 문화를 융합해 더 높은 새로운 문화를 창조해야 한다고 주장했다.

초기에 그의 시는 순박하고 자연스러우며 내용에서 형식에 이르기까지 새로운 풍격을 보였다. 이 시기의 작품은 자

타고르는 노벨 문학상을 받은 최초의 동양인 작가로 인도의 '시성'으로 불리고 있다. 그는 서정시와 희곡 외에도 가곡 2,000여 편을 쓰기도 했다.

연과 사랑을 찬미하고 깊은 종교적 색채를 띠고 있다. 《초승달》은 그의 초창기 대표작 가운데 하나이다.

1890년, 타고르는 아버지의 장원을 물려받아 시골로 내려갔다. 그는 농촌사회와 광범위하게 접촉하면서 영국 식민지와 지주의 통치 아래 살아가는 농민들의 고달픈 생활을 직접 목격하게 되었다. 따라서 그의 작품은 개인의 감정을 토로하는 데서 광대한 하층민의 목소리를 들려주는 방향으로 전환하게 되었다. 그는 1892년 유명한 장편소설 《마하마야》를 출판했다. 그는 이 책에서 아름답고 다정한 아가씨 마하마야의 비극적인 불행을 통해 사회의 우매함과 낙후함을 통렬히 비판하고 영국 식민통치에 강한 반대를 표시했다. 1901년, 타고르는 장원을 떠나 산티니케탄에 학교를 세웠다. 그는 사회 개혁을 목표로 직접 강연을 하면서 젊은 세대들이 인도의 민족 문화를 계승하고 농촌 개혁에 헌신해주기를 바랐다.

1913년, 타고르는 그의 서정 시집 《기탄잘리('찬송을 헌정함'이라는 뜻)》(영문본)로 노벨상을 수상했다. 이 시집은 총 159편의 시를

타고르와 간디
타고르는 간디에게 많은 정신적 영향을 받았다. 그러나 그는 간디의 관점에 완전히 동의하지는 않았다. 타고르는 간디가 무의식중에 비폭력 운동의 화염에 불을 붙이는 것은 아닌가 하는 의문을 가지기도 했다.

담고 있으며 서양 문학에 큰 영향을 미쳤다. 이 시집은 소리와 풍경, 색채가 하나하나 붓 끝에서 생생하게 살아나있다. 시종일관 고요함과 조화로운 분위기와 자연에 대한 인간의 느낌을 남김없이 드러내 주고 있다. 1812년 타고르는 이 시작을 들고 유럽을 여행했는데 하루는 많은 유럽 문학의 거장들 앞에서 자신의 작품을 낭독하게 되었다. 대가들은 말없이 조용히 듣기만 했으며 감동한 나머지 한 마디도 못한 채 역시 아무 말 없이 돌아갔다고 한다. 뒤에 타고르는 일본, 미국, 독일 등을 방문했으며 1924년에는 중국을 방문했다.

타고르는 문학 창작에서 큰 성공을 거둔 것과 동시에 교육 사업에도 열심이었다. 그는 인도의 해방을 위한 기치를 들고 소리 높여 싸웠다. 1919년, 영국 식민 통치자들은 인도에서 암리차르 대학살을 자행했다. 타고르는 《인도 총독에게 보내는 공개서한》을 발표하고 식민 통치자들의 만행을 통렬히 비난했다. 또한 영국 정부에서 수여한 작위를 버린다는 성명을 발표했다. 1921년 타고르는 캘커타 인근에 국제대학을 설립하고 독일의 리바이, 중국의 장대천張大千 등 국제적으로 저명한 학자들을 초빙해 강의하도록 했다. 이 대학은 인도에서 진리를 탐구하고 서양 문화와 교통하는 중요한 창구로 자리매김했다.

1941년 8월 7일, 타고르는 향년 80세로 집에서 세상을 떠났다.

포드
Ford

생몰년 : 1863~1947년
국 적 : 미국
출생지 : 디트로이트 근교
성 격 : 꿋꿋하며 과단성 있고 독립적임
신 분 : 공업가
가 정 : 농민 가정 출신. 아버지는 잉글랜드
인, 어머니는 네덜란드 사람

미국의 자동차 제왕

1893년 헨리 포드는 최초의 가솔린 자동차를 만들었다. 생산 과정은 험난하기만 했고 은행에서는 이 미친 짓에 투자하기를 거부했다. 그러나 포드는 방법을 찾아 2만 8천 달러를 투자받았고 투실린더 8마력 체인 구동식 자동차를 1700대나 팔았다. 1909년 포드는 수입 강철합금을 보고 나중에 이 재료를 이용해 T-포드 차체를 만들었다. 판매가는 850달러였다.

포드의 어머니는 어떤 일을 하든지 시작을 하면 끝을 보는 성격이었다. 그녀는 늘 뭔가 하기로 결심했다면 무슨 일이 있어도 포기해서는 안 된다고 말했다. 이것은 어린 포드에게 큰 영향을 미쳤다. 포드는 다섯 살에 학교에 들어갔다. 비록 공부는 열심히 하지 않았으며 놀기에 여념이 없었지만 시계를 고치는 일에는 매우 열심이었다. 그래서 늘 친구들의 시계가 고장나면 무료로 고쳐주고는 했다. 초등학교를 졸업하고 포드는 집으로 돌아와 아버지를 도와 농장 일을 했지만 시계 고치기에 대한 열정은 식을 줄을 몰랐다. 그래서 낮에는 농장 일을 돕고 밤에는 시계 고치는 일을 했다. 그러나 나중에 시계는 더 이상 포드의 호기심을 만족 시켜주지 못했다. 포드는 공장에서 일을 배워 기계 기사가 되기로 마음먹었다. 젊은 포드는 부모님이 동의하지 않을 것이라 생각하고 부모님께 자기의 결심을 편지로 써놓고는 인사도 없이 집을 나왔다.

포드는 디트로이트의 공장에서 일하게 되었다.

포드는 여가시간을 이용해 열심히 기계에 대해 연구했고 곧 숙련된 기술자가 되었다. 포드는 잡지에서 자동차 발명에 관한 기사를 읽고 크게 흥미를 느꼈다. 당시의 자동차는 기체연료를 사용했는데 포드는 액체를 사용하는 것이 더 좋을 거라고 생각했다. 그는 몇 차례의 노력 끝에 가솔린 엔진(쿼드리사이클)을 개발했다. 그러나 그 엔진은 빈약하기 짝이 없는 것이라서 한번 시험해 보고는 실패하고 말았다. 그는 실패의 원인이 가솔린 점화 방식이 잘못되었기 때문이라는 것을 발견하고 전기 점화 방식을 사용하기로 결심했다. 전기에 관한 지식을 얻기 위해서 포드는 디트로이트에 있는 에디슨 제너럴 일렉트릭에 들어갔다. 1893년, 포드는 성공적으로 차량을 한 대 만들 수 있었다.

1899년, 디트로이트 자동차 회사가 설립되었고 포드는 기술 책임자로 일했다. 그는 돈이 없었지만 특허권을 무기삼아 디트로이트의 몇몇 유력 인사들을 끌어 들일 수 있었다. 그러나 이사들과의 의견이 맞지 않아서 포드는 이 회사를 나오고 말았다. 포드는 자기가 제조한 자동차로 자동차경주에 나가 투자자들의 이목을 끌었다.

1903년, 포드 자동차 회사가 설립되었다. 얼마 후 A형 이라는 신제품을 출시했고 판로를 찾게 되었다. 이후 포드 자동차 회사는 N형, K형, S형 등의 모델을 생산해 냈다. 1909년 T-포드가 세상에 선을 보였다. 이것은 세계 자동차 공업 역사상 일대의 혁명이었다. 1914년, 포드 자동차 회사는

1914년 이후 포드 자동차 회사의 T-포드 모델은 350달러까지 가격이 내려갔다. 동시에 포드 자동차 회사는 100만대의 T-포드를 생산했다. 같은 해 출시한 1914년형 T-포드는 견고함과 아름다운 외관으로 사람들의 사랑을 받았다.

1927년 5월 26일, 공장 차고에 조립을 기다리는 부품들이 보이고 옆에 선 노동자들은 바쁘게 움직이고 있다. 회사에서 '1일 8시간 노동' 제도를 실시하면서 자동차 생산량과 품질은 크게 제고되었다.

세계 최초로 컨베이어벨트를 도입하여 93분에 자동차 한 대를 조립할 수 있게 되었다. 1925년 10월 30일, 포드 자동차 회사는 하루에 9,109대의 T-포드를 생산했다. 평균 10분에 자동차 한 대를 만들어낸 셈이었다. 이 시기에 포드회사는 철강공장, 유리공장과 타이어 공장을 포함한 거대한 자동차 왕국을 형성하며 세계에서 가장 큰 자동차 회사로 발돋움했다. 아울러 포드도 자동차 왕으로 세상에 이름을 날리게 되었다.

　포드의 성공은 그가 자동차 제조 기술을 부단히 개선한 결과였다. 또한 그는 최저임금 5달러 제도, 노동자 복리후생 제도, 유능한 기술자에 대한 우대, 노동자 발언권 인정, 놀라운 영업 방식 등으로 독특한 기업 경영 방식을 유지했기 때문이기도 하다. 그가 취한 조치들은 노동자들의 생산성을 제고시켰고 회사에서의 생산원가를 낮출 수 있었다. 예를 들어 최저임금 5달러를 실행한 뒤인 1914년에 포드 자동차 회사에서는 13,000명이 못되는 인원이 730,000대의 차량을 생산해 3,000만 달러를 벌어들였다.

　포드는 향년 84세로 1947년 4월에 별세했다.

명인
일화
T-포드는 1908년 가을에 첫 선을 보였는데 설계, 생산, 판매의 각 부분에서 모두 독특한 방식을 채택했다. 각종 부품은 먼저 통일된 규격으로 설계되었고 컨베이어벨트 방식으로 생산했으며 저가판매 전략을 취했다. 또한 충분한 부품을 공급하고 빠른 A/S를 제공했으며 '1일 8시간 노동' 제도를 채택했다. 이러한 조치들로 자동차 생산량을 크게 늘릴 수 있었다. 포드는 크게 성공했으며 자동차를 진정한 서민들의 교통수단으로 자리 잡게 해 인류의 자동차 시대를 열어 놓았다.

라이트 형제

Wright

비행기 발명가

생몰년 : 윌버 라이트 1867~1912년
　　　　오빌 라이트 1871~1948년
국 적 : 미국
출생지 : 오하이오주 데이턴(윌버)
　　　　인디애나 밀빌 근처(오빌)
성 격 : 불굴의 의지를 지녔으며 유순했음
신 분 : 과학자
가 정 : 아버지는 목사였고 어머니는 평범한 주부였음

　　라이트 형제는 몇 년간 학교를 다니다가 중도에 그만두었다. 그들은 기계에 대한 관심이 많아 자전거 가게를 냈다. 이로써 그들은 나중에 발명을 하기 위한 자금과 기술적인 기초를 축적할 수 있었다. 라이트 형제의 비행기에 대한 관심은 그들의 아버지와 큰 관련이 있다. 어느 해 크리스마스에 라이트 목사는 아이들에게 프로펠러 완구를 사주었다. 이 이상한 모양의 장난감은 고무줄을 당기면 하늘을 날아가는 특징을 가지고 있었다. 이 완구는 라이트 형제의 흥미를 자극했다. 그들은 새만이 하늘을 날 수 있다고 생각하고 있었기 때문이었다. 형제는 이 장난감을 분해했다가 조립하기를 반복하며 그 비밀을 풀어보려고 했다. 그러면서 이들은 높이 하늘을 나는 기계를 만들어 보고 싶다는 소망을 품게 되었다. 이런 생각은 그들의 일생에 영향을 미쳤다.

　　라이트 형제는 하늘을 나는 새와 연을 보고 영감을 얻었다. 그들은 갈매기의 날개가 약간 굽어 있다는 것을 발견했다. 이러한 신체 구조가 바로 그들이 창공을 날 수 있게 해주는 관건이었다. 1899년 8월, 이 두 젊은이는

윌버 라이트가 비행기를 타고 프랑스에서 비행 시연을 하고 있다. 이 시연은 큰 성공을 거두었다.

하늘을 정복한 형제 윌버(좌)와 오빌
(우). 윌버는 말이 없지만 지기에 넘쳤
으며 독학으로 공부한 천부적인 과학
자였다. 반면 오빌은 명랑하고 사업 수
완이 좋았다. 이러한 한 쌍의 천재는
인류에게 첫 비행기를 선사해 주었다.

그들의 첫 비행체-복엽 글라이더를 만들어 냈다. 이 비행기의 특징은 날개의 비틀림이나 굴곡을 이용해 안정감을 주고 평형을 유지해 줄 수 있다는 것이었다. 라이트 형제의 첫 비행기도 이러한 날개의 굴곡이라는 특징을 그대로 가지고 있다. 이 비행기는 1900년에 만들어져 노스케롤라이나 해안의 키티호크로 옮겨져 시험가동 되었다. 형제는 일주일동안 조립을 하고 먼저 끈으로 묶어 연처럼 날리는 데 성공했다. 이어서 윌버가 올라앉아 시험했는데 비록 날기는 했지만 1미터 정도의 높이까지 오르는 데 그쳤다. 이듬해 형제는 지난 번 만든 비행체를 기본으로 여러 차례 개조를 거쳐 180미터까지 날아오를 수 있는 새로운 쌍엽 글라이더를 만들어 냈다. 라이트 형제는 그때부터 비행기에 동력을 장착하는 문제를 고려하기 시작했고 자동차 엔진을 생각해 냈다. 그래서 엔진 기술자 한 명을 불러 12마력에 70킬로그램밖에 되지 않는 엔진을 특별히 제작하도록 했다. 무수한 실험을 거쳐 그들은 마침내 가솔린 엔진을 비행기에 장착했으며 프로펠러를 장착하는 데에도 성공했다.

프로펠러를 장착하는 문제는 다시 라이트 형제에게 골치 아픈 문제를 만들었다. 그러나 이 불굴의 의지를 가진 '나르는' 형제는 결코 여기에 굴복하지 않았다. 1903년 12월 14일, 라이트 형제는 개량을 거쳐 프로펠러와 엔진을 장착한 비행기를 키티호크에서 시험 운행했다. 형제는 동전을 던져서 윌버가 먼저 타기로 했다. 윌버는 날아올랐으나 금방 떨어지고 말았다. 형제는 다시 연구를 거쳐서 이륙하는 데 원인이 있음을 발견했다. 1903년 12월 17일, 라이트 형제는 다시 시험 비행을 시도했다. 이번 시험

운행자는 오빌이었다. 비행기는 날기 시작했고 금방 3미터까지 올라가더니 수평으로 앞을 향해 나갔다. 비행 거리는 36.6미터였고 체공 시간은 12초였다. 같은 날 3차례의 시험 비행이 더 있었고 그 중 한번은 260미터까지 날아올라 59초 동안 하늘에 있었다. 이것이 인류 최초로 성공한 비행기록이다.

라이트 형제는 이 소식을 언론에 알렸지만 언론은 이것을 믿지 않아 보도하지 않았다. 라이트 형제는 계속해서 자신들의 비행기를 개량해 얼마 뒤에는 두 사람이 탈 수 있는 비행기를 만들었고 체공 시간이 1시간을 넘어갈 수 있었다.

1908년 9월 10일, 라이트 형제는 마침내 사람들에게 자

라이트 형제가 1903년 제작한 플라이어 1호(키티호크호라고도 불림)의 모형

신들의 공중 비행을 공개했다. 오빌이 비행기를 조종했으며 환호성 속에 하늘로 날아올랐다. 얼마 뒤에 라이트 형제는 정부의 지원을 받아 항공기 회사를 설립했고 동시에 비행 학교도 세웠다. 이후로 비행기는 인류에 새로운 교통수단이 되었다.

1912년, 윌버는 45세에 병으로 세상을 떠났다. 오빌은 1948년에 77세의 나이로 세상과 이별했다.

퀴리부인

Curie

과학에 헌신한 위대한 여성

생몰년 : 1867~1934년
국 적 : 프랑스 *폴란드 출생
출생지 : 폴란드 수도 바르샤바
성 격 : 인내심 강하고 내향적임
신 분 : 과학자 *노벨 물리학상, 화학상 수상
가 정 : 평민 가정 출신. 어머니는 피아니스트

마리 퀴리(프랑스 과학자 피에르 퀴리와 결혼 하면서 마리를 퀴리 부인이라고 부르기 시작함)의 아버지는 중학교 수학과 물리 교사였다. 마리는 아버지의 영향을 받아 어려서부터 물리 현상에 관심이 많았다. 마리는 여섯 살에 사립학교에 들어갔고 열네 살에는 바르샤바공리公理여중을 다녔다. 그녀는 열여섯 살에 졸업했는데 성적이 우수해 학교에서 수여하는 금상을 받기도 했다. 당시 폴란드 대학에서는 여학생을 받지 않았고 그렇다고 해외 유학을 시킬 정도로 집안 형편이 넉넉하지도 않았다. 그래서 마리는 5년간 가정교사를 하며 돈을 모았다. 1891년, 마리는 파리의 소르본 대학 이과부에 들어갔고 1893년에 우수한 성적으로 물리학사학위를 받았다. 그리고 이듬해에는 수학 학사 학위를 받았다.

1894년, 마리는 프랑스 실업촉진위원회의 부탁을 받고 각종 금속의 자성에 대해 연구했다. 이 기간에 그녀는 프랑스 과학자 피에르 퀴리와 알게 되었다. 두 사람은 서로 뜻이 잘 통해 1895년에 결혼했다. 당시 프랑스 물리학자 베크렐은 우라늄염에서 모종의 방사선이 방출된다는

마리 퀴리가 자신의 실험실에서 실험에 몰두하고 있다. 바로 이곳에서 그녀와 남편이 함께 방사성원소 폴로늄과 라듐을 발견했다. 이 발견은 핵물리 연구의 폭을 한 걸음 더 넓혀 놓았다.

것을 발견했다. 이 방사선이 기체를 이온화한다는 것과 X선과는 달리 전기장이나 자기장에 의해 굽어진다는 것을 발견했다. 그러나 우라늄염이 어째서 이런 방사선을 방출하는지는 여전히 수수께끼였다.

퀴리부인은 베크렐의 발견에 흥미를 느껴 곧 이것을 자신의 연구 주제로 삼았다. 수차례의 연구와 실험을 거듭한 끝에 퀴리 부인은 역청 우라늄에는 사람들이 모르는 방사성이 강한 원소가 들어 있다는 것을 알게 되었다. 이때 피에르도 퀴리부인의 연구에 참여했고 결국 1897년 7월, 퀴리 부인은 새로운 원소의 존재를 확인했다. 퀴리 부인은 이 원소를 폴로늄(원소 기호는 Po)이라고 명명했는데 이는 당시 제정러시아에 짓밟힌 조국 폴란드(poland)를 기리기 위함이었다. 같은 해 12월 퀴리부인은 역청우라늄에서 방사성이 더 강한 원소를 발견했다. 이 원소는 컴컴한 곳에서도 스스로 빛을 낼 수 있었다. 퀴리 부인은 이 새로운 원소를 라듐이라고 이름 지었다. 라듐이라는 이름은 방사선을 뜻하는 라틴어인 'radius'에서 비롯된 것이다.

폴로늄과 라듐이라는 두 가지 새로운 원소가 발견되었다는 소식은 전 세계로 퍼져나갔다. 퀴리 부인은 역청우라늄에서 라듐을 추출해 과학계에 자신의 발견을 증명하기로 결심했다. 45개월간의 분투 끝에 퀴리부인은 결국 1902년 1/10그램의 라듐을 얻어 라듐의 원소량을 측정할 수 있었다. 1903년, 퀴리 부부와 베크렐은 공동으로 노벨 물리학상을 수상했다. 퀴리부인은 최초로 노벨 물리학상의 영예를 안은 여성이 되었다. 1909년

퀴리 부부가 실험실에서 실험에 집중하고 있는 모습

4월 19일, 피에르는 집으로 돌아오던 도중 불행히 교통사고로 숨지고 말았다. 퀴리부인은 남편을 잃은 슬픔을 견디며 혼자서 그들의 공동 연구를 계속했다. 그녀는 1910년 금속라듐의 분리에 성공했고 라듐의 원소량을 235로 확정했다. 같은 해, 그녀는 명저인 《방사성에 대하여》를 출판했다. 1911년, 퀴리부인은 라듐연구에서 중대한 업적을 이룬 것이 인정되어 노벨 화학상을 받았다.

라듐의 발견과 활용은 퀴리부인을 세계적 명성을 가진 과학자의 반열에 올려놓았다. 그녀는 프랑스 과학 아카데미의 첫 번째 여자 회원이자 파리 대학의 첫 번째 여자 교수였다. 그녀는 일생을 통해 7개국에서 상장과 상패를 24회나 받았고 25개국에서 100여개의 명예직을 받았다. 그럼에도 퀴리 부인은 시종 겸손하고 고귀한 품성을 잃지 않았다. 퀴리 부인은 만년에도 계속 부지런히 연구에 몰두했다. 그러나 장기간 방사성 원소에 노출되어 그녀는 악성 백혈병을 앓게 되었다. 1934년 7월 4일, 67세의 퀴리부인은 실험실에서 집으로 돌아오던 날 밤에 세상과 영원한 이별을 하고 말았다.

소르본대학의 첫 여교수가 된 퀴리부인은 1906년 11월 5일 처음 강단에 섰다.

고리키

Gorky

무산계급 문학의 대표주자

생몰년 : 1868~1939년
국 적 : 구소련
출생지 : 볼가강 유역 니주니 노브고로트
성 격 : 꿋꿋하고 노력하며 열정적임
신 분 : 문학가
가 정 : 평민 가정 출신. 아버지는 목수였음

고리키의 원명은 알렉세이 막시모비치 페쉬코프이다. 그는 네 살 때 아버지를 여의고 외할머니 댁에서 자랐다. 그는 어렸을 적 선량한 외할머니와 가장 가깝게 지냈다. 고리키는 초등학교를 2년 밖에 다니지 못하고 열 살에 사회에 발을 들여 놓았다. 그는 배달부, 야간 경비, 제빵사 심지어는 노숙자로 지내면서 인생의 쓴 맛을 모두 보았다. 사회 하층의 생활과 풍부한 독서량은 그에게 러시아에 대한 깊은 인식을 심어주었고 훗날 문학 창작의 풍성한 소재가 되어 주었다.

1892년, 고리키는 필명으로 첫 장편 소설 《마까르 추드라》를 내놓았다. 1896년 그는 《니즈니노브고로뜨신문》의 편집을 맡았다. 고리키의 초기 작품은 많은 노숙자들의 모습을 담아냈으며 낭만주의 색채를 깊이 띠고 있었다. 그는 1901년 《바다제비의 노래》에서 바다제비를 러시아 무산 계급 혁명자의 화신이자 승리의 예언자로 비유하면서 격정적인 목소리로 외쳤다. '폭풍우여! 더욱 거세게 몰아쳐라!' 1901년부터 고리키는 혁명 투쟁의 거센 흐름에 뛰어들어 수차례나 체포되는 신세가 되었다. 1902년, 짜르의 전제정권에 대해 비판하는 내용으로 쓴 희곡 《밤주막('밑바닥'이라

이것은 신문 잡지의 표지로 고리키가 망명생활에서 돌아오면서 예술로서 혁명을 완수하겠다는 결심을 보여주는 모습이다.

고리키는 소련 무산계급 문학의 지도적인 인물로서 많은 걸출한 작가들을 길러냈다. 그림은 고리키가 서재에서 스탈린 등에게 문학의 발전 과정을 설명하는 모습이다.

고도 함)》이 공연에서 대성공을 거두면서 책은 인쇄되기가 무섭게 팔려나갔다. 고리키는 대학과 공장 그리고 살롱에서 크게 환영받았다. 1903년, 짜르 극우파가 그를 찌르는 사건이 발생했고 온 사회와 여론은 크게 분노했다. 1905년 러시아 혁명 때, 고리키는 '우리는 다시는 이런 제도를 용납하지 않을 것이다.' 라며 신랄하게 말했다. 그는 짜르의 폭정에 항의하기 위해 공개서한을 발표하고 전제 정권의 전복을 부르짖다가 체포되고 말았다. 뒤에 짜르 정부는 사회와 여론의 거센 압력을 견디지 못해 그를 석방했다.

1906년, 고리키는 미국으로 갔다. 고리키는 미국에서 자신의 작품 중 가장 유명한 장편 소설 《어머니》를 썼다. 그는 노동혁명가 파벨 모자의 영웅적인 모습을 이 책을 통해 표현해 냈다. 러시아 노동자 계급이 마르크스주의 이론을 접하고 실질적인 투쟁에 참가하면서 성숙해 가는 과정과, 무산 계급 정당 지도하의 노동 운동의 발전을 묘사했다.

아울러 그는 '혁명 이론이 없으면 혁명 운동도 없다.' 는 논리를 펼쳤다. 그의 《어머니》는 첫 번째 사회주의 현실주의 작품으로 인정받고 있다. 이후에 고리키는 프랑스, 영국, 이탈리아 등지를 돌았다. 이탈리아에 머무는 동안 그는 창조론의 영향을 깊이 받았다. 그는 중편소설 《참회》에서 이런 사고를 명확히 반영하고 있다. 고리키는 1905년에 레닌과 처음으로 만났는데 이때 레닌은 그의 사상 발전을 주의 깊게 살펴보며 성심껏 도와주었다. 1913년, 짜르 정부의 정치범 대 사면으로 고리키는 러시아로 돌아왔다. 뒤이어 그는 3부작 자서전의 첫 두 편인 《유년시절》과 《세상 속에서》를 완성했다. 10월 혁명 후 고리키와 볼셰비키 간에는 의견이 나뉘었다. 고리키는 사람의 생명과 문화를 존중했고 러시아의 피를 보고 싶지 않았다. 그러나 레닌을 영수로 하는 볼셰비키 당에서는 낡은 세력과 반드시 결연한 투쟁을 벌여야 한다고 생각했다.

1923년, 고리키는 자서전의 마지막 한 편인 《나의 대학시절》을 완성했다. 그는 1925년, 다시 장편 소설 《아르타모노프 일가의 사업》를 발표했다. 그는 이 책에서 러시아 자산 계급 3대의 생활을 통해 러시아 자산 계급의 현황을 노골적으로 폭로했다. 그의 마지막 작품은 장편 소설 《클림 사므긴의 생애》였다.

고리키는 생전에 많은 명성을 누렸기에 그의 고향은 지명을 아예 고리키로 바꾸었다. 모스크바에도 고리키 거리가 생겨났다. 문학 창작 외에도 고리키는 사회활동에 적극적으로 참여하며 《레드 버진지》 잡지의 편집일을 보았고 세계 문학 출판사를 세웠다. 또한 적극적으로 국내 전쟁사와 공장사를 집필했다. 그는 많은 소련 작가들을 양성하기도 했다. 1936년 6월 18일, 고리키는 68세의 나이에 병으로 사망했다.

고리키(오른쪽에서 세 번째)가 《태양의 아이들》을 읽고 있다.
고리키는 평생 동안 15편의 희곡을 썼는데 모두 러시아 희곡의 권위 있는 작품이 되었다. 《태양의 아이들》은 그가 1905년에 완성한 희곡이다.

간디
Gandhi

인도의 성웅

생몰년 : 1869~1948년
국 적 : 인도
출생지 : 포르반다르
성 격 : 꿋꿋하고 인자하며 지혜로움
신 분 : 정치가, 사상가
가 정 : 관료 집안 출신으로 아버지는 포르
반다르의 총리를 지냈음

마하트마(위대한 혼, 큰 성인) 간디가 일곱 살이 되었을 때 가족들은 라지코트로 이사했다. 그는 현지의 초등학교를 졸업하고 열두 살에 라지코트의 알프렛 중학교에 들어갔다. 열세 살에는 힌두교 풍습에 따라 카스투르바이와 결혼했다. 1887년, 간디는 사말다스에 합격했다. 그러나 여러 가지 이유로 1학기에 퇴학하고 말았다. 1889년 9월, 그는 영국으로 유학을 가서 법률을 전공했다. 그는 영국에서 거주한 동안 많은 종교 서적을 탐독했다. 이것은 후에 비폭력 운동에 대한 그의 사상적 배경이 되었다. 1891년 간디는 변호사 자격을 취득하고 귀국했다.

1893년, 간디는 안건 처리를 위해 남아프리카에 갔다가 아예 그곳에서 살게 되었다. 그의 비폭력 저항사상은 그곳에서부터 실제로 적응되기 시작했다. 간디는 인도 사람들이 남아프리카에서 온갖 불공정한 대우를 받는 것을 목격했다. 그는 인도 교민을 위한 단체인 《나탈인도국민회의》를 조직해

그림은 간디가 '비폭력 비협조' 운동을 주도하며 직접 실을 잣고 있는 모습이다.

비폭력적인 방법으로 교민들의 평등한 대우를 쟁취하기 위해 노력했다. 이것은 큰 반향을 불러일으켰다. 남아프리카 정부는 인도인들에 대한 인두세를 폐지했고 인도에서 한 합법적인 결혼이 남아프리카에서도 유효하게 되었다.

1930년 간디는 신도 78명과 함께 '소금세 신설 반대운동'을 하여 제2차 비폭력 저항 운동의 서막을 열었다.

1914년, 남아프리카에서 21년을 생활한 간디는 아내와 함께 귀국했다. 제 1차 세계대전이 발발하고 그는 런던에서 인도 교민들을 모아 지원구호대를 조직했다. 그리고 뒤에 인도에서도 영국을 위해 군인 모집에 나섰다. 이것은 영국을 감화시켜 인도의 자치권을 얻어내기 위한 것이었다. 그러나 전쟁이 끝나고 나서 영국은 인도인들의 자치 요구를 묵살했을 뿐 아니라 인도 해방운동을 탄압하는 《롤라트 법안》을 발표했다. 간디는 즉시 비폭력 운동을 조직했다. 전국의 총 파업을 주도하고 인도인들에게 절식과 기도로 항의하자고 했다. 1919년, 간디는 최초로 영국 정부에 '비폭력 비협조'를 주장했다. 이것은 인도인들에게 영국 식민 정부의 학

논술 키워드

한국의 성웅
나라가 없을 때 한 집과 한 몸이 있을 수 없고, 민족이 천대 받을 때 혼자만이 영광을 누릴 수는 없다.
                    -도산 안창호-

장부는 비록 죽을 지라도 마음이 쇠와 같고, 의사는 위태로움에 임하더라도 기운이 구름 같도다.
                    -안중근 의사-

교, 법원, 입법기관을 배척하고 영국 물건과 영국에서 위임한 국가 직무를 모두 받아들이지 않는 것을 골자로 하고 있다. 1920년 초, 국대당은 간디의 비폭력 비협조 운동계획을 승인했다. 같은 해 간디는 비폭력 비협조 운동으로 자치권을 얻어내자는 내용을 포함한 새로운 당 헌장을 기초했고 국민회의파에서 승인받았다. 1922년, 간디는 영국 식민 정부에 의해 6년의 금고를 선언했으나 뒤에 병으로 인해 석방되었다. 1924년, 간디는 국대당 당수로 선출되었고 비폭력 운동은 전국적인 '항영抗英운동'이 되었다. 1929년, 국민회의파는 연차 총회에서 인도의 완전 독립 제안을 통과시켰고 당 헌장에서 요구하던 '자치'를 '완전 독립'으로 바꾸었다. 1930년, 인도의 각종 방직제품 수출이 1/3이나 감소했고 방직제품을 구매하던 영국 회사 16곳이 파산했다. 그러나 인도인의 무명 공장은 1년 만에 384곳에서 600곳으로 늘어났다.

제 2차 세계대전이 터지자 간디는 영국 정부가 즉각 인도에서 물러나 줄 것을 요구했다. 1947년, 영국 정부는 인도의 자치권을 인정했지만 인도를 인도 자치령과 파키스탄 자치령으로 분리하는 '마운트배튼의 분리계획안'을 내놓았다. 이 방안은 격렬한 종교적 충돌을 빚었고 간디는 두 번이나 단식을 하며 상호 인명 피해를 막고자 했으나 아무런 소용이 없었다. 1948년 1월 30일, 79세가 된 간디는 저녁기도회장에 들어서다 힌두교 극우파의 총에 맞아 목숨을 잃었다. 간디는 평생을 인도인들의 해방을 위해 노력했으며 인도 국민들에게 사랑을 받아 '성웅' 또는 '국부(國父)'로 불리고 있다.

💬 심금을 울리는 명인 한 마디

♠ 기도하는 것은 늙은 여인의 게으른 넋두리가 아니다. 적당히 이해되고 활용된다면 가장 유력한 도구이다.

레닌
Lenin

무산계급 혁명의 지도자

생몰년 : 1870~1924년
국 적 : 구소련
출생지 : 심비르스크
성 격 : 의지가 강하고 명석하며 열정적임
신 분 : 정치가, 사상가
가 정 : 아버지는 교사에서 장학사까지 지냄

레닌의 본명은 블라디미르 일리치 울리야노프이며 혁명에 참가하면서 이름을 레닌으로 바꾸었다. 그는 다섯 살 때 어머니의 교육으로 책을 읽기 시작했으며 아홉 살에 중학교에 들어갔다. 1887년, 그는 가족을 따라 카잔으로 이사했고 같은 해 카잔대학에서 법률을 공부했다.

레닌은 카잔대학에서 혁명 사상을 가진 친구들을 만나게 되었다. 얼마 뒤 그는 학생운동에 참가한 이유로 체포되어 유배당했다. 1888년, 레닌은 유배지에서 돌아왔으나 당국은 그의 복학을 허락하지 않았다. 레닌은 마르크스주의를 탐독하며 마르크스주의 모임에 열심히 참가했다. 1889년, 레닌은 온가족과 함께 사마라로 이사했다. 그는 그곳에서 4년 반 동안 공부에 매진하며 몇 개 국어를 익히게 되었다. 그리고 현지에서 가장 큰 마르크스주의 모임을 조직했다. 1895년, 레닌은 상트페테르부르크의 마르크스주의 모임 20개를 연합해 노동계급 해방 투쟁 협회를 조직했다. 이것은 러시아에서 처음으로 사

레닌이 페테르그라드 군중집회에서 연설하는 장면이다.

1920년 레닌의 연설. 러시아 대부분 지역이 전쟁으로 피해를 입긴 했지만 볼셰비키 지도자들의 결심과 역량은 혁명의 발전을 촉진시켰다.

회주의 운동과 노동운동이 결합하게 된 것이다. 같은 해 12월, 레닌은 다시 체포되었고 시베리아로 유배 보내졌다. 그는 유배기간에 《러시아 자본주의의 발전》을 집필하여 사회주의 혁명 사상에 대해 기술했다. 1903년, 레닌은 런던에서 개최한 러시아 사회민주노동당의 제 2차 대표회의에 참가했다. 레닌을 영수로 한 일파는 무산계급 전제정치와 엄격한 당 조직의 규율을 주장하며 다른 파와 변론을 벌였다. 이때 레닌이 이끈 파가 다수를 차지했기에 볼셰비키(러시아어의 '다수'라는 뜻)라 불렀고 다른 파를 멘셰비키(소수라는 뜻)라 했다.

러시아에서 1905년 혁명이 일어난 후 레닌은 볼셰비키당을 이끌어 마르크스주의 노선을 확립했다. 그는 국내로 돌아와 직접 투

🗨 심금을 울리는 명인 한 마디

♠ 한 사람을 판단하는 기준은 그의 고백이나 견해가 아닌 행동에 근거하는 것이다.

쟁을 이끌었다. 혁명이 실패한 뒤 레닌은 1907년에 다시 강제 출
국 당했다. 1912년, 러시아 사회민주노동당은 프라하에서 제6차
대표회의를 열었다. 레닌의 주도로 멘셰비키는 당에서 축출되었
고 볼셰비키가 정식으로 독립 정당이 되었다. 1914년, 제1차 세계
대전이 발발하고 레닌은 '제국주의 전쟁을 내전으로' 라는 구호를
내세웠다. 1917년, 러시아에서 2월 혁명이 일어나고 짜르 정권이
무너졌다. 레닌은 귀국해서 《4월 테제(April Theses)》를 제기하며
자산계급 혁명 및 민주 혁명을 사회주의 혁명으로 끌어올리자고
부르짖었다. 1917년 11월 6일(러시아력 10월 25일), 레닌은 페테
르그라드에서 봉기를 주도해 10월 사회주의 혁명의 승리를 이루
어냈다. 다음 날, 레닌이 기초한 《평화법령》과 《토지법령》이 선포
되었고 여기에서 제1기 소련 연방 정부의 주석에 당선되었다.

논술 키워드

4월 테제((April Theses)
1917년 러시아혁명 기간 중 망명
지인 스위스에서 귀국한 레닌이
발표한 혁명전술로써 "자본주의
의 타도 없이 종전은 불가능하
다"는 등 10개항에 걸친 발표문
을 말한다. 결국 이는 《10월 혁
명》을 일으키는 단초가 되었다.

　　10월 혁명 뒤의 러시아는 국내외적으로
매우 위태로웠다. 레닌은 놀라운 담력과 식견
을 발휘해 소비에트연방을 제1차 세계대전의
소용돌이에서 구해냈다. 또한 그는 1918년에
서 1920년까지 무장 침략하려는 14개 적대
국가들의 대러시아 연합을 분산시키며 국내
외의 수많은 대규모 반란을 진압했다. 국내
정세가 안정되자 1921년 초, 레닌은 국민 경
제를 부흥 시킬 새로운 경제 정책을 제시하면
서 사회주의 국가를 건설했다.

　　1924년 1월 21일, 54세의 레닌은 뇌일혈
로 쓰러져 세상을 떠났다.

레닌은 만년에 신체적인 이유로 많은 일을 스탈린에게 처리하도록
했다. 레닌이 스탈린을 발탁하고 중용한 덕에 스탈린은 훗날의 권
력 투쟁에서 승리할 수 있었다.

러더포드
Rutherford

20세기의 위대한 물리학자

생몰년 : 1871~1937년
국 적 : 뉴질랜드
출생지 : 브라이트 워터
성 격 : 겸허하고 끈기 있음
신 분 : 과학자
가 정 : 아버지는 공예가였고 어머니는 시골
학교 선생님이었음

20세기 위대한 물리학자인 러더포드의 원자에 대한 견해는 대부분 H. 가이거와 E. 마스든의 1909년 α입자 충돌 실험에서 기인한 것이다.

러더포드는 어려서 가정환경이 열악했지만 초등학교 시절부터 과학 실험에 깊은 흥미를 보였다. 1882년, 그는 장학금을 받고 넬슨 중학교에 들어가 공부했다. 10년간의 중학교 공부는 수학과 과학 연구의 중요성을 일깨워 주었다. 그는 수학의 기초를 닦고 많은 물리실험 기술을 익히게 되었다. 1892년, 러더포드는 우수한 성적으로 뉴질랜드 켄터베리대학 수학과에 합격했다. 1894년 그는 수학과 물리에서 공히 1등으로 석사 학위를 받았다. 이듬해, 러더포드는 장학금을 받고 영국 케임브리지 대학의 캐번디시 연구소에서 무선전신을 연구하게 되었다.

1896년, 러더포드는 톰슨의 건의를 받아들여 연구 방향을 방사능으로 바꾸었다. 1897년, 그는 우라늄 방사선이 두 가지 성분으로 조직되었다는 것을 발견했다. 한 가지는 흡수성을 가진 것으로 그는 이것을 α선이라고 이름

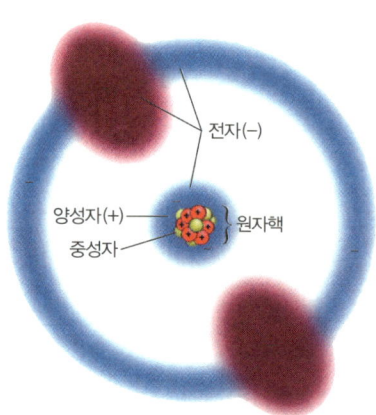

전자(−)
양성자(+)
중성자
원자핵

전자역학은 이미 존재하는 최소의 물질 단위, 즉 원자 및 전자, 양자, 쿼크 같은 준원자 입자가 어떻게 서로 작용하는 지를 나타낸 것이다. 이 그림은 원자의 구조 및 그것을 구성하는 준원자 입자이다.

지었다. 다른 것은 투과성이 강한 광선으로 그는 이것을 β광선이라고 명명했다. 그는 동시에 실험을 통해 투과성이 더욱 강한 광선이 있을 것이라고 예감했다. 이것이 후에 발견되어 그가 이름 붙인 γ광선이었다.

1898년, 러더포드는 캐번디시 연구소에서 학업을 마친 후 톰슨의 추천으로 캐나다의 맥길대학에서 물리학 교수를 맡게 되었다. 러더포드는 영국에서 온 청년 화학자 소디와 합작해 1902년 먼저 방사성 원소의 반감기를 발견했다. 1903년 5월, 러더포드와 소디는 α와 β광선의 전장과 자장에서의 편향도로 각기 양전기와 음전기를 가진 입자구성으로 나뉜다는 것을 변별해냈다. 방사성 원소의 원소 붕괴에 따라 하전입자가 나오면서 성질이 다른 새로운 원소로 바뀐다는 것도 알아냈다. 또한 초기의 라듐, 토륨, 우라늄의 붕괴도를 열거하며 α선의 에너지가 방사성 원소 복사에너지의 99% 이상을 차지하고 있다는 것을 확인했다. 이것은 후에 그들이 α선으로 원자 구조의 폭탄을 연구하는 데 근거가 되었다. 같은 해,

논술 키워드

방사능(radioactivity)
불안정한 원소(우라늄, 토륨, 라듐 등)의 원자핵(양성자와 중성자)이 스스로 붕괴하면서 내부로부터 방사선(알파선, 베타선, 감마선, 엑스선 등)을 방출하는 현상을 의미하는데 방사성 물질로 인식하면 이해하기 쉬울 것이다. 1896년 프랑스의 베크렐이 우라늄에서 나오는 신기한 방사선을 발견했으며, 퀴리부인이 이것을 방사능이라고 이름 붙였다.

러더포드는 영국 왕립 학회 회원이 되었다. 1905년, 그는 방사성 원소의 함량과 반감기를 이용해 태양의 수명이 약 50억년 되었다는 것을 계산해 냈다. 이는 방사성 원소 반감기로 광석, 유물과 천체의 나이를 계산하는 방법의 효시가 되었다.

1907년, 러더포드는 영국 맨체스터 대학의 물리학 교수가 되었고 계속해서 연구를 거듭했다. 그는 우선 β선의 전하, α선의 대전량과 원자량을 계산해 냈고 다른 사람과 함께 γ선의 성질과 파장을 측정해 냈다. 1908년, 러더포드는 노벨 화학상을 받았다. 1919년부터 러더포드는 J. J. 톰슨의 뒤를 이어, 캐번티시 연구소 소장을 역임하면서 케임브리지에서 강단에 섰다. 러더포드는 캐번디시 연구소를 새로운 고지에 올라설 수 있도록 지도하여 물질의 미시적 구조의 연구에 새로운 변화를 가져왔다. 그는 한편 우수한 청년 과학자들을 다수 배출해 냈다. 1921년, 러더포드는 자신의 원자 모형에 대한 분석을 통해 다음과 같은 이론을 정리했다. "원자는 양성자와 전자로 구성되며 원자핵은 원자의 대부분의 질량을 차지하며 전자는 원자핵을 둘러싸고 돌고 있다. 또한 원자핵의 전량電量은 전자전량의 총합과 같다."

1925년, 러더포드는 런던 왕립학회 회장이 되었다.

러더포드는 20세기 초 가장 위대한 실험 과학자로 평생 동안 논문 215편을 발표했다. 또 《뇌의 비교생리학과 비교심리학》을 비롯하여 책 6권을 썼으며 10명의 노벨상 수상자를 배출해 냈다.

1937년 10월 19일, 러더포드는 66세에 병으로 세상을 떠났다. 사람들은 그를 런던 웨스트민스터 사원의 뉴턴 묘지 옆에 안장하여 경의를 표했다.

처칠
Churchill

2차 대전을 승리로 이끈 지도자

생몰년 : 1874~1965년
국 적 : 영국
출생지 : 옥스퍼드셔 블렌엄 궁
성 격 : 꿋꿋하고 자신감과 유머가 넘침
신 분 : 정치가, 문학가
가 정 : 귀족 가문 출신

처칠은 일곱 살부터 아스콧의 세인트 조지 예비학교와 브라이튼 예비학교에서 공부했다. 그는 제멋대로이며 고집이 세고 공부하기를 싫어해서 대학에 갈 기회마저 잃었다. 아버지는 할 수 없이 그를 샌드허트스 육군 사관학교에 집어넣었다. 1895년, 장교학교를 졸업하고 처칠은 제4경기병대에 기병 소위로 배치 받아 군 생활을 시작했다. 이후 1900년까지 그는 장교와 종군 기자 신분으로 영국의 쿠바 진압 및 인도의 북서 변경 지부에 있는 파타족 진압 작전, 그리고 남아프리카의 보어전쟁 등에 참가했다.

1900년, 처칠은 보수당 후보로 경선에 참가해 하원의원이 되었다. 1904년, 그는 다시 자유당에 가입했다. 자유당이 1906년 대선에서 참패하고 그는 식민차관, 통상장관, 내무장관을 지냈다. 1908년, 처칠은 귀족 후예인 클레멘타인 호저와 결혼했다. 제1차 세계대전 직전, 그는 혁혁한 지위의 해군장관에 임명되었다. 그러나 그는 제1차 세계대전 중 경솔하게 흑해 해협의 전투를 지휘하려다가 참패를 당했다. 영국군 사망자가 20여만 명에 달해 그는 해임되었다.

처칠 상

1922년, 처칠은 볼드윈 보수당 정부의 재무장관을 맡아 1929년까지 일했다. 1937년, 네임 체임벌린이 정권을 잡고 유화 정책이 영국의 주요한 외교 정책이 되었다. 처칠은 독재 국가들이 평화에 크게 위협이 될 것임을 감지하고 영국 정부와 국민들에게 거듭 경고했다. 그러나 이러한 그의 생각은 크게 주목받지 못했다. 1939년 9월 3일, 영국과 프랑스는 독일에 전쟁을 선포했다. 그날 밤, 처칠은 다시 해군 대신으로 임명되었다. 1940년 5월 10일, 네임 체임벌린이 정계를 떠나고 영국왕 조지 6세는 처칠을 수상으로 임명했다.

당시 영국은 극단적인 곤경에 처해 있었다. 서유럽 국가들은 모두 독일의 손에 넘어갔고 동맹국 프랑스는 독일에 항복을 선언했다. 나치 공군은 다시 영국에 대규모 기습을 가하고 있었다. 영국은 순식간에 지원도 없이 혼자서 전쟁에 나서야 하는 국면에 처했던 것이다. 이러한 국면에 처해서 처칠은 강경하고 호기어린 자세로 나치와 끝까지 싸울 것을 맹세했다. 이것은 국민들에게 큰 믿음을 주었고 군인들의 사기를 드높였다. 동시에 그는 외교적으

덩케르크 철수
전쟁 초기, 영국 프랑스 연합군은 독
일군의 강력한 공세에 줄줄이 무너지
면서 40여만 명이 덩케르크 일대에
고립되어 있었다. 찰스 코더의 유화는
덩케르크 철수 당시의 조마조마한 상
황을 생동감 넘치게 묘사하고 있다.

엘리자베스 2세가 처칠 경을 방문했을 때 처칠은 기쁜 나머지 자신의 연로한 몸을 친히 움직여 여왕에게 차문을 열어주며 배웅하고 있다.

로 미국, 소련과 연합해 국제적인 반독재 통일 전선 형성에 중요한 역할을 했다.

1945년 5월 7일, 독일은 항복을 선언했다. 2달 뒤 처칠이 포츠담에서 트루먼, 스탈린과 고위급 회의를 열고 있을 때, 그는 자신이 이끄는 보수당이 새로운 1기 의회 선거에서 참패했고, 자신이 더 이상 영국의 수상이 아니라는 것을 알게 되었다. 전쟁이 끝나고 처칠은 수상직을 사임했으나 정치무대에서 물러나지는 않았다. 그는 계속 국내외 정치 활동에 참여했으며 1951년 77세의 고령에도 재당선되었다.

1965년 1월 초, 처칠은 91세의 나이에 병으로 세상을 떠나고 말았다.

스탈린

Stalin

레닌의 후계자

생몰년 : 1879~1953년
국 적 : 구소련
출생지 : 그루지야 고리
성 격 : 강인하고 냉혹함
신 분 : 정치가
가 정 : 평민 가정 출신. 아버지는 잡화 장수 였음

스탈린은 구소련과 전 세계를 통틀어서 뛰어 난 정치가 가운데 한 사람이다. 그는 강력한 군대와 공업의 종합체를 만들어 내고 구소련 인민을 이끌어 강력한 독일군을 상대로 승리 를 이끌어 냈다.

스탈린은 마르크스레닌주의자로 소련 인민혁명의 지도자이다. 원래 이름은 이오시프 비사리노비치 주가시빌리이다. 그는 1879 년 12월 12일 그루지아 고리에서 잡화장수의 아들로 태어났다. 1894년, 스탈린은 현지의 교회 중학교에 들어가 공부했다. 그는 중학생 시기부터 짜르의 전제정치에 반대하는 혁명 활동을 시작 했다. 1898년, 스탈린은 러시아 사회민주노동당에 참가해 혁명과 군중 동원 등의 활동을 벌였다. 1899년, 혁명 활동에 열중한 나 머지 그는 퇴학을 당했다. 이때부터 그는 직업 혁명가의 길을 걸었다.

1901년부터 1917년 사이, 스탈린은 일곱 번 체포되어 여 섯 번 유배 당했으며 그 중 5번은 유배지에서 도망쳤다. 그는 짜르의 전제정치에 반대하고 마르크스주의 투쟁을 전파하는 일을 중단하지 않았다. 10월 혁명이 성공하고 스탈린은 레닌 이 이끄는 제1기 인민위원회에 참여해 민족 사무 인민위원, 국가 감찰부 인민 위원 등의 직무를 맡았다. 소비에트 초기 의 힘난한 시기 중, 레닌은 종종 스탈린을 국내외 전쟁에서 중요한 지역으로 보내곤 했다. 1918년, 그는 남부로 가서 식

량 조달 업무와 반란 진압 임무를 맡았다. 그는 '붉은 군대'를 이끌고 반란군이 전략적 요충지인 차리친(예카테리나 여왕의 도시)으로 진군해 오는 것을 격파했다. 그가 차리친에서 승리를 거둔 것을 기념해 차리친은 1925년 이름을 스탈린그라드(스탈린의 도시)로 바꾸었다. 1919년, 스탈린은 '붉은 군대'를 지도해 이루어 낸 업적으로 '붉은 기 훈장'을 받았다. 1922년, 스탈린은 당 중앙 총서기에 당선되어 지도당의 일상적인 일을 지도하게 되었다. 같은 해 12월, 소비에트 사회주의 공화국 연맹(소련)이 건립되었다. 1924년, 레닌이 죽은 후 스탈린은 소련을 이끌어 사회주의 경제 건설에 힘썼다. 1937년에

스탈린그라드 수비전
1942년 9월, 구소련의 붉은 군대와 독일군이 스탈린그라드에서 격렬한 항전을 벌이고 있다. 5개월에 걸친 싸움 끝에 격전은 붉은 군대의 승리로 끝이 났다. 이 전투는 제2차 세계대전에서 큰 전환점이 되었다. 이후로 구소련은 반격 단계에 돌입해 연전연승을 거두며 결국 독일 제국 의회 건물에 깃발을 꼽게 되었다.

소련-핀란드 전쟁
제2차 세계대전 초기 구소련은 독일의 급작스러운 기습을 막기 위해 핀란드의 항구를 군사 기지로 삼고자 했으나 핀란드로부터 거절당했다. 그러나 구소련은 이 지역을 군사 기지로 삼는 것이 전략적으로 불가피하다고 판단, 소련-핀란드 전쟁을 벌여 승리를 거두었다.

소련의 공업 생산액은 유럽 제1위, 세계2위로 미국을 바짝 추격하기에 이르렀다.

1941년 5월, 스탈린은 소련 인민 위원회 주석이 되었다. 1941년 6월 22일, 독소전쟁이 발발했고 스탈린은 국방 위원회 주석이 되었다. 같은 해 8월, 스탈린은 소련 무장 역량의 최고 통수권자가 되어 소련의 국민을 이끌고 험난한 반침략 전쟁을 펼쳐나갔다. 스탈린은 외교적으로도 많은 노력을 기울였다. 다른 반파쇼 역량을 연합해 세계 반파쇼 통일전선을 구축하며 반파쇼 연맹국들과 군사 정치적 행동을 같이 했다. 제2차 세계대전 기간에, 스탈린은 차례로 반파쇼 동맹국들과 테헤란 회의, 얄타 회담 및 포츠담 회담을 열어 반파쇼 전쟁의 승리에 큰 공헌을 했다.

1952년 10월, 스탈린은 소련 중앙 주석단 위원과 중앙 서기직에 당선되었다. 서방과의 '냉전' 중 스탈린은 소련과 동구권 사회주의 진영을 이끌어 서방 자본주의 진영과 대립하였다.

1953년 3월 5일, 스탈린은 병으로 모스크바에서 세상을 떠났다.

🧠 심금을 울리는 명인 한 마디

♠ 보루(토치카)는 내부로부터 무너지기가 가장 쉽다.

아인슈타인

생몰년	: 1879~1955년
국 적	: 미국
출생지	: 독일 울름
성 격	: 정직하고 겸허하며 예지로움
신 분	: 과학자
가 정	: 유태인 가정 출신. 아버지는 상인이었으며 어머니는 문학과 음악을 사랑했음

위대한 천재 물리학자

아인슈타인은 어려서부터 광범위한 취미를 가지고 있었으며, 배움에 대한 욕구와 새로운 일에 대한 호기심이 강했다. 그는 열 살에 뮌헨의 루이트포르트 김나지움에 들어갔고 열두 살에 스스로 유클리드의 기하학을 공부했다. 열세 살에는 독일 철학자 칸트의 책을 읽었다. 그는 독일의 군국주의 교육에 불만을 품고 열일곱 살에 독일을 떠나 스위스로 갔다. 그는 취리히 연방 공업대학에 입학해 수학과 물리를 전공했다. 아인슈타인은 1900년에 우수한 성적으로 국가 졸업시험에 통과하며 졸업했다. 1903년, 아인슈타인은 밀레바 마라치와 결혼했다.

1905년, 아인슈타인은 《물리학 연보》에 과학 논문 3편을 발표해 과학 연구에 중대한 돌파구를 마련했다. 한편은 브라운운동에 관한 것으로 분자의 존재를 증명한 논문이다. 다른 한 편은 플랑크의 양자론을 발전시킨 것으로 광양자 가설을 내세우고 있다. 그는 이것으로 1921년 노벨 물리학상을 수상했다. 마지막 한 편은 《운동하는 물체의 전기역학에 관하여》라는 것으로 아인슈타인의

아인슈타인은 천재과학자로 그가 세운 이론은 우리가 세상을 보는 눈을 바꿔 주었다. 또한 그는 심오한 사상가로서 남다른 사람이었다. 그는 일생을 과학과 자유, 정의 그리고 평화에 헌신했다. 사진은 지혜로움으로 빛을 발하고 있는 아인슈타인의 모습이다.

상대성 이론의 첫 편이다. 그러나 당시에 그의 상대성 이론을 이해할 수 있는 사람은 몇 명 되지 않았다. 아인슈타인은 1년도 안되어 물리학의 세 가지 다른 영역에서 중대한 돌파구를 마련한 것이다. 과학사상 유례없는 일로 당시 그의 나이는 겨우 26살이었다. 그 후 아인슈타인은 취리히 공업대학의 부교수, 프라하 대학과 스위스 연방 공업대학의 교수로 초빙되었다. 1911년, 그는 브뤼셀에서 열린 제1차 과학대회에서 퀴리부인과 알게 되었고 퀴리부인은 그를 높이 평가했다.

1913년 아인슈타인은 독일로 돌아와 프로이센아카데미 원장과 베를린 대학 교수로 임명받았고 카이저 빌헬름 물리연구소 소장을 지냈다.

1915년, 아인슈타인은 협의의 상대성 이론을 발표한 지 10년 후에 특수 상대성 이론을 발표했다. 1916년, 그는 종합적 논저인 《일반상대성 이론》을 완성했다. 이 논저는 철학적인 심오함과 물리학적 직관, 수학적 기법으로 사람들을 놀라게 했다. 아울러 20세기 최고의 물리학 저서로 불리고 있다.

1933년 아인슈타인은 에너지 결합의 새로운 이론을 발표하면서 과학계 엘리트들과 기자들을 자신의 논단에 참여하도록 했다.

1916년, 아인슈타인은 다시 양자론의 발전을 총결산하여 현대 레이저 기술의 이론적 기초를 다져놓았다. 오늘날 상대성 이론과 양자론은 현대 물리학의 가장 중요한 이론적 기초가 되었다. 또한 우주 항해와 천문학의 주요한 이론적 근거가 되고 있다.

1920년대 이후로 아인슈타인은 통일장 이론을 집중적으로 연구하고 1929년 《통일장 이론》을 발표했다. 히틀러가 정권을 잡고 나치 정권이 유태인들을 박해하기 시작하자 아인슈타인은 독일 국적을 포기했다. 그리고 1933년 11월에 미국 뉴저지의 프린스톤으로 이주해 그곳에서 과학 연구를 계속하다가 1940년 미국 국적을 취득했다.

아인슈타인이 협의 상대성 이론을 발표할 때 제기한 에너지변환 법칙은 1939년에 이르자 순수 이론의 문제가 아니었다. 과학자들은 이미 원자핵분열에서 거대한 에너지를 얻는 실험을 하고 있었다. 또한 독일은 당시 원자에너지 실험에서 선두주자였다. 아인슈타인은 이에 매우 불안했다. 1939년 그는 루즈벨트 대통령에게 편지를 보내 원자탄의 위력을 설명하고 미국 정부에서 속히 원자탄 연구에 뛰어들기를 권했다. 아인슈타인은 본래 원자탄을 만들어 위협용으로 쓸 생각이었지만 1945년 8월 6일, 첫 번째 원자탄이 일본 히로시마 폭격에 쓰였다. 아인슈타인은 애통해하며 원자탄이 전쟁 무기로 쓰일 경우 인류의 멸망을 초래할 수 있다고 경고했다.

1955년 4월 18일 새벽, 아인슈타인은 향년 76세로 세상을 떠났다.

논술 키워드

상대성 이론
아인슈타인의 상대성 이론은 뉴튼의 만유인력(중력)에 관한 관념에 이의를 제기한 것이 일반 상대성 이론이며, 반면에 특수 상대성 이론[E(에너지) = M(질량) C²(빛의 속도)]은 빛의 속도와 시간에 관한 개념을 설명한 것이라고 보면 된다.

🔖 심금을 울리는 명인 한 마디

♠ 한 사람의 가치는 그의 성공이 아니라 업적에 달려 있다.

케말 *케말 파샤

Kemal

터키 독립의 아버지

생물년 : 1881~1938년
국 적 : 터키
출생지 : 발칸반도의 살로니카
성 격 : 의지가 강하고 과단성 있음
신 분 : 정치가
가 정 : 상인 가정 출신. 아버지가 목재상을
       운영했음

1919~1920년, 오스만 제국이 붕괴되면서 무스파타 케말은 터키 정계의 중심인물로 대두되었다. 그는 국민을 이끌고 여러 전투를 거치며 터키의 영토를 수복하여 유럽을 모델로 한 오늘날의 터키공화국을 세웠다.

케말은 열두 살에 군사예비학교에 들어갔고 열여덟 살에는 이스탄불군사학원에 들어가 공부했다. 졸업 후 그는 총참모부에서 일했고 뒤에 제3군단 참모장이 되었고 청년 터키당에 입당했다.

제1차 세계대전이 발발하고 터키는 독일측 동맹국이 되어 영국측 동맹국과의 전쟁을 선포했다. 케말은 비록 터키의 참전을 극력 반대했지만 군인의 신분으로 전장에 나가 1916년에는 소장으로 진급했다. 1918년, 터키는 연합군에 항복하고 말았다. 이에 영토가 승전국 군대에 의해 분할 점령당하게 되었다. 국가 존망의 위기에서 케말은 분연히 군인이라는 직업을 버리고 터키 독립의 기치를 높이 들었다. 1920년, 터키 술탄정부는 제국회의를 열었고 케말 등의 노력으로 《국민맹약》이 통과되어 국토의 완전한 회복과 독립의 기본 강령을 확립하게 되었다. 혁명파의 투쟁은 연합국의 불만을 샀고 그해 3월, 연합군은 이스탄불로 들어가 혁명파에 대한 공격을 시작했다. 터키 군사 법정은 케말이 참여하지 않은 가운데 그에게 사형을 언도했다.

험난한 국내외 정세 속에서 케말은 앙카라에서 새로운 회의를 열고 임시 정부를 세워 임시 대통령이 되었다. 동시에 그는 국민

1922년 10월, 터키국민들이 거대한 국기를 둘러싸고 그리스를 상대로 한 전쟁에서 승리를 축하하고 있다.

군을 창설하고 총사령관이 되었다. 1920년 8월, 연합군은 터키를 압박해 불평등 조약인 《세브르 조약》을 맺도록 했다. 조약에 따라 터키의 모든 영토는 연합국에 의해 분할 점령당하게 되었다. 또한 터키는 군사, 경제 분야에서 영국, 프랑스, 이탈리아 3국 위원회의 감독을 받게 되었다. 케말은 임시정부를 이끌고 이 조약을 결사적으로 인정하지 않았다. 1920년, 그리스가 10만 대군을 모아 빠른 속도로 터키 내륙으로 밀고 들어왔다. 케말은 국가의 모든 역량을 동원하고 소련의 지지와 원조를 받아 기민하고 민첩한 전략을 구사하며 전쟁에 임했다. 1922년 터키는 마침내 승리를 거두었다. 터키가 전쟁에 승리하자 연합국들은 터키 영토를 분할해 차지하려던 계획을 포기했다. 1922년, 영국, 프랑스, 미국, 그리스 등의 국가가 로잔에서 평화회의를 개최해 1923년 《로잔 협약》에 서명했다. 이 조약으로 터키의 영토는 오늘날의 터키공화국 영토 전부에 해당하는 범위로 확정되었다. 아울러 터키와 맺어졌던 불평등 조약은 파기되었다. 터키는 케말의 지도로 제1차 세계대전 패전국 중 유일하게 자신의 힘으로 주권을 회복한 국가가 되었다.

1923년, 터키 국민의회는 정식으로 군주제 폐지를 선언하고

명인
일화 케말의 원래 이름은 무스타파 케말이다. 뒤에 아타튀르크 케말이라는 새로운 이름을 얻게 되었는데 이것은 터키 대국민의회에서 그의 공훈을 높이 사며 특별히 수여한 성으로 '터키의 아버지'라는 뜻을 가진다. 역사상 조국의 영웅이 이룬 업적을 높이 사 국부로 칭하는 경우는 종종 있지만, '국부'를 성으로 사용하는 사람은 케말이 유일하다.

발칸 전쟁에서 터키가 포위당한 그리
스 군대를 공격하고 있다. 이 전쟁의
승리로 연합국가들이 터키를 분할 점
령하려는 시도를 막아냈으며 영토의
수복과 통일을 이룰 수 있었다.

공화국을 선포하였다. 그리고 케말은 초대 대통령에 당선되었다.
케말은 정교분리, 교육 보급, 사법 개혁, 실업 부흥 등 터키의 현대
화를 추진하는 조치들을 취해 터키를 빠른 속도로 활력 넘치는 나
라로 만들었다. 케말은 대통령을 세 번 연임했으며 1938년 11월
10일 향년 57세에 병으로 사망했다.

플레밍
Fleming

페니실린을 발견한 의학자

생몰년 : 1881~1955년
국 적 : 영국
출생지 : 스코틀랜드 로호필드
성 격 : 겸허하고 치밀함
신 분 : 의학자
가 정 : 아버지는 근면 성실한 농민이었음

플레밍은 8명의 형제 중 막내였다. 그가 일곱 살 때 아버지가 돌아가시고 강인하고 낙관적인 어머니가 가정사를 모두 짊어지게 되었다. 그는 열여덟 살이 되었을 때 집안 사정 때문에 학업을 중도에 포기할 수밖에 없었다. 그는 할 수 없이 생계를 위해 한 운송 회사에 들어가 4년 동안 일했다. 1901년, 플레밍은 고모의 유산을 물려받으면서 형편이 나아졌고 학업을 계속할 수 있었다. 플레밍은 형의 권유로 의학을 선택했다. 그는 패딩턴의 세인트 메리 병원 의학교에 들어갔고 1909년 박사학위를 취득했다. 졸업을 하고 플레밍은 세인트 메리 병원에 남아 면역학 선구자인 앰로스 라이트 박사의 지도를 받으며 예방 접종과에 참여했다.

제1차 세계대전이 발발하자 플레밍은 군의관이 되어 부상자들의 전염병 치료를 도우며 연구를 계속했다. 전쟁터에서 플레밍은 병균이 환자에게 상처와 고통을 준다는 것을 알았다. 1919년 제대하고 나서 플레밍은 다시 세인트 메리 연구소에 돌아와 항균물질 연구에 몰두했다. 1928년 9월 어느 날 아침, 플레밍은

연구 중인 플레밍
이 평범한 가정 출신의 학자는 자신의 노력으로 페니실린을 발견해 무수한 사람들의 생명을 구해 냈다. 페니실린은 오늘날에도 중요한 역할을 하고 있다.

플레밍은 페니실린을 발명하여 사람들의 존경과 무한한 영광을 얻게 되었다.

페니실린은 용도가 광범위한 항균제이다. 매독, 임질, 성홍열, 디프테리아 및 일부 관절염, 기관지염, 뇌막염, 혈액 중독, 척수 감염, 폐렴 등 수많은 질병 치료에 사용된다. 페니실린의 또 다른 장점은 매우 안전하다는 것이다. 일부 페니실린에 과민한 사람을 제외하면 대다수의 사람에게 페니실린은 효과적이고 안전한 이상적인 약물이다.

연구실에 출근해 평소와 마찬가지로 차례대로 배양기의 세균 변화를 관찰하기 시작했다. 그런데 녹색 곰팡이가 가득한 배양기 하나가 그의 관심을 끌었다. 그는 이것을 자세히 관찰하고는 놀라운 현상을 발견했다. 녹색 곰팡이 주변에는 작은 공백이 있었는데 원래 자라고 있던 포도상 구균이 소멸되었던 것이다. 플레밍은 곧바로 현미경을 가져와 관찰하기 시작했다. 그 결과 녹색 곰팡이 부근의 포도상 구균은 이미 모두 죽어 있다는 것을 발견했다. 그는 이 녹색 곰팡이에 멸균 능력이 있다는 것을 알게 되었다. 뒤에 이것을 더 연구해서 이 녹색 곰팡이가 당시 발견된 것 중 가장 강력한 항균 물질이며 동물에 무해하다는 것을 밝혀냈다. 플레밍은 그가 발견한 녹색 곰팡이를 페니실린이라 이름 붙이고 1929년 6월, 영국의 《실험 병리학》 잡지에 논문을 발표해 페니실린 연구 성과를 공표했다.

당시 페니실린은 바로 임상에 적용할 수 없었다. 왜냐하면 페니실린 배양액에서 얻을 수 있는 페니실린이 너무 소량이라 치료에 사용할 만큼 충분한 양을 얻기가 어려웠기 때문이었다. 뒤에

옥스퍼드 대학에서 병리학 연구를 하던 오스트리아 병리학자 플로리가 플레밍의 페니실린 관련 논문에 깊은 관심을 보였다. 플레밍은 독일 생물화학자 체인 등과 공동 연구하게 되었고 소량의 페니실린을 제조해 동물 실험에 성공했다. 그들은 페니실린 대량 생산을 위한 연구에 돌입했다.

1941년 6월 플레밍은 페니실린 샘플을 가지고 전쟁의 영향이 미치지 않는 미국으로 건너갔다. 그곳에서 많은 노력을 기울인 끝에 드디어 옥수수즙을 배양기로 해 24도의 항온 생산 설비를 갖추었다. 이렇게 해서 얻어진 페니실린은 순도가 높았고 대량으로 생산할 수 있었다. 페니실린은 빠르게 임상 적용이 가능하게 되었다. 페니실린은 우선 군대에서 전쟁 부상자들에게만 쓰였으나 1944년에는 영국과 미국에서 민간에 보급되기 시작했다. 그리고 1945년 전쟁이 끝났을 무렵, 페니실린의 사용은 세계 각지로 퍼져 수많은 인명을 구해냈다.

1944년, 영국 왕실에서는 플레밍이 인류에 크게 공헌한 것을 표창하고 그에게 작위를 수여했다. 1945년 플레밍, 플로리 그리고 체인은 페니실린 이용 방면에 크게 공헌한 점이 참작되어 노벨 생리학상과 의학상을 수상하게 되었다.

1955년, 플레밍은 74세의 나이로 세상을 떠났다.

● 심금을 울리는 명인 한 마디

♠ 행운이 오길 기다리지 말고 지식을 쌓도록 노력하라.

피카소
Picasso

생몰년	: 1881~1973년
국 적	: 스페인
출생지	: 말라가
성 격	: 반항적, 감정이 풍부, 정직
신 분	: 예술가
가 정	: 평민 가정 출신, 아버지는 시골학교 미술 선생님이셨음

현대 예술의 거장

논술 키워드

입체파(cubism)
르네상스 이후 서양 회화의 전통인 원근법과 명암법, 그리고 다채로운 색채를 통한 순간적인 현실 묘사를 거부하였으며, 나아가 야수파의 주정적인 표현도 폐기하였다. 그 대신 시점을 복수화하고, 자연이나 사물의 형태를 기본적인 기하학적 형상으로 환원하여 이차원적으로 재구성하였으며, 색채는 흑색, 녹색과 황토로 한정했다.

〈아비뇽의 처녀들〉
피카소는 기하체를 통해 인물을 변형해 냈다. 그의 내면 심리의 예술적 기법은 그야말로 사람의 신혼神魂을 놀라게 하는 것이었다. 이 그림은 전체 구성상의 제한성에도 불구하고 20세기 회화 역사상 여전히 결정적인 위치를 차지하고 있다.

아버지의 영향과 교육으로 피카소는 여덟 살 때부터 그림 공부를 시작했다. 당시 그는 자신이 그린 그림을 우산 가게 앞에 걸어

놓고 사람들에게 감상하게 했다. 피카소는 열다섯 살 때 마드리드에 있는 산 페르난도 왕립 미술 학교에 들어갔다. 그러나 1898년 성홍열을 앓아 중도에 학교를 그만두어야 했다. 병이 완치된 후 피카소의 아버지는 그를 파리로 보냈다.

1900년, 피카소는 파리에서 첫 번째 전시회를 개최하여 프랑스 미술계의 주목을 받기 시작했다. 1904년, 피카소는 파리에 정착했는데 이 시기의 그림은 청색 위주였다. 그는 청색으로 인간의 고통을 표현해 냈는데, 당시 피카소의 궁핍했던 생활과 깊은 연관이 있었던 것으로 보인다.

그 후 피카소는 여화가인 올리비에와 함께 생활하게 되었다. 그녀와 함께 하던 시기에도 생활은 여전히 어려웠지만 피카소의 그림들은 밝은 색채를 띠게 되었다. 이 시기를 장밋빛 위주의 그림이라 하여 '장밋빛 시대' 라 부른다. 대표작으로는 《곡예사 가족》,《공위에서 묘기를 부리는 소녀》,《부채를 든 여인》 등이 있다.

1908년 이후 피카소는 '입체주의' 화풍을 실현했는데 대표작으로는 《아비뇽의 처녀들》이 있다. 피카소와 프랑스 화가인 브라크는 많은 풍경과 정물을 그리며 형식상에서 기묘한 효과를 추구하려 했다. 자연으로부터 체적과 공간을 뽑아내려 노력했으며 작은 평면으로 물체를 표현해 냈다. 그때 이후로부터 오랜 시간 동안 피카소의 화풍에는 많은 변화가 있었다. 입체주의에서 신고전주의 또 1925년 이후에는 초현실주의로 바뀌어갔다.

1936년, 스페인 내전이 발발한 후 피카소는 파시즘에 반대하는 사회활동에 적극적으로 참여했다. 그림을 판 돈 40만 프랑을 스페인 공화국 정부를 위하여 내놓기도 했다. 1937년 독일 파쇼(파시즘적인 운동, 경향, 단체, 지배 체제를 이르는 말; 독재) 공군이 스페인의 작은 마을인 게르니카에 무려 3시간 동안 무차별 폭격을 감행하여 도시를 폐허로 만들었다. 피카소는 소식을 듣고 분노하여 이 사건을 소재로 자신의 대표작인 《게르니카》를 그렸다. 이 그림은 검정색, 흰색, 회색의 세 가지 색감으로 입체주의, 현실주의, 초현실주의를 표현해 내며 고통, 불행, 전쟁의 잔학성 등을 표현했다. 그림에는 아이를 안고 있는 어머니, 울고 있는 여인, 불이 난 집, 죽은 사람의 시체, 날 뛰고 있는 소, 창에 찔린 말 등이 그려져 있다. 이 그림은 파시스트의 폭행에 대한 강렬한 항의를 담고 있다. 독일군이 파리를 점령한 후에

피카소는 20세기에 가장 큰 명성을 누린 화가이다. 그는 자신의 일생 중 80여 년을 예술에 헌신하여 20세기 현대 예술의 발전과 함께했다. 피카소가 현대 예술에서 세운 공헌은 비범한 것으로 '미술계의 아인슈타인'이란 명예를 받고 있다. 이 사진은 피카소와 프랑스와즈가 함께 해변을 거니는 모습이다.

도 피카소는 여전히 파리에 거주하며 외부세계와 차단한 채 그림 그리기에 전념했다. 동시에 그는 반파시즘 전쟁에 적극적으로 참여했으며 자신이 그린 그림으로 파시스트의 폭행을 낱낱이 고발했다. 1944년, 파리가 해방된 후 피카소는 대형 전시戰時 작품 전람회를 열어 높은 영예를 얻게 되었다. 전쟁이 끝난 후 그는 또 세계 평화를 위해 특별히 《평화의 비둘기》를 그렸다.

1973년, 피카소는 향년 92세에 병으로 별세했다.

논술 키워드

피카소 기법
피카소는 입체파에 속하며, 기하학적 큐비즘, 콜라주(collage), 마티에르(matiere) 등을 활용하곤 하였는데 무엇보다 그림을 그릴 때의 접근법이 독특하다고 한다. 가령, 피카소는 산을 산보할 때 녹색 소화불량에 걸릴 때까지 녹색에 대해서만 생각했다. 이런 가득 찬 느낌을 없애기 위해 그는 이 느낌을 그림으로 표현했다. 피카소는 스스로가 주제로 "가득 채워진" 어떤 임의의 시점에서 그림을 그리기 시작하여 아이디어의 변화를 통해 결국에는 새롭고 독창적인 뭔가를 완성하게 되었다.

피카소의 작품 세계

완전히 비틀어진 눈가와 볼록하게 튀어나와 있는 눈동자는 울고 있는 여인의 고통과 절망을 고스란히 표현해 냈다. 눈물을 남김없이 쏟아버리는 느낌을 준다.

여인의 얼굴을 큼직큼직하게 나누어 불안한 정서를 표현해 냈다. 주의 깊게 봐야 할 것은 여인의 눈물이 손수건으로 완전히 닦여지지 않았다는 것이다. 용솟음치는 듯 흘러내리는 눈물은 가련한 느낌을 갖게 한다.

모자의 빨간색은 주 색조인 녹색, 황색과 강렬한 대비를 이루어 불협화의 분위기를 자아내고 있다. 이는 그림 내 인물의 정서를 더욱 깊게 만든다.

여인이 이빨로 꽉 물고 있는 톱니형의 손수건은 본래 부드러운 질감의 손수건을 단단하고 딱딱하게 보이게 한다. 큰 입과 드러낸 치아는 심리적 고통을 사실적으로 표현한 것이다.

눈물을 훔치고 있는 떨고 있는 두 손은 아름다운 나비형 매듭 및 단정한 머리형과 뚜렷한 대비를 이룬다.

루즈벨트

Roosevelt

미국 역사상 재위기간이
가장 길었던 대통령

생몰년	1882~1945년
국 적	미국
출생지	뉴욕주 하이드파크
성 격	지혜롭고 강건하며 적극적
신 분	정치가
가 정	세력가 집안 출신. 아버지는 미국 민주당 인사이며 자유주의자

루즈벨트는 미국의 위대한 대통령으로 미국 역사상 유일하게 휠체어에 앉았던 대통령이며, 또 유일하게 4차례 연임했던 대통령이었다. 그는 뉴딜정책을 실시해 미국이 경제대공황에서 벗어날 수 있도록 했으며, 미국이 세계 반파시즘 전쟁에 참여하도록 이끌었다. 또한 2차 세계대전을 승리로 이끄는 데 큰 공헌을 했다.

루즈벨트는 어렸을 때 아버지를 따라 자주 유럽을 여행하며 많은 삶의 경험을 쌓을 수 있었다. 그는 열네 살 때 메사추세츠주의 그라톤 사립학교에 들어갔고 열여덟 살에는 하버드대학에서 정치, 역사, 신문방송을 공부했다. 1904년에 하버드 대학을 졸업 한 후 다시 콜롬비아 대학에서 법률을 공부했다. 1905년, 그는 앨리너 루즈벨트와 결혼했는데 그녀는 나중에 루즈벨트가 정치에 참여하게 되었을 때 아낌없는 내조를 해주었다. 1907년, 루즈벨트는 콜롬비아 법학대학을 졸업한 후 변호사 자격증을 취득해 법률사무소에서 근무했다. 1910년, 그는 민주당 입후보자로 뉴욕주 참의원(參議員, 양원제 국회의 상원의원)에 당선돼 정계에 발을 들여놓게 되었다.

1912년, 루즈벨트는 윌슨을 경선에서 당선하도록 도왔으며, 뛰어난 정치적 수단과 조직적 수완으로 민주당에서 두각을 나타내기 시작했다. 다음 해 그는 윌슨 정무의 해

군차관보에 임명되어 7년 동안 임무를 수행했다. 1920년, 그는 민주당 부통령 후보에 지명되었으나 당선에 실패한 후 한동안 보험회사의 부사장으로 근무했다. 1921년 여름, 그는 찬 물에서 수영하다가 그만 당시 유행하던 소아마비에 걸리고 말았다. 그러나 그는 굳은 의지로 병마와 싸워 이겨냈다. 1928년, 루즈벨트는 다시 정계에 뛰어들어 뉴욕주 주지사에 당선되었다. 그 이듬해 미국에는 심각한 경제위기(대공황)가

미드웨이 해전

닥쳐왔다. 루즈벨트는 뉴욕주에 실업자 구제와 사회질서 안정을 위한 각종 정책을 실시하여 민주당의 신임을 높였다.

1933년 3월 4일, 루즈벨트는 미국의 제 32대 대통령에 당선되었다. 백악관에 들어간 후 곧 그는 대공황에서 벗어날 수 있는 '뉴딜(New deal)정책'을 실시했다. 그는 100일 동안 '긴급은행법', '관리통화법도입', '전국산업부흥법', '농업조정법' 등 15항목의 법안을 연속해서 내놓았다. 동시에 대규모 공사를 벌여 실업자를 구제하고 사회복지를 개선하는 등의 조취를 취했다. 그리하여 미국의 사회경제는 다시 정상 궤도로 돌아올 수 있었다. 1930년 그는 다시 한번 미국 대통령에 당선되었다.

1937년, 루즈벨트는 시카고에서 유명한 '격리연설'을 발표했다. 그는 '전쟁은 전염되는 것이다.……전쟁 지점과 멀리 떨어져 있는 국가나 민족도 전쟁의 소용돌이에 휘말릴 수 있다.'라고 말했다. 그는 반파시즘 전쟁 사상에 참여할 의사를 명백히 밝혔다. 2차 세계대전이 발발한 후 미국은 중립정책을 쓰기는 했지만 루즈벨트는 적극적으로 전쟁에 대비했다. 아울러 그는 반파시즘 국가에 유리한 조항들을 국회에서 통과하도록 했다. 1940년 5월 브리튼 전투가 발발한 후 루즈벨트는 5개월 동안 영국에 대량의 무기

를 보내어 실질적인 영국의 동맹국이 되었다. 1940년 11월, 루즈벨트는 세 번째로 다시 미국 대통령에 당선되었다. 그 후 그는 중요한 담화들을 발표하며 국내 고립주의의 굴레에서 벗어났다. 미국은 세계 반파시즘 전쟁에 헌신하여 반파시즘 전쟁의 중견 국가가 되었다. 1940년 소련과 독일의 전쟁이 발발한 후 미국은 소련과 차용의정서를 협정해 소련에 전쟁 물자를 지원해 주었다. 같은 해, 루즈벨트는 영국 총리 처칠과 《대서양 헌장》을 발표하여 세계 반파시즘 연맹의 기초를 세웠다.

1944년 10월, 루즈벨트는 미국 건국 200주년의 전통을 깨고 네 번째로 대통령을 연임하게 되었다. 그러나 그때 루즈벨트는 갈수록 건강이 악화되어 심장병과 고혈압이 자주 일어났다. 1945년 4월 12일, 그는 죠지아 온천의 리틀 화이트하우스에서 초상화를 그리던 중 뇌출혈로 사망하고 말았다. 향년 63세였다.

진주만 조감
1941년 10월 30일에 찍은 사진으로 해군 부대의 배치를 분명히 볼 수 있다. 오른쪽 아래 부분에는 함대가 바다로 나가있는 모습이 보인다. 1941년 12월 7일의 상황은 이것보다는 더욱 평온한 상황이었다. 일본이 전면적인 기습을 하기 전까지는 말이다.

히틀러

Hitler

유럽을 정복한 광기의 천재

생몰년	: 1889~1945년
국 적	: 독일
출생지	: 오스트리아 브라우나우
성 격	: 분방하며 극단적, 야심만만
신 분	: 정치가
가 정	: 평민 가정 출신. 아버지는 세관원이었음

아돌프 히틀러는 여섯 살 때 초등학교에 들어갔고 열한 살에 중학교를 다녔다. 그는 성적이 좋지는 않았지만 그림 그리는 것을 좋아해서 예술가가 되는 것이 꿈이었다. 히틀러는 열세 살 때 아버지를 잃었고 열여덟 살 때는 어머니마저 병으로 세상을 떠났다. 1908년 그는 빈으로 건너가서 미술학교에 진학하여 공부하고자 했다. 그러나 예비시험을 치룬 결과 히틀러가 미술가가 될 소질이 없다고 판단한 학교는 정식시험을 치룰 기회를 주지 않았다. 꿈이 깨어진 후 히틀러는 실의에 빠져 5년이라는 시간을 유랑을 하며 보냈다. 당시 그는 눈 치우는 일을 거들거나 기차역에서 여행객들의 짐을 들어주는 일을 했다. 또, 무료로 스프를 나누어 주는 곳에 가서 스프를 받아 마시며 끼니를 때웠다. 그러다 나중에는 도시 풍경을 그려주는 일로 생계를 잇기도 했다.

1913년 5월, 히틀러는 빈에서 독일 뮌헨으로 옮겨갔다. 1914년 1차 세계대전이 발발한 후 히틀러는 독일군으로 지원해 참전했다. 그는 전장에서 용감하게 싸워 철십자훈장 1급 하나와 2급 두 개를 받았다. 아울러 일등병에서 하사로 승진하게 되었다. 그 무렵부터 히틀러는 쇼펜하우어의 《의지와 표상으로서의 세계》를 몇

아돌프 히틀러는 20세기 독일 파시즘 독재체제의 창시자이다. 그는 1차 세계대전 이후 안팎으로 곤경에 빠진 독일의 사회 위기를 이용해 민족 부흥과 유색인종 경시를 부추겼다. 유태인을 대량 학살하고 2차 세계대전을 일으키고 만다.

최고 권력에 오르는 장면
힌덴부르크가 죽은 뒤 히틀러는 각종 권력을 결집해 총통이 되었다. 사진은 히틀러가 군대의 지지를 얻어 당의 최고 권력에 오르는 장면이다.

번이고 반복해서 읽으며 그가 제창한 의지론에 십분 매료되었다.

1차 세계대전이 종결된 후 히틀러는 다시 뮌헨으로 돌아왔다. 1919년 9월, 그는 육군정치부교관으로 '독일노동자당'이라는 작은 단체를 조사하게 되었다. 그런데 뜻밖에 당 수석의 눈에 들게 되어 곧 당원이 되었다. 그는 곧 이 당을 바이에른주의 풍운 정당으로 올려놓았다. 1920년 그는 《강령 25》를 발표하고 당의 이름을 '사회주의 독일 노동자당'으로 개명했다. 아울러 왼쪽으로 45도 각도 틀린 모양의 당기와 휘장도 손수 디자인했다.

1921년 히틀러는 나치당의 주석이 되었다. 1923년, 히틀러는 뮌헨에서 바이에른주의 정권을 빼앗으려 '비어홀 폭동'을 일으켰다. 그러나 정변은 실패했고 감옥에 갇히는 신세가 되었다. 그는 감옥에서 《나의 투쟁》을 구술하여 극단적 쇼비니즘(chauvinism, 배타적 애국주의)을 고취했다. 또 무력으로 독일의 '생존 공간'을 빼앗아 와야 한다고 부르짖었다. 히틀러의 파시즘 이론은 폭넓은 지지를 얻었고 그의 나치당은 신속하게 발전했다. 1933년, 히틀러는 독일의 총리를 담당했다. 1934년에 독일 대통령 힌덴부르크가 죽자 히틀러는 총통으로 취임해 독재자가 되어 독일 제 3제국을 건립했다.

히틀러는 재빨리 군비를 확장하며 전쟁 준비를 했고 외교와 전략부분에서 우위를 확보해 나갔다. 파시즘 독일은 1939년 9월 1일에 '전격전'을 개시해 폴란드를 침공하며 제 2차 세계대전을 일으켰다. 전쟁 초기에 히틀러는 파죽지세로 승리를 거두었다. 10개월이라는 짧은 시간 안에 그는 서유럽의 14개 국가를 점령했다. 단, 영국인의 강력한 저항으로 영국해협에서는 승세의 발걸음을 주춤하게 되었다. 1941년, 히틀러는 다시 소련 침공을 지휘해 초기에는 승리를 얻었지만 전쟁 후반으로 갈수록 차츰 주도권을 잃게 되었다. 1943년 끝난 스탈린그라드의 전투 후 나치독일은 쇠락의 길로 접어들게 되었다.

나치 독일의 바이블이었던
《나의 투쟁》

1944년, 미영 연합군은 노르망디 상륙작전을 성공적으로 이루어냈고, 나치독일은 동서양면의 양동작전에 의해 피동적 국면에 접어들게 되었다. 1945년 4월 소련군이 베를린으로 진입해 들어왔다. 히틀러는 에바 브라운과 결혼했으나 4월 30일에 자살을 했다. 에바 또한 히틀러의 곁에서 극약을 마시고 생을 마감했다. 두 사람의 시체는 후에 화장되었다. 사람들은 히틀러가 태어난 브라우나우의 집 앞에 비석을 세웠다. 비석 위에는 이렇게 적혀 있다. "결코 파시즘이 다시 일어나서는 안 된다. 수천 수백만의 희생을 기리기 위해 세상은 평화, 자유 그리고 민주를 잊지 말아야 한다."

채플린
Chaplin

생몰년 : 1889~1977년
국 적 : 영국
출생지 : 런던
성 격 : 지혜로우며 정직, 준엄함
신 분 : 예술가
가 정 : 연기자 가정 출신. 부모님 모두 연기
자였음

영화계의 코미디 대가

찰리 채플린

채플린은 두 살 때 부모가 이혼한 후 어머니와 아버지가 다른 형 한 명과 함께 서로 의지하며 살아갔다. 그는 어렸을 때 떠돌이, 급사, 견습생 등을 하며 궁핍한 생활을 했다. 그러나 채플린은 연기에 천부적 재능이 있어 댄스와 노래를 잘했다. 그는 열 살이 되기도 전에 극단을 따라 영국에서 순회공연을 하기도 했다.

1907년, 채플린은 당시 유명했던 프레드 카노 극단의 단원이 되었고, 그의 첫 번째 연기는 관객들에게 호평을 받았다. 그의 연기는 이미 뛰어났음에도 불구하고 계속해서 노력을 게을리 하지 않았다. 그는 자신의 연기를 고전 유머의 우수한 전통을 이어나가다 독특한 무언극 형태로 발전시켰다. 1910년, 채플린은 극단을 따라 처음으로 미국 순회공연을 가게 되었는데 주연급 배우로서 미국 관객들의 열렬한 갈채를 얻었다.

1912년, 채플린은 미국에 두 번째 순회공연을 가게 되면서 명성은 점점 높아졌다. 1913년, 채플린은 미국의 영화 제작사인 키스톤과 계약을 하고 미국에서의 연기생활을 시작했다. 1914년, 그는 첫 영화인 《생계》로 이름을 날리기 시작했으며 그 해 무려 단편 영화를 35편이나 찍었다. 그 중 21편은 채플린 자신이 손수 각본

영화 〈The Kid〉의 광고 포스터

과 감독을 맡았다. 그때부터 채플린의 실크해트(Silk Hat, 원통형의 높은 크라운과 좁은 챙으로 이루어진 견제 천으로 만든 모자, 톱 해트, 플러그 해트라고도 부른다)와 솔 같이 생긴 콧수염, 지팡이, 통 넓은 바지, 오리걸음 등 거지신사의 분장과 연기는 관중의 시야를 사로잡았다. 그것은 그를 세계 영화사에서 가장 유명한 배역자로 만들었다. 채플린은 선량하고 정직했으며 순박하고 무던했다. 그러나 약육강식의 자본주의 사회에서 진저리 날 정도의 모욕과 타격을 받은 그는 희극을 통해 사회 모순을 비판했다. 그의 희극성은 관중들을 충분히 공감하게 했으며 수많은 사회의 불평등 현상에 대해서 생각하게 만들었다.

1920년대를 전후해 채플린은 널리 알려진 유명한 작품들을 많이 찍었다. 《키드 The Kid》, 《황금광 시대》, 《도시의 불빛》 같은 작품들이다. 이 작품들에서 그는 소시민들이 사회에서 겪는 불우한 삶 등에 대한 심리를 잘 표현해 냈다. 《모던타임즈》에서 채플린은 아침부터 저녁까지 벨트 컨베이어로 운반되어 오는 상품의 나사를 죄는 동작을 되풀이 하는 공인 역을 맡았다. 주인공은 자신의 일을 빼앗기지 않으려고 열심히 노력했지만, 정신병원에 들어가게 되고 병을 치료하고 나왔을 때는 이미 실직을 당했다는 내용의 영화이다. 이 영화에 드러난 사상은 자못 심각했으며 채플린의 연기는 최고봉에 달했다. 1940년 채플린은 미국에서 전쟁광 히틀러를 풍자한 영화 《위

영화 《위대한 독재자》 스틸
채플린이 《위대한 독재자》에서 연기한 독재자 힌켈이 지구의를 잡고 춤을 추는 장면이다.

채플린은 애정 면에서 한결같지 못해
여러 여성을 두루 좋아하다 말년이 되
어서야 평범하지 않던 생활을 끝냈다.
이 사진은 채플린이 자신의 애인과 친
구랑 함께 있는 장면이다.

대한 독재자》를 개봉해 독특한 자신만의 방법으로 나치독일에 대
한 반감과 증오심을 표현했다.

2차 세계대전 후, 채플린은 전쟁이란 이름의 대량살인과 무기
상을 비판하는 영화인 《살인광 시대》로 미국 정부로부터 탄압을
받게 되었다. 《살인광 시대》는 미국 대부분의 대도시에서 상영이
금지되었다. 1952년 9월, 채플린은 가족들을 데리고 유럽의 《무대
위의 생애》 개봉제에 참석하기 위해 대서양을 건너는 도중 방송에
서 흘러나오는 미국 사법부의 성명을 듣게 되었다. 그것은 채플린
이 미국으로 돌아오는 것을 금지한다는 내용이었다. 따라서 채플
린은 나중에 스위스로 이주했다.

1954년 5월, 베를린에서 열린 '세계평화이사회'는 채플린이
'풍부하고 다채로운 활동으로 세계 평화 사업과 각국 국민간의 우
호 증진에 커다란 공헌'을 했다며 그에게 '국제평화장려금'을 수
여하기로 결정했다. 1966년, 채플린은 런던에서 그의 마지막 영화
인 《홍콩의 백작부인》을 촬영했다. 1977년 12월 25일, 채플린은
스위스에서 향년 88세로 생을 마감했다.

드골
De Gaulle

프랑스 제5공화국 대통령

생몰년 : 1890~1970년
국 적 : 프랑스
출생지 : 북프랑스 릴
성 격 : 과감하고 완강하며 고집스러움
신 분 : 정치가
가 정 : 시민 가정 출신. 부친은 철학교수이며 어머
니는 가톨릭 신자

　　드골의 부친은 일찍이 프로이센-프랑스 전쟁에 참가한 적이 있는 민족주의 감정이 강한 사람이었다. 드골은 이런 부친의 영향을 많이 받았다. 1909년, 드골은 프랑스의 유명한 생시르 육군 사관학교에 들어가 군인으로서의 삶을 시작했다. 1912년, 학교를 졸업한 후 드골은 페탱의 수하에서 소위를 지냈고 이듬해에 바로 중위로 승진했다. 1914년 8월, 제1차 세계대전이 발발한 후 드골도 페탱을 따라 참전했다가 부상을 세 차례 입기도 했다. 1916년에는 독일군의 포로로 잡혔다가 전쟁이 끝나고 나서야 자유의 몸이 되었다.

　　프랑스로 돌아온 드골은 생시르 모교에서 군사 교관을 지냈고 페탱 원수의 막료를 역임했다. 그는 또 《칼날》, 《직업 군인서》와 같은 군사 이론 서적을 썼다. 1939년 9월 제2차 세계대전이 터진 후 드골은 프랑스 제5군 기갑 사단장을 담당했다. 독일군이 프랑스를 침입한 후에는 제4기갑 사단장으로 독일군에 강

2차 세계대전 기간에 드골은 '자유 프랑스 위원회'를 지휘하여 영국, 미국, 소련과 연합해 강대한 나치독일에 대항했다. 아울러 1958년에 프랑스 제5공화국을 창건했다.

력히 맞섰으나 실패의 국면을 만회하지는 못했다. 1940년 6월 17일 페탱 원수는 프랑스군에게 저항을 멈추고 항복할 것을 선포했다. 그러나 이튿날 프랑스 국민들은 방송에서 흘러나오는 다른 목소리를 들을

1944년 6월 해방 후, 드골 장군이 파리로 개선하며 국민들의 열렬한 환영을 받고 있는 장면이다.

수 있었다. "저는 드골 장군입니다. 저는 현재 런던에 있습니다. …… 무슨 일이 있더라도 프랑스는 저항의 불꽃을 꺼뜨려서는 안 됩니다. 아니, 절대로 꺼질 수 없습니다." 드골은 곧 굴욕과 고통에 빠져 있는 프랑스 민족의 희망이 되었다.

드골은 런던에서 '자유 프랑스 위원회'를 조직하고 적극적으로 무장부대 창설을 계획했다. 1943년 드골은 루즈벨트와 처칠의 안배 하에 프랑스 민족해방위원회를 조직했으며 다음해에 프랑스

전쟁 후기가 되자 독일군은 유럽의 전장에서 방어 태세에 돌입했다. 연합군의 강력한 공격아래 독일군은 차츰 패배하여 물러갔다. 이 그림은 프랑스 전투기가 독일군 진지를 맹렬히 공격하고 있는 모습이다.

임시정부의 수반이 되었다. 1944년 8월 24일, 드골은 연합군을 따라 파리로 귀환한 후 군권과 정권을 장악하게 되었다. 그러나 프랑스 각 당파간의 모순은 정부를 위기에 몰아넣었고 드골은 1946년 초에 사임했다. 후에 그는 《전쟁회고록》을 집필했다. 1958년, 프랑스 제4공화국이 위기에 빠지자 드골이 다시 나서 프랑스의 국가 지위를 회복하기 위해 힘썼다. 그는 초강대국 미국과 첨예하게 대립하며 프랑스의 독자적인 핵무장 발전을 견지해나갔다. 또 미국의 '다각적 핵무장 계획'을 거절하고 유럽의 연합을 주장했다. '유럽의 유럽인에 의한 유럽'이라는 구호를 부르짖었으며 북대서양조약기구(NATO)에서 탈퇴한 최초의 유럽 국가가 되었다.

드골은 10년 동안 프랑스를 이끌며 대통령직을 두 차례 연임했다. 1969년 드골은 국가의 심각한 위기로 인해 대통령직에서 사임했다. 1970년 11월 19일, 그는 급성 심장병으로 향년 80세에 사망했다.

명인
일화 1962년 8월 22일, 드골은 시트로엔(프랑스 자동차 회사명)을 타고 있다가 프랑스령 알제리아 지지자들의 기습을 받았다. 시트로엔은 막중한 손상을 입어 타이어 두 대가 파손되고 기어 상자가 부숴졌으며 유리는 모두 산산조각이 났다. 남아 있는 것이라곤 14방의 탄환 구멍이었다. 그러나 천만다행이도 드골은 아무 일 없듯 부상을 입지 않았다. 드골은 "저들은 정말이지 총을 쏠 줄 모르는 군."이라는 유머를 남겼다 한다.

헤밍웨이

Hemingway

영원토록 잊혀지지 않는 작가

생몰년 : 1899~1961년
국 적 : 미국
출생지 : 시카고 교외의 오크파크
성 격 : 강건하고 호방하며 모험을 좋아함
신 분 : 문학가
가 정 : 평민 가정 출신, 아버지는 의사였고
       어머니는 교사를 지냈음

헤밍웨이는 미국의 소설가로 20세기에 가장 뛰어난 작가 중 한 사람으로 평가받고 있다. 우리는 그가 실생활에서 뿐 아니라 허구의 작품 세계에서도 전쟁, 운동, 투쟁, 음주, 여행 및 사랑에 충만해 있었음을 알 수 있다. 이 모든 것들은 그의 작품에서 고스란히 드러나고 있다.

소년 시절의 헤밍웨이는 건강한 신체와 충만한 정신으로 적극적인 학교생활을 했다. 그는 교내 수영부와 축구부 일원이었으며 교내신문의 편집부원과 고적대에서 첼로를 맡기도 했다.

그는 1917년에 고등학교를 졸업한 후 캔자스로 가서 '스타'지의 기자가 되었다. 제1차 세계대전 말기에 헤밍웨이는 적십자 구호활동에 참여해 이탈리아의 전장으로 가 참혹한 전쟁을 경험했다. 그는 종전에서 중상을 입었는데 그의 몸에서 발견된 탄환조각이 237개나 되었다고 한다. 헤밍웨이는 전쟁에서 용감히 싸워 미국과 이탈리아의 훈장을 받기도 했다. 그는 1921년에 결혼했고 같은 해 12월, 캐나다 《토론토 스타》지의 파리 특파원이 되었다. 그곳에서 그는 유명한 작가인 스타인 등을 알게 되었다. 그들은 헤밍웨이가 진정한 작가가 될 수 있도록 많은 조언과 격려를 해 주었다. 헤밍웨이는 '미망(迷妄)의 세대' 작가들의 초기 사상의 영향을 깊이 받았다. 헤밍웨이는 파리에서 생활하면서 노력을 게을리 하지 않았으며 차츰 함축되고 정제된 창작적 특색을 가지게 되었다.

1922년, 헤밍웨이는 토론토로 돌아왔고 그 이듬해 첫 번째 저서인 《세 편의 단편과 열 편의 시》를 세상에 내놓으며 뛰어난 창작의 재능을 발휘했다. 헤밍웨이는 1920년대에 단편소설 《우리들의 시대에》(1924), 《남자들만의 세계》(1927)와 장편소설 《해는 또다시 떠오른다》(1926), 《봄의 격류》(1926) 및 《무기여 잘 있거라》(1929) 등을 차례로 발표했다.

헤밍웨이는 《해는 또다시 떠오른다》로 이름을 얻기 시작했는데 1차 세계대전에 참전했던 젊은이들의 전쟁 후 유럽에서의 생활상을 그린 작품이다. 이 책의 젊은이들은 방탕한 생활을 하며 공허한 영혼의 고통을 해소하려 했다. 책은 출판되자마자 베스트셀러가 되었고 청년들의 공감을 불러 일으켰

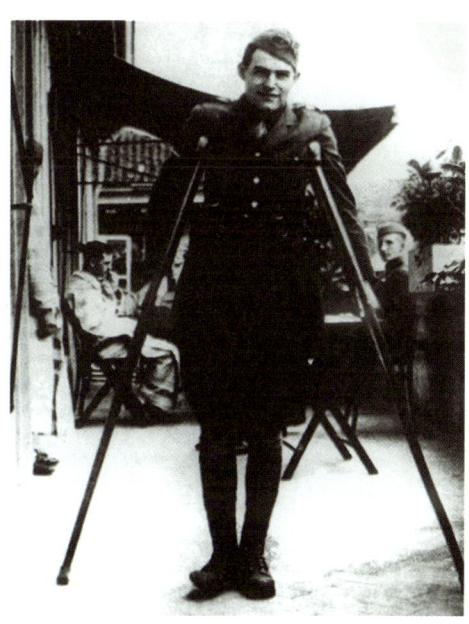

젊은 헤밍웨이는 밀라노의 미 적십자 병원에서 전쟁에서 얻은 상처를 치료했다. 그러나 몇 십년 후 이 굳은 의지력을 숭상했던 작가는 정신과 육체의 이중고통을 이겨내지 못하고 엽총으로 자신의 생명을 마감했다.

다. 아울러 '미망迷妄의 세대'의 모범적 작품이 되었다. 이 책은 출판된 후 곧바로 10만 여 부가 팔렸으며 할리우드에서 가장 높은 가격의 판권에 팔려나갔다. 스페인 내전이 발발한 후 헤밍웨이는 4차례나 스페인으로 가서 전시상황을 보도하는가 하면 민주 두 파와 어깨를 나란히 하며 싸우기도 했다. 1940년, 그는 스페인내전을 배경으로 한 작품인 《누구를 위하여 좋은 울리나》를 출판하여 다시 한 번 명성과 영예를 얻었다. 1941년에 헤밍웨이의 저작은 이미 세계에서 100만 부 이상이 팔려나가는 베스트셀러가 되었다.

🗨 심금을 울리는 명인 한 마디

♠ 인간은 패배하기 위해서 태어난 것이 아니다.

《노인과 바다》는 출판 전 1952년 9월, 첫째 주 'Life' 주간지에 전문이 발표되었다. 헤밍웨이는 현실의 삶에서 강한 자신의 모습을 만드는 데 성공했다.

40~50년대에 헤밍웨이의 작품은 언론의 조명을 받게 되었고 다수의 저작이 영화로 상영되었다. 헤밍웨이는 언론이 만들어낸 호방하고 거리낌 없는 전기적 인물이 되었다. 헤밍웨이는 자신의 첫 단편소설인 《우리들의 시대에》부터 시작해 줄곧 신념을 굽히지 않는 강한 의지력의 정신을 추구했다. 이런 사상의 추구는 《노인과 바다》에서 최절정에 올랐다. 이 작품은 1952년에 출판되었고 헤밍웨이에게 2년에 걸쳐 퓰리처상, 아카데미상, 노벨문학상을 수상하는 영예를 안겨주었다.

헤밍웨이는 일생동안 호방하며 '굽히지 않는 신념'의 풍격으로 세상에 이름을 떨쳤다. 그러나 그는 만년에 건강이 점차 악화되어 정신이 피폐해져 갔다. 1961년 7월 2일, 헤밍웨이는 엽총으로 자신의 집에서 생을 마감했다. 향년 62세였다.

가와바타 야스나리

Yasunari

생몰년 : 1899~1972년
국 적 : 일본
출생지 : 오사카
성 격 : 괴팍, 자유분방, 우울
신 분 : 문학가
가 정 : 평민 가정 출신

동양의 미를 찾아낸 근대 일본 작가

야스나리는 어려서 외롭고 비참한 생활을 했다. 그는 세 살 때 부모님께서 연속해서 돌아가 신 탓에 할아버지 댁에서 자랐다. 할아버지 댁은 경제적으로 어려워 생활은 궁핍하기만 했다. 그러나 이런 고독과 빈곤한 생활은 오히려 그의 잠재력을 불러 일으켰다. 그는 어려서부터 열심히 공부했고 초등학교 고학년이 되었을 때는 학교 도서관의 책들을 모조리 읽어치웠다. 우수한 성적으로 도쿄 제1고등학교에 입학했고 학교에서 대량의 일본 고전 등을 읽으며 잡지사에 글을 보내기도 했다. 1920년, 그는 도쿄 제국대학교에서 영문학과 일본 문학을 공부했다. 1924년 대학을 졸업한 후 그는 자신의 문학 창작 생애를 시작했다.

2000년 일본에서 발행된 오에 겐자부로(왼쪽)와 야스나리의 우표

야스나리는 작가들과 함께 동인지 《문예시대》를 창간하여 '신감각파' 라는 문학사조를 세웠다. 그는 국민들의 마음을 차지하고 있던 전통적 종교를 문학으로 대치하고자 했다. 1926년, 그는 《이즈의 무희》를 발표해 이름을 알렸다. 이 소설은 사춘기 소년 소녀의 순수한 연정을 명랑하고 산뜻한 필치로 세세히 그려내어 출판된 후 호평을 받았다. 1965년, 야스나리는 이즈 반도에 아예 전문적인 '이즈의 무희' 기념비를 세웠다.

1935년, 이즈나리는 그의 대표작인 《설국》을 쓰기 시작했다. 이것은 1930년대 말 일본 게이샤(geisha, 일본 기생)의 삶을 그린 작품으로 시마무라는 남자와 게이샤 고마코, 요오코 사이의 애정 갈등을 그린 것이다. 사회의 낮은 계층에 속하는 여인들의 비참한 처지와 그녀들의 이상 세계를 향한 염원과 동경을 담아냈다. 이책은 세계 문학 명저로 비록 10만여 글자밖에 되지 않는 중편소설이지만 12년에 걸쳐 창작되었다. 소설은 일본의 전쟁 전과 후의두 시대를 뛰어넘으며 예술적 감염성으로 영어, 독일어, 프랑스,이탈리아, 스웨덴, 핀란드 등 각종 언어로 번역되었다.

1949년, 야스나리는 소설 《천마리 학》을 쓰기 시작해 2년 후인1951년에 일본예술원상을 받았다. 1957년, 그는 일본예술원 회원이 되어 일본예술원장려금과 일본 정부가 하달한 문화훈장을 받았다. 야스나리는 1962년에 또 다른 역작인 《고도》로 이름을 떨쳤다. 이 소설은 독특한 창작 방식으로 일본 전통 문화와 산천의 아름다움을 주인공의 삶과 함께 조화롭게 표현해 냈다. 작가의 미에대한 무한한 그리움과 추구가 돋보이는 작품이다.

1968년 10월 18일, 야스나리는 《설국》과 《고도》 등의 뛰어난

1924년, 야스나리는 요코미츠 리이치
등과 함께 동인지 《문예시대》를 창간
했다. 그들은 일본의 옛 문학을 새로
운 방향으로 이끌었다. 일본 문학사상
유명한 '신감각파'가 탄생한 것이다.
사진은 1927년 6월 《월간》사 주요 멤
버들이 각지에서 '문예춘추' 소개를
위해 모인 강연회에서 찍은 것이다.
왼쪽에서 두 번째가 야스나리고 가운
데 앉아 있는 사람이 요코미츠 리이치
이다.

작품으로 노벨 문학상을 수상하여 인도의
타고르에 이어 두 번째로 노벨문학상을 탄
아시아 작가가 되었다. 수상식에서 그는 《아
름다운 일본과 나》를 연설하여 서양 문학과
는 다른 동양 문학의 심미적 체험을 들려주
었다. 야스나리는 일본 고전 문학의 영향 외
에도 불교 선종의 영향을 깊이 받았다. 그는
《문학의 자서전》에서 일찍이 불교가 세계
최대의 문학임을 제시했다. 그의 말에 따르
면 불교 경전은 종교의 준칙이 아니며 자신
의 창작 사상의 원천이라고 말했다.

야스나리는 일본 소설가로 1968년에 노벨문학상을 수상했다. 평어는 다음과 같다. "날카로운 감수성과 출중한 서술적 기교로 일본인의 사상적 본질을 유감없이 표현했다. 이 사진은 바로 그가 노벨 문학상을 받는 장면으로 오른쪽이 바로 야스나리이다. 위쪽의 사진은 일본이 1999년에 발행한 야스나리의 두상이 그려진 우표이다.

　　노벨문학상은 야스나리에게 영예를 안겨주었지만 번뇌를 가져
다주기도 했다. 집에는 항상 그를 찾아오는 사람들의 발길이 끊이
지 않아 그는 매우 귀찮고 불편해 했다. 그는 걸핏하면 부인에게
화를 내며 말했다. "우리 집은 여관도 아니요, 나는 손님들을 위해
사는 사람이 아니잖소!" 1972년 4월 16일, 야스나리는 액화 프로
판 가스를 마시고 자살했다. 유서 한 장 남기지 않았다. 그러나 그
는 일찍이 1962년에 이렇게 말한 적이 있다고 한다.

　　"유서를 남기지 않고 자살하는 것보다 더 좋은 건 없어. 말없이
죽는 것이 곧 영원히 사는 일이지."

페르미

Fermi

최초의 원자로 설계자

생몰년	: 1901~1954년
국 적	: 미국
출생지	: 이탈리아 로마
성 격	: 정직, 겸손, 근면
신 분	: 과학가
가 정	: 부친은 철도국 국장, 어머니는 초등학교 교사

페르미가 태어난 후 그의 부모는 경제적 부담을 이기지 못해 그를 시골로 보냈다. 3세 때 다시 부모님 곁으로 돌아온 페르미는 이후 자신보다 한 살 많던 형을 그림자처럼 따라다니며 함께 놀았다. 그들은 물리를 공부하거나 전력 발동기, 모형 비행기 등을 만들면서 대부분의 시간을 보냈다. 그러나 안타깝게도 그의 형은 열다섯 살 때 요절하고 말았다. 1918년 페르미는 이탈리아의 최고 학부인 피사대학에 입학했다. 페르미는 대학 1학년 때 아인슈타인의 상대성 이론을 이해했다. 1922년 그는 박사학위를 받은 후 독일의 괴팅겐대학에서 M. 보른을 따라 일했다. 후에 또 네덜란드의 레이덴 대학에서 P. 에렌페스트를 따라 근무했다. 1924년, 페르미는 이탈리아로 돌아와 로마대학과 피렌체 대학에서 교수를 역임했다. 그때, 그는 양자론量子論 영역에서 같은 양자 안에는 두 개의 전자가 존재하지 않는다는 새로운 발견을 했다. 1927년 그는 '페르미-디랙 통계' 원리를 근거로 원자구조의 모형을 제안했다. 페르미는 1928년에 결혼했는데 그의

페르미의 우라늄 핵분열 연쇄반응의 발견으로 인류는 원자폭탄 발명에 한 걸음 더 다가서게 되었다. 그러나 전 세계에 적합한 저가의 새로운 에너지를 만들어내기 위해서는 가야 할 길이 아직 멀다.

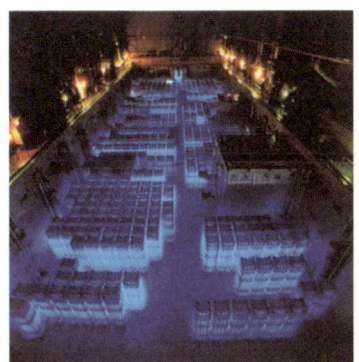

원자력발전소 내부(좌측), 발전소 안에는 카드뮴 막대가 가득 들어차 있다. 카드뮴 막대는 몇 년에 한 번씩 교환해 주어야 한다. 카드뮴 막대에서 제거한 우라늄을 다시 이용하기 전에 그것들을 경수에 담가 냉각시킨다. 사용이 끝난 카드뮴 막대는 핵폐기물이 된다.

부인은 유태인이었다. 당시 이탈리아의 유태인 정책은 독일만큼 심하진 않았어도 무솔리니는 히틀러의 영향을 받아 유태인을 박해했다. 페르미는 이탈리아를 떠나 미국으로 갈 것을 결심했다. 그러나 당시 그의 집은 이미 삼엄한 감시를 받고 있었기 때문에 미국으로 도망갈 기회는 좀처럼 오지 않았다. 그러다가 1938년, 페르미는 노벨 물리학상을 받게 되었다. 그는 스웨덴에 상을 수상하러 간다는 기회를 빌려 가족들을 데리고 미국으로 건너갔다. 미국으로 건너간 후 페르미는 컬럼비아 대학에서 물리학을 가르쳤다.

1939년, 우라늄 원자핵의 핵분열 현상을 발견했다는 소식을 접한 페르미는 핵분열 연쇄 반응의 가능성을 찾는 일에 착수했다. 페르미는 조수들을 인솔해 1942년 12월 2일 시카고 대학에서 최초로 제어된 연쇄 반응의 원자로로 임계상태에 도달하여 핵분열 연쇄 반응식을 실현했다. 그의 성과는 원자력 시대의 중요한 이정표가 되었다. 이어서 페르미는 원자폭탄의 연구제작에도 참여하게 되었다. 당시 미국 정부는 원자폭탄을 제조하기 위해 우수한 과학자 100명을 특별히 선발했는데 그 중 많은 사람들은 미국인이 아

명인 일화 1934년, 페르미가 피사대학에서 핵분열 과정에 관해 시범을 보인 적이 있다. 실험이 중간 정도 진행되었을 때 그는 갑자기 자신의 이론에 약점이 있다고 시인했다. 그러면서 도중에 실험을 그만두었다. 페르미는 갑자기 무솔리니가 원자력을 전쟁에 이용할 것이라는 생각을 해내고는 자신의 실패를 공언한 것이다. 그러나 아인슈타인만큼은 페르미의 말을 믿지 않았다. 아인슈타인은 이미 페르미가 세워놓은 이론과 방정식을 보았던 것이다. 아인슈타인은 페르미가 실험을 포기한 이유는 순전히 정치적인 이유 때문이라고 결론지었다.

니었다. 미국 정부는 원자폭탄 연구계획에 참가할 과학자들은 반드시 미국 국적을 가져야 한다고 규정했다. 페르미도 이때 아인슈타인의 권유로 미국 국적을 취득하게 되었다.

1945년 7월 6일 새벽, 최초의 원자폭탄이 뉴멕시코주의 앨러머고도에서 원폭실험에 성공하여 거대한 위력을 보여주었다. 페르미는 원자력이 전쟁에 이용되는 것을 반대하며 1946년 시카고 대학으로 돌아왔다. 그는 학생들을 가르치며 입자물리학이라는 새로운 영역에 빠져들었다. 1951년, 페르미는 그의 연구팀과 함께 세계 최초로 '핵자공진태核子共振態'(양성자와 중성자의 고유한 주파수 모양)를 발견했다.

2차 세계대전 후, 미국 정부는 원자력위원회에 총 5만 달러에 달하는 장학금을 설립하고 원자력 평화에 뛰어난 공헌을 한 사람들을 장려했다. 페르미는 이 상의 첫 번째 수여자가 되었다.

페르미는 만년에 원자력의 의학 응용에 대해서도 연구했으나 안타깝게도 암으로 세상과 이별해야만 했다. 1954년 11월 29일 그는 시카고에서 53세의 나이로 별세했다. 페르미의 죽음은 세계 물리학계의 커다란 손실이었다. 20세기 물리학자 중 페르미처럼 이론물리학과 실험물리학 두 방면에서 뛰어난 성과를 이루어낸 사람은 없기 때문이다.

존 F. 케네디

Kennedy

아폴로 달 착륙 계획을 세운
미국 대통령

생몰년	1917~1963년
국 적	미국
출생지	메사추세츠주 부르클린
성 격	과단성, 낙관적, 완강함
신 분	정치가
가 정	명문가 출신, 부친은 백만장자이며 어머니는 보스톤 시장의 딸임

조지프 케네디 부부는 아홉 명의 자녀를 두었는데 존 피츠제럴드 케네디는 차남으로 태어났다. 부유한 가정환경은 그에게 훌륭한 교육 환경을 제공해 주었으나 어릴 적 케네디의 성적은 썩 좋지만은 않았다. 1935년, 케네디의 아버지는 그를 런던경제대학교에 보내 공부하게 했으나 얼마 후 황달에 걸려 학업을 멈추고 돌아와야 했다. 건강을 회복한 후 그는 미국 프린스턴대학에 들어갔지만 얼마 후 다시 황달에 걸려 학업을 그만두어야 했다. 후에 그는 다시 하버드대학에 들어갔다. 1939년, 케네디는 유럽으로 여행을 가게 되었는데 주 영국 대사인 아버지 덕분에 수많은 유럽 각계의

케네디는 최연소로 미국 대통령에 당선된 인물로 '현실적 정치가'로 불린다. 그는 미국 국민들에게 미래를 위한 원대한 계획을 제시했으며 아울러 차례차례 계획들을 실현해 나가 국민들로부터 추앙받는 대통령이 되었다.

구소련이 쿠바에 배치한 공격용 미사일
1962년 10월의 '쿠바 유도탄 위기' 중 케네디는 뛰어난 지휘 능력을 발휘하여 위기를 평정했다.

1963년 11월 22일, 케네디를 태운 일행은 댈러스시에 도착했다. 차기 대통령 총선에서 표를 획득하기 위한 카퍼레이드를 위해서였다. 당시 케네디를 태운 차가 중앙대로의 교차로 입구에 들어섰을 때 서북 방향의 한 건물에 숨어 있던 리 하비 오스왈드는 총을 꺼내 케네디의 머리와 목 부위를 쏘았다. 급히 응급처치를 했으나 케네디는 곧 사망하고 말았다. 이 사진은 케네디가 암살당하던 순간의 아슬아슬한 장면을 담은 것이다.

케네디는 마릴린 먼로와 스캔들을 일으키기는 했지만 언론에 비친 모습은 의심할 여지없는 전형적인 '모범 가정'이었다. 이 사진은 케네디 부부가 딸과 함께 해변에서 즐거운 한 때를 보내는 장면이다.

유명 인사들을 만날 수 있었다. 미국으로 돌아온 후 케네디는 《뮌헨의 타협》이란 제목으로 졸업논문을 써서 영국이 당시 파시즘 독일과 이탈리아에 대해 유화 정책을 편 원인을 분석했다. 논문은 각계의 호평을 얻었고 그 후 《영국은 왜 잠자고 있었나》라는 이름으로 책을 출판했다. 1940년 케네디는 우수한 성적으로 하버드를 졸업했다.

제2차 세계대전 이후 케네디는 미국 해군에 들어갔다. 그는 1943년 3월 어뢰정 중위 함장으로 임명되어 태평양의 솔로몬 군도에서 근무했다. 8월의 2차 세계대전에서 그가 지휘한 어뢰정이 일본의 구축함과 충돌해 침몰하게 되었다. 그때 케네디는 생존자 11명을 인솔해 위기로부터 잘 빠져나와 훈장을 받기도 했다. 1945년 케네디는 퇴역한 후 신문기자로 잠시 일했다. 1946년 그는 아

🗨 심금을 울리는 명인 한 마디

♠ 국가가 나를 위해 무엇을 해야 하는가 묻지 말고, 내가 국가를 위해 무엇을 할 것인지를 물어라.

버지의 지지를 얻어 국회 하원의원 경선에 나갔고 단번에 당선되었다. 당시 그의 나이 스물아홉 살이었다. 1952년 그는 상원의원이 되었고 두 차례 연임했다.

1960년, 케네디는 대통령 총선에 참여해 극렬한 경쟁 끝에 민주당 대통령 입후보자가 되었다. 그의 상대는 공화당의 R. M. 닉슨이었다. 케네디는 4차례의 텔레비전 토론을 통해 자신의 유머와 기지, 자신감을 발휘해 국민들의 신임을 얻었다. 결국 그는 닉슨을 누르고 승리하여 20세기에 탄생한 최초의 미국 대통령이 되었다.

케네디는 집권한 후 내정 면에서 수많은 계획들을 제기했다. '도시 주택 조건 개선', '교육 발전', '농업 지지', '종족 멸시 반대', '흑인에게도 평등과 권리를 주자'는 것 등이었다. 케네디는 '실력으로 평화를 구하자'고 외치며, 미국이 첨단 무기 개발과 지역 통제 등 여러 방면에서 초강대국의 위치에 올라설 수 있도록 힘껏 노력했다. 케네디가 대통령으로 재임하는 동안 다음과 같은 세계 주요 외교 군사 사건들이 발생했다.

'1961년 4월, 미국중앙정보국이 훈련하고 지휘한 고용군 비행기와 군함의 엄호 하에 쿠바를 침공했으나 전군이 전멸, '특종전쟁' 계획, 베트남에서의 군사 행동 확대, 1962년 '쿠바 미사일 사건' 중 소련이 쿠바에 배치한 미사일 기지를 철거하도록 후루시초프와 협상'

1963년 11월 22일, 케네디는 부인 재클린과 함께 텍사스주 댈러스시에서 자동차 퍼레이드를 하던 중에 저격범의 권총 습격을 받아 46세의 나이로 운명을 달리했다.

대처 수상

Thatcher

철의 여인

출생년 : 1925년
국 적 : 영국
출생지 : 영국 랭커셔주 그랜덤
성 격 : 의지가 굳고 고집이 셈, 경쟁을 좋아함
신 분 : 정치가
가 정 : 부친은 그랜덤 시장이었고 모친은 재봉사였음

마가렛 대처의 원명은 마가렛 로버츠였다. 그녀는 1925년 10월 13일, 자신의 집인 잡화점 2층에서 태어났다. 그녀에게는 네 살 많은 언니가 하나 있었다. 마가렛의 집은 오랫동안 가정 형편이 그다지 좋지 못했다. 그녀의 집은 2층집이었는데 1층은 가게였고 2층에는 가족들의 침실이 있었다. 마가렛은 다섯 살 때 초등학교에 입학했고 열한 살 때 케스트벤(Kesteven)과 그랜덤 여자 문법학교에 들어갔다. 마가렛은 다른 학생들보다 우수한 학생은 아니었으나 열심히 노력하여 곧 상위권 성적을 유지할 수 있게 되었다. 마가렛은 동급생들 중에서 성숙하고 엄숙했으며 주관이 뚜렷해 행동거지가 분명한 학생이었다. 학업과 가사일 그리고 교회 활동에 참가하는 것 이외에 마가렛의 가장 큰 취미는 피아노 연주와 라디오 듣기였다.

1943년 9월, 마가렛은 옥스퍼드대학 서머빌 칼리지에서 화학을 공부했다. 그녀는 교내의 각종 정치활동에 적극적으로 동참했고 옥스퍼드대학 보수당학생연합에 가입했다. 대학 3학년 때는 학생연합의 회장을 맡아 최초의 여성 회장이 되었다. 1947년 대학을 졸업한 후, 마가렛은

대처 부인은 1979년부터 1990년까지 영국 수상을 지냈다. 그녀의 신자유주의 경제정책은 보편적으로 영국에 발달된 복지제도 정책에 대한 공격이었다. 그녀는 열렬한 지지를 얻기도 했지만 노조의 권력을 약화시키고 변혁의 발걸음을 저해하여 극심한 반대를 받기도 했다.

몇몇 회사에서 자신의 전공과 관련된 일을 했다. 1951년 12월 13일, 그녀는 데니스 대처와 결혼함으로써 마가렛 로버츠는 마가렛 대처가 되었다. 1953년 8월, 대처 부인은 쌍둥이 1남 1녀를 낳았다. 같은 해 12월, 그녀는 순조롭게 변호사 시험에 합격하며 변호사 생활을 시작했다.

1959년, 대처 부인은 영국 의회 하원의원에 당선되었다. 1961년 그녀는 처음으로 정부에서 일하게 되었고 연금과 국민보험부 정무차관을 담당했다. 그녀의 기세등등하고 세심한 사고가 드러나는 연설은 반대파들마저 그녀를 새롭게 보게 만들었다. 1970년, 대처 부인은 교육부장관에 임명되어 보수당 역사상 두 번째로 여성 장관이 되었다. 1975년에는 주 경쟁 대상을 물리치고 보수당 역사상 최초로 여성 당수가 되었다. 그녀는 얼마 후 '철의 여인' 이라는 호칭을 얻게 되었다. 1979년 5월 4일, 대처 부인은 화이트홀로 들어가 영국 역사상 최초의 여수상이 되었다.

대처 수상은 집권 초기에 적극적인 경제 조치를 채택하며 영국의 심각한 경제적 위기를 차츰 극복해 나갔다. 그녀는 1981년에 영국의 공업 생산액을 2차 세계대전 이후 최고로 올려놓았다. 아울러 통화 팽창률을 대폭적으로 낮춰 놓았다. 기타 내정과 외교부

대처 부인이 웨스트민스터에서 고르바초프의 방문을 접견하고 있다.

1983년 6월 9일, 대처부인은 연임에 성공했다. 사진은 그녀와 경선자들이 함께 당선을 축하하는 장면이다.

문에서 대처 수상은 유럽공동체의 회비 문제, 영소 관계 문제 등에서 강경 태세를 유지했다. 그녀는 포클랜드 전쟁에서 탁월한 정치적 역량을 발휘했다. 대처 수상은 1984년과 1987년 두 차례에 걸쳐 연임에 성공했다. 그녀는 임기 동안 긴축재정을 실시하고 국유기업의 사유화 정책 등을 실시하여 '대처 부인의 기적'을 낳으며 경제를 안정시켰다.

대처 수상은 임기 기간 중 자랑스러운 성과를 많이 이루어 냈지만 모순 또한 적지 않았다. 1990년 11월, 대처 수상은 11년간 함께 했던 수상 자리를 아쉽게 내놓으며 자신의 정치생애를 마감했다. 1992년 6월, 대처 부인은 남작 작위를 받고 귀족회의인 상원의원으로 활동을 재개했다. 1993년 5월, 그녀는 윌리엄&메리 칼리지의 21대 명예총장이 되었다.

마릴린 먼로

Monroe

매력의 화신

생몰년 : 1926~1962년
국 적 : 미국
출생지 : 로스앤젤레스
성 격 : 다정다감, 선량, 신경질적
신 분 : 영화배우
가 정 : 그녀의 어머니는 심각한 정신질환을 앓았음

마릴린 먼로의 본명은 노마 진 베이커이다. 그녀의 아버지는 먼로가 태어나기도 전에 두 모녀를 떠났고, 어머니는 폭음과 정신질환으로 그녀에게 난폭하게 대했다. 그녀는 마땅히 받아야 할 부모의 따뜻한 정을 받지 못했기에 불우한 어린 시절을 보내야 했다. 그녀는 어려서부터 다른 집에서 살았으며 심지어는 고아원이나 수용소에서도 지냈다. 1941년, 먼로는 캘리포니아로 갔는데 1년 후인 16살 되던 해에 자신보다 4살이 많은 제임스 도허티와 결

수풀 속에 엎드려 있는 먼로는 온 몸에서 관능적인 매력을 발산하고 있다. 막 잠에서 깬 듯 한 그녀의 눈은 뿌리칠 수 없는 유혹의 눈길을 보내고 있다.

마릴린 먼로는 미국의 유명한 영화배우이다. 그녀는 할리우드의 섹시스타로 여러 편의 상업영화에 출연하여 성공을 거두어 미국의 영화사에 기록되었다. 불운한 사생활을 보낸 그녀는 일약 천만 달러의 몸값을 지닌 유명인사로 '할리우드가 만들어 낸 신화'가 되었다.

혼했다. 1944년, 도허티는 2차 세계대전으로 군에 입대했다. 그는 얼마 후 그녀의 새로운 직업을 이유로 그녀에게 이혼을 제기했다. 먼로의 새로운 직업이란 군수품 생산라인에서 사진 모델로 일하는 것이었다.

1946년, 먼로는 20세기 폭스사 사장의 눈에 띄어 연예계에 발을 들여 놓게 되었다. 그때부터 그녀의 예명은 마릴린 먼로가 되었다. 1947년, 그녀는 《위험한 시대》로 은막에 데뷔했다. 곧이어 《혜성미녀》(1950년)와 《아스팔트 정글》(1950년)에서 조연을 맡게 되었다. 그 후 베티 데이비스 등의 대스타와 함께 《이브의 모든 것》에 출연했다. 이 영화에서는 비록 짧은 단역을 맡았지만 그녀의 천진하고 사심 없는 연기는 대중들에게 깊은 인상을 심어주었다.

1953년은 마릴린의 인생에 있어 중요한 전환점이라 볼 수 있다. 그녀는 영화 《나이아가라》에서 처음으로 주연을 맡게 되었는데, 영화가 상영된 후 그녀는 일약 최고의 스타덤에 올랐다. 인기가 한창이던 때 마릴린이 주연한 작품들은 대부분 희극성을 띤 작품들이었으며 연기한 인물들도 모두 비슷한 유형의 인물들이었다. 즉, 풍부한 성적 매력과 백치미를 지닌 금발의 미녀 역할 등이다. 《신사는 금발을 좋아해》(1953년), 《백만장자와 결혼하기》(1954년), 《7년만의 외출》(1955년) 등의 영화로 그녀는 그 시대의 가장 유명한 여배우 중 한 명이 되었다. 그녀는 다소 무거운 소재를 다룬 영화 등에서 주연을 맡기도 했는데, 스릴러물인 《나이아가라》(1953년)나 서부극인 《돌아오지 않는 강》(1954년) 및 《버스정류장》(1956년), 《왕자와 무희》(1957년), 《뜨거운 것이 좋아》(1959년) 등이 대표작이다. 이 작품들에서 먼로는 복잡 다양한 성격의 인물들을 잘 표현해 냈다. 그녀가 마지막으로 찍은 영화는 《어울리지 않는 사람들》(1960년)이었다.

먼로는 사랑받고 싶어하던 여인이었지만 세 번의 결혼에서 실패를 경험했다. 그녀는 스포츠 스타 그리고 누구나 다 알만한 극작가와 결혼했었다. 그러나 그녀의 애정사에서 가장 알 수 없는 일은 바로 케네디 형제와의 염문과 또 수만 장에 이르는 그녀의 사진을 찍었던 촬영기사와의 애매한 관계였다. 케네디 형제와의 스캔들은 한 때 그녀를 미국에서 가장 부러운 여인으로 만들기도 했다. 그러나 그녀는 죽기 이전까지 이혼했던 스포츠 스타와 재결합할 계획을 가지고 있었다.

1962년 8월 5일, 먼로는 자신의 아파트에서 자살했다. 그러나 그녀의 사인死因은 지금까지도 사람들 입에 오르내리는 화젯거리가 되고 있다.

《신사는 금발을 좋아해》는 제인 러셀(왼쪽)과 마릴린 먼로가 함께 주연한 영화로 성공을 거두었다. 먼로는 이 영화에서 연기뿐만 아니라 노래와 춤까지 완벽히 소화해냈다.

마릴린 먼로의 주옥같은 영화들

마릴린 먼로는 1946년에 영화계에 뛰어들었는데 모델에서 영화배우가 된 경우로 연기에 대한 기초가 거의 없었다. 그러나 먼로는 겸손한 태도로 열심히 배우며 노력하여 영화계 인사들의 도움을 받게 된다. 그녀는 16년 동안 30여 편의 영화를 찍었다. 그 중에서 《아스팔트 정글》, 《나이아가라》, 《신사는 금발을 좋아해》, 《7년만의 외출》, 《왕자와 무희》, 《버스정류장》 등은 센세이션을 불러일으킨 영화들이다. 그로써 먼로의 연기도 할리우드의 인정을 받기에 이르며 순식간에 50년대 할리우드에서 가장 환영받는 여배우가 되었다.

1956년의 영화 《7년만의 외출》은 상영되기도 전에 대대적인 광고를 했다. 먼로가 바람에 날리는 치마를 두 손으로 가리는 유명한 장면은 널리 사람들에게 알려지게 되었다. 이것은 먼로와 영화사의 광고 목적을 달성하기는 했지만 부정적인 영향을 가져오기도 했다. 먼로는 이 영화로 인해 두 번째 남편인 죠 디마지오(야구선수)와 이혼하게 된다. 당시 먼로는 사회적으론 전성기를 누리고 있었지만 또 한 번 인생의 실패를 경험하게 된 것이다. 이 영화는 전 미국을 떠들썩하게 했으며 먼로는 미국에서 모르는 사람이 없는 유명한 스크린 스타가 되었다. 《7년만의 외출》은 당시 미국 영화 차트에서 신기록을 세우기도 했다.

1952년의 영화 《돈 보더 투 노크》는 먼로가 폭스사로 옮긴 후 찍은 영화이다. 이 영화에서 그녀는 아직 주연을 맡지 못해 짧은 시간의 연기를 보여주었지만, 그녀의 연기력은 감독의 주목을 끌기 시작했다. 할리우드의 실력파 인사들은 먼로를 새로운 스타로 키우기 위한 행동에 착수하기 시작했다.

1953년의 영화 《나이아가라》는 먼로가 처음으로 주연을 한 영화 이다. 이 작품에서 먼로는 다른 가정의 행복을 깨뜨리는 악독한 여인 역을 맡았다. 그녀는 생생한 연기와 대담한 노출로 수많은 관중을 불러들였다. 어떤 사람은 당시 먼로의 연기에 대해 이렇게 평가했다. "그녀의 열정 넘치는 기세는 대자연도 막지 못한다."

1956년의 《버스정류장》에서 먼로의 연기는 일정한 궤도에 올랐다. 그녀는 이전의 어떤 영화에서보다 좋은 평을 받게 된다. 그녀는 여론에 의해 '진정한 연기파 스타'로 평가되기 시작했으며 더 이상 예전의 섹시스타가 아니었다. 이 영화에서 그녀는 예전의 산뜻하면서도 아름다운 복장을 벗어버리고 저속한 무대의상을 입기도 했으며, 심지어 화장을 전혀 하지 않은 채 극중의 소박한 역할에 충실했다.

1954년의 영화 《신사는 금발을 좋아해》에서 먼로는 두 번째 주인공 역할을 맡았다. 먼로는 이 영화에서 적나라한 복장과 열정적인 연기로 성공을 거두었다. 그녀가 부른 주제곡 《보석은 아가씨의 가장 좋은 친구》 또한 그 해의 최신유행곡이 되었다. 현기증 나도록 아름다운 금발 여인의 형상은 관중의 머릿속에 깊이 새겨졌다.

1951년 영화 《Love Nest》는 먼로가 폭스사에 들어간 후 찍은 첫 번째 영화이다. 이 영화는 먼로의 연기력 미숙으로 별 반응을 불러일으키지 못했다. 따라서 까다로운 할리우드 관계자들의 주의를 이끌어 내지는 못했다.

빌 게이츠

Gates

마이크로소프트사의 창업자

생몰년	:	1955~
국 적	:	미국
출생지	:	시애틀
성 격	:	내향적이면서 카리스마를 지님
신 분	:	소프트웨어의 신, 세계적 부호
가 정	:	아버지는 변호사, 어머니는 워싱턴 대 이사

빌 게이츠(Bill은 William의 애칭)는 어려서부터 심신이 건강해 생각하는 것을 좋아했으며 또한 독서를 매우 좋아했다. 그는 《세계도서백과전서》를 즐겨 읽었으며 위인전기와 문학작품도 좋아했다. 폭넓은 그는 독서를 통해 지식 세계를 더욱 풍부하게 만들 수 있었다. 빌 게이츠는 양호한 가정교육으로 어려서부터 같은 또래의 아이들을 뛰어넘는 지혜를 가질 수 있었다. 빌 게이츠의 어린 시절 친구는 당시를 회상하며 이렇게 말했다. "게이츠는 친구들 사이에서 결코 하찮은 역할을 맡지 않았으며, 사실 그의 비범한 총명함은 누구나 인정하는 바였습니다."

열한 살 때 그의 부모는 빌 게이츠를 시애틀의 레이크사이드 스쿨에 보냈다. 그곳은 엄격한 교과 과정으로 유명했으며 우수한 남학생들을 모집하던 학교였다. 빌 게이츠는 이 학교를 다니면서부터 컴퓨터 세계에 빠져들기 시작했다.

빌 게이츠와 그의 친구 P. 앨런은 미친 듯이 컴퓨터의 매력에 빠져들었다. 그들은 어려운 문제를 해결

빌 게이츠는 20세기말 가장 영향력을 지닌 인물 중의 한 명이 되었다. 그는 컴퓨터 소프트웨어 방면에서 '제국'을 건설하여 현재 마이크로소프트사의 운영체계는 전 세계 퍼스널 컴퓨터 이용율 중 90%의 시장 점유율을 갖게 되었다. 사진은 빌 게이츠가 자신의 새로운 상품에 대해서 설명하고 있는 모습이다.

하는 데 열중했고 점점 더 많은 컴퓨터 지식을 얻게 되었다. 빌 게이츠는 열세 살 때 이미 스스로 소프트웨어 프로그램을 만들 줄 알게 되었는데 그때는 순전히 게임을 위한 것이었다. 1972년 게이츠와 앨런은 인텔의 8008 마이크로프로세스 칩으로 기기 한 대를 만들어 교통 통계 수치 회사를 창립했다. 빌 게이츠는 1973년에 레이크사이드를 졸

업한 후 하버드대에 진학했다. 하버드 대학에서 공부한 2년 동안 빌 게이츠는 프로그램을 만들거나 포커를 하는 데 대부분의 시간을 보냈다.

그는 하버드에서 자신과 똑같이 컴퓨터에 빠져 있던 스티브 발머를 사귀게 되었다. 스티브 발머는 나중에 마이크로소프트사의 최고경영자가 된 인물이다. 1974년에 세계 최초의 소형 컴퓨터인 알테어가 탄생했는데, 이것은 게이츠와 앨런의 교통 통계 수치 회사에게 BASIC을 만들 수 있는 기회를 제공해주었다. 그들이 만든 BASIC 언어는 알테어 컴퓨터상의 운행에서 성공을 거두었다. 1975년, 빌 게이츠는 부모님을 설득하여 하버드대학을 중퇴한 후 앨런과 함께 뉴멕시코주의 앨버커키에서 마이크로소프트사를 창립했다. 그때 빌 게이츠의 나이는 20세 앨런은 22세였다.

마이크로소프트는 microcomputer와 soft의 약어이다. 이것은 마이크로컴퓨터용의 소프트웨어 개발을 전문적으로 추구하겠다는 회사의 이념을 엿볼 수 있는 이름이다. 오늘날, 마이크로소프트사는 소프트웨어 업계에서 세계적인 기업이 되었다. 마이크로소프트사가 발전할 수 있는 첫 번째 중요한 기회는 1980년대에 찾아왔다. 당시 게이츠는 IBM사와 계약을 맺고 IBM이 새로 출시한 퍼스널 컴퓨터에서 사용할 운영 소프트웨어를 개발했다. 그것이

명인
일화 빌 게이츠는 자선 사업에 전력을 기울이고 있지만 오히려 자신은 사치를 멀리 하며 검소하게 생활하고 있다. 어떤 때는 이런 부분에서 보수적인 면을 보이기까지 한다. 빌 게이츠와 친구가 호텔에서 열린 회의에 참석했을 때의 일이다. 회의 장소에 늦게 도착한 그들은 주차할 장소가 없었다. 그때 친구가 빌 게이츠에게 귀빈 주차장에 차를 세우자고 제안했다. 그러자 빌 게이츠는 정색을 하며 "거긴 12달러나 하잖아, 너무 비싸네!"라고 말했다 한다.

바로 세계적으로 이름을 날린 MS-DOS이다. 1982년, 스물일곱 살의 빌 게이츠는 소프트웨어 개발에서 세인들의 주목을 받을 만한 성과를 이루어냈다. 그해 미국의 《Money》지는 표지에 빌 게이츠의 사진을 실었다. 1986년 3월, 마이크로소프트사의 주식이 상장되고 1년 후 마이크로소프트사의 주가는 90.75 달러까지 뛰어올랐다. 주가는 그 후 계속해서 상승 추세를 보였다. 그해 미국 《포브스》지에서 게이츠는 미국의 갑부 400명 중 29위에 랭킹 되었다. 당시 서른 한 살의 게이츠가 보유했던 주식의 가치는 10억 달러를 넘었다고 한다. 1990년 마이크로소프트사는 윈도우즈 3.0을 출시했다. 1992년, 게이츠는 미국에서 가장 부유한 사람이 되었으며 60억 달러에 상당하는 주식 가치를 보유했다.

2000년, 게이츠는 스티브 발머를 마이크로소프트사의 최고경영자로 임명하고 자신은 '수석 소프트웨어 설계자'가 되었다. 그는 1994년 1월 1일에 멜린다 게이츠와 결혼하여 3남매를 두었다. 빌 게이츠와 그의 아내는 자선 기관인 '빌 앤드 멜린다' 재단을 설립하여 빈곤한 학생들에게 장학금을 주는가 하면 에이즈 예방과 치료를 위해 공헌하고 있다. 2004년, 게이츠는 영국 여왕으로부터 명예기사 대영 공로훈장(KBE)를 수여받았다. 이것은 여왕이 외국 국민에게 줄 수 있는 최고의 영예이다.

빌 게이츠와 그가 만든 운영체계 Windows 95

빈 라덴

Laden

이슬람 국제 테러리스트

생몰년 : 1957~2011
국 적 : 사우디아라비아
출생지 : 지다
성 격 : 극단적, 열광적, 수단을 가리지 않음
신 분 : 테러리즘 지도자
가 정 : 명문가 출신. 아버지는 건설업계 거물

　　오사마 빈 라덴은 20여 명의 아들 중 한 명이며 52명의 형제 사이에서는 17번째이다. 그는 평범한 외모에 재능과 학문도 보통이었다. 따라서 아버지의 신임을 받지 못했고 결국 그는 점점 과묵한 성격이 되었다. 라덴은 일찍이 토목기사로 여러 해 동안 어렵사리 사업 경영을 하며 자신을 위한 방대한 경제제국을 건립해 나가기 시작했다. 건축, 석유, 제조 및 보석 등 수많은 업종에 뛰어들었으며 마약 판매와 무기매매까지 했다. 이것은 그에게 풍부한 재원을 마련해주었고 후에 그가 테러 활동을 전개하는 데 든든한 경제적 뒷받침이 되어 주었다.

　　사업상의 성공은 라덴을 아랍 세계의 정치 문제에 흥미를 가지도록 했다. 라덴은 아랍국가가 국제 정치 무대에서 언제나 억압받고 있음을 인식하게 되었다. 아랍 국가는 미소간의 패권 다툼에서의 카드 한 장이거나 아니면 미국의 추종자에 불과했다. 그는 이런 정세를 뒤집어 아랍 국가를 위해 도리에 맞는 행동을 하겠다고 결심했다. 그가 자신의 목적을 실현하기 위해 우선적으로 선택한 것은 폭력과 테러였다. 1979년 소련이 아프가니스탄을 침공한 후 라덴은 아프가니스탄

테러 제조자인 라덴은 세계 여러 곳에 자신의 '걸작'들을 남겨 두었다. 장막 뒤에 가려져 있었던 라덴은 '9.11 테러'로 무대 앞에 모습을 드러내게 되었다. 사진속의 라덴은 단정하게 앉아 있고 방에는 각종 책들로 가득하다. 책꽂이 앞에 걸려 있는 총이 그의 신분을 나타내 주지 않았다면 누구라도 그가 '테러 제조자'라는 것을 믿기는 어려울 것이다.

명인
일화
라덴은 소련의 아프가니스탄 침공 전쟁에 참가했다. 그는 아프가니스탄을 위해 군사를 모집하고 말들을 사들였을 뿐 아니라 친히 전장에 나가 싸웠다. 소련의 무장 헬기의 공격 위험에도 불구하고 자신의 건축 대열을 이끌고 친히 대형 불도저로 산길을 내기도 했다. 그로 인하여 부상을 입기도 했다고 한다. 또한 그는 손수 아랍 지원군을 거느리고 소련군과 싸워(1986년에는 중요한 전역(戰役, 일정한 전략 목적을 실현하기 위해 통일된 작전계획에 일정한 방향과 시간 내에 행하는 전투)에서 승리를 거두었다.

으로 건너가 이슬람 의용군 조직에 참가했다. 라덴은 그때부터 폭력적인 '성전聖戰'의 길을 걷게 되었다. 1988년 라덴은 아프가니스탄에 '알카에다(기지)' 조직을 만들고 전문적인 '성전자聖戰者' 훈련을 실시했다. 그는 아프가니스탄의 반소전쟁을 지지했으며 무슬림 과격단체들이 세계 여러 지역에서 일으킨 테러 활동을 위해 역량을 배양했다. 그로부터 라덴은 테러의 손길을 전 세계 구석구석으로 뻗어 나갔다.

아프가니스탄 전쟁이 종결된 후 라덴은 다시 사우디아라비아로 돌아와 서방 세계에 대한 새로운 '성전'을 개시하자고 호소했다. 라덴과 친서방親西方을 옹호하던 사우디 왕실간의 관계는 점점 악화되어갔다. 1994년 4월, 사우디 정부는 라덴의 사우디아라비아 국적을 취소하고 아울러 그의 사우디에 있는 재산을 동결했다. 그러자 라덴은 먼저 예맨으로 건너간 후 나중에 다시 수단으로 들어갔다. 그는 수단에서 빠른 시간 안에 자신만의 경제제국을 다시 세웠으며 동시에 끊임없이 테러 전사들을 양성했다. 1995년 라덴은 이집트 대통령 무바라크 암살 혐의로 이집트와 소련 양국에 심각한 외교적 위기를 조성했다. 수단 정부는 사우디아라비아의 압

물질의 궁핍은 오히려 아프가니스탄의 '반항자'들을 전투에 충만하게 만들었다.

력으로 인해 라덴을 수단에서 쫓아냈다. 1996년 라덴은 다시 아프 가니스탄으로 돌아온 후 그곳을 최후의 근거지로 삼았다.

2001년 9월 11일, 라덴은 세계를 놀라게 한 '9.11 테러'를 일 으킨 혐의를 받고 있는데, 이는 미국 본토에서 2차 세계대전 이후 최대의 타격이었다. 그 후 미국은 탈레반 정권을 뒤엎는 아프가니 스탄 전쟁을 개시하여 라덴의 조직을 제거하려 했다. 전쟁은 곧 미국의 승리로 종결되었지만 라덴의 생사여부는 분명하지 않다. 근래 라덴은 여러 차례 녹음으로 자신의 존재를 드러내며 테러분 자들에게 '성전'을 감행할 것을 호소했다. CIA(미국 중앙 정보국)의 분석에 따르면 이 녹음테이프들은 사실일 가능성이 큰 것으로 밝 혀졌다. '미국인의 악몽' 라덴은 여전히 계속해서 '테러'를 일삼 을 것으로 보인다.

다이애나 왕비

Diana

영국의 장미

생몰년 : 1961~1997
국 적 : 영국
출생지 : 노샘프턴셔주
성 격 : 온유, 성실, 완강
신 분 : 자선 활동 대사
가 정 : 아버지는 엘리자베스 2세의 시종,
        어머니는 퍼모이 남작의 딸

다이애나 왕비는 자연스럽게 우러나오는 고귀한 매력으로, 영국 국민의 추앙을 받으며 황실을 대표하는 인물이 되었다.

다이애나 프란시스 스펜서는 태어날 때 몸무게가 7파운드 12온스였다. 그녀의 아버지는 그녀를 두고 '완전무결한 체격의 표준'이라고 표현했다. 다이애나는 어려서부터 엄격한 예절 교육을 받았다. 또한 자기를 절제할 수 있는 우아한 품성을 배양해 하인들은 그녀를 '여백작'이라고 불렀다. 1979년 다이애나는 '영 잉글랜드 스쿨'의 유치원 교사가 되었다. 귀족 신분의 그녀가 유치원

1981년 7월 29일, 다이애나는 황태자 찰스와 결혼했다. 그들의 결혼식은 전 세계 텔레비전 시청자들의 눈을 사로잡았다. 그러나 1996년 8월 28일 그들은 애정 문제로 인해 결국 이혼을 했다.

교사가 된 이유는 아이들과 함께하는 것을 좋아했기 때문이다.

　1980년, 다이애나는 영국 왕실의 전통적인 모임에서 그녀보다 12살 많은 찰스 왕자와 사랑에 빠지게 되었다. 1981년 7월 29일 다이애나는 국민들의 환호성 속에서 런던의 성 폴 성당으로 걸어 들어가며 찰스 왕자와 세기적인 결혼식을 올렸다. 통계에 따르면 그날 세계의 7.5억 인구가 텔레비전을 통해 그들의 천상에서와 같은 낭만적 혼인 장면을 지켜보았다고 한다.

　다이애나는 결혼 후에 매스미디어의 관심을 집중적으로 받게 되었다. 그녀는 겸손한 태도와 온화함으로 대중들에게 친근함을 주어 존경과 추대를 받았다. 1982년 6월 21일, 다이애나는 순조롭게 첫째 아들 윌리엄을 낳았다. 1984년 9월 15일 다이애나는 또 두 번째 왕자인 해리를 출산했다. 다이애나는 아이들을 낳았다고 해서 사회 활동에 대한 열정이 식지는 않았다. 그녀는 국민들로부

세기의 결혼식
찰스 황태자와 다이애나가 만나서 사랑하고 결혼하기까지는 보통 사람들과 같은 아름다운 과정이었다. 이런 사진을 찍은 이유도 사랑으로 충만한 순간을 남기고 싶은 목적에서였을 것이다.

명인
일화 다이애나의 장례에서 가수 엘튼 존은 〈바람속의 촛불〉을 불러 사람들의 눈시울을 적셨다. "고이 잠들어요, 영국의 장미여! 영원히 우리의 마음속에서 피어 있기를 바라요……. 당신이 우리에게 가져다 준 기쁨은 수많은 언어로도 다 표현해 낼 수가 없군요. 안녕히, 영국의 장미여! 당신이 없는 이 나라에서 당신을 향한 그리움은 당신이 짐작하시는 것보다 훨씬 큽니다."

터 여왕이나 태후 그리고 찰스와 같은 영국 왕실의 그 어떤 구성원보다 더 많은 지지를 얻었다. 이것은 보수적인 왕실에 있어서 용납되기 어려운 일이었다. 다이애나와 찰스 사이에도 차츰 문제가 생기기 시작했다. 거기에다 카밀라라는 연인의 출현은 두 사람 사이의 장벽과 불일치를 더욱 부추겼다. 1986년, 찰스는 공개적으로 카밀라를 '평생의 사랑'이라고 발표했다. 언론은 이를 대대적으로 보도했고 다이애나와 찰스의 시대적 혼인 관계는 끝을 맺게 되었다. 1996년 다이애나와 찰스는 결국 정식으로 혼인관계를 끝냈다.

결혼 실패라는 어두운 곤경에 처해서도 다이애나는 공익 활동을 게을리하지 않았다. 그녀는 에이즈 환자들을 찾아가 그들을 감싸주었고, 앙골라에서 지뢰 제거 활동을 홍보했다. 아울러 지뢰 사용 금지를 호소하는 등 적극적으로 자신의 새로운 생활을 준비했다. 그러나 하늘은 아름답고 선량한 이를 질투했다. 1997년 8월 31일, 다이애나는 애인인 도디 알 파예드와 파리에서 파파라치의 추격을 피하여 고속질주하다 그만 자동차 사고를 당하고 말았다. 일찍이 한 기자는 다이애나의 죽음은 2차 세계대전이 끝난 이래

다이애나 애도 행렬
다이애나의 죽음은 영국 대중들을 커다란 슬픔에 빠지게 했다. 수많은 사람들이 버킹검궁 앞에 꽃다발을 갖다 두며 그녀를 기념했다. 그녀의 영구차가 런던 거리를 지날 때는 수 만 명의 대중들이 그녀의 가는 길을 배웅했다.

다이애나 왕비의 장례식

전 유럽 최대의 슬픔이었다고 말했다. 1997년 9월 6일 영국 왕실
은 웨스트민스터 사원에서 다이애나를 위한 성대한 영결식을 거
행했다. 버킹검 궁전은 역사상 처음으로 황기皇旗를 내리고 국기國
旗로 바꾸었으며, 반기를 걸고 애도의 뜻을 표하며 '왕실의 스타'
다이애나를 기념했다.

💬 심금을 울리는 명인 한 마디

   ♠ 언론은 잔인하고 포악하다. 그들은 어떤 일에도 너그럽지 않으며 오로지 잘못에만 흥미가 있다.

부록

독서와 논술 무조건 따라잡기

■ 독서와 논술의 방법

　　일선 선생님이나 가르치는 입장에선 사람들 대부분이 공부를 하기 위한 조건으로 한결같이 다독(多讀; 많이 읽는 것), 다작(多作; 많이 쓰는 것), 다상량(多商量; 많이 생각하는 것)을 강조하곤 한다. 책을 읽지 않고서도 좋은 글을 쓴다거나 지식이나 교양을 쌓을 수만 있다면 괜히 책을 읽는 수고로움을 면할 수 있지 않을까? 그러나 생각은 저절로 키워지거나 자라는 것이 아니므로 생각을 확장하는 방법을 적극 활용해야만 한다.

　　책읽기(독서)의 중요성을 강조한 선조들 가운데 다산 정약용이 아들에게 전한 편지글에서 "(귀향길에 오른 집안 자손이라) 벼슬길에 오를 일이 없으니 오히려 책읽기로 마땅히 뛰어난 선비가 되기에 더없이 좋을 것이다."라는 말을 새겨들을 필요가 있다. 또한 안중근 의사는 "하루라도 책을 읽지 않으면 입안에 가시가 돋힌다."라고 책읽기의 중요성을 강조한 바 있다.

　　흔히 책읽기를 많이 하면 지식이나 학식이 풍부해 진다고 한다. 특히 다양한 분야의 책을 많이 읽으면 어휘력, 문장력, 설득력, 논리력 등등 지식이 총체적으로 확충되므로 학습에 있어서 이해 능력이나 의사소통 능력이 배가될 것이다. 따라서 논술이나 토론의 기초가 확실하게 다져지므로 인하여 공부가 즐거움의 대상이 될 것이다. 그 동안 교양 관련 책들은 교과서, 참고서, 족집게 문제집에 의해 저만치 밀려나 있었다. 다행히 최근 입시가 제대로 설 모양인지 책읽기가 강조되고 있어 다행한 일이 아닐 수 없다.

■ 독서와 논술의 필요성과 중요성

1) 입시와 논술

중·고등학교의 교육과정은 입시와 교양을 동시에 추구해야 하는 딜레마에 빠져 있으며, 설령 대학교에 진학하였더라도 전문지식을 쌓기보다는 막상 입학하면서부터 취직을 염려해야 할 형편이다. 사실 우리가 공부를 하는 건 삶의 가치를 드높이고, 보다 윤택한 삶을 영위하기 위함일 것이다.

따라서 중·고등학교에서 추구하는 교육의 목적은 지식교육이 아닌 삶에 관한 교육이 목표임에도 불구하고 현실의 교육은 '사회에 필요한 인재개발'이라는 목적에 충실한 교육에 치중되어 온 것이 사실이다. 실제 생활에서는 그렇게 필요하지 않을 수학 공식이나 불필요한 암기가 사람들 간의 인간관계, 삶의 가치, 세계관, 정체성 확립 등에 앞서는 것에 대한 문제의식에서 논술교육이 시작되어야 한다고 본다.

2) 논술과 독서 논술

우리나라의 논술 교육이 점차 짧은 시간에 잘 정리되고 편집된 내용만 보게 하고, 결론은 이렇게 저렇게 남이 만들어준 답안을 외워 좋은 대학을 갈 수 있는 지름길이 보장된다면, 논술은 이미 지식교육에 다름 아닐 것이다. 과연 충분히 읽고, 충분히 생각하고, 충분히 써보지 않고서야 자신의 생각을 어떻게 만들어 갈 수 있을까? 최근 통합교과형 논술에서 지향하는 바는 논리력이나 창의력을 전제로 하기 때문에 족집게 논술은 무의미하게 되었다.

아직도 일부 학원에서 정형화된 이슈중심의 논술에서는 족집게가 가능하다고 주장하지만, 자신의 생각이나 견해를 말하거나 쓸 수 있는 능력을 갖추지 아니하면 어떻게 통합교과형 논술에 대응하겠는가? 마땅히 독서를 통한 정보나 지식의 폭을 확충하여야만 이에 대응할 수 있는 능력을 갖추게 될 것이다.

3) 사고력을 통한 독서와 논술

보다 다양하고 내용이 풍부한 책을 많이 접하다보면 당연히 사고의 폭을 넓힐 수가 있다. 이러한 관점에서 논술은 사건, 인물, 주제 따위에서 논제를 구하게 되며, 또한 역사적 사실이나 현실, 철학, 과학 등의 분야에서 논술과제를 찾게 마련이다. 앞에서도 언급하였지만 논술과 관련된 사전 정보나 지식을 갖추지 못하면 절름발이 논술을 할 수밖에 없는 것이 당면한 우리의 현실이다.

일반적으로 대부분의 학원에서는 특정한 도서를 선정하여 읽게 한 다음, 그 내용에 관하여 서로 토의를 하거나 문제점을 도출하는 등의 방법을 동원한다. 또한 일각에서는 매일매일 사회적 이슈나 사건을 토대로 논술교육을 하면 좋다고 하여 NIE(신문을 활용한 교육)라는 방법을 선택하기도 한다. 그러나 어쨌거나 많은 책을 읽은 학생이라면 논술이 유리한 것은 엄연한 사실이므로 보다 독서의 요령이나 방법에 대한 지침을 마련하거나 아울러 세심한 지도가 필요하다고 하겠다.

■ 책읽기의 요령과 방법

1) 책의 선정

읽기 수준, 관심 분야, 표현형태, 문장 등에 있어서 자신에게 맞는 책을 골라야 한다. 따라서 우리 현실에서는 책읽기에 관한 지침이나 기준점이 마련되어 있지 않으므로 인하여 독자들이 갈팡질팡할 경우가 많다. 따라서 전문성을 갖춘 이의 이끎이 무엇보다 절실하다.

① 읽기 수준은 통상적으로 글의 분량, 어려운 표현의 많고 적음, 글을 읽는 사람의 평상시 독서 습관 등과 관련이 있다. 어휘는 조금 알아도 많은 책을 읽은 사람의 경우에는 문장 전체의 이해력이 높아 비교적 높은 난이도의 책도 충분히 소화할 수가 있다. 최근 읽기 수준에 따른 독서지수를 만들어 책을 지수화하고, 책 읽는 사람의 독서능력을 지수화하여 수준별 교육을 하려는 경우도 있으나 실효성에는 여전이 의문점이 많다.

② 관심분야는 역사, 과학, 문화, 예술, 문학, 철학 등 평상시 관심이 있는 분야를 말한다. 무엇보다 자신이 관심이 있는 분야가 책읽기에 있어서는 중요하다. 한편 교과서에 나오는 내용과 연계한 책을 선택하여 읽는 것은 학교 교육과 독서를 연계할 수 있어 좋은 일이다. 그에 맞는 충분한 정보가 계속 만들어질 필요가 있다.

③ 청소년들은 하이틴 소설, 판타지, 만화 등을 선호하는데 이것을 꼭 나쁘다고만 할 수는 없다. 하이틴 소설을 좋아한다면 재미있으며 사춘기의 고민들을 잘 다룬 책들로 연결된다면 더없이 좋다. 또 최근에는 판타지로 된 우수한 도서가 많이 나오고, 그림과 그래픽이 많이 적용된 책들도 나오니

자연스럽게 연결되면 좋을 듯하다.

④ 자신이 감명 깊게 읽은 작가의 책을 찾아가며 읽는 것도 좋다. 자신이 읽은 책과 유사한 것을 더 보거나, 그 내용을 심화한 책을 찾아서 읽는 것도 필요하다. 초등학생 때 읽었던 책들 중에 좋은 저자의 글을 찾아 읽어보는 것도 좋다. 더불어 소그룹별로 자기 주제를 정해 여럿이 함께 책을 읽는 것도 좋은 방법이다. 자연스럽게 정리하게 되고 여럿이 토론을 하게 되니 말이다.

2) 독서논술에 맞는 도서 선정

앞에서도 언급하였지만 독자층을 고려한 책의 선정이 요구된다. 특히 책의 내용이나 수준을 감안하지 않고 독서논술만을 생각한다면 그 효과는 반감될 것이 자명하다.

① 논술의 주제가 명확하면서 읽기는 쉽게 제작되어 있는 책들이 좋다.
② 교과의 내용을 보충, 보완하면서 소설 형태를 취해 읽기가 수월한 것도 좋다.
③ 문장이 매끄러워 읽기 좋거나, 감성이 풍부한 책은 무거운 주제를 다루더라도 읽는 맛이 있어 책을 읽으며 생각 샘을 자극하여 좋다.
④ 청소년이 읽어야 할 고전의 표현을 다듬어 읽기 쉽게 하고, 필요한 정보가 잘 다루어진 책 같은 경우가 좋다.
⑤ 최근에 새롭게 등장하는 논술에 쉽게 접근할 수 있도록 돕는 책도 좋다.

3) 교과서와 연계된 독서

청소년들의 입장에서는 당연히 자신이 어느 정도 사전 지식이 쌓인 분야나 테마가 논술과제로 주어진다면 독서 효과는 물론 논술 답안에도 만족할 만한 성과를 가져올 것이다.

① 교과서도 하나의 책이라고 본다면, 교과서 공부와 책읽기는 서로 깊이 관련되어 있다. 국어는 말할 것도 없는 일이지만, 도덕은 암기로 할 얘기가 아니니 그것에 걸맞은 다양한 책을 읽지 않고서는 실천과는 거리가 먼 정답만 제시할 뿐이다. 친구랑 사이좋게 지내라는 정답 속에는 장애우나 나와 다른 친구를 이해하는 과정이 생략되어 있어 풍부하게 그 느낌을 전해주지 못한다. '도덕' 교육이 진행되는 학교에서 왕따 문제나 구타, 선생님과 학생사이의 갈등이 줄어들지 않는 것이 그 반증이다.

② 역사분야는 관련 청소년 출판물을 범람이라 표현할 수 있을 만큼 교과서의 내용을 보충하는 다양한 책이 나오고 있다. 교과서에서 비교적 많이 다루지 못하는 근·현대사를 다루는 책, 대안 교과서 형태를 띠고 있는 책, 다양한 통사, 미시사, 문화사의 책들이 넘치고 있다. 역사는 성인이 되어서도 재미가 있을 만큼 다양한 이야기가 있으니 청소년들이 읽어도 재미와 공부가 함께 되는 책이다.

③ 과학 분야는 어려운 공식이나 과학 원리를 쉽게 풀어주는 책들이 많이 나오고 있다. 재미있는 삽화나 사진, 이야기들을 보충하면 딱딱한 과학을 '물렁물렁' 하고 이해하기 쉽게 만들어 준다.

④ 학교에서 교육시간의 비중은 매우 낮지만 사회적으로 반드시 필요한 분야가 경제 분야이다. 사회에 나오면 모두 돈을 벌기 위해 살아가야 하지만, 돈에 대해서 가르치자니 돈을 위한 삶을 가르치기도 그렇고, 이렇게 사회가 돈 때문에 힘들 수밖에 없는 현실이 아이들의 정서에 도움이 안 될 수도 있다는 것이니 이해는 간다. 하지만, 막상 그런 측면이 아이들에게 올바른 경제관점을 가지는 것에 방해가 된다. 사회에서 돈은 막강한 권력의 원천이다. 애초부터 이를 잘 쓰고 잘 활용해서 함께 살아갈 수 있는 방법론에 대한 책이 필요한 이유다.

4) 책읽기와 영화, 다큐멘터리 등의 병행

이른바 고전이라 불리는 책을 다 읽어야 하는가? 화려한 영상 매체에 익숙한 오늘날 청소년 세대에게 책만이 거의 유일한 매체는 아니다. 이들에게는 동영상, 영화 등의 매체가 더 익숙하고 이를 통한 정보, 교양의 습득이 중요하다. 예를 들어, 비전향 장기수의 이야기를 책으로 읽었다면, 〈송환〉같은 영화를 비디오방에서 본다면 더욱 큰 느낌을 받을 수 있다. 또 한편으로는 고전 소설 중에 영화로 만들어진 영화를 보는 것도 수많은 고전을 다 읽을 수 없는 '바쁜(?)' 청소년들에게는 도움을 주지 않을까? 예를 들면, 《오만과 편견》을 영화로 보는 것도 그 한 방법이다. 물론, 책을 읽어 얻을 수 있는 것을 모두 대체할 수 있다는 말은 아니다. 이 영화의 상영 후 동일 제목의 책이 더욱 많은 독자들의 사랑을 받은 것은 영화의 느낌을 더 충실히 느끼고자 한 독자의 바람이 아니었나 싶다.

5) 논술은 삶의 답을 찾아가는 과정

책 속의 답은 저자의 답일 뿐이다. 책읽기는 대화의 과정이다. 먼저 자신과의 대화가 선행하게 마련이다. 나는 어떻게 이것에 대해 어떻게 생각하나, 라는 질문이 맴돌게 된다. 두 번째는 저자와의 대화이다. 저자의 주장 혹은 느낌은 나와 어떻게 다를까, 나의 생각과는 어떤 차이가 있을까? 등등을 생각할 수 있다. 그리고 타인과의 대화이다. 다른 사람들은 어떻게 생각할까, 라는 질문을 던지고 그에 대한 답을 찾아가는 과정이 책읽기, 특히 독서 논술의 책읽기 과정에서는 필요하다.

6) 읽기는 쓰기의 전단계 과정

좋은 내용은 해당 페이지와 내용을 메모해 두거나, 책에 밑줄을 긋는 것도 필요한 과정이다. 더불어 책의 주제어는 읽는 과정에서 생각날 때마다 노트에 적어두는 것도 좋다. 혹은 이야기의 전개 과정을 도표로 정리해 보고, 모르는 단어나 관련 정보는 인터넷에서 찾아 일단 파일로 저장해 놓는 것도 필요하다.

■ 글쓰기의 요령이나 방법

1) 글을 쓰기 위한 사전 준비

글을 쓴다는 것은 중심 사상이나 핵심 사항에 관한 자신의 견해나 주장을 객관적으로 나타내는 작업인데 틀(frame)을 짜는 요령도 매우 중요하다.

① 줄거리 요약도 하나의 논술문이다.
　　흔히들 줄거리 요약은 논술이 아니라는 생각을 하기 쉽지만, 읽은 책의 내용을 짜임새 있게 요약하는 과정이 중요하다. 그 과정 자체가 글을 쓰는 사람의 관점과 이해가 담겨있기 때문이다.
② 남의 쓴 글을 읽는 것도 좋은 글쓰기를 위한 과정이다.
　　좋은 문장이 있는 글을 많이 읽다보면 자연스럽게 문장이 늘어가게 된다. 작가나 전문가들의 문장에 못지않게 같은 또래나 바로 위 선배들의 글을 읽어보는 것은 많은 도움을 준다. 청소년들에게 어울리는 표현이나 느낌이 더욱 잘 살아나기 때문이다.
③ 베껴 쓰기는 마땅히 경계해야 한다.
　　글의 내용을 쓰기 위해 마음을 가다듬을 때도, 남의 글을 베껴 쓰는 것, 문인들이 쓴 글에 흔히 나오는 것, 이른바 '척하는' 글쓰기를 경계해야 한다.

글쓴이 자신조차 잘 이해가 되지 않은 것을 주장하기 보다는 스스로 겪은 바를 밑거름으로 해서 자신의 이야기를 쓴 글이 좋은 글이다.

④ 글은 나만 보기 위한 것이 아니라 남에게 보이고 소통하기 위해 쓰는 것이다. 자신만의 표현을 써서는 안 된다. 일반적으로 이해할 수 있는 표현과 문장을 써야 한다. 특히, 자신도 잘 모르는 어려운 한자어를 쓰려고 하지 말고 가급적이면 풀어서 쉽게 쓴 글이 좋은 글이다. 글은 어려운 한자어 표현으로 평가되는 것이 아니라 읽는 사람에게 자신의 느낌이나 주장을 잘 전달하는 것으로 평가된다.

⑤ 글을 쓰기 위해서는 개요 짜기가 중요하다.
자신이 어떤 글을 쓰고 싶다고 무작정 펜을 들거나 자판 앞에 앉지 말라. 전체 구성에 대한 생각을 먼저 가다듬고 글 전체에 대한 대략적인 모양을 그려본 후에 쓰는 것이 중요하다. 그렇지 않은 경우에는 비슷한 내용이 반복되거나, 내용이 한눈에 이해가 되게 연결되지 않는 경우가 많거나, 글의 결론 부분이 모호하게 될 수도 있다. 글에 대한 개요짜기가 끝났다면 이미 글의 반을 다 쓴 것이나 다름없다. 그 만큼 개요 짜기는 효과가 있다.

2) 독서 논술문 쓰는 요령

독서를 통한 논술을 쓴다는 것은 내용에 대한 파악이나 이해는 물론이거니와 주제와 관련되며, 해당 책과 관련된 주장이나 견해를 피력한다면 좋은 글이 될 것이다.

① 주제와 관련하여 서론을 쓴다.
왜 이런 주제가 오늘의 시점에서 의미 있는지를 밝혀도 좋고, 책을 읽게 된 경위를 간단하게 제시해도 좋다. 주제와 관련된 시사적인 문제들을 서두에 소개해도 좋다.

② 책의 주제를 소개한다.

③ 책에 제시된 지은이의 주장과 그 주장을 위해 동원된 사례들을 소개한다.

④ 저자의 주장이 어떤 점에서 의미 있는지를 밝히고 자신의 비판적인 의견을 덧붙인다.

⑤ 소설인 경우 책의 내용을 소개하고, 소설에 제시된 중심사건들을 요약해 본 뒤, 그 사건들을 통해 작가가 제시하려고 했던 것이 무엇인지 자신의 견해를 밝힌다.

⑥ 그 사건이 나에게, 더 나아가 우리 사회에 어떤 반성적 의미를 가지는지를

생각해 본다.

⑦ 전체의 내용을 간결하게 요약해보고, 필자의 주장이 어떤 점에서 의의를 가지는지를 밝힌다.

3) 실제 사례에서 나타난 잘못된 사례

누구의 글인지 불분명하다. 글의 화자는 학생과는 전혀 어울리지 않는 표현을 빌려 쓰고 있거나, 자신이 읽기 위해서 쓴 글인지 누구에게 보여주려 쓴 글인지 모호한 경우가 있다. 책의 줄거리 요약 및 간단한 감상을 중심으로 한 독서 감상문에 익숙한 경우, 독서 논술 주제를 제대로 잡아내지 못하는 경우도 있다.

논술문의 형식에서는 취하지 말아야 할 책을 읽게 된 동기에 대한 설명이 불필요하게 들어가 있다거나 독서논술은 책읽기를 통한 논술임에도 사회적 이슈에 대한 단순 논술인 경우도 있었다. 즉, 읽은 책이나 자신이 경험한 사건들에 대한 설명이 필요하다. 결과보다는 과정이 중요하기 때문이다.

논리적 전개가 아닌 느낌에서 시작하는 경우도 있다. 느낌은 논리적 서술의 대상이 되기 힘든 점에서 논술문이 아닌 감상문의 형식에 머무르기 쉬운 한계를 이미 정해놓고 있다. 일정한 논리를 전개하지만, 책의 내용에만 머무르며 저자가 하고자 하는 이야기를 무비판적으로 수용해서 자신의 이야기로 삼는다. 실제적인 자기 생각과 저자의 주장이 다를 수 있음에도 그런 경우가 있다.

논술문을 구성하면서 서론, 본론, 결론으로 나누어 구분 명칭까지 취하는 경우가 있다. 명확히 단락의 역할을 정해주는 의미에서는 긍정적일 수 있지만, 단락 간의 연결을 자연스럽게 연결하여 전체적인 통일성을 취하는 데는 오히려 걸림돌이 될 수 있다.

■ 논술보다 훨씬 까다로운 토론

1) 토론의 과정과 결과

토론에 있어서 중요한 것은 정답을 찾으려 하는 것이 아니라, 상대방의 이야기를 잘 듣고 이해한 후에 자신의 의견을 말하는 것이다. 토론은 토론의 결론을 내기 위한 것이기는 하지만, 토론의 과정이 서로 간에 잘 진행된 후에야 쌍방이 이해할 수 있는 결과가 나온다는 점에서 토론은 과정이 결과보다 더 중요할 수 있다. 그런 면에서 상대방의 주장이나 근거를 인용하거나 그 주장에 대한 자신의 의견을 피력한 후에 자신의 이야기를 진행해 나가는 것도 좋은 방법이다.

2) 토론의 종류

토론은 반대 토론, 단체 토론 등이 있다. 반대 토론은 서로 반대의 입장을 취해서 상대방에게 자신의 주장을 내세우는 것을 말한다. 통상 반대 토론은 다시 입장을 바꾸어서 이야기하게 된다. 이렇게 될 경우 서로 모순된 입장을 취하게 되는데, 그러한 과정에서 애초의 주장이 가지고 있는 한계를 느낄 수도 있고, 반대로 주장을 할 때 상대방의 입장을 고려하며 자신의 주장을 펼칠 필요성을 느끼게 된다. 소크라테스식 토론 수업으로 유명한 하버드 법대의 경우에는 교수가 두 가지 입장을 제시하고, 학생들이 한 입장을 가지고 얘기하면 교수는 반대 입장으로 토론을 진행한다. 어느 주장도 허점을 가질 수 있으므로, 그 과정에서 여러 입장에서 바라볼 수 있도록 교육하고 있다. 판결을 통해 사람을 구속하거나 죽음으로 이끌게 하는 판사에게도 필요한 일이지만, 현대를 살아가며 올바른 판단을 하기 위한 과정으로서 꼭 필요한 과정이 아닐까 싶다.

단체 토론은 명확한 두 개의 입장이 대립되지 않아 자유롭게 토론하는 경우에 진행한다. 발표를 할 때는 진행자뿐만 아니라 다른 토론자들을 고려하여 발언하는 것이 필요하다. 가급적이면 글을 그대로 읽으려 하지 말고, 다른 사람에게 자신의 의견을 피력하는 것이 훨씬 설득력이 있다.

3) 토론에 임하는 자세와 태도

'제1회 청소년 독서논술 및 토론대회'에서 심사위원들은 주장의 강렬함, 또는 상대방의 주장에 대한 가차 없는 논박보다는 유연하고 열린 태도와 은근한 설득력에 평가의 무게를 두었다고 한다. 한겨레신문 문학 전문기자인 최재봉 심사위원의 말이다.

"상대방이 꼼짝 못하도록 논리로써 물리치는 모습이 일견 통쾌하게 보일 수도 있겠지만, 그것은 자칫 독선으로 빠질 수도 있는 법이다. 사실 동일한 사안에 대한 상반되는 주장을 잇달아 펼치도록 요구한 것부터가 사고의 유연성과 다양성을 확인하려는 의도가 깔려 있었을 것이다. 세상에 절대적으로 옳고 그른 일은 많지 않다는 것, 어떤 생각과 주장이든 일말의 타당성은 있다는 것, 따라서 나와 절대적으로 옳고 그른 일은 많지 않다는 것, 어떤 생각과 주장이든 일말의 타당성은 있다는 것, 따라서 나와 다른 생각이라 해도 무작정 배척하거나 멸시하지 말아야 한다는 것을 참가한 학생들이 몸소 느껴 보았으면 했다."

결국 토론대회의 목적은 하나의 주장이 다른 주장을 이기고 승자의 자리에 올라서는 것보다는 다른 생각을 이해하고 서로의 상충되는 견해를 조정함으로써 모종의 합의에 이르도록 하려는 데 있다는 것을 말하고 싶다.

세계 위인 무조건 따라잡기

　적어도 세계의 위인이라는 척도나 기준은 그 사람의 역사적인 성과나 중요도를 감안하여 선정하게 되지만 개인적인 입장이나 인식 여하에 따라 달라지게 마련이다. 우리나라의 관점에서 바라볼 때 광개토대왕, 세종대왕, 이순신 등은 세계사에서도 인정받을 만큼의 위대한 업적을 남겼지만 한민족이 세계사에 끼친 영향력이나 공헌도가 미약하므로 제외시킨 것이지 결코 역사적인 성과라는 측면에서 부족하거나 보잘 것 없기 때문만은 아니다.

　따라서 부록을 통하여 본서에서 거론하지 못한 인물까지 모두 탐구해 보고 보충하는 기회를 갖도록 하며, 독자 여러분 스스로가 세계적으로 평가를 받고 있는 위인들을 직접 추가해 보는 것도 이 책을 읽는 또 다른 재미를 느낄 수 있을 것이다. 《단숨에 읽는 세계문학》의 부록에 제시한 서울대 선정 세계문학 100도 참고하길 바란다.

■ 정치가

● 투트모세 3세(Thutmose III, BC ?~1426)

　투트모세 3세는 원래가 투트모세 2세의 서자였기 때문에 적출의 왕녀, 즉 투트모세 2세와 그의 왕비와의 사이에 태어난 이복 여동생과 결혼하여 왕위에 오른 인물이다. 이집트 나일강 유역의 룩소르 신전이 바로 투트모세 3세의 신전이다. 아시아와 누비아에 여러 번 원정하며 광대한 영토와 방대한 전리품을 획득함으로써 크게 번영하였다. 탑문과 축제전 등을 건립하였고 오벨리스크를 세웠다.

● 진시황제(始皇帝, BC 259~210)

진나라의 제1대 황제로서 중국 역사상 최초로 중앙집권적 통일국가를 건설한 전제군주였으며, 스스로 시황제라 칭하였다. 노애의 반란을 평정하고 여불위를 제거한 후, 울요와 이사 등을 등용하여 강력한 부국강병책을 추진하여 천하 통일의 위업을 달성했다. 중앙 집권 정책을 추진하여 법령의 정비, 전국적인 군현제 실시, 문자·도량형·화폐의 통일, 전국적인 도로망의 건설 등을 감행하였으며, 또한 만리장성의 증축, 아방궁의 축조, 분서갱유 따위로 위세를 떨쳤다.

● 측천무후(則天武后, 624~705)

원래 태종의 후궁이었으나 고종의 눈에 띄어 스스로 왕후의 자리에 오르게 되었으며, 병약한 고종을 대신하여 정무를 맡아보다가 고종이 죽자 아들 중종, 예종을 차례로 즉위시켰다. 690년 국호를 주로 고치고 스스로를 황제로 칭하며 중국 역사상 유일한 여제가 되었다. 705년 장간지 등이 정변을 일으켜 중종이 복위할 때까지 전국을 지배하며 독재 권력을 휘둘렀다.

● 칭기즈칸(成吉思汗, 1155~1227)

1189년 몽골씨족연합의 맹주에 추대되어 칭기즈칸이라는 칭호를 얻었다. 1206년 몽골제국의 칸에 오르면서 군사조직에 바탕을 둔 천호라고 하는 유목민집단을 95개 편성하였다. 1215년 금나라의 수도 베이징에 입성했으며 1219년에는 서역 정벌을 떠나 인더스 강변까지 진출했다. 다른 종교와 문화에 관대했으며 특히 위구르 문화를 사랑했다.

● 쑨원(孫文, 1866~1925)

공화제 창시자로 국민정부시대에는 '국부'로서 최고의 존경을 받았다. 쑨원의 정치사상은 삼민주의(민족, 민권, 민생)로 대표되는데, 그것은 태평천국의 혁명적 전통을 이어받고, 19세기의 자연과학(진화론)·프랑스의 혁명사상(인민주권설)과 영국의 사회학설(H. 조지의 單稅論 등)을 받아들여 중국 현실에 적응시킨 것이었다. 1968년 대한민국 정부로부터 임시정부를 지원한 공으로 건국훈장 대한민국장이 추서되었다.

● 장제스(蔣介石, 1887~1975)

중국의 정치가이자 혁명가이다. 만주사변 후 일본의 침공에 대해서는 '우선 내정을 안정시키고 후에 외적을 물리친다'는 방침을 세워 군벌을 이용, 오로지 국내통일을 추진하였다. '자유중국', '대륙반공'을 제창하며 중화민국 총통과 국민당 총재로서 타이완을 지배하였다. 그는 1953년 대한민국 정부로부터 대한민국의 독립을 지원한 공로가 인정되어 건국훈장을 추서받기도 했다.

● 마오쩌둥(毛澤東, 1893~1976)

중국의 정치 및 사상가로 공산주의 이론에 능통하였다. 중국공산당의 요직에서 활동하고 중앙 제7차 전국대표대회에서 연합정부론을 발표하였으며 장제스(蔣介石)와의 내전에 승리하자 중화인민공화국 정부를 베이징에 세웠다. 국가주석 및 혁명군사위원회 주석으로서 제2차 5개년계획의 개시와 더불어 3면홍기(三面紅旗)운동을 폈고 문화대혁명을 지휘하였다.

● 덩샤오핑(鄧小平, 1904~1997)

중국의 근대화에 앞장선 위대한 정치가이다. 화궈펑과 5년간의 권력투쟁 끝에 1981년 실질적인 권력을 장악하였으며, 이때부터 실용주의노선에 입각하여 과감한 개혁조치들을 단행하였다. 그의 집권 후 기업가와 농민의 이윤보장, 지방분권적 경제운영, 엘리트 양성, 외국인투자 허용 등으로 중국경제가 크게 성장하였다.

● 만델라(Nelson R. Mandela, 1918~)

남아프리카공화국 최초의 흑인 대통령이자 흑인 인권운동가이다. 종신형을 받고 27여 간을 복역하면서 세계인권운동의 상징적인 존재가 되었다. 저서로는 《투쟁은 나의 인생》, 《자유를 향한 머나먼 여정》 등이 있다. 1993년 노벨평화상을 수상하기도 했다.

● 아라파트(Yasir Arafat, 1929~2004)

팔레스타인민족해방기구(PLO)의 의장으로 1994년 노벨평화상을 수상하였다. 1988년 11월 팔레스타인민족평의회(PNC)를 통해 팔레스타인 독립국을 선포하고 대 서방외교를 강화해 독립을 승인 받았다. 또 이스라엘 총리 Y. 라빈과 팔레스타인 자치원칙선언을 주 내용으로 하는 평화협정을 체결했다. 팔레스타인 첫 총선이 실시된 대통령 선거에서 팔레스타인 자치정부 수반으로 선출되었다.

● 카스트로(Fidel Castro, 1926~)

쿠바의 정치가이자 혁명가이다. 1959년 총리에 취임하여 1976년 국가평의회 의장직에 오르기 직전까지 총리를 지냈다. 국가평의회 의장은 국가원수로서 각부 장관으로 구성된 각료회의 의장을 겸한다. 공산주의 이념 아래 48년간 쿠바를 통치하여, 현존 세계 지도자 중 최장기 집권 기록을 세우고 있다.

■ 사상가 *철학

● 공자(孔子, BC 552~479)

이상적인 정치를 꾀한 인물로서 유학의 시조이자 중국 고대의 사상가이다. 다만 그의 언행이나 행적은 제자들이 만든 《논어(論語)》를 통해서 전해지고 있다. 오경(五經)을 편찬하였다고 전하나, 이는 교육목적에 따라서 《시경(詩經)》, 《서경(書經)》 등의 고전을 정리했던 것으로 생각된다. 최고의 덕을 인(仁)이라고 보고, 인은 "사람을 사랑하는 것"이라고 정의했다. 그는 인의 수양을 위해 부모와 연장자를 공손하게 모시는 효제의 실천을 가르치고, 이를 인의 출발점으로 삼았다.

● 소크라테스(Socrates, BC 469~399)

고대 그리스의 철학자이다. 그 때까지의 그리스 철학자들은 우주의 원리를 묻곤 했다. 소크라테스에서 비로소 자신과 자기 근거에 대한 물음이 철학의 주제가 되었다. 이런 의미에서 소크라테스는 내면(영혼의 차원) 철학의 시조라 할 수 있다. 제자 플라톤이 쓴 철학적 희곡(플라톤의 대화편) 《에우티프론 (Euthyphron)》, 《소크라테스의 변명》, 《크리톤》, 《파이돈》 등 여러 작품에 자세히 그려졌다.

● 맹자(孟子, BC 372~289)

유학의 아성(亞聖)으로 불리며 중국 전국시대의 유교 사상가이다. 전국시대에 배출된 제자백가의 한 사람인데 공자의 유교사상을 공자의 손자인 자사(子思)의 문하생에게서 배웠다. 도덕정치인 왕도를 주장하였으나 이는 현실과 동떨어진 이상적인 주장이라고 생각되어 제후에게 채택되지 않았다. 그래서 고향에 은거하여 제자교육에 전념하였다.

● **노자**(老子, BC 6세기경)

　《도덕경》을 저술 중국 고대의 철학자, 도가(道家)의 창시자이다. 주나라의 쇠퇴를 한탄하고 은퇴할 것을 결심한 후 서방으로 떠났다. 그 도중 관문지기의 요청으로 상하 2편의 책을 써 주었다고 한다. 이것을 《노자》라고 하며 《도덕경(道德經)》이라고도 하는데, 도가사상의 효시로 일컬어진다.

● **손자**(孫子, BC 6세기경)

　병가(兵家)의 사상가이다. 중국 춘추전국시대의 전략가이다. 오왕 합려를 섬겨 절제·규율 있는 육군을 조직했다고 하며, 합려가 패자가 되게 했다고 한다. 그가 저술했다는 병서 《손자병법》은 단순한 작전서가 아니라 국가경영의 요지, 승패의 기미, 인사의 성패 등의 내용을 다룬 책이다.

● **장자**(莊子, BC 369~289)

　중국 고대의 사상가로서 제자백가 중 도가(道家)의 대표자이다. 도(道)를 천지만물의 근본원리라고 보았다. 도는 어떤 대상을 욕구하거나 사유하지 않으므로 무위(無爲)하고, 스스로 자기존재를 성립시키며 절로 움직이므로 자연(自然)하다. 일종의 범신론(汎神論)이다.

● **순자**(荀子, BC 298~238)

　중국 전국시대 말기의 사상가이다. 50세(일설에는 15세) 무렵에 제(齊)나라에 유학하였고, 진(秦)나라와 조나라를 떠돌아 다녔다. 제나라의 왕건 때 다시 제나라로 돌아가 사직의 학사 중 으뜸으로 존경 받았다고 전해진다.

● **한비자**(韓非子, BC 280~233)

　법가(法家)의 사상을 집대성한 중국 전국시대 말기의 사상가이다. 진의 시황제는 한비자의 〈고분〉, 〈오두〉의 논문을 보고 "이 사람과 교류할 수 있다면 죽어도 한이 없겠다."고까지 감탄하기도 했다. 유저에 《한비자(韓非子)》가 있다.

● **니체**(Friedrich W. Nietzsche, 1844~1900)

　독일의 시인·철학자이다. 쇼펜하우어의 의지철학을 계승하는 '생의 철학'의 기수이며, S. A. 키르케고르와 함께 실존주의의 선구자로 지칭된다. 주저는 《반시대적 고찰》, 《차라투스트라는 이렇게 말하였다》 등이 있다. 니체 사상의 기조를 이루는 것은 근대 문명에 대한 비판이며 그것의 극복이다. 그는 2000년 동안 그리스도교에 의해 자라온 유럽 문명의 몰락과 니힐리즘의 도래를 어느 정도 예감하였다.

● 홉스(Thomas Hobbes, 1588~1679)

영국의 철학자이다. 성악설을 전제로, 각자의 이익을 위해서 사람은 계약으로써 국가를 만들어 '자연권'을 제한하고, 국가를 대표하는 의지에 그것을 양도하여 복종해야 한다고 보았다. 그리고 《리바이어던 Leviathan》(1651)에서 전제군주제를 이상적인 국가형태라고 생각하였다. 주요 저서인 《철학원리》는 제1부 〈물체론〉, 제2부 〈인간론〉, 제3부 〈시민론〉 등 3부로 나누어졌는데 베이컨 학설보다 더 체계적으로 구축되었다.

● 몽테스키외(Montesquieu, 1689~1755)

프랑스의 사상가로 보르도 고등법원의 평정관과 원장을 지냈고 아카데미 회원이 되었다. 10여 년이 걸린 저작인 《법의 정신》을 저술하였으며 사법·입법·행정의 3권분립 이론으로 왕정복고(王政復古)와 미국의 독립 등에 영향을 주었다.

● 밀(James Mill, 1773~1836)

영국의 경제학자·철학자·역사학자이다. 영국 경제학교과서의 전통적 구성이 된 4분법(생산·분배·교환·소비)을 처음으로 사용하여 리카르도 경제학을 형식적으로 구성함으로써 리카르도의 노동가치설이 가진 난점 해명에 힘을 기울여, 이를 평이하게 해설한 저서로 알려져 있다. 그는 경제에 관한 입장을 《경제학 요강》에 집약하였으며, 또한 《인간정신의 현상분석》은 공리주의의 심리학적 기초를 조직적으로 한 만년의 역작이다.

● 콩트(Conte, 1798~1857)

프랑스의 철학자·사회학의 창시자이다. 여러 사회적·역사적 문제에 관하여 온갖 추상적 사변을 배제하고, 과학적·수학적 방법에 의하여 설명하려고 하였다. 3단계 법칙에서는 인간의 지식의 발전단계 중 최후의 실증적 단계가 참다운 과학적 지식의 단계라고 주장하였다. 형이상학적(形而上學的) 학설의 절대성을 배격하고, 감각적 경험에 의하여 확증할 수 있는 여러 사실과 이것들의 관계에만 전념한다는 과학적이며 실증적인 상대주의의 입장을 표명하는 것이다.

● **베버**(Max Weber, 1864~1920)

독일의 사회과학자로 사회주의자와 대결하였으며 역사학파가 가지는 이론적 약점을 지적하고, 그 극복에 노력하였다. 주요 논문에 《사회과학적 및 사회정책적 인식의 객관성》, 《프로테스탄티즘의 윤리와 자본주의의 정신》 등이 있다.

● **하이데거**(Martin Heidegger, 1889~1976)

독일의 실존철학자로서 주요 저서는 《존재와 시간》이다. 그가 실존사상의 대표자로 간주된 것은 이 현존재의 실존론적 분석 부분 때문이다. 불안 · 무(無) · 죽음 · 양심 · 결의 · 퇴락(頹落) 등 실존에 관계되는 여러 양태가 매우 조직적 · 포괄적으로 논술되었다. 그의 이러한 현존재 분석의 수법은 정신분석에서 문예론(文藝論), 더 나아가 신학(神學)에까지 영향을 주었다.

● **사르트르**(Jean- Paul Sartre, 1905~1980)

문학가로서 실존주의 문학의 창시자로도 유명하며, 특히 노벨문학상 수상자로 선정되었지만 수상을 거부한 인물로 널리 알려져 있다. 독일의 철학자 에드문트 후설로부터 현상학적 방법을 이어받았는데, 이 방법은 연역보다는 주의 깊고 편견 없는 기술을 제안한다. 그는 이 방법을 매우 능숙하게 사용하여 《상상력》, 《감정 이론 개요》, 《상상적인 것 : 상상력에 관한 현상학적 연구》를 썼다. 그러나 뛰어난 재능을 지닌 대가의 면모를 드러낸 작품은 《존재와 무》이다. 그는 인간 의식 또는 비사물성(無)을 존재, 즉 객관적 사물성(存在)과 대비시킨다. 또한 그는 《변증법적 이성비판》을 통해서 마르크스주의는 그 근본적 · 일반적 원칙이 무엇이든 다른 구체적 실존상황을 인정하는 법과 인간의 개인적 자유를 존중하는 법을 배워야 한다고 주장하기도 했다.

■ 문학가

● **굴원**(屈原, BC 343~277)

중국 전국시대의 정치가이자 비극시인이다. 학식이 뛰어나 초나라 회왕(懷王)의 좌도(左徒)의 중책을 맡아, 내정 · 외교에서 활약하기도 했다. 작품은 한부(漢賦)에 영향을 주었고, 문학사에서뿐만 아니라 오늘날에도 높이 평가된다. 주요 작품에는 《이소(離騷)》, 《어부사(漁父辭)》 등이 있다.

● **사마천**(司馬遷, BC 145~86)

　전한의 역사가이자 《사기(史記)》의 저자이다. 아버지 사마담의 유지로 《사기》
의 저술을 시작했다. 이릉 장군을 변호, 황제의 노여움을 사서 궁형을 받았다.
후에 신임을 회복, 중서령이 되었다. 기원전 90년 무렵에 《사기》를 완성하였다.

● **몽테뉴**(Montaigne, 1533~1592)

　프랑스의 사상가이자 모럴리스트이다. 프랑스의 르네상스기(期)를 대표하는
철학자 · 문학자이며 《수상록》의 저자이다. 자기의 체험과 독서생활을 근거로,
있는 그대로의 인간, 변천하는 대로의 인간을 그렸다. 자연에 대하여 단순히 몸
을 맡기는 데에 인생의 지혜를 추구하였다.

● **세르반테스**(Cervantes, 1547~1616)

　돈키호테 에스파냐의 소설가이자 극작가이며 시인이다. 레판토 해전에 참가
하여 왼손에 상처를 입었고 알제리에서 노예생활을 하기도 하였으며 가난한 생
활을 보냈다. 당시 에스파냐의 기사 이야기를 패러디한 소설 《돈키호테》의 작가
로 유명하며 성격묘사에 뛰어났다. 그 밖에 《모범 소설집》 등의 작품을 남겼다.

● **디포**(Daniel Defoe, 1660~1731)

　《로빈슨크루소》를 저술한 영국의 저널리스트 겸 소설가이다. 저널리스트와
정치가로서 활동하면서 60이 넘어서 발표한 《로빈슨크루소》로 영문학사에 영
원히 이름을 남겼다. 《해적 싱글턴》, 《몰 플랜더스》 등 많은 작품을 남겼다.

● **바이런**(Byron, 1788~1824)

　영국 낭만파 시인이다. 비세속적인 천재시인, 미남인 젊은 독신귀족이라 하
여 런던 사교계의 총아로 등장했다. 주요 작품으로 《카인》, 《사르다나팔루스》,
《코린트의 포위》 등이 있다. 그의 비통한 서정, 습속에 대한 반골(反骨), 날카로
운 풍자, 근대적인 내적 고뇌, 다채로운 서간 등은 전 유럽을 풍미하기도 했다.

● **셸리**(Percy B. Shelley, 1792~1822)

　영국 낭만파 시인이다. 주요 저서에는 16세기 로마에서 일어난 근친상간과
살인사건을 소재로 한 시극 대작 《첸치 일가》와 대표작 《사슬에서 풀린 프로메
테우스》 등이 있다. 작품이나 생애가 압제와 인습에 대한 반항, 이상주의적인
사랑과 자유의 동경으로 일관하여 바이런과 함께 낭만주의 시대의 가장 인기

있는 작가였다.

● **푸시킨**(Aleksandr S. Pushkin, 1799~1837)

모스크바 출생으로 러시아의 국민시인으로 추앙받고 있으며, 러시아리얼리즘 문학의 대표주자이다. 《예프게니 오네긴》도 완성하였으며, 이것은 러시아 문학사상 최초의 리얼리즘의 달성을 보여준 작품으로 당시 러시아 사회의 특질을 남김없이 그렸다. 산문소설인 《대위의 딸》은 19세기 러시아 리얼리즘 문학의 초석을 쌓았다는 평가를 받고 있다. 서사시 《청동(青銅)의 기사》에서는 전제적 국가권력과 개인과의 대립 모순을 조명(照明)하고, 제정 러시아의 역사적 숙명을 제시하였다.

● **디킨스**(Charles Dickens, 1812~1870)

영국문학사상 가장 많은 작품을 배출하며 인기몰이를 했던 인물이다. 《데이비드 코퍼필드》, 《두 도시 이야기》, 《황폐한 집》, 《크리스마스 캐럴》, 《위대한 유산》 등과 같은 유수의 작품들이 그를 당대 최고 유명인사의 반열에 올려놓았다. 그의 소설은 지나치게 독자에 영합하는 감상적이고 저속한 것이라는 일부의 비난도 있지만, 각양각색의 인물들로 가득 찬 수많은 작품에 온갖 상태가 다 묘사되어 있고, 그의 사후 1세기를 통해 각국어로 번역되어 셰익스피어 못지않은 명성을 누리고 있다.

● **휘트먼**(Walt Whitman, 1819~1892)

19세기 미국의 시인이다. 자비로 출판한 시집인 《풀잎》은 종래 전통적 시형을 벗어나, 미국의 적나라한 모습을 찬미했다. 3판에 이르러는 '예언자 시인'으로의 변모를 드러냈다. 산문집으로 《자선일기 기타》가 유명하다. 또한 《민주주의의 미래상》에서도 미국사회의 물질주의적인 경향을 비판하고, '인격주의'의 필요성을 주장한 바도 있다.

● **도스토예프스키**(Dostoevskii, 1821~1881)

모스크바 출생으로 톨스토이와 함께 19세기 러시아 문학을 대표하는 세계적인 문호이다. '넋의 리얼리즘'이라 불리는 독자적인 방법으로 인간의 내면을 추구하여 근대소설의 새로운 가능성을 열어놓았다. 농노제적 구질서가 무너지고 자본주의적 제 관계가 대신 들어서려는 과도기의 러시아에서 시대의 모순에 고민하면서, 그 고민하는 자신의 모습을 전적으로 작품세계에 투영한 그의 문학세계는 현대성을 두드러지게 지니고 있으며, 20세기의 사상과 문학에 깊은 영향을 끼쳤다. 대표작으로 《백야(白夜)》, 《죄와 벌》, 《백치》, 《악령(惡靈)》, 《카라마조프의 형제들》 등이 있다.

● **입센**(Henrik Ibsen, 1828~1906)

노르웨이의 극작가이다. 힘차고 응집된 사상과 작품으로 근대극을 확립하였고 근대 사상과 여성해방 운동에 깊은 영향을 끼쳤다. 《인형의집》으로 온 세계의 화재를 불러 모으며 근대극의 1인자가 되었다. 《유령》, 《민중의 적》등의 작품으로 새로운 경지를 개척하며 사람들을 열광시켰다.

● **트웨인**(Mark Twain, 1835~1910)

《톰소여의 모험》을 쓴 미국 소설가이다. 사회 풍자가로서 남북 전쟁 후에 사회 상황을 풍자한《도금시대》와 에드워드 6세 시대를 배경으로 한《왕자와 거지》등을 썼다. 또 미국의 제국주의적 침략을 비판하고 반제국주의, 반전 활동에 열성적으로 참여했다.

● **모파상**(Maupassant, 1850~1893)

19세기 후반 프랑스의 소설가이다. 장편《여자의 일생》은 프랑스 사실주의 문학이 낳은 걸작으로 평가된다. 그 외《비곗덩어리》, 《피에르와 장》등이 있다. 무감동적인 문체로, 이상 성격 소유자, 염세주의적 인물이 많이 등장한다.

● **버나드 쇼**(George Bernard Shaw, 1856~1950)

영국의 극작가 겸 소설가이자 비평가이다. 온건좌파 단체인 '페이비언협회'를 설립했다. 최대걸작인 《인간과 초인》을 써서 세계적인 극작가가 되었다. 또한 1923년에 쓴 사극 《성녀 존 Saint Joan》에서 잔다르크를 신과 인간의 영혼 사이에 교회나 사제 같은 중계자를 인정하지 않는 신교도로서, 또 나폴레옹적인 전술가로서, 근대적 내셔널리즘의 무의식적인 실현자로 묘사하였다. 노벨문학상을 수상하기도 했다.

● **체호프**(Anton P. Chekhov, 1860~1904)

러시아의 소설가 겸 극작가이다. 《지루한 이야기》, 《사할린섬》외 수많은 작품을 써 사회에 큰 반향을 불러일으켰다. 객관주의 문학론을 주장하였고 시대의 변화와 요구에 대한 올바른 목소리를 전달하기 위해 저술활동을 벌였다. 또한 《대초원》, 《갈매기》, 《벚꽃 동산》 등 많은 희곡과 소설을 남겼다.

● 로맹 롤랑(Romain Rolland, 1866~1944)

프랑스의 소설가 · 극작가 · 평론가이다. 대하소설의 선구가 된 《장 크리스토프》로 1915년 노벨 문학상을 수상하였다. 평화운동에 진력하고, 국제주의 입장에서 애국주의를 비판했다. 그 외 《매혹된 영혼》 등이 있다.

● 릴케(Rainer Maria Rilke, 1875~1926)

독일의 시인으로서 로댕의 비서였던 것이 그의 예술에 큰 영향을 주었다. 《말테의 수기》, 《두이노의 비가》, 《오르페우스에게 부치는 소네트》 같은 대작을 남겼다. 1926년 가을의 어느 날 그를 찾아온 이집트의 여자 친구를 위하여 장미꽃을 꺾다가 가시에 찔린 것이 화근이 되어 패혈증으로 고생하다가 그 해 12월 29일 51세를 일기로 생애를 마쳤다.

● 헤세(Hermann Hesse, 1877~1962)

독일의 소설가 · 시인이다. 단편집 · 시집 · 우화집 · 여행기 · 평론 · 수상 · 서한집 등 다수의 간행물을 썼다. 주요 작품으로 《수레바퀴 밑에서》, 《데미안》, 《싯다르타》 등이 있다. 《유리알유희》로 1946년 노벨문학상을 수상하였다.

● 루쉰(魯迅, 1881~1936)

《광인일기》, 《아큐정전(阿Q正傳)》 등을 쓴 중국 문학가 겸 사상가이다. 특히 대표작 《아큐정전(阿Q正傳)》은 세계적 수준의 작품이며 후에 그의 주장에 따른 형태로 문학계의 통일전선이 형성되었다. 그의 문학과 사상에는 모든 허위를 거부하는 정신과 언어의 공전이 없는, 어디까지나 현실에 뿌리박은 강인한 사고가 뚜렷이 부각되어 있다.

● 오스트로프스키(Nikolai A. Ostrovskii, 1904~1936)

모스크바 출생이며 사법관리의 아들로 태어났다. 모스크바대학 법과를 중퇴하여 법원 서기가 되었으나, 연극에 대한 정열을 버리지 못하여 마침내 극작에 몰두하게 되었다. 평생을 통하여 50편에 가까운 희곡을 썼는데, 모두 상인 · 지주 · 관리의 탐욕과 옹고집 · 횡포와 위선을 꼬집고, 그들에게 학대받는 사람들의 분노와 비애를 그린 것이다. 작품의 특색은 갈등과 변화무쌍한 줄거리, 등장인물의 뚜렷한 성격, 명쾌한 언어와 행동에 있다. 연극에 있어서 사실주의의 전통을 확립함으로써 그 이후의 연극에 크게 영향을 미쳤다. 대표작으로 《가정의 행복도》, 《가난은 죄가 아니다》, 《뇌우(雷雨)》, 《뜨거운 마음》, 《숲》, 《재능자와 숭배자》, 《죄없는 죄인》 등이 있다.

■ 예술가

● 왕희지(王羲之, 307~365)

중국 동진(東晉)의 서예가로서 중국 고금의 첫째가는 서성(書聖)으로 존경받고 있다. 해서·행서·초서의 각 서체를 완성함으로써 예술로서의 서예의 지위를 확립하였다. 예서(隸書)를 잘 썼고, 당시 아직 성숙하지 못하였던 해·행·초의 3체를 예술적인 서체로 완성한 공적이 있으며, 현재 그의 필적이라 전해지는 것도 모두 해·행·초의 3체에 한정되어 있다. 오늘날 전해 오는 필적만 보아도 그의 서풍(書風)은 전아(典雅)하고 힘차며, 귀족적인 기품이 높다.

● 바흐(Johann S. Bach, 1685~1750)

독일의 오르가니스트·작곡가로서 '음악의 아버지'라 불린다. 685년 3월 21일 독일 튀링겐주(州) 아이제나흐에서 요한 암브로지우스의 8번째 아들로 태어났다. 거리의 악사인 아버지의 영향으로 어려서부터 바이올린과 오르간을 익혔다. 궁정악단에서 연주와 지휘를 하고, 교회음악가로 활동하면서 바로크음악의 대표적인 곡들을 많이 남겼다.

● 헨델(Handel, 1685~1759)

독일 출생의 영국 작곡가로서 '음악의 어머니'라고 불린다. 런던을 중심으로 이탈리아오페라의 작곡가로 활약했다. '왕립 음악아카데미'를 설립하였으며, 작품으로 《에스테르 Esther》, 《메시아 Messiah》, 《알렉산더의 향연 Alexander's Feast》 등을 작곡하였다.

● 요한 슈트라우스(Johann B. Strauss, 1804~1849)

오스트리아의 작곡가이자 지휘자이며 바이올린 연주자로 '왈츠의 아버지'라 불린다. 자작의 무도곡을 주요 레퍼토리로 유럽 각지에서 연주, 이른바 빈 왈츠를 전 유럽에 알렸으며, 1845년에는 빈의 궁정무도회 지휘자로 임명되었다.

또한 그의 장남인 슈트라우스도 작곡가이자 지휘자로 널리 활동하였다. 악단을 이끌며 연주여행을 하였고 작곡에도 열중하여 새로운 독자적인 왈츠양식 '연주회 왈츠'를 낳았다. 왈츠에 처음으로 합창이 곁든 《아름답고 푸른 도나우》 등의 대규모 왈츠와 《집시남작》 등의 오페레타를 작곡하였다.

● **멘델스존**(Mendelssohn, 1809~1847)

독일의 작곡가 · 지휘자 · 피아니스트이다. 라이프치히 게반트하우스 관현악단 지휘자가 되어 고금의 명곡과 신작을 소개하는 데 진력, 유럽 제1급의 악단으로 키웠다. 고전주의 낭만파 음악의 대작곡가라는 명성과 《한여름 밤의꿈》, 《이탈리아교향곡》, 《바이올린협주곡》 등 수많은 작품을 남겼다.

● **쇼팽**(Chopin, 1810~1849)

폴란드의 작곡가이자 피아니스트였다. 자유롭고 시대를 앞서가는 독자적인 양식의 작품을 많이 남겼으며 특히, 약 200곡에 이르는 피아노곡으로 유명하다. 페달의 사용과 약박(弱拍)을 약간 인접한 강박(强拍)에 접근시키는 연주법으로 후세의 피아노 연주법에도 큰 영향을 끼쳤다.

● **리스트**(Franz von Liszt, 1811~1886)

헝가리의 피아노 연주자 · 작곡가이다. 피아노 연주상의 명기주의의 완성과 표제음악의 확립이라는 음악사상 매우 중요한 공적을 남겼다. 작품은 편곡까지 포함해 방대한 수에 이르며 악종도 다양한데, 그 중심은 피아노곡과 교향시다. 대표곡으로 《헝가리 광시곡》, 《순례의 해》 등이 유명하다.

● **차이코프스키**(Chaikovskii, 1840~1893)

러시아의 작곡가로 모스크바음악원의 교수를 지내다가 40년간 창작에 전념하여 러시아 고전주의 음악의 완성을 가져왔다. 교향곡, 오페라, 발레곡 이외에 다수의 실내악곡, 협주곡 등을 남겼으며, 특히 발레곡 《백조의 호수》, 교향시 《만프레드 교향곡》 등이 유명하다.

● **치바이스**(齊白石, 1860~1957)

중국 청나라 말에서 현대까지 활동한 화가로서 화초 · 영모 · 초충류의 명수로 알려졌고 전각(篆刻)에도 솜씨가 있었다. 그의 그림은 석도(石濤) · 서위(徐渭) 등 양저우계 화풍이 되었다. 주요 작품으로 《화훼화책(花卉畵册)》 등이 있는

데 그는 자유롭게 감흥을 표현하는 중국문인화의 대미를 장식하였다. 그밖에 《하엽도(荷葉圖)》, 《남과도(南瓜圖)》 등이 유명하다.

● 파바로티(Luciano Pavarotti, 1935~2007)

이탈리아의 2007년에 작고한 세계적인 테너 가수였다. 이탈리아 레조 에밀리아의 아킬레 피레 국제콩쿠르에서 우승한 후,《라보엠》의 루돌포 역을 맡으면서 테너 가수로 데뷔했다. 다양한 레퍼토리와 높은 음역에서 멀리 뻗어나가는 맑고 깨끗한 음색이 최대의 장점이다. 플라시도 도밍고, 호세 카레라스와 함께 세계3대 테너로 불린다.

■ 과학자

● 채륜(蔡倫, ?~121)

중국 후한의 관리이다. 종이 제조법의 대가로, 수피(樹皮)·마포(麻布)·어망(魚網) 따위로 채후지(茱侯紙)라는 종이를 만들었다. 최초의 인쇄방법은 판재(板材)에 문자나 그림을 새기고 그 표면에 잉크(먹물 등)를 묻혀 그 위에 종이를 놓고 문질러서 찍어내는 목판인쇄로서 중국에서는 이미 당(唐)나라 때에 실용되어 작은 불상·경전·지폐 등을 인쇄하였으며, 그 기술은 점차 다른 나라로 전파되었다.

● 라이프니츠(Leibniz, 1646~1716)

독일의 철학자·수학자·자연과학자·법학자·신학자·언어학자·역사가이다. 수학에서는 미적분법의 창시로, 미분 기호, 적분 기호의 창안 등 해석학 발달에 많은 공헌을 하였다. 역학(力學)에서는 '활력'의 개념을 도입하였으며, 위상(位相) 해석의 창시도 두드러진 업적의 하나이다.

● 스티븐슨(Stephenson, 1781~1848)

영국의 증기기관차 발명가이다. 1824년 스톡턴~달링턴 간의 세계 최초의 여객용 철도가 부설되어, 1825년 그의 공장에서 제작한 개량형 기관차 로커모션호를 달리게 함으로써 철도수송의 시대가 개막되었다. 그 후, 1830년대부터 거의 모든 선진국에 증기철도가 건설되게 되었다. 그 자신도 벨기에·에스파냐

등에 진출하여 많은 철도 부설사업에 종사하였다. 1847년 철도관계 기술자들이 중심이 되어 버밍엄에 창설한 세계 최초의 기계학회(Institution of Mechanical Engineers)의 초대 회장으로 선출되었다.

● 제임스 줄(James P. Joule, 1818~1889)

영국의 물리학자로서 열역학 제1법칙(에너지보존법칙)의 창설자이며, 전류의 발열작용에 관한 법칙(줄의 법칙)을 발견하였다. 또한 오늘날 열의 일당량이라 하는 비례상수를 실측하였으며, 톰슨과 공동연구로 '줄톰슨 효과' 등의 업적을 남겼다.

● 맥스웰(Maxwell, 1831~1879)

영국의 물리학자인데 캐번디시연구소 개설과 함께 그곳의 소장이 되었다. 전자기학에서 거둔 업적은 장(場)의 개념의 집대성이며 빛의 전자기파설의 기초를 세웠고 기체의 분자운동에 관해 연구했다. 패러데이의 고찰에서 출발하여 유체역학적 모델을 써서 수학적 이론을 완성하고, 유명한 전자기장의 기초방정식인 맥스웰방정식(전자기방정식)을 도출하여 그것으로 전자기파의 존재를 증명했다. 전자기파의 전파속도가 광속도와 같고, 전자기파가 횡파라는 사실도 밝힘으로써 빛의 전자기파설의 기초를 세웠다.

● 멘델레예프(Mendeleev, 1834~1907)

러시아의 화학자이다. 1868년 말 무기화학 교과서 《화학의 원리》를 저술하기 위하여 당시에 알려져 있던 63종의 원소배열순서를 생각하는 과정에서 주기율을 발견하였다. 최초의 주기율표는 1869년 러시아화학회에서 처음으로 발표되었다.

● 벨(Graham Bell, 1847~1922)

영국 태생 미국의 전화 발명자. 자석식 전화기의 특허를 받아, 1877년 벨전화회사를 설립하였으며, 이 발명으로 받은 볼타상을 기금으로 볼타연구소를 창설하여 농아교육에 전력하였다. 그 밖에 광선전화의 연구 외 여러 방면의 업적이 있다.

벨은 전화기 발명에 대한 꿈을 싹틔웠을 때만 해도 전기학에 대해 거의 문외한이었다. 어느 날 '그것을 정복해라!' 라고 어떤 과학자가 그를 격려하며 던졌던 이 말이 그의 평생 좌우명이 되었다. 수없이 많은 좌절과 고난, 실패를 겪으면서 현대인에게 가장 필수적이면서 효과적인 통신수단인 '전화'를 발명해냈다.

● 파블로프(Pavlov, 1849~1936)

러시아의 생리학자이다. 개가 주인의 발자국 소리만 들어도 침을 분비한다는 것을 발견하고 '조건 반사'로서 뇌의 작용에 대해 연구하였다. 소화와 신경지배의 연구로 1904년 노벨생리·의학상을 수상하였다.

● 마르코니(Marconi, 1874~1937)

마르코니는 무선통신을 상용화한 발명가로서 '무선통신의 아버지'라 불리고 있다. 어린 시절 마르코니는 똑똑하고 공부를 좋아했으며 특히 물리학 관련 서적의 탐독을 즐겼다. 마르코니는 1901년 12월 12일 대서양을 사이에 둔 무선신호 수신에 성공했다. 영국에서 보낸 신호가 미국까지 그대로 전달되었다는 소식에 전 세계가 들썩거렸다. 각지 신문사들은 앞 다투어 이에 관한 기사를 대문짝만하게 올렸고 특히 과학계는 흥분의 도가니에 빠졌다. 이로써 마르코니는 무선전신을 통해 전 세계 어느 곳으로든 정보를 전달할 수 있는 새로운 시대를 열었다. 이 때 그의 나이 겨우 스물일곱 살이었다.

● 화뤄겅(華羅庚, 1910~1985)

중국 당대 최고의 수학자로서 순전히 자신의 노력과 독학에만 의존해 유명인사가 된 전기적인 인물이다. 비록 학교 교실에 앉아 정식으로 교육을 받지는 못했지만 밤낮으로 책을 놓지 않고 꾸준히 독학을 했다. 그의 가게 탁자 위에는 항상 주판과 빌려 보던 세 권의 수학 책이 놓여 있었다. 바로 《대대수(大代數)》와 《해석기하》그리고 50여 페이지 분량의 얇은《미적분》이었다. 화뤄겅은 극도의 빈곤함을 견디면서 1940년부터 꼬박 3년 동안 수학사에 길이 남을 불후의 명작《퇴루소수론(堆累素數論)》을 완성하는데 혼신의 힘을 바쳤다. 1946년 가을 그는 미국 프린스턴대학의 초빙을 받아 쿤밍(昆明)을 떠났다. 미국대학에서는 특출한 재능을 지닌 이 중국 수학자에게 최고의 친절과 대우를 베풀었다.

● 스티븐 호킹(Stephen W. Hawking, 1942~)

영국의 우주물리학자이다. '블랙홀은 검은 것이 아니라 빛보다 빠른 속도의 입자를 방출하며 뜨거운 물체처럼 빛을 발한다'는 학설을 내놓았으며, '특이점 정리' '블랙홀 증발' '양자우주론' 등 현대물리학에 3개의 혁명적 이론을 제시하였고, '양자중력론' 연구에 몰두하고 있다. 그는 루게릭병(근위축증으로 널리 알려져 있으며, 1985년 폐렴으로 기관지 절개수술을 받아 가슴에 꽂은 파이프를 통해서 호흡을 하고 휠체어에 부착된 고성능 음성합성기를 통해서 대화를 하여야만 했다.

● 플랑크(Ludwig Planck, 1858~1947)

독일의 물리학자로서 엔트로피 · 열전현상 · 전해질용해의 연구 등으로 열역학의 체계화에 공헌하였다. 또한 열복사 문제를 연구하여 '플랑크의 복사식'을 발표하고, 보편상수 h(플랑크상수)를 도입하는 등으로 양자론의 전개를 초래하고 물리학에 커다란 전기를 가져왔다. 그의 저서에는 열역학을 체계적으로 총정리한 《열역학강의》가 있다.

● 양전닝(楊振寧, 1922~)

중국 출신의 미국 물리학자이다. 소립자론 · 통계역학 · 물성론 등 여러 분야에 많은 업적을 남겼으며, 2차원격자에 관한 통계역학 연구, 복합입자의 이론 등에 독창성을 발휘했다. 또한 약한 상호작용에 의한 패리티 비보존의 이론을 제창하였다.

● 토마스 쿤(Thomas Kuhn, 1922~1996)

미국의 과학사학자 겸 철학자로서 '패러다임'이라는 새로운 개념을 창안해냈다. 그에 따르면 과학의 발전은 점진적으로 이루어지는 것이 아니라 패러다임의 교체에 의해 혁명적으로 이루어지며 이 변화를 '과학혁명'이라고 불렀다. 사회과학자들과 함께 연구 활동을 한 것을 계기로 '패러다임(paradigm)'이라는 새로운 개념을 창안해냈다. 패러다임이란 한 시대의 사회 전체가 공유하는 이론 · 법칙 · 지식 및 사회적 믿음이나 관습 등을 통틀어 일컫는 개념으로서, 그는 이 패러다임이 한 시대의 세계관과 과학적 문제에 접근하는 방법을 지배한다고 보았다.

■ 경제인

● 카네기(Andrew Carnegie, 1835~1919)

'철강왕'으로 널리 알려진 미국의 산업자본가로 US스틸사의 모태인 카네기

철강회사를 설립하였다. 이후 교육과 문화사업에 헌신하였다. 그는 인간의 일생을 나누어 전기에서는 부를 축적하고, 후기에서는 축적된 부를 사회복지를 위하여 투자하여야 한다는 신념을 지니고 있었으며, 이를 실천한 위대한 인물이었다. 후에 교육과 문화사업에 몰두하였다.

● 모건(Morgan, 1837~1913)

미국의 은행가로서 모건 재벌의 제2대이다. 아버지의 금융업에 들어가 회사 이름을 J. P. 모건회사로 바꾸고 영국의 자본을 동원하여 신흥 미국시장에 투자시키는 데 성공하였으며, 19세기 후반 미국의 공업과 철도를 위한 자금조달에 중요한 구실을 하였다. 이로써 국제적 금융가로서의 지위를 확립하였다.

● 록펠러(Rockefeller, 1839~1937)

미국의 실업가이다. 오하이오스탠더드석유회사를 설립하여 미국 내 정유소의 95%를 지배하는 스탠더드오일트러스트를 조직하였다. 셔먼독점금지법(반트러스트법) 위반의 판결을 받은 후 지주회사 뉴저지스탠더드석유회사를 설립하여 실질적으로 석유업계의 지배를 계속하여, 거대한 회사로 성장하였다. 그러나 미국 연방최고재판소로부터 반트러스트법 위반으로 해산명령을 받고 해체되었다. 이후 록펠러재단 ·일반교육재단 ·록펠러의학연구소 등을 설립하였으며 자선사업에 몰두하였다.

● 포드(Henry Ford, 1863~1947)

자동차 왕으로 불리는 미국의 자동차 회사 '포드'의 창설자이다. 1899년까지 디트로이트에 있는 에디슨회사에서 기술책임자로 임하였으며, 경주용차 제작을 위해 회사를 그만두고 1903년 동업자와 함께 자본금 10만 달러로 포드자동차회사를 설립, 1908년 세계 최초의 양산 대중차 T형 포드의 제작을 개시하였다. 조립라인 방식에 의한 양산체제인 포드시스템을 확립하였으며 합리적 경영방식을 도입해 포드를 미국 최대의 자동차 제조업체로 키워냈다.

● 커넬 샌더스(Colones H. Sanders, 1890~1980)

KFC(켄터키프라이드치킨)의 창업자로 알려진 그는 현업에서 은퇴한 후 65세라는 황혼의 나이(1955년)에도 불구하고 청년처럼 의욕이 넘쳐 사회보장 지급금으로 받은 105달러로 11가지의 닭요리를 개발했다. 그러나 어디에도 그의 요리를 받아주는 곳이라곤 없었다. 하지만 커넬 샌더스는 이에 좌절하지 않고 불굴의 청년 정신으로 프랜차이즈 점포를 직접 만들어 치킨요리를 납품하기 시작했다. 그리고 마침내 68세 때 1010번째 찾아간 레스토랑에서 첫 계약을 따낸 것이다. 현재 전 세계 80여 개국에서 약 1만 3000여 곳의 매장을 가진 세계적인 프랜차이즈로 성공했다.

● 워렌 버핏(Warren Buffett, 1930~)

전설적인 투자의 귀재로 빌게이츠와 더불어 미국경제지 포브스지가 선정한 최고의 갑부로 이름이 등재되어 있다. 그는 1990년대 미국에 신경제와 인터넷 기술주가 급등할 때 "미국 주식은 80년대의 일본과 같이 버블로 터져 버릴 것이다."라는 버블론을 강력히 주장하였다. 그 후 인터넷 주와 신경제에 대한 거품론이 확대되고 나스닥 시장이 하락하게 되자, 많은 인터넷 주의 성장세에도 불구하고 철저하게 내재가치만을 따져 투자종목을 선별했던 워렌 버핏의 평범한 투자전략이 다시 인정받고 있다.

● 마쓰시타 고노스케(松下幸之助, 1894~1989)

일본의 가전업체인 마쓰시타 전기산업(주)의 창업자이다. 브랜드인 내셔널 (National)은 세계적으로도 유명하다. 기업홍보지 《PHP : Peace and Happiness through Prosperity》를 통해 사상적 계몽운동에 이바지하였고, 인재양성을 위해 마쓰시타정경숙(松下政經塾)을 설립하였다.

● 월트 디즈니(Walt Disney, 1901~1966)

만화영화 제작가인 W. 디즈니가 1928년 월트디즈니프로덕션을 설립하면서 비롯되었다. 빨간 셔츠와 노란 신발의 《미키마우스》가 큰 성공을 거둔 것을 비롯하여 그 후, 《백설공주》, 《피노키오》, 《신데렐라》, 《메리포핀스》 등을 통해 꿈과 환상을 심어 주었다. 이외에도 극영화와 기록영화에서 동물실사 필름에 의한 드라마 구성, 텔레비전 프로그램까지 진출했다.

● 피에르 가르뎅(Pierre Cardin, 1920~)

이탈리아 베네치아에서 출생하였으며, 프랑스의 패션 황제로서 그는 디자이너로서 라이선스와 머천다이징의 귀재로 불려지고 있다. 1960년대를 대표하는 디자이너 가운데 피에르 가르뎅은 남성과 여성을 위한 미래파 의상을 선보였을 뿐만 아니라 1970년대에는 순수패션의 영역을 뛰어넘어 가구에서부터 호텔, 자기, 유리제품에 이르기까지 디자인 영역을 다각화하였다.

● 리자청(李嘉誠, 1928~)

  화교 출신인 그는 아시아 최대의 갑부이자 용인술의 대가로 널리 알려져 있다. 1928년 중국 남부 광둥에서 출생한 이가성은 일찍이 폐병으로 아버지를 여의고 결국 13세에 학업을 포기할 수밖에 없었다. 13세가 되던 해부터 맨주먹으로 시작하여 17세 때 완구상의 총지배인, 23세에 홍콩의 부동산 시장을 석권한 후 70세가 되는 2000년대에 그는 세계 최고의 부와 명예를 한꺼번에 쥐게 되었다. 자신의 성공 비결에 대해 타인과의 약속은 사소한 것이더라도 끝까지 지키기, 성실과 자신감을 자신의 트레이드마크로 삼기, 손님에게는 최고의 예우를 갖추기, 조직의 분위기를 화목하게 일구어 내기 등으로 정리하고 있다.

■ 영웅

● 마르코 폴로(Marco Polo, 1254~1324)

  이탈리아 베네치아의 상인으로 동방여행을 떠나 중국 각지를 여행하고 원나라에서 관직에 올라 17년을 살았다. 이후 이야기 작가인 루스티켈로에게 동방에서 보고 들은 것을 필록(筆錄)시켜 마르코 폴로의 여행기 《세계 경이의 서》(동방견문록)가 탄생하였다.

● 잔다르크(Jeanne D'arc, 1412~1431)

  15세기 전반에 영국의 백년전쟁 후기에 프랑스를 위기에서 구한 영웅적인 소녀이다. 1429년의 "프랑스를 구하라"는 신의 음성을 듣고 고향을 떠나 샤를 황태자(샤를 7세)를 도와 영국군을 격파하여 오를레앙을 해방시킨 데 이어 각지에서 영국군을 무찔렀다. 1430년 5월 콩피에뉴 전투에서 부르고뉴파 군사에게 사로잡혀 영국군에게 넘겨졌다. 1431년, 재판에서 마녀로 낙인 찍혀, 이단 선고를 받고 루앙에서 화형을 당하였다.

● 브루노(Giordano Bruno, 1548~1600)

  르네상스시대 이탈리아의 철학자이다. 도미니코 교단에 들어가 사제가 되었으나 가톨릭 교리에 대한 회의를 품게 되었다. 1592년 베네치아에서 이단신문(異端訊問)에 회부되어 로마에서 화형(火刑)되었다. 자연에 대한 동경으로 가득 찬 그의 철학은 범신론적인 특징이 강하다.

● 나이팅게일(Florence Nightingale, 1820~1910)

영국의 간호사, 병원·의료제도의 개혁자이다. 크림전쟁 중 이스탄불에서 야전병원장으로 활약하였으며, 간호사 직제의 확립과 의료 보급의 집중 관리, 오수 처리 등으로 의료 효율을 일신하여 '광명의 천사'로 불렸다.

● 쿠베르탱(Pierre de Coubertin, 1863~1937)

프랑스 출신으로 올림픽부흥운동을 시작하여 1894년 국제올림픽위원회(IOC)를 창설하였으나, 이에 협력한 것은 프랑스인이 아니고 타국의 정치가·학자·스포츠맨이었다. 1896년 제1회 근대 올림픽대회를 아테네에서 개최하고, 그 후 IOC 회장으로 올림픽의 발전과 운동 추진에 일생을 바쳤다. 그는 IOC 외에도 국제 교육학회를 창설하여 스포츠와 교육의 연관성을 주장하였다.

● 헬런 켈러(Helen A. Keller, 1880~1968)

미국의 맹농아(盲聾啞) 저술가이자 사회사업가이다. 세계 최초의 대학교육을 받은 맹농아자이다. 저서에 《나의 생애》, 《신앙의 권유》등이 있다. 1900년에 하버드대학교 래드클리프 칼리지에 입학하여, 세계최초의 대학교육을 받은 맹농아자로서 1904년 우등생으로 졸업하였다. 이 당시 마크 트웨인은 그녀에게 "삼중고를 안고 마음의 힘, 정신의 힘으로 오늘의 영예를 차지하고도 아직 여유가 있다."는 찬사를 보냈다. 그녀의 노력과 정신력은 전세계 장애인들에게 희망을 주었고, 다양한 활동으로 '빛의 천사'로도 불렸다.

● 제시 오웬스(Jesse Owens, 1913~1980)

독일 베를린 올림픽(1936년)에서 100미터, 200미터와 400계주, 멀리뛰기를 모두 석권하는 대업을 달성한 선수이다. 독일 출신의 라이벌 루즈 롱과의 스포츠맨의 우정으로도 유명하다. 멀리뛰기에서 당시에도 이미 8미터를 넘었고 그의 세계신기록이 25년간 깨지지 않았다. 육상에서 가장 필적할 인물로는 칼 루이스가 유일하다.

● 가가린(Yurii Alekseevich Gagarin, 1934~1968)

스몰렌스크주(州) 출생으로 콜호스 구성원의 집안에서 태어나 라토프의 공업중등기술학교 재학 중에 항공 클럽에서 비행 기술을 익혔고, 오렌부르크의 항공학교를 졸업한 뒤 공군에 입대하였다. 1961년 4월 12일 보스토크 1호를 타고 1시간 29분 만에 지구의 상공을 일주함으로써 인류 최초의 우주비행에 성공하였다. 우주에서 지구를 본 감상을 "지구는 푸른 빛이었다"라고 한 말은 유명하다.

● 행크 아론(Hank Aaron, 1934~)

미국 메이저리그 최다홈런기록을 보유하고 있는 강타자로서 본명 Henry Louis Aaron이다. 두 번째 시즌인 1954년 메이저리그에 데뷔한 그는 1956년 처음으로 리그 타격왕을 거머쥐었다. 1974년 4월 8일 715호 홈런을 침으로써 당시 최다 홈런기록이었던 베이브 루스의 714홈런기록을 경신하였으며, 1976년까지 755개의 홈런을 치고 선수 생활을 접었다. 이 기록은 지금도 메이저리그 최다 홈런 기록으로 남아있는데 현역선수로 뛰고 있는 베리 본즈가 근접하고 있다.

● 이소룡(李小龍, 1940~1973) *Bruce Lee

미국의 영화배우이자 쿵푸스타이다. 본명은 이진번이다. 1971년 《당산대형》에 출연하여 크게 인기를 얻었다. 이후 《정무문》, 《용쟁호투》, 《맹룡과강》등의 영화에 출연하여 중국인의 강한 이미지를 서양인에게 심어주었으며 절권도를 창시하였다.

● 펠레(Pele, 1940~)

브라질의 축구선수로 17세 때 월드컵에 출전하여 이후 월드컵 사상 최초의 3연승을 이루고, 1971년 국가대표팀을 떠났다. 1974년 10월 국가대표팀에 복귀해 달라는 브라질 대통령의 간청을 뿌리치고 은퇴를 성명하였으나, 1975년 6월 미국의 프로팀 '코스모스'에 입단하여 활약하였다. '축구의 신(神)', '인간국보'로서 브라질 국민의 인기를 독점하였다. 이에 버금가는 선수로 뮐러가 있다.

● 무하마드 알리(Muhammad Ali, 1942~)

미국의 전 복싱챔피언이었던 알리는 1942년 '캐시어스 클레이'라는 이름으로 미국 켄터키주 루이빌에서 태어났다. 1964년 미국 S. 리스튼으로부터 세계 헤비급 타이틀을 빼앗은 뒤, 이슬람교에 입교하고 '무하마드 알리'로 개명하였다. 헤비급 챔피언 9차 방어 성공이후 월남전 참전 징집거부로 타이틀을 박탈당하기도 하였으며, 71년 링으로 돌아온 알리는 조 프레이저에게 타이틀을 도전하나 실패하고 다시 74년 10월 프로복싱 최고의 펀처 조지 포먼을 KO로 잡고 재탈환에 성공했으나 78년 2월 미국의 레온 스핑크스에 판정으로 타이틀을 내준다. 그러나 그해 9월에 스핑크스로부터 타이틀을 되찾아 3번째 헤비급 챔피언이 되었다.

● **마이클 조던**(Michael Jordan, 1963~)

1982 · 1983년 연속 대학 최우수선수였다. NBA 시카고 불스팀에 입단, 데뷔 첫해 최우수 신인왕, 1986~1993년 시즌 7년 연속 시즌 득점왕, 1987년 · 1990년 · 1991년 시즌 MVP, 1990~1992년 3년 연속 챔피언시리즈 MVP를 차지하며 'Air Jordan' 이라는 별명으로 불린 NBA 최고의 스타였다.

통합형 논술 시험 무조건 따라잡기
- 서울대 윤여탁 교수(국어교육과) -

　　현재 각 대학교에서 별도로 시행하고 있는 시험에는 논술 시험과 면접 시험이 있다. 물론 별도의 수학 능력 시험을 치르는 곳도 있다고 한다. 이런 종류의 시험을 모든 대학에서 치르는 것은 아니라고 하더라도 상위권 대학에서 "대학에서의 학습할 수 있는 기초 능력"을 갖추고 있는지의 여부를 점검하는 차원에서 도입하고 있다.

　　초·중등 교육과정에서 이미 서술형 시험(주관식 문제)이 진행되고 있기 때문에 관련 교육당국자들은 한결같이 문제가 없다고 주장하지만 시험의 출제유형이나 수준을 보면 그렇지가 않다는데 문제의 심각성이 존재하는 것이다.

　　여기서 유의할 점은 대학 입학을 목표로 하는 수능과는 구별되어야만 한다. 적어도 시험의 성격이나 영역이 전혀 다르기 때문에 사전에 대비를 하지 않는다면 내신 성적이나 수능 점수가 아무리 좋더라도 불합격의 영예를 떠안아야 할지도 모를 일이다. 이러한 교육환경의 변화로 학생들은 물론 학부모의 입장에서도 불안한 심정을 억누르기가 힘들 것으로 생각되지만 교육의 올바른 방향을 정하고, 더 나은 교육환경을 모색하는 작업을 더 이상 늦출 수가 없기 때문에 〈서울대 윤여탁 교수(국어교육과)〉의 통합논술에 관한 견해를 제시하여보고자 한다.

■ 대학이 요구하는 수학 능력

　　대학 입학 시험은 기본적으로 대학에서 가르칠 학생들을 선발하는 기능을 한다. 아울러 이렇게 선발된 학생들이 대학에 들어와서 자신이 선택한 학문 분야

375

를 학습할 수 있는 능력을 갖추고 있는지를 확인하는 과정이기도 하다. 즉 대학 입시는 선발 고사이자 대학에서의 수학할 수 있는 능력을 점검하는 시험이라고 할 수 있다. 따라서 내신과 수능 시험에서 요구하는 학업 성취 고사의 성격보다는 학습 능력 평가의 성격이 강해야 한다.

이와 같은 대학 입시의 성격 때문에 대학 입시는 학생들이 선택한 다양한 학문 분야를 배우는 데 필요한 기초 학습 능력을 평가하고자 한다. 그렇다면 기초 학습 능력이란 무엇인가를 먼저 알아볼 필요가 있다. 기초 학습 능력은 각각의 학문 분야에 따라 조금씩 다르겠지만, 인문 계열 학문 분야의 경우 〈국어〉, 〈영어〉, 〈한문〉 등이고, 자연 계열 학문 분야의 경우 〈국어〉, 〈영어〉, 〈수학〉, 〈과학〉 등일 것이다. 즉 이런 교과의 기초적인 능력을 갖추어야 학문 연구를 목표로 하는 대학에서 공부를 제대로 할 수 있다는 말이다.

그런데 현행의 대학 입시 제도는 대학이나 전공 분야가 입시의 주체가 되어 이런 기초 학습 능력을 평가하여 자신들이 필요로 하는 학생들을 선발하는 방식을 허용하지 않고 있다. 한껏 부풀려져서 신뢰도와 변별력을 잃은 고등학교 내신 성적과 하향 평준화된 대학수학능력시험의 결과를 중요한 기준으로 하여 학생들을 선발하도록 강요하고 있다. 그 결과 대학들은 자신들이 선발한 학생들의 기초 학습 능력이 현저히 저하되어있다고 평가하고 있으며, 대학에서는 이 능력을 함양시켜서 대학의 본래 목표인 학문 연구를 원활하게 수행하기 위하여 기초 학문 교육의 강화 차원에서 그 정당성을 주장하고 있다.

그래서 현재 한국의 대학들은 대학 졸업생으로 대표되는 현대 지식인의 기본 소양이나 교양을 함양시키는 것을 목표로 하는 교양 교육의 단계에서 기초 학문 교육을 강화해야 하는 과제를 새롭게 떠맡고 있다. 그런데 이와 같은 기초 학문 교육 기관이라는 역할은 대학이 담당해야 할 것이라기보다는 고등학교 단계에서 맡아야 할 것이었다. 이런 문제점으로 인해 예전에 대학이 담당했던 학문 탐구라는 역할을 대학원에서 맡아야 할 처지에 놓이게 되었다. 이에 따라 각 대학은 자신들이 필요로 하는 능력을 갖춘 학생들을 선발할 수 있는 입시 제도를 마련하기 시작하였고, 그 대표적인 것이 논술 시험과 구술 면접 시험이다.

이 과정에서 글쓰기 능력을 평가하는 장치로서의 논술 시험, 또는 통합형 논술이라는 방법과 말하기 능력을 평가하는 장치로서의 구술 면접, 또는 심층 면접이라는 방법을 고려하게 되었으며, 이 두 방법 중에서 어느 하나, 또는 두 가지 모두를 대학의 입시 제도, 즉 학생 선발 기준으로 채택하고 있다. 그런데 이 글쓰기와 말하기라는 두 가지 학습 능력 방법은 별로 상관성이 없는 것으로 알려져 있어서, 대부분의 상위권 대학에서는 이 두 방법 모두를 입시 제도로 채택하고 있다. 그리고 이와 같은 시험 방식에 제공되는 자료나 문제의 내용과 성격 때문에 '본고사 부활'이라는 논란의 소용돌이에 휩싸이기도 한다. 여기에서는 대학 입시에서의 논술 시험을 일반적인 성격과 경향, 통합형 논술 시험의 방향과 평가의 문제를 집중적으로 살펴보고자 한다.

■ 논술 시험의 성격

1) 문제 의식의 측면
(1) 문제 발견으로서의 논술

'문제 발견'이란 설명, 해결, 개선, 입증, 분석, 선택 등이 필요한 문제 또는 사상(事象)을 독자적으로 찾아내는 일이다. 논술은 이와 같이 문제점을 인식하고 또한 해결해야 할 과제를 파악하는 데에서부터 시작된다. 즉 문제를 주어진 상황 안에서 해결해야 할 뿐만 아니라 문제 상황에 대한 다른 여러 여건이나 조건과 연관지어 해결하고자 하는 능동적이고 적극적인 사고인 것이다. 여기에서 사실에 대한 이해 능력이 우선적으로 필요하다. 즉 사태가 어떠한가 하는 관찰과 그 관찰의 결과를 문제적인 명제로 요약할 수 있는 능력이 있어야 한다. 이러한 문제 발견의 태도가 갖추어졌을 때, 인간의 개인적, 사회적 삶은 비로소 의미 있는 것이 된다.

(2) 문제 해결로서의 논술

'문제 해결'이란 문제 상황에 대한 판단을 통해 마련되는 대처 행위를 말한다. 여기에서 대처 방식이 문제되는데, 그것은 합리적이고 사리에 맞는 것이어야 한다. 합리적이라는 것은 자체의 논리성을 갖추어야 한다는 뜻이며, 사리에 맞는다는 것은 문제를 해결함에 있어서 현실성이 있어야 한다는 뜻이다. 이를 위해서는 문제에 대한 분석력과 객관적 논의 능력, 그리고 관점의 전환이 필요한데, 이런 논술의 특성 때문에 발견한 문제에 대한 해결 방안을 모색하는 과정에서 논술이 주체적인 사고 활동이라는 의미가 살아나게 된다.

2) 사고의 측면
(1) 논리적 사고로서의 논술

'논리적 사고'란 문제와 해결을 논리적 절차와 규칙에 따라 생각하는 사고 과정을 가리킨다. 논술은 근본적으로 논리적인 절차와 과정이 중시되는 태도이고 사고 과정이다. 상황을 주관적 편견이나 감정적인 흥분에 치우치지 않으면서 냉정하게 바라보아 내적인 논리를 찾아내고, 이를 바탕으로 해결책을 모색하는 논술은 지적인 훈련의 과정이라는 의미를 지닌다. 논리적 사고를 위해 필요한 능력으로는 적절한 논거를 발견하고 그 논거를 바탕으로 문제를 해결하는 과정에 합당하게 적용하는 능력, 객관성, 규칙성, 일관성을 유지하면서 논리를 전개할 수 있는 추론 능력이 있어야 한다.

(2) 창의적 사고로서의 논술

'창의적 사고'란 문제의 해결 과정에서 과제를 해결하기 위해서 아이디어들의 새로운 결합을 형성하는 사고 능력을 가리킨다. 인간의 독특한 사고 작용과 능력을 규정하는 개념으로 확산적 사고, 열린 사고, 측면적 사고라고 이해되고 있다. 이를 위해서는 문제 해결 과정에서 틀에 박힌 과정과 결론보다는 문제의 발견, 아이디어의 생성, 계획 수립이라는 모든 부분에서 독창성과 통찰력을 보여주어야 한다. 즉 새로운 탐색 영역을 발견하는 민감성, 많은 아이디어를 산출하는 유창성, 다양한 해결책을 찾아내는 융통성, 참신하고 독특한 아이디어를 산출하는 독창성, 아이디어를 보다 치밀하게 발전시키는 정교성에 따라 논리를 전개하는 능력을 길러야 한다.

(3) 종합적 사고로서의 논술

'종합적 사고'란 문제와 관련된 여러 사항을 상호 연관 속에서 파악함으로써 합리적인 사고 능력을 기르게 된다. 논술은 주관적, 감성적 언어 활동이 아니라 객관적인 논의 과정과 그 결과를 언어로 표현하는 것이다. 이는 독선이나 편견 등을 배제하고 사회적 보편성의 기반에서 제시되는 의견을 뜻한다. 사물에 대한 치밀한 관찰, 그리고 폭넓은 독서 체험과 사색은 단편적이거나 일시적인 해결 방안보다는 포괄적인 판단의 근거를 마련하는 데에 도움이 된다. 또한 편파적이거나 개인적인 이해 관계에 얽매이지 않는 건전한 관점이 종합적 사고를 가능하게 한다.

3) 교과의 측면
(1) 글쓰기로서의 논술
　'글쓰기'는 자신의 생각을 바르고 효과적인 언어로 표현하는 일련의 언어의 서술 활동이다. 논술은 이와 같은 여러 가지 글쓰기 가운데 논리적인 글쓰기라는 양식으로, 글쓰기의 일반적인 절차와 과정을 거쳐야만 한다. 특히 글쓰기로서의 논술을 위해서는 사고를 논리적으로 전개하는 능력과 관련된 구성 능력, 문단 구성 능력, 문장력, 어휘 구사력 등이 요구된다. 그러나 이들 능력은 개별적으로 작용하는 것이 아니라 종합적으로 작용한다는 점을 염두에 둘 필요가 있다.

(2) 통합 교과로서의 논술
　'통합 교과'는 학습자들이 그동안 경험한 다양한 학습 및 독서 결과가 반영되어야 하는 종합적인 언어의 서술 활동으로, 단순한 암기 능력이나 지식을 측정하는 평가가 아니라 종합적인 이해력, 분석력, 사고력을 평가한다는 점이다. 이런 점에서 논술은 특정한 교과의 전문 지식을 묻거나 그 답의 옳고 그름을 평가하기보다는 여러 교과의 기본적인 지식을 바탕으로 새로운 지식 체계로 재조직하거나 어느 한 교과의 지식을 다른 교과의 영역에 확대, 전이, 적용시킬 수 있는 창의적 사고 능력을 평가하는 통합적 교과의 방편이다.

■ 기출 문제로 본 논술 시험의 경향

1) 2005학년도 서울대 논술 시험
(1) 목표
– 수시 : 한국의 지식인 사회가 직면하고 있는 문제 상황을 진단하고 이에 대한 대처방안을 강구하는 데 참고가 되는 고전적 저술을 제시문으로 채택하여, 수험생 자신의 체험을 활용하여 자신의 생각을 2500자 내외의 논술문을 쓰게 하였다.

– 정시 : (1) 논제의 핵심을 정확히 이해하고, (2) 문제가 요구하는 방식으로 그 내용을 분석한 후, (3) 그에 따라 설정된 주장들을 자신의 논지로 발전시킬 수 있는 능력을 평가하기 위한 것이다. 이 과정에서 (4) 합리적이면서

도 일관성 있게 논증하는 능력과 함께 (5) 창의적 사고력과 표현력이 적절히 조화되어 나타나는지를 아울러서 평가하고자 하였다.

(2) 출전

- 수시 : [제시문 가]는 독일의 철학자인 훗설(Edmund Husserl, 1859~1938)의 저서 『유럽 학문의 위기와 선험적 현상학』에서 발췌한 것이고, [제시문 나]는 중동 태생의 미국인 문화 비평가인 사이드 (Edward W. Said, 1935~2003)의 저서 『오리엔탈리즘』의 일부다.

- 정시 : [제시문 1]은 조선 후기 실학자 박지원(朴趾源)이 1780년(정조 4) 청(淸)나라 고종(高宗)의 칠순 연(七旬宴)을 축하하기 위하여 파견된 사신 일행의 수행원으로 중국에 다녀온 견문을 기록한 책인 『열하일기(熱河日記)』에 수록되어 있는 「일야구도하기(一夜九渡河記)」의 한 부분이고, [제시문 2]는 외국의 한 시민 교육 기관의 자료집에 나와 있는 우화를 각색한 것이다.

(3) 논제

- 수시 : [제시문 가]와 [제시문 나]는 지식인 사회가 당면한 문제를 진단할 때 참고가 되는 글이다. 제시문 각각의 문제 의식을 분석하고 평가하시오. 이를 토대로 학문의 길로 들어서는 학생의 관점에서 한국의 지식인이 가져야 할 바람직한 탐구 자세에 대하여, 자신의 경험이나 구체적인 예를 활용하여 논술하시오.

- 정시 : 사물에 대한 올바른 인식에 어떻게 도달할 수 있는가를 논술하시오.

※ 아래의 내용을 반드시 논술문에 포함시킬 것.

1. [제시문 1]에 드러나 있는 사물의 인식 방법에 대하여 자신의 견해를 밝히고, 이에 근거하여 [제시문 2]의 내용을 논할 것.

2. 다음 문장들을 논술에 활용하되, 그 가운데 한 문장을 반드시 직접 인용할 것.

① 큰 의심을 품지 않는 사람은 큰 깨달음이 없다. 의심나는 것을 쌓아 놓고 모호하게 두는 것은 캐묻고 따지는 것만 못하다. (홍대용, 『담헌집』)

② 아는 것을 안다고 하고 알지 못하는 것을 알지 못한다고 하는 것, 이것이 바로 아는 것이다. (공자, 『논어』)

③ 사실인 것은 존재하지 않는다. 존재하는 것은 해석뿐이다.(F. W. 니체, 『권력에의 의지』)

④ 진리를 발견하는 것보다도 오류를 인식하는 편이 훨씬 쉽다. 오류는 표면에 나타나 있으므로 쉽게 정리할 수 있지만, 진리는 깊은 곳에 숨겨져 있으므로 그것을 탐구하는 일이 누구에게나 가능한 것은 아니다. (J. W. 괴테, 『잠언과 성찰』)

⑤ 어떠한 사람의 지식도 그 사람의 경험을 초월하는 것은 아니다. (J. 로크, 『인간 오성론』)

2) 2006학년도 서울대 논술 시험

(1) 목표

- 수시 : 학생들은 통계자료에 나타난 지표들을 통해서 사회변화의 요소들과 양상들을 추론하고, 제시문에 나타난 행복의 다양한 개념들을 참조해서 행복에 대한 자신의 관점을 마련해야 하며, 그 관점을 통해서 사회변화가 내포하고 있는 행복의 양상에 대해 분석하고 판단하며 규정하고 정의해야 한다. 이 과정에서 여러 가지 요소들을 논리적으로 종합하는 능력을 발휘하고 창의적으로 사유를 전개해야 높은 점수를 얻게 된다.

- 정시 : 2006학년도 정시모집 논술고사는 이러한 능력을 평가하기 위하여 사회에서 일어날 수 있는 경쟁 양상을 비유적으로 보여주는 사례와 경쟁 상황에서 인간의 자유와 그 한계를 다루는 제시문들을 학생들에게 주고, 그것을 자료로 논지를 전개하도록 하였다.

(2) 출전

- 수시 : 수시 논술고사는 자료와 제시문 두 부분으로 이루어져 있다. 연령별 인구추이와 이혼율 추이에 대한 통계자료, 그리고 '행복'에 관계된 벤담의 『도덕 및 입법원리 서설』과 아리스토텔레스의 『니코마코스 윤리학』, 그리고 루소의 『에밀』과 리처드바크의 『갈매기의 꿈』의 일부 내용, 백석의 시

「내가 이렇게 외면하고」를 제시문으로 출제했다.

- 정시 : 그림(Grimm) 형제 동화집에 나오는 「고슴도치와 토끼」의 내용과 초등학교 축구팀과 성인 축구팀 사이에 시합을 한다는 가상적 상황을 상정한 이야기, 고양이를 키우는 주인이 새끼고양이 형제들 사이의 경쟁에 개입해서 사실상 경쟁을 배제하고 있는 상황이라는 사례 3개를 하딘의 「공유의 비극」에서 나오는 목초지 사례, 아담 스미스의 『도덕감정론』의 일부, 슘페터의 『자본주의 · 사회주의 · 민주주의』의 일부, 하이에크의 저서 『법, 입법, 그리고 자유』의 일부, 존 롤즈의 『사회정의론』에서 인용한 글, 슐레히트의 『사회적 시장경제』의 일부, 리스본 그룹의 『경쟁의 한계』에서 인용한 글 등 제시문 7개를 연결시킬 것을 요구하고 있다.

(3) 논제
- 수시 : 아래에 제시된 연령별 인구 및 이혼율의 추이에 반영된 사회변화를 고려해 볼 때, 이 사회에 살고 있는 사람들이 행복해졌다고 할 수 있는가? 제시문을 비판적으로 참고하여 논술하시오.

- 정시 : A, B, C는 경쟁의 양상을 비유적으로 보여준다. 이를 설명하고 경쟁의 공정성과 경쟁 결과의 정당성에 대해서 논술하시오. 제시문 1~7을 참고할 것.(2500자 내외, 3시간)

■ 통합형 논술 시험의 방향과 평가

1) 통합형 논술 시험의 방향
- 고등학교 교과서 지문과 주제 활용
- 인문계열과 자연계열로 구분하여 별도의 논술 문제 출제
- 암기된 지식이 아니라 비판적 사고력과 창의적 문제해결능력 측정
- 교육과정의 정상적인 운영을 통한 공교육의 질적인 향상에 기여
- 교육부의 논술고사 기준 준수

□ **배경**

    ○ 지난 6월 27일 발표한 "2008학년도 서울대학교 입학전형 기본 방향"을 통하여 정원의 약 30%를 선발하는 정시모집에서 실시하는 논술고사 예시문항을 추후 공지한다고 밝힘

□ **향후 일정**

    ○ 2006년 상반기 이후 모의논술고사를 실시하여 문항의 난이도 조정

    ○ 논술고사 준비가 공교육 내에서 성공적으로 정착될 수 있도록 교육 현장의 의견을 수렴하여 발전적인 논술문항 개발

□ **목적**

    ○ 지식기반사회가 요구하는 비판적이고 창의적인 사고력을 가진 인재를 선발

      지식기반사회에서 가치를 만들어내는 중심은 암기하고 있는 지식의 양보다 습득한 정보와 지식을 통합하여 주어진 문제 상황을 합리적으로 해결하는 능력, 즉 비판적– 창의적 사고력에 있음

    ○ 교과 지식의 단순 반복 학습과 암기 위주의 교육에서 벗어나 학생 스스로 탐구하는 자기주도적 학습능력과 독서·토론을 통한 사고능력의 배양을 지향함으로써 이른바 입시위주의 교육으로 왜곡되어 있는 중등학교 교육의 정상화 유도

□ **개념과 성격**

    ○ 개별 교과 지식이 통합되고 교과 영역 간에 전이되는 과정에서 발현되는 비판적– 창의적 사고력을 측정하는 시험

    ○ 특정 교과의 암기된 지식을 묻고 그 답의 옳고 그름을 평가하는 결과 중심형 시험이 아니라, 고등학교 교과과정에 제시된 내용을 토대로 주어진 문제 상황을 다각적이고 심층적인 사고로 재구성하여 창의적으로 문제를 해결하고 논리적으로 서술하는 능력을 측정하는 과정 중심형 시험

    ○ 모든 사고는 통합적 인지활동이며, 중등과정의 개별 교과들은 학생들로 하여금 총체로서의 사고력을 개발하도록 하기 위한 다양한 구성요소

    ○ 통합교과형의 개념은 교과와 교과의 단순한 통합이 아닌, 고등학교 교육과정을 통하여 학생의 내면에서 길러지는 사고력의 통합을 의미 함. 따라서 통합교과형 논술을 대비하기 위한 별도의 교과가 필요한 것이 아니라,

개별 교과가 제안하는 여러 학습활동을 자기주도적으로 충실히 수행하는 것 자체가 논술을 준비하는 바람직한 방법임

○ 통합적 사고력을 측정하는 논술고사의 취지는 1994년부터 시행되고 있는 대학수학능력시험의 기본 방향과 일치

□ 문제 유형

○ 시험 시간 : 4시간 내외

○ 답안 길이 : 인문계열에서는 문항에 따라 300 ~ 1,600자로 다양하며, 자연계열에서는 제한이 없음

○ 문항 수 : 모집단위에 따라 문항 수와 지정 영역이 다를 수 있음

○ 문항 형식 : 문항에 따라 단수 혹은 복수의 제시문과 세부 논제가 출제됨

□ 출제 방향

○ 교과서에 나온 제시문이나 주제를 최대한 활용하여 사교육에 의존하지 않고도 학생 스스로 충분히 준비할 수 있도록 출제

○ 인문계열에서는 특정 교과에 치우치지 않고 다양한 영역을 아우를 수 있는 문제를 출제하며, 수리적 사고력을 측정하는 문항에서도 풀이 과정과 답안을 제시한 뒤 원리와 개념이 만들어지고 적용되는 과정을 논리적으로 서술하도록 함

– 주어진 통계나 조건 등의 자료를 해석, 응용, 평가하여 논제를 해결하는 문항도 포함될 수 있음

○ 자연계열에서는 단순 지식의 암기가 아니라 수리적, 과학적 사고력을 묻는 문항을 출제하며, 문항에 따라 필요한 경우 관련된 공식이나 참고 자료를 제시함

– 수리적 사고력은 기본 개념과 원리 간의 상호관련성, 현상을 관찰하여 얻어낸 원리를 확인하고 일반화하는 수리적 추론, 실생활에서 수리적 사고를 바탕으로 주어진 상황에 대한 적절한 해결책을 찾는 능력을 의미

– 과학적 사고력은 자연 현상을 과학적 원리에 근거하여 해석하고 유추하는 논증 과정을 의미하며, 주어진 문항과 관련된 여러 자료를 제시하여 이를 토대로 주변 사물과 현상에 대한 의문을 합리적으로 해결하도록 함

– 우리가 경험하는 대부분의 자연현상은 물리, 화학, 생물, 지구과학 등 전통적인 과학 중 어느 한 분야로 명확히 나눌 수 있는 것이 아니며, 각 학문 분야가 복합적으로 얽혀져 있으므로 가능한 통합적인 사고력을 필요로 하

는 문항을 출제
　－ 관련된 공식이나 참고 자료를 제시한 것은 지식의 유무가 아니라 개념과
　　원리를 적용하고 스스로 문제를 해결할 수 있는 사고력을 평가하기 위함임

　○ 영어 제시문은 사용하지 않지만 한자는 혼용될 수 있음

□ **기대 효과**
　○ 논술고사에 대한 준비가 내신과 대학수학능력시험에 대한 준비의 연장선
　　상에서 이루어질 수 있도록 연계
　○ 일방적인 주입식 교육과 기계적인 문제풀이식 반복학습을 통한 입시위주
　　의 교육으로부터 탈피
　○ 학생의 자기주도적 학습과 토론 위주의 수요자 중심 교육으로 전환
　○ 교육과정의 정상적인 운영을 통한 공교육의 질적인 향상
　○ 지식기반사회가 요구하는 창의적인 인재 육성

□ **논술고사 준비 방법**
　○ 고등학교 전과정의 교과서가 논술 준비의 가장 기본적인 교재이며, 논술
　　주제는 국어나 작문에 한정되는 것이 아니라 전 과목에 걸쳐 도출될 수
　　있음
　○ 교과서의 내용을 단순 암기하는 것이 아니라 그 내용에 대한 비판적 성찰
　　과 교과서가 다루는 주제와 관련된 독서를 통해 다양한 시각과 깊이 있는
　　사고력을 배양할 수 있음
　○ 학생들은 책을 읽고 생각하고 쓰고 토론하는 과정을 주도적으로 진행하
　　고, 교사는 그 과정이 보다 다각적이고 심층적이 될 수 있도록 도움을 주
　　는 것이 논술을 준비하는 효과적인 방법임

　이 부분에서는 먼저 지난 2005년 11월 28일 서울대학교 입학 관리 본부에서
발표한 '2008학년도 정시모집 논술고사 예시문항'의 내용을 인용하여 통합형
논술이 지향하는 기본 방향을 살피도록 하겠다.
　이상과 같은 서울대학교 2008학년도 논술고사의 기본 방향은 학부모 단체,
교원 단체, 교육부 등에서 비판하고 있지만, 대체로 긍정적인 평가를 받고 있
다. 이에 앞서 2005년 6월에 발표한 "2008학년도 서울대학교 입학전형 기본방
향"을 계기로 촉발되었던 통합형 논술 시험에 관한 논쟁에서 제기되었던 우려

들을 어느 정도는 불식시켰다는 평가도 받고 있다. 이를 통하여 서울대가 출제하려는 통합형 논술고사가 완전히 새로운 것도 아니고, 더구나 서울대가 본고사를 실시하려는 것이 아니라는 것을 예고하고 있다.

서울대가 발표한 새로운 입시안에서 논술 시험과 관련된 내용 중에서 가장 특징적인 점은 논술 고사의 유형을 다양화하고, 정시 모집에서 그 비중을 강화하겠다는 것이며, 그동안 논술 고사를 실시하지 않던 자연 계열의 전형에서도 적용한다는 것이다. 논술 고사 유형의 다양화, 논술 고사 적용 모집 단위의 확대, 논술 고사의 반영 비중 강화로 요약된다. 이를 위해서 대학수학능력시험의 결과를 지원 자격으로 활용하는 자격 고사로 전환하고, 면접 고사의 비중은 축소한다고 밝히고 있다.

이 중에서 세간(世間)의 이목을 끈 것은 논술 유형의 다양화이다. 그리고 서울대는 논술 고사의 유형을 다양화하는 방법으로 '고등학교 교육과정에 기초한 통합교과의 형태'를 제시하였다. 그 구체적인 방법으로 인문 계열은 역사와 사회, 언어와 문학, 철학과 예술, 자연 과학 등의 제시문을, 자연 계열은 인문과 사회 과학, 수리, 과학 등의 제시문을 활용하여 논술 시험을 실시하도록 하겠다는 것이다. 아울러 고등학교 교육 과정에 기초한 통합 교과의 형태로 대학수학능력시험을 예로 들고 있다.

이와 같은 원칙에 따라 출제되는 통합형 논술 고사의 문제 역시 그동안 서울대를 비롯한 여러 대학에서 실시하고 있는 논술 시험의 유형에서 크게 벗어난 것도 아니다. 기존의 논술 고사의 여러 유형 중에서 다음의 두 가지 형태를 확대 발전시킨 문제 유형이라고 볼 수 있다. 먼저 제시문 통합형으로, 복수의 서로 다른 교과 내용과 관련된 제시문을 활용하여 주어진 논제에 대해서 논술하는 방식이다. 다음으로 예측할 수 있는 방법은 논제 확대형으로, 하나 또는 복수의 제시문을 다른 교과의 내용과 관련된 논제로 확대, 전이시켜 논술문을 작성하는 방식이다.

이처럼 서울대학교 2008학년도 논술고사의 기본 방향이라는 취지에서는 통합 교과 형태를 지향하는 예시 문항을 구체적으로 보여주고 있다. 이를 통하여 서울대가 새로운 논술 시험 전형 방법으로 제시한 통합 교과의 형태라는 것은 새로운 것도 아니고, 많은 사람들이 우려하는 것처럼 오래전에 실시했던 본고사 형태를 부활시킨 것도 아니라는 점을 밝히고 있다. 더구나 영어 지문이나 수학 문제를 제시하지 않겠다는 기본 입장을 천명했기 때문에, 영어나 수학과 같은 기초 학습 능력만을 평가하는 수준도 아니다. 앞에서 살핀 바와 같이 그동안 실행되었던 논술 시험의 일반적인 성격에서 크게 벗어나지 않는 방향이라고 할 수 있다.

2) 통합형 논술 시험의 평가

초·중등학교에서 논술 시험의 일반적인 목표는 자기 향상의 도모, 지적 생활의 함양, 학습 효과의 증대, 대학에서의 학문 수행 능력의 함양 등으로 설정할 수 있다. 그러나 크게 본다면 논술 시험은 문제 상황을 자각적으로 인식하고 적극적 사고를 통해 문제 해결을 모색하는 과정에서 개인의 자기 이해와 사회적 존재로의 성장을 도모하는 데에 있다. 즉 교육 일반이 지향하는 전인적(全人的)인 능력의 함양이 논술의 근본적인 목표라고 할 수 있다. 따라서 논술 시험 평가 항목은 문제 해결의 전 과정에 걸쳐서 학습자의 인지 능력을 점검할 수 있는 내용으로 구성되어야 한다.

구체적으로 논술 시험의 평가는 단일 교과 내용에 대한 평가가 아니라 통합 교과적인 내용의 평가이고, 단편적인 지식 암기와 같은 결과 중심의 평가가 아니라 여러 교과에서 지식이나 내용을 연관시키고 종합할 수 있는 능력을 점검하는 과정 중심의 평가이다. 특히 논술 시험은 학습자의 다양한 독서 체험과 교과 학습을 배경 지식으로 활용하여야 할 뿐만 아니라 시험장에서 주어진 글을 읽는 능력과 결부시킬 수 있는 사고 능력을 확인하는 평가 방식이다.

이와 같은 측면에서 논술 시험의 평가 항목은 각각 다음과 같이 세분할 수 있다.

(1) 자료의 해석과 분석 능력

우선 논술 시험에서는 논제에 대한 이해와 파악이 선행되어야 한다. 아울러 제시문으로 제시된 글을 읽어내는 능력이 필요하다. 즉 주어진 자료들을 바르게 해석하고 분석하는 능력을 평가하는 시험이라는 점을 유념할 필요가 있다. 이와 같은 해석, 분석 능력과 관련하여 제시될 수 있는 평가 항목들은 다음과 같다.

- 논제에 대해서 정확하게 이해하고 있는가?
- 제시문을 정확하고 정밀하게 이해하고 분석할 수 있는 능력을 갖추고 있는가?
- 각 교과에서 학습한 내용을 논술에 적용하는 응용 능력이 있는가?
- 조직적, 체계적으로 사고하고 조직할 수 있는 능력을 갖추고 있는가?

(2) 논리적 사고 능력

논술 시험은 논리적 사고력 측정을 위한 시험으로, 대학에서의 학습 능력인 글쓰기와 말하기와 밀접한 관련이 있는 능력을 평가하는 것을 목표로 하고 있다. 즉 논술 고사는 합리적인 판단에 기준을 두어 자신의 주장을 세우고, 이를 뒷받침할 수 있는 적절한 논거를 제시하여 자신의 주장을 입증할 수 있어야 한다. 이런 점을 고려하여 논리적 사고 능력과 관련된 평가 항목들은 다음과 같다.

- 주장에 대한 적절하고 분명한 논거를 제시하고 있는가?
- 논증의 절차와 규칙에 일관적으로 논리를 전개하고 있는가?
- 사상(事象)에 대해 합리적으로 판단하는 비판 능력을 갖추고 있는가?
- 건전한 윤리가 바탕이 된 포괄적인 사고 능력을 갖추고 있는가?

(3) 창의적 사고 능력

논술 시험은 창의적 사고력을 측정하는 시험이다. 따라서 논의하고 있는 내용이 독창적이면서 설득력을 가지고 있어야 한다. 몇 가지 유형화된 논제에 대해서 정리한 내용을 외워서 쓰거나 틀에 박힌 내용을 서술하는 것이 아니라, 남과는 다른 자신의 견해를 심층적으로 밝혀서 설득력을 지녀야 좋은 논술문이라고 할 수 있다. 그리고 이 창의적 사고 능력을 측정할 수 있는 항목들은 다음과 같다.

- 논의의 관점이나 주장을 독창적으로 전개하는 능력이 있는가?
- 다양한 관점에서 발상하고, 설득력 있는 대안을 제시할 수 있는 능력이 있는가?
- 치밀하고 깊이 있게 논리를 전개하여 결론을 도출할 수 있는 능력이 있는가?

(4) 종합적 사고 능력

논술 시험은 종합적 사고력을 측정하는 시험이다. 즉 논술 시험에서 제시된 논제와 제시문으로만 문제 상황을 해결하는 시험이 아니라, 학습자의 과거 배경 지식(개인적 경험, 독서 체험, 학습 내용 등)을 결부시켜서 논의를 전개해야 한다. 따라서 풍부하고 깊이 있는 논거와 예를 활용하는 능력이 중요하게 요구된다. 이와 같은 종합적 사고 능력 측정과 관련된 평가 항목들은 다음과 같다.

- 논술의 내용을 결정하는 독서 체험의 폭과 깊이가 풍부하게 나타나 있는가?
- 문제 상황을 자신의 경험에 바탕을 두고 사고하여 재구성하는 능력을 갖추

고 있는가?
– 문제 상황을 종합적으로 사고하고 판단하는 능력을 갖추고 있는가?

(5) 언어 표현 능력

논술 시험은 표현력을 측정하는 글쓰기 시험이다. 따라서 단어, 문장, 단락, 전체 글이라는 맥락에서 글쓰기에서 요구되는 언어 능력을 보여주어야 한다. 국어 규범에 맞는 자연스러운 글을 써야 하며, 논리를 중시하는 논술 고사라는 글쓰기의 개념과 특성에도 부합하는 논술문을 작성해야 한다. 이런 점에서 논술 시험에서 평가하고자 하는 언어 표현 능력의 평가 항목들은 다음과 같다.

– 표현의 조직과 전개 능력을 갖추고 있는가?
– 풍부하고 적절한 언어로 표현하는 언어 구사 능력을 갖추고 있는가?
– 사고 과정을 체계화할 수 있는 언어 능력을 갖추고 있는가?

■ 대학입시로서의 논술 시험

현재의 대학 입시 제도는 말 그대로 오리무중, 안개 속으로 비유할 수 있을 듯하다. 대학마다 제시하고 있는 방법이 너무 다양하고, 학과나 학부 등 모집 단위에 따라서도 각각 다르다. 다만 앞으로는 국가 단위에서 시행하는 대학수학능력시험의 비중이 작아지고, 대학별 수시 전형 입시의 비중이 커지고, 대학별로 특성을 보이는 입시 방법이 다양화될 것이라는 점은 분명한 것 같다. 그리고 논술이나 면접을 실시하는 대학이나 모집 단위에 응시하는 수험생들의 체감적(體感的), 실제적 부담감은 더욱 커지게 될 것이다. 또한 고등학교에서의 지필 검사나 수행 평가를 통해 누적된 학생들의 평소 성적이나 기타 요소(봉사 활동, 특수한 가정 환경 등)들이 중시될 것이며, 이런 평가의 척도 역시 대학이 나름의 기준을 세워서 각각 다르게 평가할 것으로 예측된다. 즉 대학 입시의 방법이 지금보다는 훨씬 다변화된다는 말이다.

따라서 학교는 이제 획일성이라는 기준을 포기할 필요가 있다. 아울러 최근 개정 작업이 진행되고 있는 '새로운 교육과정'이 요구하는 활동 중심의 교실 수업을 지향할 필요가 있다. 앞으로 교과서가 이 같은 지향을 보일 것이며, 대학 입시의 여러 평가 방법들 역시 이와 같은 방향을 지향할 것이다. 즉 학교의 각종 평가 기준이 학력 중심주의에서 벗어날 것이며, 백일장이나 경시대회를 비롯한 각종의 학교 밖에서 이루어지는 다양한 평가 척도들이 대학 입시에 중요하게 작용할 것이다. 대학수학능력시험도 이런 차원에서 그 내용을 충실히 하여 선발 고사의 기능보다는 자격 고사의 기능을 강화하면서, 문제 은행의 방식으로 출제되어 여러 차례 평가가 이루어져야 할 것이다. 학교도, 사회도, 대학도 변할 것이며, 그 변화를 얼마나 누가 빨리 적용하느냐가 관건으로 등장할 가능성이 있다.

현재 논술 시험을 위한 준비가 학교를 비롯하여 사설 입시 기관을 중심으로 활발한 논의가 이루어지고 있다. 더구나 변별력을 포기하면서 쉽게 출제되는 대학수학능력시험 때문에 논술을 비롯하여 심층 구술 면접이 중요하다고 이구동성(異口同聲)으로 강조하고 있다. 이런저런 입시 업무에 자주 관여했다는 경험을 기초로 하여 논술 시험에 관한 짧은 생각을 정리하면서 이 글을 맺고자 한다.